JN254244

叢書・ウニベルシタス　111

大革命前夜のフランス

経済と社会

アルベール・ソブール
山崎耕一 訳

法政大学出版局

Albert Soboul
LA FRANCE À LA VEILLE DE
LA RÉVOLUTION, Économie et Société
©Centre de Documentation Universitaire &
Société d'Édition d'Enseignement Supérieur
Japanese translation rights arranged through
le Bureau des Copyrights Français, Tokyo.

まえがき

この本は一九六六年に出た著作の増補改訂版である。一九六六年版は、それ自体が、一九六一年にタイプ印刷された講義録によっている。すなわちこれは手引書であって試論ではない。だから価値が減じるというものではないのである。旧体制《アンシャン・レジーム》の国家と社会の本性についての省察は事件、事実、制度（啓蒙の世紀がこの語に与えた広い意味において）に関する正確な知識に支えられなければならないと、われわれは依然として考えている。今日あまりにもこの点がなげやりにされているが、われわれはここで同じ態度をとろうとは思わない。社会を支配し、理解するためには、その社会をできる限り正確に知らなければならないと考えるからである。眼を過去に向ける者は、正確な知識を軽蔑するがために、必ずしも自分が主張する理論の価値を確かめない。あまりにも性急な一般化、あまりにも不毛な論争は、ただ、不正確な概念という不安定な基礎の上に成り立つ。これは歴史家ではなくジャーナリストの態度である。理論的省察の努力をすべてわれわれは放棄するということではない。むしろわれわれはその必要を主張する。それでもなお、それは確かな情報に支えられねばならないのである。この手引書は、学生諸君が批判的省察を行なうのに不可欠な基盤となる諸知識を彼らに提供することのみを目的とする。省察は諸知識なしには成り立たない。こうした努力を払ってのみ、歴史学は成立するのである。

A・S・

日本語版への序文

フランス革命は現代世界史に独自の位置を与えられている。自由の革命として、それは、アメリカ革命と同様、自然権に依拠した。それでその事業は普遍主義的性格をおびることになった。これはイギリス革命がなし得なかったことである。しかも一七八九年の人権宣言が、アメリカでの諸宣言に比べて、右の性格をはるかに力強く確認したことを、一体誰が否定できようか。またフランス革命が自由の道をより一層遠くまで行ったことをつけ加えよう。すなわち、それは良心の自由を認め、プロテスタントとユダヤ教徒とを国の中に迎えたのみならず、一七九二年九月二〇日に戸籍をつくることによって市民に対しいかなる宗教にも属さない権利をも認めたのである。それは白人を解放したのみならず、共和暦二年プリュヴィオーズ一六日（一七九四年二月四日）の法令によって「すべての植民地における黒人奴隷」を廃止したのである。

平等の革命として、フランス革命は、それに先立つ諸革命をはるかにしのいだ。イギリスでもアメリカ合衆国でも平等には重点はおかれなかった。アリストクラート層とブルジョワジーが一緒になって権力に参加したのである。逆にフランスのブルジョワジーは、アリストクラート層の抵抗と反革命および戦争のため、権利の平等を前面に出すことを余儀なくされた。こうして彼らは民衆を味方にし、勝利をおさめることができたのである。しかもこうして共和暦二年には社会的民主主義の体制の概略が示されたのである。

それはブルジョワジーの諸見解と民衆の種々の願望との妥協によって特徴づけられるものだった。民衆諸層は自らを待ちかまえている境遇をわきまえていた。それだからこそ、彼らは、集中と資本主義とへの道を拓く経済的自由に敵対したのである。十八世紀末における彼らの理念は、各農民は土地所有者であり、各職人は独立で、賃金受領者は金持ちの全能な力から守られている、というものであった。

一七九二年八月一〇日の蜂起と王位の転覆の後、革命的ブルジョワジーは普通選挙制を樹立してサン＝キュロットとの同盟を確たるものにしたので、理論上の権利の平等をこえ、後者が要求するあの「享受の平等」に向かって進むことが必要になった。その点から、物価を賃金と調和させ、万人に日々のパンを確保するための経済の統制が生じる。すなわち一七九三年九月二九日の一般最高価格法によって価格公定と経済統制が樹立され、軍需工業と対外貿易は国有化されたのである。その点からさらに、共和暦二年フリメール二九日（一七九三年一二月一九日）の法令による、万人に開かれた公教育の試みが生じる。その点から共和暦二年フロレアル二二日（一七九四年五月一一日）の国民福祉法による社会保障の素描が生じるのである。共和暦二年のこの平等主義的な共和国は、持てるブルジョワジーを憤慨させ、恐れさせた。テルミドール九日の後、この共和国は永久に廃絶されたように見えた。しかしこの時以来、人々の意識には次のような確信が残ったのである。すなわち平等なき自由はある種の人々の特権にすぎないこと、自由と平等は切り離せないこと、社会的不平等が確たるものである限りは政治的平等それ自体もみせかけにすぎないこと、以上である。過激派のジャック・ルーは一七九三年六月二五日に国民公会の演壇で次のように宣言した。「ある階級の人々が他の階級を飢えさせても罰せられない時、自由はむなしい幻想にすぎない。金持ちが独占によってその同胞の生殺与奪の権をふるっている時、平等はむなしい幻想にすぎない。」

統一の革命として、フランス革命は国民を一にして不可分のものとなしとげた。確かにカペー王朝はフランス国民の領域的・行政的な枠組みを作りはした。だがこの仕事をなしとげはしなかったのである。一七八九年には国民的統一は不完全なままであった。行政的区分の非一貫性と「封建的割拠」の存続とによって、国民は領域的に分断されたままであった。また度量衡の多様さと国内関税とは国民的市場の形成を妨げていた。それだけではない。国民は社会的にも分断されていたのである。すなわち旧体制の社会は位階制的であり、一部は同業組合的であった。ところでジョルジュ・ルフェーヴルの指摘によれば団体は特権を内包している。すなわち至るところで不平等が支配していた。しかも他方においては政府の統一性によって国民が形成されており、十八世紀には物質的進歩、フランス語の普及、文化の飛躍的発展と啓蒙思想の輝きなどが織りなす種々の紐帯によって国民の統合性が強化されている。この時にあって、右のような状態だったのである。

身分、団体、同業組合が廃止されると、フランス人は自由でかつ権利において平等となり、一にして不可分の国民を形成する。立憲議会による諸制度の合理化、革命政府による中央集権への復帰、総裁政府の行政的努力、ナポレオンによる国家の再建という経過のうちに権力分散や地方割拠主義は破壊され、統一国家の制度的骨組みが実地に作られて、旧体制の君主制の事業は完成したのである。同時に市民の平等、一七九〇年の連盟運動、ジャコバン・クラブの加盟協会網、反連邦主義運動、一七九三年の民衆協会の会議や中央集会などによって、一にして不可分の国民という意識がめばえ、かつ強化された。フランス語の進展もまた同じ方向に作用した。経済の新しい紐は国民的意識を強化した。封建的割拠が破壊され、通行税や国内関税が廃止され、政治上の国境まで「関税障壁の後退」がなされたことは、国内市場の統一化に役立った。しかもこの市場は保護主義的な関税によって外国との競争から守られたのである。フランス革命は国民の主権に対して、かつてないほどの力と効率性を与えたのである。

これとならんで国際公法上の新しい権利が確立された。アルザスに領地を持つドイツの領邦君主の一件に関して、メルラン・ド・ドゥエはこれを契機に原則を導き出そうとした。そして実際、一七九〇年一〇月二八日に、王朝国家という考え方に対して自発的な結合体とみなされる国民という考え方を対置させたのである。すなわち「昨年この議会で行なわれた老若すべてのフランス人の間の社会契約だけが、諸君とアルザスにいる諸君の兄弟との統合の適法的な権利根拠なのである。」と述べたのだった。社会契約とは一七八九年六月一七日に第三身分が国民議会を名のった決議、同年七月九日に議会が立憲（国民議会）と名のった決議をさす。また一七九〇年七月一四日の連盟協約をもさすであろう。さて、「きわめて単純な」一つの問題が措定される。「アルザスの民衆がフランス人であるという資質を有しているのは外交上の紙切れのおかげであるのか」を知ることである。……「アルザスの民衆にとって、またフランスの民衆にとって、専制の時代における前者を後者に統合するための諸条約が重要なものだろうか。アルザスの民衆がフランスの民衆に統合されたのは、前者がそれを望んだからなのである。すなわち、この統合を正当なものとしているのは彼らの意志なのであって、ミュンスター条約ではない。」この意志をアルザスは、一七九〇年七月一四日の連盟祭に参加することによって表明した。国際公法も国内公法と同じく革命的なものにされたのである。すなわちこれ以後、諸国民は自らを解放し、自決する権利を持ったのだった。

*

共和暦八年ブリュメールに権力を奪取した時、ボナパルトは「革命は終わった」と宣言した。こうして彼は旧体制を解体する事業に終止符を打ったのである。しかしすでに、新しい社会の諸特徴がはっきりと輪郭を示していた時にそれらを変更するのは、どんな天才であれ、一人の人間の力では適わぬことだった。

第一執政官の、そして皇帝の行動は、どのような推移をたどろうとも、基本的には革命の継承の線上にあった。新旧の有産者が秩序を望んでいたので、執政官政府のもとでの社会の安定は容易になった。社会の位階制が再建され、行政は名望家の望みに応じて再組織された。しかしまたしてもアリストクラートの反動が彼らを政府から退けたのである。この意味において王政復古はドラマのエピローグを示している。一八一四年に憲章《シャルト》は名望家も政府に参加できる望みを与えた。しかし政府は彼らのものとはならなかった。一七八九年の大革命は一八三〇年にならなければ真に終わらなかった。この時にブルジョワジーは、自分たちの諸原則を受けいれた国王を権力につけることにより、最終的にフランスを支配することになったのである。

われわれが素描してきたこれらの特徴によって、フランス革命の及ぼした反響、それが現代世界の推移の中で実例として持った価値が納得いくのである。確かにフランス軍が占領したヨーロッパ諸国においては、旧体制を倒したのは理念の力というよりはむしろフランス共和国の、ついでナポレオンの軍隊であった。だが農奴制を廃止し、農民を領主の賦課と教会の十分の一税から解放し、マンモルトの財産を流通させることにより、フランスの征服は資本主義発達への道を拓いたのである。ナポレオンが創設に野心をもやしたヨーロッパ大陸帝国はなにも残らなかったにしても、旧体制を廃止するだけの時間があったところでは彼はそれをなしたのである。この意味において彼の統治は大革命の延長なのであり、旧体制の君主たちが絶えず彼をいやしめて言ったように、ナポレオンは大革命の兵士なのであった。

ナポレオンの後にも大革命の威光は消えなかった。時間がたつにつれて、それは理性の娘で、同時にまた情熱の娘として眼に映じたのである。その思い出には強烈な熱情の力がつけ加わった。バスチーユ攻略は民衆蜂起のシンボルであり、『ラ・マルセイエーズ』は自由と独立のための戦いの歌となった。この意味においてフランス革命はまさに神話としての価値を持っている。ジョルジュ・ソレルが言った意味での神話であって、想像力をかきたてて心を揺さぶるもののことである。すなわちよりよい時代を告げるものとして、人々を行動に誘うのである。こうした革命的ロマンチズムを超えて、そのイデオロギー的な魅力もまたおとらず強力である。フランス革命は社会を合理的な基礎の上に据えようとする巨大な努力として際立っているのである。

最後にトクヴィルを引用しよう。「それ〔フランス革命〕が法律、伝統、性格、言語とは関係なしに人々を近づけたり切り離したりするのが見られる。時には同国人を互いに敵とさせ、異邦人同士を兄弟にさせてきたのである。あるいはむしろ、それは、個別のあらゆる国籍をこえたところに、すべての国の人々が市民になれる共通の知的祖国をつくったのである。」

アルベール・ソブール

凡例

一、本書は Albert Soboul: *La France à la veille de la Révolution, Economie et Société*—— (Paris, 1974) の全訳である。

二、原文中の（ ）はそのまま、《 》は「 」にした。またイタリックで印刷されているものは訳語の横に傍点を付したが、書名の場合は、他のものと同様、『 』に入れた。

三、原著では、参考文献は各章もしくは節の後に挙げられているが、訳書では一括して巻末に載せた。また邦訳のある場合には訳書も載せた。

原著出版（一九七四）後の文献については訳者が選択し、参考文献の最後に載せた。こうした追補を行なう件については著者ソブール教授の承諾を得た。

四、原著には注記がない（注にあたるものは本文中に挿入されている）が、読者の理解を助けるため、必要最少限度の訳注を付し、巻末に一括して載せた。

五、翻訳にあたって、普通の語については同じ語にはできる限り同じ訳語を与えるように努めたが、日本語の文脈にあわせて適当に訳し方を変えた場合もある。専門用語は極力、学界で通常用いられているものを選んだ。複数の訳語がある場合には、(1)現実を最もよく表現している、(2)日本語としてこなれている、の二点を基準に選んだ。専門用語の訳語は常に同一であるが、ferme が唯一の例外である。訳文の論理性を保つため、農民（借手）からみた場合には「借地」、領主（貸手）からみた場合には「貸地」とした。

目次

まえがき
日本語版への序文
凡例
序章　旧体制……1

第一部　経済構造

第一章　旧体制の経済　伝統的諸構造の存続……8
一　旧型の農業　8
1　農業の法的・技術的・社会的諸条件――共同体体制と集団的規制　8
輪作地の制度――共同体規制――集団的諸権利――共同体的な農業制度の経済的・社会的諸結果
2　農業の法的・社会的諸条件――領主体制と封建的徴収　14
3　いわゆる「農業革命」　15
二　工業生産の旧型組織　22
1　職人的構造の生産と商業――同業組合体制　23

宣誓職業組合と自由職業組合——独立的職人と従属的職人
2 農村工業 28
3 「集合」マニュファクチュア 29
三 大商業 32
1 商業の飛躍的発達の技術的諸条件 32
輸送手段の改良——信用と銀行組織の問題
2 国内商業と対外貿易 34
3 陸上大貿易 35
4 海上大貿易 38
東地中海貿易——大西洋貿易
四 大工業の開始 43
1 織物工業 44
2 冶金工業 48
3 石炭業 50
第二章 状況連関の反転 人口と経済の波動……53
一 人口の動き 54
1 「十七世紀型人口動態」の終わり 54
2 十八世紀後半の人口増加 56
出生率——婚姻率——死亡率——危機の型の変化
3 人口動態と都市の成長 68
旧体制末期におけるフランス諸都市の人口——都市の飛躍的発展

4　人口動態の変動とその増減対照　74
人口動態の増減対照
二　物価と収入の動き　78
1　価格の動き　80
長期変動——循環期的変動——季節的変動
2　地代の動き　83
金納借地制——現物借地制——折半小作制——封建地代
3　賃金の動き　87
民衆の生計費——賃金の動き
4　物価と収入の動きの結果　91
経済学説に対して——社会的敵対関係に対して——政治的事件に対して
三　経済の変動、成長、および出発　93
1　工業の成長　94
成長が緩慢な部門——急成長をとげた部門
2　対外貿易の成長　97
3　資本主義経済への移行の道　99

第二部　社会構造

第三章　アリストクラート層……109
一　貴族身分　110
貴族の実数

1　貴族の出自。家門貴族と叙任貴族　110
貴族の僭称——貴族位の喪失
2　貴族の構造　113
帯剣貴族。宮廷貴族、地方貴族と田舎貴族——法服貴族——行政貴族——「鐘」貴族
二　貴族の経済力　122
1　貴族の特権　125
名誉特権——法的特権——税務的特権
2　俸給、年金および手当て　126
3　貴族の土地財産　126
地域的分布
4　貴族の商工業活動　132
貴族資格放棄——海上貿易および植民地経営——鉱山および冶金業の経営——金融投機
三　アリストクラート層の思想　139
封建的反動の流れ——高等法院の反動の流れ
四　アリストクラート的反動　145
1　カストの精神　145
2　貴族の排他主義　146
軍隊において——海軍において——教会において——高等法院において——国王の行政において
3　領主的反動　148

第四章　聖職者……151

一　聖職者の身分　152
聖職者の実数
1　聖職者の機能　154
司牧職――公共の職務。戸籍、教育、扶助
2　教会裁判　155
俗人に対する教会裁判――聖職者に対する教会裁判
3　聖職者の特権　157
名誉特権――法的特権――税務的特権
4　聖職禄の授与　158
二　この身分の資産と財務　162
1　聖職者の財産　162
聖職者の土地所有――教会十分の一税
2　聖職者の財務　166
聖職者の負担――聖職者の財務管理。聖職者集会、聖職者総務部
三　聖職者の構成　170
1　修道聖職者　170
教育、慈善、黙想を目的とした修道会――修道者委員会とその成果
2　教区聖職者。上級聖職者　174
上級聖職者とアリストクラート層――上級聖職者の富――上級聖職者の生活
3　教区聖職者。下級聖職者　179
四　聖職者の伝統と傾向　184

1　ガリカン教会の自由　184
ガリカニズム――リシェリズム――リシェリズムとジャンセニズム
2　聖職者の思想　190
信仰の擁護――上級聖職者の思想――下級聖職者の要求――一七八九年の聖職者と世論

第五章　ブルジョワジー……194
第三身分
一　ブルジョワジー――構造の問題　198
1　法的側面　201
2　社会的側面　202
地域的多様性――社会的階梯性――社会的上昇――社会的固定化
二　金利生活者のブルジョワジー　207
ブルジョワジーの土地所有
三　自由業のブルジョワジー　210
四　職人・小商店主の小ブルジョワジー　211
1　従属的職人と独立的職人　212
2　商人的職人と職人的商人　213
五　実業家ブルジョワジー　219
1　金融ブルジョワジー　220
徴税請負人――財政の保有官僚――銀行家

2 交易ブルジョワジー 222
交易商人――商人
3 マニュファクチュア・ブルジョワジー 226
製造業者的交易商人――近代的な型の産業家
六 ブルジョワジーの思想 229
哲学運動――政治の問題――経済の問題

第六章 都市の民衆諸階級 238
一 構造の問題――裸の労務者かプロレタリアかサン＝キュロットか 239
二 民衆の諸カテゴリー 242
従属的職人、徒弟、見習い――マニュファクチュア労働者――顧客相手の賃金生活者
三 民衆の生活条件 246
1 民衆の生計費 247
2 賃金の変動 247
四 労働組織と行政による監視 250
1 仲間組合 251
2 法的従属 254
五 民衆の要求 256

第七章 農民 261

農民の重要性。人口において、フランス革命において
一　土地所有の分布　262
1　農民以外の土地所有　265
2　農民の土地所有　266
地域的分布――分割地農民の所有地――土地を持たない農民――農民の所有地は十八世紀に増加したか
3　経営の分布　270
4　土地所有の法的体制　271
領主直領地と領主管轄地――サンシーヴ、農奴保有地、自由地
二　農民の生活条件　274
1　農民の法的条件。農奴と自由農民　275
農奴制の地理的区域――農奴の法的条件
2　農民の経済的条件。農民層の社会的グループ　277
土地所有農民層。「自営農」と「篤農家」――資本家的農民層。大借地農――分割地農民層。小土地所有者、小借地農、折半小作農――プロレタリア農民層。農村プロレタリアートの数量的重要性、農村プロレタリアートの生活条件の悪化
3　乞食と浮浪。放浪者の世界　288
三　農民の負担。「封建制」　294
1　封建的諸権利と領主的諸権利。「封建的複合」　294
用語の問題。「旧体制の封建制」――「封建的複合」。封建体制と封建的諸権利――領主体制と領主的諸権利
2　教会十分の一税　308

3　封建的徴収　312
4　国王の税　319
5　領主的反動　320
四　農民の心性と願望　324
結　論……331
一　ブルジョワの繁栄による革命か　334
二　民衆の貧困による革命か　336
三　ブルジョワ革命と民衆運動　339
訳　注
訳者あとがき
参考文献

序章　旧体制《アンシャン・レジーム》

十八世紀の末にフランスとヨーロッパの大部分は、一七八九年の末以来旧体制《アンシャン・レジーム》と呼ばれている体制のもとにあった。この表現は、今日、何人かの歴史学者の反対にあっている。彼らはこの表現の使用をやめる傾向にあり、それによって革命がなした根底的な変転を矮小化している。しかし、この表現が依然として歴史的に有効であることに変わりはない。同時代者は、フランス古来の統治制度と対照して、三部会の召集と開催がもたらした変化に当初から感銘をうけていたのである。フェルディナン・ブリュノがその『フランス語史』で指摘しているところによれば、大胆なのはこれに旧《アンシャン》という形容詞をつけたことであった。すなわち「こうした言葉の組み合わせは、多くの人々から嫌われていた過去を棄て去ろうとするものである。」この表現はすぐに用いられるようになったわけではない。立憲議会の布告ではしばしば先行体制《レジーム・プレセダン》と言っている。しかしながら一七八九年一一月二六日にはすでに、『夜明け』(1)は「憲法の条文に旧体制の痕跡を残さないこと」と書いている。時として「事態の旧秩序《アンシャン・オルドル・ド・ショーズ》」と言われたが、旧体制の方がより通用していた。

トクヴィルの『旧体制《アンシャン・レジーム》と大革命』(一八五六)によれば、「大革命が始まって一年もしないうちに、ミラボーはひそかに王に書き送った。『新しい事態の様子を旧体制と比べてごらんなさい。……高等法院(2)

もなく、議会地方(3)もなく、聖職者団体、特権層、貴族もないのは、つまるところ何でもないことと言えるのでしょうか。』」トクヴィルは続けて（そしてこれこそおそらく大革命に対して下し得るであろう最良の定義の一つである）「フランス革命は、単に旧政府を変えることだけではなく、社会の旧形態を変えるのもその目的だった。それ故、それは同時にすべての既成権力を攻撃し、すべての目立つ勢力をうち倒し、伝統を消し去り、習俗と慣習を一新すること、いわば人間精神から、それまで畏怖と服従のもとになっていた思想すべてを抜きとることが必要であった。」旧体制は単なる法的・制度的な骨組みなのではない。それはすべての関係を含んだ社会そのものである。それはまた、社会的多様性がもたらすすべての色あいを含んだ一つの心性、一つの生活様式である。トクヴィルは一七八九年の諸事件にもかかわらず連続性があったことを強調しているし、テーヌは逆に「近代体制《レジーム・モデルン》」を対置して、その断絶を主張した。だが旧体制という表現は、このように歴史家たちが苦心惨澹して抽象した挙句に作り出したものではない。それは、この制度の重さを耐えていた圧倒的多数の国民によってになわれていたものであり、また弁舌での勇敢さに行動の豪胆さをもつけ加えてこの用語を作り出した人々によってになわれていたものなのである。われわれにとって重要なのは、この表現の人間的・社会的次元である。その現実を生きた人々がその表現で理解していた意味が重要なのである。この撞着語法は、それを組み込んでいる心情的な情況の中ではっきりする。すべての歴史的与件と同様、それは社会的文脈においてしか真の次元をとり得ないのであり、その文脈が意味されるもの（現実）から意味するもの（表現）を作るのである。

　さらに、時代的な限定をする必要がある。旧体制は確かに中世にその起源を持つ。すなわち、百年戦争から宗教戦争に至る長い移行期間を経るのであり、一七八九—九四年の突然の崩壊によって終結するに至る。それは王政期の最後の三世紀をおおっており、一六二〇—一六四〇年から一七二〇—一七三〇年が最も典型的な時期である。フランスの十八世紀はおそらく、われわれの歴史において最も偉大な世紀であろう。ましてや旧体制の偉大な世紀であることに議論の余地はなく、時代区分の小細工によってそれを消し去ることはできない。われわれの注意を引くのはこの世紀、とりわけその最終局面なのである。すなわち、長期にわたる輝かしい円熟化の後に均衡点に達した局面である。旧体制はその時期に完成したものではない。完成ということはあり得ないのだ。この時期においてこそ、旧体制は、その輝かしい表面、すなわち後にタレイランが追憶した生きることの甘美さ、の奥にある根底の諸構造において把握されねばならないのである。一七五〇―六〇年から八〇年代に至るまでの短期間こそ、華々しい反面で危機が少しずつ生成されており、頂点に達した内部の緊張がすでに八九年の崩壊を予感させるのである。

　旧体制は、ある程度の繁栄はあってもまだずっと過去のものに近かった経済によって特徴づけられていた。社会的レベルにおいてはアリストクラート(4)的な特権の存続によって、国家的レベルにおいては神権にもとづく君主の絶対制によって、特徴づけられる。人々の心性は、啓蒙哲学の華々しさがあったにしても、経済や社会よりも遅々としか変化しなかった。

　ヨーロッパ経済は中世末期以来、植民地の経営と大国の重商主義政策にささえられて、絶えざる発展を示してきた。この発展は十八世紀にイギリスにおいて勢いを増し、蒸気機関の支配をうみ出した。こうして産業革命が始まった。この表現はすでに一八四五年にF・エンゲルスによって用いられ（『イギリスにおける労働者階級の状態』）、一八四八年にはスチュアート・ミルによって（『政治経済学原理』）、ついでK・マルクスによって『資本論』第一巻（一八六七）で用いられた。一八八四年にA・トインビー（『イギリス産業革命に関する講義』）、一九〇五年にP・マントー（『十八世紀の産業革命』）が用いて、歴史家の間に一般化された。この概念のかわりに、経済史家たちは今日出発《デマラージュ》（好んで隠語を用いる専門家たちのいう離陸《テイク・オフ》という概念を用いる傾向にある。両者とも同一の現実をさしている。すなわち、旧式の農業構造の決定的な廃棄、生産要素の再配分、新しい人口動態に向けての進展であって、そのすべてが階級序列の転覆と社会的価値の改造へとつながっている。産業革命の概念が長期にわたるものであるのに対し、出発《デマラージュ》という概念は短期間におけるものである。それは二〇年もしくは三〇年のものであって、その間に生産が決定的な進歩をとげ、短期の変化は経済が農業の伝統から離れるのを可能にし、諸構造が不可逆的に変化するのを告知するのである。この世紀におけるイギリスの経済成長とフランスのそれとを比較してみると、発展のリズムがある程度近いことがわかる。とはいえ、イギリスだけが技術の決定的な改変を経験したのである。十八世紀のフランスにおける否定できないほど飛躍的な経済発展も、真の出発《デマラージュ》には達していないのである。農業の優越、ある程度の技術的進歩にもかかわらぬ交通の遅さ、工業生産における金属工業の遅れと工業生産自体が二次的なものであること、真の銀行体系の欠如など、古風な構造の典型的特徴が多く見られる。

社会構造は本質的にアリストクラート的なままで、特権に基礎を置いていた。身分（オルドルまたはエタ）といった法的構造は階級という社会的現実をうまく覆い隠してはいなかった。後者は常に、その起源の痕跡、すなわち土地が唯一の富をなし、その保持者に対してその土地を耕す村民たちへの権力を与えていた時代の痕跡を示していた。幾多の変遷が、この原初的な秩序を覆していた。君主は王属諸権利を領主たちから取り上げていた。しかしながら、彼らに社会的、経済的な諸特権を残してはおいた。貴族たちは確かに臣下になりはしたが、特権層であり続けたのである。司祭たちも同様である。トクヴィルは『旧体制と大革命』の中で「封建制は政治制度ではなくなったが、なお民事的な諸制度の中で最大のものであった。このように縮減されたものの、なお一層の憎悪をひきおこしていた。中世の諸制度の一部を破壊することによって、残ったものを百倍もいやなものにした、というのは正しいことだったのである」と書いている。民衆全体は第三の身分すなわち第三身分に入れられており、自分たちの服従的な生き方故に彼らだけがアリストクラート層の大権に注意を向けていた。各等級の内部自体でも、自主権《フランシーズ》や自由権《リベルテ》などのいわば特権は、諸社会グループ、および諸都市や国家内の諸地方に帰属していた。こうした団体組織は権利の不平等の上に成り立っていた。しかし、このような伝統的構造は生産活動と動産の飛躍的な発達によって足元をくずされていた。同じ発達はブルジョワジーと都市民衆の社会的重要性を増加させていたのである。

人々の心性は、いつもながら、経済や社会の進展に遅れをとっていた。生活条件が停滞しているのに、どうして思想が変わり得ただろうか。知的な動きはアリストクラートかブルジョワジーである少数の者にしか影響を与えなかった。古い価値体系は存続しており、その擁護者にはこと欠かなかった。十八世紀の末に聖職者は、一部では新思想にとらわれていたにせよ、民衆に相対しては彼らは常に効果的に伝統の胸壁となったのである。アリストクラート的で位階制的な社会構造は臣下たちに劣等感を保たせており、それによって忍従と畏怖が維持されていた。これらは、なによりもまず宗教によって強制されており、さらに、権威的で不寛容な国家の束縛によって支持されていたのである。しかしながらブルジョワの心性は、彼らの活動とあいまって、別のものであった。彼らは伝統的な諸価値を攻撃していたのである。理性は世紀が進むにつれてその支配をすべての分野に拡げ、何物もとらえず放置しておくことはなかった。最終的に啓蒙哲学がブルジョワジーに思想体系を与えた。これは、階級意識の芽ばえに貢献することにより、効果的な社会的実践へと導いたのである。

ともあれ、君主制絶対主義は存続していた。そして効率をよくしようと国家の合理化に努めていた。絶対主義の権力は、理論的には絶対であっても、アリストクラート的特権、都市や地方の自治によって、また中央集権が不完全で、歴史的に種々の情況のもとで全体的な計画なしにできた行政の複雑さに対処するには力不足で自ずから限界があった。それでその強化をめざしているのである。しかし君主制は、アリストクラート層が自己の隷属化について王政を非難するのも、統治から遠ざけられたブルジョワジーが苛立つのも、圧伏できなかった。これら二階級の競合が強化されて、三つ巴の軋轢が生じた。これは大革命によって解決されたのである。

旧体制の危機は、最終的に大革命によって終結するが、その中には多くの事態の流れが錯綜している。歴史家の役務の一部は、経済、社会、政治等々の関係を明白にすることにある。これらの範疇を設けるのは分析を容易にするためである。しかしながら、これらの区別が、歴史家にとっても常に明晰だとは限らないが、十八世紀の末にその中を生きていた人々にとって明瞭だったと思ってはならない。大部分の人々にとって、動因は互いに切り離せないほどもつれあっていると見えたのである。だが、もし歴史家が一七八九年の革命についてなんらかの因果関係を説明したいのなら、心性と思想を社会の必要と圧迫とに結びつける何らかの理論に頼ることを余儀なくされる。十八世紀末の旧体制の諸問題を研究することは、フランス革命の根本原因と偶発的原因の一覧表を作ること、および大革命が近代世界史において持つオリジナルな意義を前もって示すことに帰着するのである。

第一部　経済構造

第一章　旧体制《アンシャン・レジーム》の経済　伝統的諸構造の存続

旧体制《アンシャン・レジーム》の経済の典型的特徴は、伝統的構造の存続である。（叙述の関係で最初は経済的側面と技術的側面だけにしぼる。それらが必然的に包含している社会的側面については、第二部　社会構造、を参照）

一　旧型の農業

まず初めに、農業活動の重要性に注意せねばならない。すなわち、フランスの人口の大半は基本的に農村民なのである。約二六〇〇万の住民の五分の四は田舎に住んでいる。農業と農村社会の停滞は、旧型の経済組織と若干の面ではまだ封建的な社会構造の存続によっていた。仕事と農村共同体の生活とのリズムは、太古以来、季節の移り変わり、および共同労役と共同体的伝統とによる強制的規則によって定められていた。

1　農業の法的・技術的・社会的諸条件――共同体体制と集団的規制

輪作地の制度――

	輪作地1	輪作地2	輪作地3
一年目	冬まき小麦	春まき穀物	休耕地
二年目	春まき穀物	休耕地	冬まき小麦
三年目	休耕地	冬まき小麦	春まき穀物

土地の耕作は、法的・技術的・社会的な諸条件全体の中に封じ込められていた。フランス北部および東部においては、村の土地は三つの輪作地（ソル、セゾン、カルチエ、などと呼ばれる）に分けられており、その中の一つには冬まき小麦、他の一つには春まき穀物の耕作が行なわれ、三番目は休耕地《ジャシェール》となっていた。毎年その配分は変わり、三年で耕作が一循した。この三圃制度は義務であった。これが輪作地強制である。この農業の外観において、村落は集中しており、耕地は開放されていた。多少とも同心円的な三つの地帯が住居と納屋をとりまいていた。内側の地帯は菜園、果樹園、麻畑、栽培が難しい作物のための囲い込み地片からなる。真中の地帯は開放耕地からなる三つの輪作地である。外側の周辺地帯は森林、雑木林、荒地、放牧地などであって、多くは共有地であった。ノルマンディ、ボース、ブルゴーニュを境界線として、その南では輪作は二圃制だった。西部では耕地は垣根で区切られており、小森林が広い農村部に相対していた。輪作地の一部は時たま耕されるにすぎない。したがって北部では土地の三分の一、南仏では半分、西部ではそれ以上が、全く耕作されていなかったのである。

共同体規制――慣習にもとづく一連の経営規則が農民に課せられており、それによって農村共同体の統一が強化されていた。輪作地強制と輪作の順序変更の禁止、囲い込みの禁止、義務的休耕などである。すべては共同放牧権に結びついていた。このように、二次的な制限が土地所有の上にかかっていたのである。それでなくても領主を利するための諸税や請求権を課せられた上に、なお、農村共同体を利するため集団的強制の重荷を土地所有はしのばねばならなかった。これが技術の進歩に対するもう一つのブレーキとなっていたのである。農業個人主義の主張や、囲い込みの自由、さらには休耕地の耕作の要求があったにしても、耕作の自由は存在しなかった。

しかしながら、この特徴を強調してはならないだろう。現実はもっと流動的だったのである。農業の外観そのものよりも、経営の構造および菜園・耕作・放牧の比率と分布の方が、たぶん重要である。どこにおいても放牧は重要であり、たぶん耕作と同程度である。伝統的な農業制度の諸強制はほとんどの場合に固定しているのであって、それよりも、おそらく、農民が経営に対して伝統的・本能的に適応することの方に、より注意を向けねばならないであろう。たぶん彼は外観を変えようとはしなかったが、当然ながら、自分の耕作のやり方と自分の生活リズムでそれに適応したのである。輪作は、北部と東部の平野では三圃制の形で実質的に義務であったが、他の場所では支配的習慣となるにはほど遠かった。二圃制は、フランス南部に広く普及していたものの、支配的ではなかった。もし豊かな土地を家の近くに持っていたら、農民はためらわずにそれを休耕地から切り離すのである。

可耕地における共同放牧、さらにはそれに伴う強制的輪作についてみれば、それらは現実の必要に起因していた。しかし、共同放牧はまた、未耕地、荒地、サヴァール、ラリ[5]、木のはえたあぜ道、下草それ自体、沼地のまわり、道路、さらには一番草を刈り終えた牧草地などでの牧養でもあった。共同放牧は地方的慣習によるものであって、法的規定によるのではなかった。定められた輪作に従うという法的義務は、借地契約を除けばほとんど見られなかった。それも単に土地所有者が借地人の気まぐれを用心してのことであって、公共の秩序にもとづく規則に従うよう求めたりするものではない。この用益権を最もよく特徴づけているのは、相互の寛容という性格である。

集団的諸権利——共同体的諸規制のみかえりとして、一連の集団的諸権利があった。それらは農村集団が享受し、かつ執拗に監視していた。

共同放牧権、入会地放牧権、二番草権。耕地は、収穫を終えた後は、再び共有となった。一番草を刈った後の牧草地も同様である。貧民の牛はこうして、共同畜群に混ぜられて、休耕地や遊休地を放牧地として得たのである。

落穂拾いの権利。刈り入れ人がこぼした穂は貧民のものとなった。これは「神の取り分」であった。穂は半月鎌で高く刈られたのでわらは畑に残ったが、これもまた共同体のものになった(麦わら権または切り株権)。貧農は、小麦を地面すれすれのところから刈取る長柄鎌の使用には反感を持っていた。共同体的権利と技術的進歩が相反したものとなっていたのである。

森林用益権。農民は森で燃料用や建築用の木材をとり、森へ家畜を連れて行って放牧した。後者は主に豚(どんぐり権)であるが、牛や馬についても同様である。これらの慣行は皆、森林の合理的経営に反したものだった。国王行政はそれらの制限に努めた。大革命および帝政下には、それらは増加したが、一八二七年の森林法により最終的にきびしい制限を受けるに至った。

共同体的な農業制度の経済的・社会的諸結果——共同体的な農業制度は、一方では集団的諸権利により、農村人口の大部分がたとえ土地を持たなくても良かれ悪しかれ生存できることを可能にしたが、他方では、いやし難い経済的・社会的諸結果を招いたことも事実である。

生産の弱小性が第一の、最も深刻なものであった。旧体制下のフランス農業は、収穫率が悪くて生産の低い穀物農業であった。対種子比率は平均して四～五倍、まれに六倍であって、一ヘクタール当り八～九カントー(6)であった。生産と収穫率の弱小性は、耕作面積のほとんどすべてと農民活動のすべてとを穀物にあてるのを余儀なくしていた。人口の八〇パーセント近くが多大な労苦を払ってやっと自給するとともに、二〇パーセントの貴族、聖職者、ブルジョワ、職人、徒弟を養うことができたのだった。収穫率の悪さは以下の理由による。洗籾も保存も悪く、選別は全く行なわれない種子の質、役畜を欠き（ピカルディでは農民の五分の四は馬を持っていなかった）、能率のいい農耕用具を欠いているので、犂耕が不十分なこと、土地をあちこちうろつくことなく厩舎で飼育される家畜を欠いているので施肥が不十分なこと。

休耕地の存続は、要するに、共同体的な農業制度の最もいまわしい結果なのである。土地の非生産的な遊休は、その土地の肥沃さを回復し、何回かの犂耕によって土を整えるのが目的だった。しかし、それはその分だけ耕作を制限することになった。そのため、残余の土地をすべて穀物に割り当て、草地を制限する必要が生じる。飼料の不足が家畜の質的・量的な不十分さを帰結し、これが施肥の不足をもたらす。そして、この点が今度は休耕を必須のものとするのである。これが旧式農業の循環論法、「悪循環」である。十八世紀の農学者が「休耕の恥辱」に対して浴びせかけた批判は、そこから生じたのだった。ただ一つの地域のみが、それも中世以来、この矛盾からのがれていた。それはフランドルで、街のゴミと運河の泥のおかげである。これにより、収穫が多くなり、そのため畑に草をはやしておくこと、より多くの家畜をよりよく飼育することができるようになった。その結果、より多く施肥ができた。悪循環は断ち切られていたのである。

とはいえ、十八世紀の人々が進歩を望むあまりに伝統的な農業のやり方について下した、時として概括的な断罪を字句通りに受けとることはできない。またその時代において「農学」を現在われわれが用いる意味において語ることもできない。ラヴォワジェは開明的な農学者で大化学者であったが、自分の化学上の諸発見から農学の分野での実際的な方策を導き出すことはできなかった。「新農業」の擁護者たちは耕作様式の重要性を指摘していた。それ故、犂を改良したり、まぐわや地ならし機など他の用具の使用を広めることを考えたのである。さらに、いくつかの基本的な与件を見落してはならないであろう。すなわちここで言いたいのは、冶金技術の状態と農村生活レベルにおける金属製品の稀少性である。前輪犂と簡単な無輪犂を比較した際のそれぞれの利点とか、犂刃や犂べらの特定の形とかについての議論など、むなしい論争である。近代冶金術によってのみ作られる一定の品質の材料を得られなかったからである。しかしこの近代冶金術はいつの日のことか……。長柄鎌の歴史を見てみるならば、パリ北郊の大農地帯では十八世紀後半において、秋麦についてさえも、刈取りの進歩が見られる。刈取り(7)が半月鎌による切取り(7)にとってかわる傾向が見られたのである。しかしフランスは、この分野では外国に大きく頼っていた。大革命期に、それまでの供給国との関係が難しくなると、長柄鎌は全く不足してしまったのである。

　これらの一般的特徴は、程度の差はあれ、小農地方全体にあてはまった。重農主義者たちの議論においては、この表現は遅れた農業の同義語だった。彼らに習って多くの歴史家が、それぞれの研究において、大農地方、すなわちフランスではパリ盆地と北部とに優越を認めた。しかし、必ずしも小農地方が最も恵まれず、大農地方が最も進んでいたというわけではないのである。

　ロジェ・ディオンはパリ盆地に関して、「分散借地《フェルム》の地方はうまくいっていない。それは農村共同体による土地入手を最も広く免れた地方だからである。」という一般法則を述べている。つまり言いたいことは、多くの場合に農民集団が最良の土地に強固に根をはっており、大経営の拠点である分散借地《フェルム》は村落区域の周辺にある未耕地や委棄された土地、低湿地などに追いやられていた、ということである。「大農」という語を集約的で同時に大規模な耕作という意味に用いるなら、右のような条件のもとでは大経営は例外的にしか「大農」を行ない得なかった。実際、経営規模が、理論的には耕作可能な土地八〇ないし一〇〇ヘクタールに及んでいる場合でも、技術的手段の欠如および十分な経営資本の欠如から、かなりの部分が耕作されずに放置されていることがしばしばあった。これは、十八世紀後半までは、貴族であれ裕福なブルジョワであれ、農学家的精神をもって資本を投下する大土地所有者はきわめてまれであったことを示すものである。

逆に小農地方は集約的耕作と農学上の進歩の実例を見せていた。イギリスの農業「革命」よりずっと以前に集約的経営の事例を提供していたオランダをさしおいても、アルトワとフランドルは十八世紀末に、ピカルディ平野と比べると、農業のやり方において独自の特徴を持つものとなっていた。南西部アキテーヌ平野ではトウモロコシが穀物の高収穫の一翼をささえていた。その地に対するアーサー・ヤングの賞賛の叫びにも留意されたい。他のいたるところで、地の利を得た小耕区、とりわけ住居地のそばでは、活発な労働と十分な施肥により農民はかなりの収穫を得ることができた。菜園と小庭、ブルゴーニュのウーシュ[8]、リヨネのヴェルシェール[8]など、また同じく麻畑、亜麻畑、タバコや染料用植物の畑、タデ・ウマゴヤシ、野菜・蕪の耕地片などがそれにあたる。「小農」は時として農業生産の優越的な形態を示していたのである。

2　農業の法的・社会的諸条件――領主体制と封建的徴収

第七章　農民、三　農民の賦課、1　封建的諸権利と領主的諸権利、2　教会十分の一税、を参照。

3 いわゆる「農業革命」

十八世紀に関連して「農業革命」が語られてきたが、これは表現を混乱させるものだった。二世紀にも及び、また若干の小農地域ではいまだに完了していない、奇妙な革命なのだ。だから、すべての言葉のインフレーション、とりわけ革命という語の混乱は避けることにしよう。

ヨーロッパ大陸ではフランドルだけが、集約的農業と家畜の厩舎飼育を実行していた。そこでは休耕は姿を消し、飼料作物と採油作物の栽培に席を譲っていた。

フランス全体ではどうだったのだろうか。「農業革命」という主題は、すでに書かれたように、基本的には「本の中でのみ知られていること」ではないのだろうか。一八一〇年にミュセ＝パタイはその書誌録の中で、十五世紀に編集された農学的な性格の本を四六冊、十六世紀には一〇八冊、十七世紀には一三〇冊、それに対して十八世紀には一二一四冊、列挙した。この激増のかげに何があるのだろうか。「これまで韻文、悲劇、喜劇、オペラ、小説、ロマネスクな物語、なお一層ロマネスクな道徳的考察、恩寵や宗教的高揚によるひきつけの発作についての神学的議論などにあきるほど従事してきた国民が、一七五〇年頃になってやっと小麦について考えるようになった。小麦とライ麦についてしか語らないようにするため、ブドウのことさえ忘れるほどだった。農業について有益なことが書かれ、皆がそれを読んだ、ただし自営農《ラブルール》を除いて。オペラコミックを観たあとで人々は、フランスには販売用の小麦が驚くほど沢山あると考えたものだ……」とヴォルテールは書いている。この皮肉は、大革命前夜において、フランスの田舎に対するアーサー・ヤングの観察、より正しくは改革と農業生産性とのわずかな進歩に対する彼の観察が確認を与えている。

質的側面については意見の一致がみられないのでさしおくとすれば（イギリスについては小麦収穫率の

改良に対する蕪と囲い込みの役割が誇張されたのではないだろうか）、穀物の生産と収穫率との進歩に関する研究が第一の問題項目になるであろう。事実、小麦の増産がフランスの農学者、すなわち一七五〇―六一年に『土地耕作論』を書いたデュアメル・ド・モンソーから共和暦三年に『一本よりも一〇本の穂、またはフランス共和国の賢者の石』を出版したフランソワ・ド・ヌーフシャトーに至るまでの主要な関心だったのである。統計がないのに、どのような方法によって歴史家はその全体的な帰結を、近似値だけでも、知ることができるだろうか。二つの研究方向が可能であるように思われる。

消費の把握を試み得る。フランスの人口が一七八九年に二五〇〇万人であったとし、穀物消費が年間一人当り平均して製パン用穀物で四ヘクトリットルであったとすれば、総消費は約一億ヘクトリットルと見積られる。生産量を導くには、さらに、当該種類の穀物の輸出入差額を知る必要があろう。フランスでは輸出入は均衡していたようであり、右に示した概略計算は他のデータと一致する。しかし、十八世紀の穀物輸出国であるポーランドのような国、またはオランダのような輸入国については何と言えるだろうか。このやり方においては、食物摂取の古い様式を調査することにより、頭割の摂取量の値を正確なものにし得る。他方、税務と港湾の古文書をひもとくことにより、穀物の出入りの動きを素描し得るであろう。

さらに、作付面積と収穫率の評価を試み得る。輪作の研究により、製パン用穀物の耕作・作付面積の割合を近似値的に知り得るはずである。さらにうまくいけば、古文書資料により一定地域について単位面積あたりの生産、すなわち収穫率を確定できるはずであろう。一般に歴史家は生産対種籾の関係、すなわち収穫率の表現を、一定の種籾に対してこれだけの数字というやり方で設定するのを常としている。だが、この関係は土地の肥沃さに依存しており、解釈が難しいことを忘れてはならないだろう。もし十八世紀のヨーロッパ諸国の農学者の教えが守られていたのだったら、肥沃な土地ではまばらに、やせた土地では密に、種をまいたはずである。実際にはやり方は全く異なっていた。シャトー・チエリー地域では、一七七六年の調査によれば、「良質で強力な」土地と「平凡で低質な」土地とが区別されていた。播種の密度は、後者は前者の半分だった。こうしたことから、収穫率に関して、単に地域ごとのみならず、耕区ごと、経営単位ごとの相違が生じるのである。空間的な相違の上に、時間的な相違、つまり同一の土地における収穫期ごと等々の相違をつけ加えよう。十六世紀末から一八二五年までのラングドックを例にとれば、一七二〇—一七三〇年頃までは小麦の収穫率は播種量の四倍と見積られている。上昇局面の間、一七二五年から一八二五年までに、指数は六となったようである。中央ヨーロッパ諸国全体では、十八世紀に、通常の収穫率は播種量の二倍から四倍という数値を示していたようだ。フランスに限っていえば、厳密な学術用語としての長期において、十八世紀前半から、時には十七世紀初頭、さらには中世以来、一八四〇年に至るまで収穫率は停滞している、とモリノー氏は結論づけた。一八四〇年の農業統計によれば、播種量に対する収穫量は、小麦については一対六、ライ麦については一対五であった。これは、オリヴィエ・ド・セルは除外するとしても、ヤング、ラヴォワジエ、ケネーによって記されたのと同じ数字なのである。一八四〇年の統計からは「農業革命」は全くうかがわれない。数字的データは、それぞれの土地における対応事実と同様に、固定した構造を示していたのである。フランドルは例外で、一七五〇年以前から相違があった。

マルク・ブロックは十八世紀の「農業革命」を「原初時代」以来行なわれてきた遅々たる進歩全体の中に組み入れた。旧来の過程の単なる促進とみるのである。A-J・ブルドはその博士論文において、農業文献の影響を問題とし、「農業のやり方の改良は歴史的なつみ重ねを全く持っていなかったのだろうか」と問うている。結局、十八世紀の農学は現代農学の出発点と考えられるようになった。したがって、旧体制末期におけるフランス農業の急速な変容という考えは退けられ、ずっと後になってから成果を表わす技術を緩慢に受容したのだと考えられるようになったのである。「農業革命」のしるしとして指摘されうる事実はすべて、この変化の偶発的要素をなすにすぎなかった。それらの短期における効果は認められなかったのである。

ふつうに見かけられる改革も同様である。それは基本的には輪作サイクルへの人為的な牧草地（クローバー、タデ、ウマゴヤシ）の導入であり、飼料用根菜（例の蕪）はずっと少ない。ジャガイモはなお一層僅少であり、普及率が低すぎるため財務総監局の価格一覧表に載せられる農産物に含まれていなかった。だが、ジャガイモによって休耕地の「悪循環」は断ち切られ始めたのである。ここで、急速な転換を認めることはできないであろう。変化の緩慢さは、新式農業の進歩を妨げるいくつかの要因によって説明がつく。技術的理由としては、家畜の欠如とそれによる厩肥の欠如、経済的理由としては資本の欠如、法的理由としては借地契約期間の短小さと、強制的な休耕地放牧と結びついた輪作解除の禁止、があげられる。したがって休耕地は、大農地域においてさえ、存続していた。ボースや東部ノルマンディにおいてもやはり、休耕地は見られたのである。フランドル、アルトワの一部、アルザス平原においてのみ、それはほとんど消滅していた。国王政府、農学者、および十八世紀後半に増加した農業協会はよく努力したが、その成果は乏しいものだった。若干の技術的進歩は指摘せねばならない。泥灰石の施肥と石灰の撒布は知られていなかったわけではなかった。それらは地質化学の発端となって、ラヴォワジエの関心をひいた。彼はブレゾワの自分の土地に人造硝石の工場を設置したのである。農業用具は改善された。鋤は改良され、新しいまぐわが発明された。収穫に長柄鎌が使われるようになり、最初の播種機、最初の脱穀機が日の目を見た。

しかしながら、新式農業と旧式農業の間の根深い敵対をかくすことはできない。耕作の自由、すなわち共同体規制を免れる自由のもとになる囲い込み勅令は一般化されなかった。それには同時に土地の再統合を認めることが必要だったであろう。農民の抵抗はたいへん活発だった。旧式の農業制度においては、社会問題が結局は経済的・技術的進歩の鍵となったのである。

ヴェクサン・フランセの例——地域的な一例、つまりヴェクサン・フランセの例を取り上げよう。当時の覚え書きや「統計」を読んでの第一印象は、変化の遅さということである。旧慣墨守、進歩に対する障害、旧式の制度、これらの語は当時の人々の書きものに絶えず現われる。空地や共有地をつぶすことにより耕地が徐々に拡大するのは確認できる。ブドウ畑は逆に減少し、十九世紀初頭にははっきりと消滅しつつあった。人為的牧草地は幾分拡大した。アーサー・ヤングの言うところによれば、ポントワーズの近くでは「土地の半分にウマゴヤシがはえている」というが、これは明らかに誇張である。それでも、パリへ供給するための肉牛飼育が専門化されたことにより、大革命以前に人為的牧草地が出現したことは確かである。農耕用具は一部改良された。ブリ式の重くどっしりした旧式犂にかわって、もっと軽く、平らで鋭利な犂べらをつけ、犂ばねは一枚で二頭の馬に引かせる犂が用いられる傾向があった。しかし、より改良された器具が用いられるようになるのは十九世紀まで待たねばならない。肥料には重要な変化はおこらなかった。家畜小屋や厩舎からの厩肥が、牧羊場のものと並んで、もっぱら用いられていた。家畜飼育の進展は緩慢であり、家畜量は一七八九年から一八三二年までに二〇パーセントしかふえなかった。このため、利用できる厩肥の量はほとんど変わらなかった。農業技術と肥料の使用はほとんど固定していたのであるから、統計に表われている多少の収穫の改善は、おそらく土地改良に帰せられねばならない。泥灰土の施肥は大革命のずっと前から実施されていたのである。一七八八年には小麦とライ麦の収穫率は五倍であったが、一八〇五年には播種対収穫の比率は一対六となる。こうした情況を全体的に考えるなら、ヴェクサン・フランセは一七八九年前夜には、商業化された農業からはまだ遠かった。王政復古になってやっと、農業は新しい経済的・法的条件からすべての便宜を得たのである。しかし、その時でさえ、ヴェクサン・フランセの示す様子は基本的に旧体制末期に示していたものと変わらなかった。真の改変はさらに遅く、肥料の使用の一般化に伴って十九世紀後半におこったのであり、改変の第二局面は、農業の機械化に伴って、なお一層遅れておこった。――（J・デュパキエ「農業調査からみた、ヴェクサン・フランセにおける農業の状態（十八世紀末―十九世紀初頭）」、『第八九回全国学者協会会議報告書』リヨン、一九六四、近・現代史部会、第一巻）

地域的な事例をこえると、全体的な農業の成長を測定するのは困難である。フランスでは、この試みはJ－C・トゥーテンによってなされたが、これは激しく批判される余地のあるものだった。農業生産を研究するのに公式の統計データが全くないからである。穀物に関していえば、十八世紀全体で成長率は年に約〇・四〇パーセント前後だったようである。いずれにせよ、〇・八〇パーセントをこえることはなかろう。（これは一七〇一―一七一〇年の最低量と一七八一―一七九〇年の最高量との比率から得られる成長率である。）農業生産は、最終的に「縮小した」値では六〇パーセント増加した。この成長は、年平均〇・六〇パーセントであり、はっきりと人口成長率を上まわっているであろう。十八世紀に飢饉や大量死亡が消滅するのは、このためのようである。イギリスでは農業生産の実質的増加は一七〇〇年から一七九〇年までに三五パーセントと見積られていた。この二つの数字は厳密に比較可能なものではないし、また議論の余地があるものである。それにしても、それらは、両国の農業成長の間にある程度の類似があったことをうかがわせる。ただし技術の進歩はイギリス農業においてずっと重要ではあった。

フランスの伝統的農業は、したがって、十八世紀末には依然として、各部分が互いに緊密に結びついた一つの全体をなしていた。家畜飼育と穀物栽培、畑の耕作と菜園作りが一緒に行なわれた。労働と生産の全形態の完全な革新なしには、技術革命はあり得なかったのである。旧慣墨守の強靱さは、単に無知とか手段の不足とかによるのではない。各部分が互いに他を必要とする制度をあまりにも急にうちこわすことへの恐れがなおもあったのであり、それ故、結末のわからない道へ踏み込むことは危険だと思われたのである。

*

旧型の農村生活は、分断され、区画化されると同時に、農村共同体の中に強く組み込まれていた。村落はほとんど閉鎖経済のもとに生活しており、自己完結的だった。あまり購入せず、自給自足をめざしていた。各地域は、自然的諸条件があまり適当でない場合でもなお、自分の穀物、自分のブドウ酒を生産していた。交通と輸送の手段の未発達が、農村生活と農業生産のこうした地域的性格に拍車をかけていた。一つの州が飢饉の時に他の州では余剰がある、ということもあった。商交換は少なく、恐慌が頻発した。軽度の凶作でも飢饉をひきおこした。農産物価格は上昇し、時には二倍になった。そうなると民衆の多くは、もはや単に家計の三分の二に留まらず、ほとんど全額を食糧のためにさいたのである。農業恐慌は工業生産に波及した。農民は流動資産を持たないので何も買わなくなり、失業は織物業に及んだ。恐慌は全体的であった。それは豊作とともに終わったものである。農産物価格は下落し、パンは安価になり、工業生産は再開するのだった。

このように、農業生産が経済全体のリズムを決定しており、それは土地に基盤を持つ経済となっていた。

ちょうど地代が旧社会にその刻印を押していたのと同様である。この事実は、新重商主義者、例えば一七五八年に『フランス財政の研究と考察』を出版したフォルボネも、また重農主義者も、見のがさなかった。この時代の経済の動きはすべて、宮廷、貴族、高位聖職者、大ブルジョワジーに役立てるものであり、彼らが土地の寡頭支配者で旧体制の基本的な受益者だった。彼らはすべての生産活動に無縁で、社会体すなわち農民の世界に寄生して生活していた。彼らは地代、封建的貢租、借地料、折半小作料を分けあっていた。それらの上昇は農産物価格の上昇よりも早く、賃金の上昇と比べればなお一層急激だった。ケネーが主張しているように、「所有階級」は「農業純生産」で生活しており、それは流通にはいる前にまず、この階級の手に渡るのだった。交易とマニュファクチュアは、これら特権層の消費に依拠していた。故にケネーの怒りが生じる。すなわち、農業生産物は結局は過剰の使用人、ぜいたくや見せびらかしのための消費、不毛の散財によって無駄使いされていたからである。農業は自らが与えたのに見合う分を受け取っていなかった。再投資がなかったのである。対外貿易とマニュファクチュア工業が、この「地主社会」に消費と浪費の機会を提供していた。このような限度の内において、重農主義者は、工業のあまりにも一方的な発展は危険であり、土地に基礎をおいた経済を守る手段として農業を優先すべきであると、見てとった。地代を享受する者たちは、投資するかわりに消費することによって、経済発展の障害となっていた。農業の資本主義的転換には封建制と特権との廃止が必要だったのである。

二　工業生産の旧型組織

職人的小生産、分散小商業がここでの問題である。労働力は多くの仕事場、屋台店、小商店に分散している。多くの場合、家族の労働力によっており、それに何人かの徒弟が加わっている。投下されている資本は僅少で、設備は貧弱である。

1　職人的構造の生産と商業——同業組合体制

職人と小商店主の大部分にとって、法的な枠組みは依然として同業組合のままであった。それは、サン＝トメールやヴァランシエンヌのギルドのように十一世紀に出現したもので、最初は基本的には宗教的・社会的な性格の団体だった。その形態は少しずつ明確なものとなり、目的はより厳密に職業的なものとなった。本格的に発展するのは十四世紀であり、その制度化は重商主義の発展と一致した。その時からこの制度は、旧体制末期に至るまで、実際上の組織の単位となっているのである。おそらくフランスにおいても、イギリスにおけると同様、常に若干の裂け目を伴っていた。同業組合は、すべての職業をおおってもいなかったし、すべての都市を含んでいるわけでもなかった。田舎では見られなかった。用語自体からして、当時一般に用いられていたわけではなかった。それは十八世紀半ばにイギリスからもたらされたものだった。同業組合《コルポラシオン》という語を用いている最初の文書は、テュルゴの主導による一七七六年一月の勅令で、この制度の廃止をもたらすものだった。呼び方は「ギルド」「ハンザ」「職業組合《メチエ》」「職業団《コー・ド・メチエ》」「技芸共同体《コミュノーテ・ダール・エ・メチエ》」「親方会《メートリズ》」「世話人会《ジュランド》」(9)（多くの同業組合は、世話人《ジュレ》と呼ばれる選ばれた親方により指導されていた）というように移り変わっていた。

同業組合は厳格な位階制がとられており、一段階からその次へ移るのは厳密に規制されていた。各同業組合、各都市ごとの仕事場と小商店の数についても同様である。同業組合の頭取として世話人会《ジュランド》があり、親方《メートル》や店主から選ばれた世話人親方《メートル・ジュレ》から成っていた。彼らは規則の遵守を監視し、同業組合の治安を保障した。理論的には同業組合に規制権があったが、実際にはこの権限は王の代官の手に移っていた。親方の下には徒弟、さらにその下に見習いがおり、見習い奉公は厳密に規制されていた。

宣誓職業組合《メチエ・ジュレ》と呼ばれる、よりきびしく規制されているものと、規制職業組合《メチエ・レグレ》とがしばしば区別された。後者は一定程度の自由を享受しているため自由職業組合《メチエ・リーブル》とも呼ばれていた。この区別は地方的もしくは地域的なものにすぎなかった。若干の都市、例えばパリなどでは宣誓職業組合が多数を占めていたが、他の都市、例えばリヨンなどでは自由職業組合が優勢だった。実際には十六世紀から十八世紀にかけて、自由職業組合は次第に自由ではなくなっており、規制職業組合と称しうるものになっていた。それは、規制がより柔軟な点、見習いの条件がよりゆるやかな点、親方昇進規定がよりやさしい点で宣誓職業組合と区別されていた。

同業組合は、公権的もしくは半公権的団体であって、その加盟員を職業の実施に際して集団的規律に服させるもの、と定義された。基本的に親方の団体であったので、当然ながら、集団的特権の保障によって、競争の危険からより大きな安全を守ることに努めるようになった。そこから規制が生じた。その目的は、消費者を擁護するという理論的なものとともに、親方相互の競争を規制することにもあった。したがって同業組合は統制主義の考え方に適応的であった。製造条件は、販売条件と同様、規制されていた。価格も同様だった。正当価格《ジュスト・プリ》というキリスト教思想にもとづき、価格は顧客と職人の双方の利益にかなうもの、すなわち購入者にとっては十分に安価であり、生産者にとってはコストに見合うだけ十分に高価であるように計算されねばならなかった。したがって価格公定が規制を補完することになる。この制度は職業養成と監督を通じて生産の質を保障するのが目的であったとしても、それはさらに生産量をも監督して競争・過剰生産・失業を避けようとする傾向にあった。そこから、徒弟・毎日の労働時間・仕事日数などの制限、都市市場を守るための都市への入市税などが生じた。同じ点からさらに、この脆弱な均衡をこわす可能性のある技術進歩への敵意が生じた。同業組合制度は社会的・経済的な安定性を保障するものだった。それは、そのかわりに、旧慣墨守と停滞とをもたらした。職業組合、宣誓職業組合、同業組合などは、つまるところ、特権の一事例をなすにすぎなかったのである。

経済生活における同業組合の役割、都市社会におけるその位置から、同業組合が公権力と結んでいた緊密な関係も説明がつく。当局の承認を得ない同業組合はなく、職人組合の頭取たちは当局から自分たちの権力を得ていたのである。十五世紀以降、王権は同業組合を創始する権利、ついでその特権を確認する権利を留保した。アンリ三世の治世以降、王権はこの制度を拡充し、統一化しようと努めた。コルベールは、工業生産の技術に関する立法を広めるとともに、同業組合の数をふやした。彼は厳格な統制主義者であったので、同業組合の権力のかわりに国家権力をあてたのだった。規制を行ない、価格を公定するのは国家であり、国家が製造の条件と価格を決めるのだった。重商主義の枠組みの中で同業組合はすべての自律性を失った。この変化には税務的理由もあった。同業組合の会計に納められた上納金を国家が取り上げ、さらに新しい上納金を設置したのである。十八世紀には王室税制によって多くの同業組合が消滅させられた。組合は時にはかなりの額の国債に応募しなければならなかった。それは上納金を納めるためであり、また独占をそこなう恐れのある親方官職を買いもどすためだった。国家の庇護にはいるとともに制度は形を変え、親方への昇進は世襲になる傾向が生じた。親方作品を作る義務に加えてかなりの額の登録料の支払いが要求されるようになった。親方の息子は有利となり、その分徒弟がしわ寄せを受けた。同業組合はカストになっていった。

一七七六年一月にテュルゴが勅令によって宣誓職業組合、世話人会、親方会、同業組合を廃止した時、自由主義の擁護者は勝利したのだった。すべての人は好きな職業を営む自由を持ち、独占は廃止された。この施策がテュルゴ失脚の一因となった。同年八月に同業組合は復活したが、かつての悪弊のいくつかは抑止された。親方会の上納金は五〇パーセント減額され、同業組合の数は減らされた。パリには一〇〇以上あったのが四四となった。以前には区別されていた隣接職種が一つにまとめられたためである（例えば鞍製造人と馬具製造人）。旧体制の崩壊により、同業組合も存続しえなくなった。それは最終的に一七九一年三月二日のアラルド法によって廃止された。

法的次元よりは社会的・経済的次元において、職業組合・同業組合の中では、地方的市場のために仕事する者と、輸出のために生産する者という区別が重要であった。第一の場合には独立的職人層が、第二の場合には従属的職人層が問題となる。

独立的職人層。親方は家族中心の仕事場で、数人の徒弟とともに、都市の顧客のために仕事をしていた。これが典型的な同業組合の型であり、そこにおいては収入は労働と資本の双方に由来した。しかしながら、両者の相対的な割合に応じて「勤労者的」職人層となったり「商人的」職人層となったりするのであった。

勤労者的職人層。建築業、木工業（大工、指物師、高級家具師、等々）、金属工業（錠前師、等々）の職種である。さらに仕立屋、靴職人、等々も勤労者的職人である。これらの職人は小商店を持っていたが、労働からの収益が経営資本を上まわっていた。

商人的職人層。肉屋とパン屋、居酒屋と宿屋などである。これらは警察によりきびしく監視されていた職種であり、収入に関してはかなり程度の差があった。エヴルーでは四二軒の宿屋のうち二軒は一〇〇リーヴル以上の人頭税を払っていたが、一四軒は五リーヴルから一〇リーヴルの間だった。手仕事は常に存在したにしても、ここでは経営資本がより重要であり、賃金労働者はより多かった。こうした構造はとりわけ、食糧・補給に関する職種に特徴的であった。

独立的職人層は分散しているのが一般的だった。そのことは、一七九三年六月にパリのモンマルトル場末街《フォーブール》区《セクシオン》の当局が、大工・車製造業・錠前製造業および指物業について作製した報告書からも見てとれる。労働力の集中化は職種によって異なり、投資と大がかりな設備が要求されるものほど強かった。大工の店の方が錠前製造業の仕事場よりも労働力が集中していた。当時、この区《セクシオン》（住民約一〇〇〇人）において、大工の店が九軒あり、全体で八一人の労働者を雇っていた。平均九人である。車製造業では二三の店に一四六人の徒弟がおり、平均六・一人。ただし二人の車製造人は一人も徒弟を持たず、さらに他の二名はそれぞれ一人ずつ持っていた。指物業の仕事場では、仕事場ごとの平均徒弟数は五・二人に低下する。錠前製造業については集中化はさらに弱く、二五の仕事場に対して徒弟が五一人、すなわち平均二人であった。このように、ここで問題にした四つの職業団についてみれば、店主一人あたりの平均徒弟数は五・五人となっていた。パリの労働界は職人層の刻印がうたれていたのである。

従属的職人層。ここでも技術的には同じ条件で親方は仕事をしていた。しかし、経済的および社会的に生産の起動力となっていたのは「商人」「交易商人」もしくは「製造業者」であった。原料を手に入れ、遠隔地の市場に出荷しうるだけの商業組織は、彼らだけが持ち得たのである。親方はもはや、仕事の分配者たる商人に従属した手間賃稼ぎにすぎなかった。この構造はとりわけ織物工業に特徴的であった。それは十六世紀からリヨンの絹工業で発展し、またさらにラシャや亜麻布を織っていた多くの都市、すなわちアミアン、ボーヴェ、ルーアン、等々でも同様だった。ここでは同業組合体制は商業資本主義が発達する枠組みとしてはたらいた。

2　農村工業

しかしながら、自由な労働も若干の都市と、とりわけ農村部とに残存していた。田園部では同業組合制度は知られていなかった。交易商人が農民たちに原料を提供し、彼らから製品を受け取っていた。これが農村工業だった。

農村工業は、農民所有地が少なく、土地耕作からの農民の所得が不十分な貧しい地方（ブルターニュ、バ＝メーヌ）でも見られ、またフランドル、ピカルディ、オート＝ノルマンディなど豊かな地方にも存在した。後者の場合は、都市の工業が農村に枝を拡げたのである。農業が不十分だからでは全くなく、むしろ農村工業は耕作の進歩をかえって遅らせうるものだったのである。農村工業の発達の原因は、基本的に賃金の低さ（女の紡ぎ工で四スーから五スー、織工で八スーから一〇スー）および同業組合の諸規制がないことである。そこでは製造の自由は全面的だった。王政は一七六二年に、農村部における労働の完全な自由に同意するに至った。

生産と労働との組織という点からみると、農村工業は従属的職人層と商業資本主義に拠っている。工業（製造業《ファブリック》とかマニュファクチュアとか言われていた）は、ここでは交易の付加物にすぎない。都市の交易商人が田園部の農民に原料を提供し、製品を受け取っていた。これが分散マニュファクチュアである（『百科全書』の当該項目を見よ）。フランスの多くの地方で、農民はこのようにして交易商人のために家内労働を行なっている。前者は後者の言いなりである。なぜなら農民は商人から原料を受け取り、彼らの料金《タリフ》に従わざるを得なかったからである。この体制は同業組合体制よりも順応性に富んでおり、これによって交易商人は需要の変化に従い、それに対応し、また技術進歩をとり入れることができるのである。

織物業についての一例。十八世紀のメーヌ州における織物業――亜麻布、とりわけ大麻と羊毛（梳毛された毛から織られる薄くて軽い奢侈品で、エタミンと呼ばれ、聖職者が多く用いた）が織られていた。州全体が羊毛を織っており、ル・マンが交易商人の主要駐在地であって、彼らが王国内および外国との通商を支配していた。亜麻布の中心地はラヴァルであり、生産の構造は同じである。賃金受領者の状態は、交易商人の富、生活様式、教養と比べて驚くべき対照を示している。メーヌで一番注目を集めており、また一番人気の悪い交易商人たちの一人であるキュローが一七八九年に殺されたことは、この敵対関係を示すものである。——（F・ドルニク『メーヌの織物工業とその国際的販路、一六五〇—一八七五』、一九五五）

冶金業の一例。オート＝ノルマンディにおける農村の小冶金業——ここでは、同一の製造業における連帯的であると同時に敵対的な二つの世界の共存の明確な事例が問題となる。一方には決まった技術と地方の伝統的なやり方に従う農村の生産者がおり、他方には経済的自由の情熱に燃え、金融的手段の所有者である交易商人がいる。ウーシュ地方では製造はたいへん専門化しており、真鍮のピンをつくっている。原料は遠方（イギリス、スウェーデン）から来る。販売先は南アジア諸国にまで及んでいる。したがって交易商人の役割は不可欠なものである。すなわち、田舎の職人に原料を提供し、商品をさばき、かつまた同時に彼ら細民に金融手段が欠けているのを補ってやることがそれにあたる。ここには商業資本主義の発展に有利な条件が揃っている。交易商人は農村労働者の世界を意のままに監督し、保持しているのである。——（J・ヴィダラン『旧体制下におけるオート＝ノルマンディの農村小冶金業』、パリ、一九四六）

3　「集合」マニュファクチュア

固有の意味でのマニュファクチュアとは、旧型の生産組織の最も高い水準のものをさしていた。すなわち集合マニュファクチュアである。『百科全書』では、「『マニュファクチュア』という語は一般に、一人の企業家の監視のもとである種の作品を作るため、同一の場所に集められた相当数の労働者、と解されている」と述べている。つまり、マニュファクチュアは集中化によって特徴づけられていたのである。しかし、職人層と同じく、労働者の手が労働の決定的要素となっていた。十七世紀および十八世紀のマニュファクチュアは、マルクスの古典的分析に従えば、「種々の独立の職種の結合であって、それらの職種は単一の商品の生産においてもはや部分的・相互補完的な操作にすぎないところにまで、相互依存化され、単純化されている」ことから始まった。他方、マニュファクチュアは「同じ種類の職人の協働をとらえて、同一の職種を種々の操作に分解し、それらを孤立させ独立させて、それらが部分的労働者の排他的機能となるに至らしめる。」マニュファクチュアは、単一職種のうちに分業を導入し、発展させるとともに、種の分離した職種を交わらせ、結合したのである。

その古典的事例は、コルベールの時以来、アブヴィルのヴァン・ロベによるラシャのマニュファクチュアであって、そこでは労働者の数は一六〇〇人に達していた。事実、マニュファクチュア部門はとりわけ織物業、なかんずくラシャ工業とある種の奢侈品生産に典型的であった。例えば、コルベールによってパリに設立されたゴブラン織りのマニュファクチュア、一六二二年にピカルディのサン＝ゴバンに創設されたヴェネツィア風ガラスのマニュファクチュアである。これは一六六九年に設置されたマニュファクチュア査察官団によって厳重に規制・監督されていた。しかしながら十八世紀半ばには、マニュファクチュアは生産すべてを独占することも、生産を根底からくつがえすこともできなかった。一定程度の発展段階にはあったが、弱小な技術的基盤は生産自体が創出することになった需要に対してつり合わなくなってしまっていたのである。機械の発達と蒸気機関の採用は、大工業がマニュファクチュアにとってかわるのを可能にした。この発展は旧体制末期のフランスで緒についたばかりであった。

経済学者《エコノミスト》は、監督と規制によって特徴づけられた旧体制の経済制度を激しく批判した。彼らは皆、経済的自由の擁護者なのである。

＊

重農学派は支配的学説に反対の見解をとっていた。後者はコルベール主義ないしは重商主義と呼ばれるもので、商工業に対する微細で厳格な規制と品質に対する監督によって特徴づけられていた。重農主義者たちは統制主義に反対であって、経済法則を自由に展開させなければならないのである。したがって彼らは、生産の自由のあらゆる形態と国内商業の自由の擁護者であり、同業組合体制には反対である。農業のみが富の真の源泉であり、商業は富をなんら生産せず、工業もそれ自体は真に生産的ではないと考えていたにせよ、重農主義者たちは商工業の自由の擁護者なのである。統制が経済の自然的法則の自由な展開を妨げてはならないからである。

商業学派はイギリスの自由主義学派と同じ体系を展開した（アダム・スミス『国富論』、一七七六）。その代表はグルネ（一七一二―一七五九）であって、一七五一年に商業監督官となり、経済的自由の擁護者で、有名な「自由放任（作るにまかせよ《レッセ・フェール》、通るにまかせよ《レッセ・パセ》）」という標語の作者だった。グルネはイギリスの経済学者たちの著作を翻訳した。彼の主要な弟子はテュルゴ（一七二七―一七八一）（『グルネ頌』、一七五九）であって、『富の形成と分配に関する考察』（一七六六）を出版し、一七七四年八月から一七七六年五月まで大臣だった。この学派にとって農業は富の唯一の源泉ではなく、他の経済形態も同様に創造的役割を持つのである。彼らの用語法においては商業《コメルス》という一般的用語は商業と工業の両方を同時にさしている。工業家というのは生産者であると同時に商人である。販売するために生産するからだ。狭義の商業についていえば、それは商品を生産しないとしても富は創造する。そこから商業学派というこの学派の名前が生じた。重農学派と共通する大きな特徴は自由主義である。商業学派は経済の全面的自由を要求する。作るにまかせよ《レッセ・フェール》とは生産のすべての形態をさし、通るにまかせよ《レッセ・パセー》とは商品の流通と対外および国内商業をさしているのである。

経済的自由の要求と、生産の旧型組織に対する批判は、生産の新しい形態の発展と一致している。新しいイデオロギーは旧体制末期の立法に示された。一七六二年の勅令は農村部において同業組合に属さない労働の自由を認めた。テュルゴの勅令（一七七六年一月）はいくつかの例外を除いて同業組合を廃止した。彼の失脚後、シニの勅令は独占を復活したが、緩和した形でだった（一七七六年八月）。マルリの勅令（一七七九年五月）は、ネッケルの主導によるもので、規制を緩和した。自由主義のイデオロギーは行政に浸透していた。自由な企業と自由な利潤による経済は、経済組織の旧型の体系を掘りくずしていたのである。

三　大商業

十八世紀は流通の発展および大陸と海上の大商業の飛躍的発達によって特徴づけられる。

1　商業の飛躍的発達の技術的諸条件

二つの問題が、それぞれ相異なるやり方で解決されることにより、大商業と工業との飛躍的発達に寄与した。輸送手段の問題および信用と銀行組織の問題である。

輸送手段の改良――生産の発展は輸送の発展を必要とした。道路網の整備の主導者はトルデーヌであって、一七四三年に財務総監局の土木監督官に任命された。一七四七年には土木学校が設立される（議会地《ペイ・デ》方《タ》はこの組織からのぞかれ、直轄地方《ペイ・デレクシオン》のみだった）。作業の実施は農民が負担する賦役によって行なわれている。道路賦役は財務総監オリーによって一七三七―一七三八年に設けられた。道路の維持のため、四カ月続く農閑期の間に年間三〇日である。賦役を負担するのは一六歳から六〇歳までの農村部の男であり、都市は免除されている。この負担はたいへん重く、その分担はきわめて不平等である。テュルゴは一七七六年一月の勅令によりこの現物租税を、二〇分の一の率で計算し、したがって一般的かつ補足的な税に変えようとした。しかし、この勅令は一七七六年八月には撤回された。賦役がタイユ税や人頭税に対する付加的な税になったのは一七八六年のことにすぎない。

　結果はどうだったであろうか。ルイ十五世の治世の終わりには一万二〇〇〇里《リュー》が建設され一万二〇〇〇里《リュー》が建設中だった。割石を敷いたおかげで通行しやすい、いい道である。輸送は促進され、価格は低下している。二頭立ての駅伝馬車は時速一〇キロから一二キロを出している。便も増加している。パリ―ボルドー間は一七八八年以前には週一便だったが、一七八八年以降は四便になった。

　水路輸送の進歩はそれほどめざましくはなかった。それでも水路輸送は、値段が陸上輸送の場合の半分以下だったので、十八世紀において大きな重要性を持っていたことに変わりはない。穀物、ブドウ酒、石炭は水路を用いている。しかし運河は、とりわけ地方当局の管轄下に属しているのである。

　信用と銀行組織の問題――信用手段と銀行組織の弱小さは、商業の飛躍的発展にとって不利な要因となっていた。発券銀行は存在しない（一七七六年に創設された割引金庫《ケース・デスコント》を除く）。興業（投資）銀行もない。それが出現するのは第二帝政になってからのことであろう。当時の銀行は基本的に割引銀行である（割引。商人が早急に商品を入手・販売し、しかも三カ月後にしか支払いをしないことを可能にするための銀行の措置。銀行が前もって、まだ満期にならない商業手形に支払いをし、一定額を利子として差し引く)。銀行はほとんどの場合、局地的で専門化している。例えばマルセイユでは東地中海貿易を専門とするのである。スイス人の銀行家が重要な役割を果している。例えば、ヴェルネ、彼の下から出たネッケル、クラヴィエール、マレ、ペレゴーなどである。

割引金庫《ケース・デスコント》は当初、全く私的な企業だった(各々三〇〇〇リーヴルの株を四〇〇〇株で、一二〇〇〇万リーヴルの資本金)。最初、金庫《ケース》(人々は銀行《バンク》とは呼ぼうとしなかった)は四パーセントの割引のみを行なった。割引金庫はついで発券銀行となった。この紙幣は当初パリに限定された(五〇〇リーヴルかそれ以上の高額紙幣)。一七八一年には二〇〇〇万リーヴル、一七八四年には一億四〇〇〇万リーヴル発行された。この事実上の特権は一七八九年にカロンヌの主導で行なわれた国王裁定により認可され、割引金庫は三〇年間、発券の独占権を得た。実際には、外見上のはなやかな発達にもかかわらず、金庫の力は弱いままだった。それは商工業界よりもむしろ王政の国庫の方に、資金を増加させた。割引金庫は革命下に消滅した。一七九三年に国民公会がすべての株式会社の解散を布告したからである。割引金庫の経験は、しかしながら、一八〇〇年のフランス銀行創設への道を開いたのだった。

2 国内商業と対外貿易

国内商業――その進歩は、大季節市における取引額の発展からはかることができる。カーンの季節市では、一七一五年には二五〇万リーヴル以下だったのが、一七六七年には九〇〇万リーヴルである。また特にボーケールの季節市では、織物業の生産物が基本的な役割を持っているのだが、一七五〇年には一四〇〇万リーヴル、一七八八年には四一〇〇万リーヴル以上となっている。この上昇は、単に価格の上昇だけではなく、販売量の増加にもよっている。交易商人の利潤も同様に増加しており、賃金の上昇はずっと少なかったので、なおさらに増加するのである。ボーケールの季節市の繁栄は、とりわけ国内商業と対外貿易の両方の中心だったことが原因である。

対外貿易——これは他をぬきんでて最も重要である。かなりの範囲において、製造品の輸出よりも回送と再輸出が特徴となっている(イギリスの貿易との違い)。一七一六年から大革命までに、対外貿易の額は四倍になっている。一七八九年にシャプタルは輸入を六億三七〇〇万リーヴル、輸出を四億三八〇〇万リーヴルと見積っているが、輸入の中に二億五〇〇〇万リーヴルの植民地産物を含めている。実際には貿易差額は黒字なのである。対外貿易は陸上と海上の双方からなっている。

輸入についてみれば、大革命の前夜には、他のヨーロッパ諸国からはまず織物原料、ついで織物製品、さらに農産物がはいって来ている。フランス植民地からは種々の植民地産物(砂糖、コーヒー、綿、藍)が来た。輸出について見ると、ヨーロッパにはまず再輸出商品(とりわけ植民地産物)、ついで織物製品、さらにブドウ酒とアルコールがあげられる。植民地に対しては織物製品と食料品(ブドウ酒とアルコールがその中に含まれる)が同量で、ついで小間物と金物だった。植民地貿易は、一七一六年にはフランスの対外貿易全体の四分の一だったが、大革命前夜には半分以上を占めるようになった。

3 陸上大貿易

フランス王国の内部には、商業の中心地が二つあった。パリとリヨンである。

リヨンは絹の国際的大貿易を専門にしていた。この町ではヨーロッパ的規模の季節市が開かれていた。国内や外国のあらゆるところからやって来る商人が、年に四回リヨンに集まったのである。しかし、リヨンの季節市はボーケールのそれには似ていなかった。銀行操作が現金交換を上回っていたのである。信用はこの町の重要な活動の一つであり、一〇〇人以上の銀行家が町にいた。その威光は大変なもので、競合関係にあるピアチェンツァを除けば、ヨーロッパの主な場所の為替相場を決定したほどである。リヨンの役割は工業よりも商業にあった。国営工場にしてさえも、商業的な側面がしばしば工業的な面をしのいでいたし、一七七九年以降は絹の水分検査場によりリヨンはフランス一の絹市場となった。リヨンは、アルザス、南仏の週市、ボーケールの季節市に品物を供給していたが、また同様にライプツィッヒやフランクフルトの季節市にも供給しており、その製品はそこからさらにポーランドやロシアに転売されていたのである。リヨンのマニュファクチュア主であるカミユ・ペルノンはマドリッドとセント＝ペテルスブルグの宮廷の御用商人であった（L・トレナール『リヨン、百科全書から初期ロマン主義まで』、パリ、一九五八、M・ガルデン『十八世紀のリヨンとリヨン人』、パリ、一九七〇）。

パリは奢侈品の国際貿易の本拠地だった（例えば「小間物屋的商人」による美術品の商業）。しかし、パリはなによりもまず貨幣の取引によって特徴づけられるのである。この首都は銀行の世界的な中心地であり、外国の投機業者が流れ込んでいた。第一にスイス人（ヴェルネ、ネッケル、クラヴィエール、等々）、また同様にオランダ人（ヴァンデニヴェール、コック）やイギリス人（ボイド）である。これらの銀行家は、とりわけ国債を取り扱った。商工業にはそれほど興味を引かれなかった。彼らは為替業務を営んでいた。旧体制末期は、為替がある程度は固定的であるのが特徴だが、それでも低下の傾向があった。これはほぼ確実にフランスにおける紙幣の不在によるのである。パリ為替市場の歴史は紙幣の歴史と並行して発達するのである。

オルレアンの事例――オルレアンでは、河川水路、陸路およびフランスが持った最初の運河系が交差していた。それ故、この町は十八世紀末まで全国的な規模の重要性を持つ経済的役割を演じた。内陸に位置してはいたが、ナントやルーアンとつながりがあったおかげで、オルレアンは対植民地貿易・国際貿易に重要な地位を占めていた。そこから、その町の基幹的な諸産業活動が生じていた。ナントを通じてスペインの羊毛と西インド諸島の砂糖が送られてきていた。オルレアンはルーアンとともに、羊毛相場の設定とフランス北部にあるラシャの中心地への供給とに、事実上独占的な地位を占めていた。オルレアンは砂糖精製の一大中心地であった(何人かの製糖業者はナントに船隊を持っていて、西インド諸島から直接に購入していた)。ルーアンを通じて原綿が送られてきており、オルレアン公の近代的なマニュファクチュアで紡がれていた。国内レベルでは、この町は中央部および南東部の製品を西部および北西部に分配していた。許可状や委任状にもとづく商業の重要性はこのことに由来する。しかしながら、旧体制の末期にはパリの商業的機能の発達と王権による道路網の発達によってつくられた商業上の新販路とによって、オルレアンはその役割をおびやかされていた。地域的レベルにおいては、オルレアンは豊かで人口過剰な農業地帯の中心であった。マルトロワの週市では、ドゥルダンからシャトーダンまでのボース地方の穀物が取引されていた。五万人のオルレアン住民はその穀物の一部しか消費せず、残りはパリ、ロワール以南の地方、南仏、さらには植民地にまで転売されていた。同様に、ロワール地方で作られてパリで消費される普通のブドウ酒の販売もオルレアンの大商業が管理していた。交易には「マニュファクチュア」、より正確に言えば農村工業が結びついていた。オルレアンの交易商人はボースの約五〇の小教区に、貧困で扱いやすい労働力を見出していたのである。メリヤス製造業に従事している一万二〇〇〇人ほどの農民は三分の一以下の給料で働いたので、オルレアンの交易商人は都市のメリヤス製造業にまだ残存していた二〇〇〇人の仕上げ工や徒弟に、自分たちの料金を強制することができた。労働は、織物マニュファクチュアにおいても、あまり集中化されていなかった。商事会社はどこも銀行業を営んではおらず、取引額が五〇万リーヴルを超えることはほとんどなかった。「オルレアンの経済は、相対的には繁栄していたものの、伝統的なままであった。すなわち小規模な経済で、設備は整わず、非常に分散しており、それが頼りとする輸送は遅く、不規則で小規模だった。」――（G・ルフェーヴル『オルレアンの研究、第一巻、十八世紀末の社会構造研究に向けて』、パリ、一九六二）

陸上大貿易の全体を考えると、スペインへは織物、とりわけ麻織物（輸出超過の貿易）が、イタリアへは織物が、オーストリアやドイツへは植民地産物、ブドウ酒とアルコール、絹製品が、それぞれ送られていた。

4　海上大貿易

海上大貿易は十八世紀には、地中海や大西洋岸の諸港のブルジョワジーにはかなりの収入源となっていた。マルセイユの東地中海貿易は十七世紀からの連続であったが（貿易と掠奪の兼業は北アフリカの諸港との貿易において一層特徴的である）、西インド諸島との貿易は十八世紀にめざましく発展した。それは常に排他権または植民契約の制度によって統制されており、その重要性はアンチユ諸島の面積の狭さとはつりあわないものだった。

東地中海貿易――その最も重要な場はマルセイユである。東地中海とは東地中海諸港（寄港地）、つまり小アジア、シリア、エジプトの諸港であり、これらの港とはフランソワ一世以来更新されている協定により、フランス商人の重要な特権が認められていた。マルセイユは東地中海にフランスのマニュファクチュア製品を輸出していたが、綿花や染料等々の輸入の方が重要だった。東地中海諸港を通じることによって、さらに遠い南アジア諸国や極東の産物（織物、貴金属、香辛料、等々）が入ってきたのである。

大西洋貿易――これは大海上貿易であり、なによりもまず西インド（アンチユ）諸島との植民地貿易である。それは旧体制の植民地帝国の主要部であり、中心はサン＝ドマングだった。植民地契約または排他権の制度により、この貿易に関して本国の港、なかでもナントとボルドーの独占が維持された。輸入の三分の一は植民地起源のものであり、輸出の半分は植民地への販売もしくは植民地産物の転売からなっている。アンチユ諸島ではプランテーション栽培はとりわけ砂糖きびについて行なわれ、砂糖、糖蜜、ラム酒がつくられた。さらにコーヒー、藍、綿花もつくられた。食品栽培（いもの木《マニオク》、さつま芋、バナナ）は生活が危くなるほど切りつめられた。アンチユ諸島は基本的に砂糖の島なのである。プランテーション栽培の飛躍的な発展は、膨大な労働力を必要とする。それ故、黒人奴隷の取引が発達した。十七世紀末にはフランス領アンチユ諸島には約四万人の輸入された奴隷がいた。一七八九年には約五〇万人となっている。

三角交通は大西洋を横切って三つの寄港地によって行なわれた。

第一寄港地。ナントやボルドーからギニア湾岸へ無償輸送商品、銃、火薬、蒸留酒、等々を積んで行く。そこが取引寄港地で、商品は黒人と交換される（黒人一人が約五〇〇リーヴルした）。

第二寄港地。ギニア湾岸からアンチユ諸島へ、船のトン数に応じて二〇〇人から六〇〇人の黒人を運ぶ（一体積トン、約一・五立方メートルあたり一人）。アンチユ諸島は販売寄港地であり、黒人は消毒されてから売られた（一七二〇年に黒人一人九〇〇リーヴル、一七八四年には三四〇〇リーヴルだった）。この人間の積荷を受けいれたのは主にサン＝ドマングであって、膨大な労働力需要とその前例のない飛躍的発展に起因していた。コーヒー、藍、およびとりわけ砂糖のプランテーションのためである（一つの砂糖園は、その規模に応じて、一五〇人から五〇〇人の人間を必要とした）。

第三寄港地。黒人を売ることにより、奢侈品や主に都市で消費される品である植民地産物（砂糖、コーヒー、綿花、藍）を購入する。これらはナントやボルドーで転売され、フランス国内に分配されたり、ヨーロッパ大陸へ再輸出されたりするのである。

黒檀貿易とはこのようなものであり、これによって大西洋岸諸港、すなわちナントや、それを上まわるボルドーの富が形成されたのである。これが黒人商人の時代であった。

ボルドーの光輝――ボルドーは一七六八年に、フランスが取引する黒人の年間輸入の四分の一をアメリカ諸島に供給できるといわれていた。砂糖の年間貿易額は一七三〇年には二〇〇万リーヴル以下だったのが、一七六六年には六六〇〇万リーヴル以上となった。二番目がコーヒー、ついで藍である。人口は倍増した。街は発展し、美化された。大建造物が街に記念碑的な外観を与えた。埠頭の建設、カンコンス広場、ロワイヤル広場、等々である。一七八七年八月二六日に、アーサー・ヤングは、その旅行日誌に「この都市の商業、富、すばらしさについて語られたり読まれたりするのを聞き及んではいたが、それにしてもなお、それらは私の期待を大きく超えていた。パリは私の期待に全く応えなかった。ロンドンとは較べものにならないからだ。しかし、ボルドーと比較するのにリヴァプールを挙げてはなるまい……、ロワイヤル広場は、その真中にルイ十五世の像があって、きれいな入口となっている……。私は遊歩道《プロムナード》〔カンコンスの遊歩道で、トロンペット城の跡につくられた〕と各通りの平面図を見た。もし実現したら、それはヨーロッパで見られる最もすばらしい街の広がりの一つとなるだろう……。劇場は一〇年か一二年前にできたもので、フランスの劇場の中で他を抜ん出て最も秀れたものである……。ボルドーの商人の生活様式はたいへんぜいたくである。」と記している。――（A・ヤング『一七八七、一七八八、一七八九年のフランス旅行』、H・セー版、パリ、一九三一、三巻本、第一巻、一五四頁）

ナントの例——ナントはなんといっても黒人商人と製糖業者の町だった。インド会社の基地はロリアンに移されたが、埠頭の建設と外港パンブフの掘削によって、港は十八世紀に発達した。ナントの黒人商人によって取引される奴隷の数は、一七二六年には二〇〇〇人前後だが、一七四六年には八〇〇〇人近くになった。事業額は一七三〇年の二七〇〇万リーヴルから一七九〇年の一億八〇〇万リーヴルへと四倍にふえた。ドラヴィル＝ドゲ（一七六三—一七八七）やショーラン（一七七一—一八二〇）の艤装会計台帳を研究することにより、モザンビークでの取引、ギニアへの輸送、スペイン領アンチュ諸島への奴隷の供給、そしてとりわけフランス領アンチュ諸島における奴隷と植民地産物の交換などについてのいくつかの側面が明らかになる。これらの事業によりショーランは一回の艤装で平均して六〇パーセントを超え、ドラヴィル＝ドゲの艤装は八〇パーセントに達する利潤を最終的にもたらしていた。一七三五年から一七九三年までにナントの船主は七五〇〇隻（航海）以上の遠洋航海船を艤装した。一七四〇年頃ナントの船団は一〇〇隻ほどの船から成り、大革命前夜には約二二〇隻だった。この船団の大部分は直線航海、すなわちアンチュ貿易に向けられていた。いくつかの戦争、とりわけ七年戦争が通商の落ち込みをもたらしたが、回復はいつも急速だった。一七四〇—一七四八年の時期はとりわけ繁栄したようである。一七四三年には一〇〇トン以上の船が五二三隻出港し、七一二隻入港した。一七六〇—一七七〇年の一〇年間についてみると、港の動きは年間五五〇〇—六五〇〇隻であった。十八世紀の末頃には年間平均利潤率で論理的に割り出せる唯一のものは、いくつかのめざましい事例から考えられるよりも低い数値を示していた。六パーセントの前後を揺れ動いていたのである。——（J・メイエル『十八世紀後半におけるナントの海運業』、パリ、一九六九）

ルーアンとル・アーヴル——これら二つの港もまた、十八世紀の植民地大貿易の繁栄に与っていた。ルーアンの手形《ヽヽ》（通関税）管理下にある貿易総額は、一七三〇年に二三〇〇万リーヴルだったが、一七七六年には八七〇〇万リーヴルとなった。これは、統計のある最後の年一七八二年以前における最高である。[10]世紀の初めには、ルーアンは北西ヨーロッパ、とりわけイギリス、オランダと通商していた。ル・アーヴルはタラ漁のための艤装をしていた。西インド諸島との貿易の割合は一七三〇年にはまだたいへん低く、ルーアンの管理下にある通商額全体のたった四パーセントだった。しかし、この比率は一七五三年には三四パーセントに上がり、一七七六年まで続いた。一七六九年にヨーロッパとの関係は停滞していたのに対し、西インド貿易はアメリカ独立戦争後に再び飛躍的に発展し、一七六九―一七七八年の平均の倍になった。ルーアンの輸出入業者はあらゆる通商を行なっていた。織物と武器、それらよりは少ないが穀物と小麦粉、ブドウ酒と蒸留酒であり、またとりわけ砂糖とコーヒー、地元やコー地方で使われる綿花、エルブーフで使われる羊毛などである。最も富んだ商人は造船から利益を得たり、大冒険に出資したりしていた。海上保険にたずさわったり、私掠船の利益の分け前に与ったりすることはより少なかった。逆に西インド諸島向けの無賃輸送商品はたいへん歓迎された。それは利潤の点で多くの二流、三流の商人や、さらには単なる小売商の関心を引いたのである。固有の意味での銀行操作は、貸付けによって代表されていた。生活水準は中流で持参金もつつましく、雇い人や召使いはまれだった。――（P・ダルデル『十八世紀におけるルーアン、ル・アーヴル両港の船団と商品』、パリ、一九六三）

植民地貿易が飛躍的に発展しても、対外貿易全体の繁栄がそうだと錯覚してはならない。統計上、世紀全体にわたって交易の広範な進展が目につくとしても、なお植民地貿易とその他の国との貿易とを区別せねばならず、また植民地産物の通商と本国産物の通商とを区別せねばならない。フランス品の輸出は世紀の最初の三分の二に飛躍的に発展した後、ある程度停滞し、アメリカ独立戦争の際には減退した。それは一七八五年まで続き、一七八六―一七八七年には実質的な進展を見せている。輸出が維持され、ついで再興するのは、基本的に植民地産物の再輸出に負っていたのである。すなわち砂糖とコーヒーであって、ブドウ酒や穀物ではない（もっとも蒸留酒の輸出はのびていた）。植民地貿易の繁栄は、旧体制末期における国内生産の不振をおおいかくすことはできないのである。――（E・ラブルース『旧体制末期……におけるフランス経済の危機』、パリ、一九四四、総序論二、経済的対比を参照）

四　大工業の開始

十八世紀後半は、大工業が、なお微々たるものではあっても、開始したことによって特徴づけられる。機械制にもとづく新しい生産技術に結びついた資本と労働力との集中によって特徴づけられる産業資本主義が確立し始めたのである。とはいえ、十八世紀の末には産業資本主義はまだフランス経済にあまり浸透していなかった。技術革新に関して二点注意しておく。発明それ自体と、それが普及した時期を区別せねばならないこと。他方では、発明家の出自をみると寄宿学校《コレージュ》出の科学者よりも職人層が多く見られることである。

十八世紀の半ば（一七五〇―六〇）まではフランスの工業設備は旧態依然としており、若干の技術的改良を除いては旧来の伝統はほとんど進化していなかった。当時は、昔ながらの装置（鋳造用の薪による高炉は十五世紀初頭に作られたものだが、十八世紀半ばまで実質的に進歩していなかった）、人間労働の優越（鉄を鍛えたり、鋼をつくったり、羊毛や麻を紡いだり、ラシャや亜麻布を織ったりするのは手によって[11]いる）、生産性の低さ（十八世紀半ばに一台の高炉は一日に三〇ないし四〇カントー――重量マール――

しか生産しなかった。近代的高炉では二四時間に四〇〇トンもできる）によって特徴づけられている。技術革新は公権力によって推進され、産業家と金融家のいくつかのグループがそれに続いていた。後者は、一方における財の需要とその増加する流通、他方における生産方法、の両者を調和させようとしていたのである。

1　織物工業

織物工業は最も重要な部門であり、しかも他を抜きん出ていた。金額の上では工業生産全体の半分以上を占めているのである。伝統的織物工業として麻布、亜麻布、毛織物があり、新しい織物工業として綿布があった。二段階の操作が行なわれる。製糸工程（半加工品）と織布工程（完成品）である。技術革新は主に製糸工程、とりわけ綿の製糸についてなされた。綿工業は最も遅れて出現したもので、したがって旧来の規制や生産の旧慣墨守に妨げられなかったからであり、また綿の繊維は機械生産に適していたからである。イギリスでの発明が優越している。――（ポール・マントー『十八世紀の産業革命、イギリスでの近代的大工業の開始についての試論』、パリ、一九〇五、第二版、一九五九）

綿の製糸工程の機械化はイギリスでの三つの発明に負う。

――大工のハーグリーヴズによる多軸紡績機（一七六五）。手動のクランク式紡ぎ車であって、家内用紡ぎ車がただ一本の木管なのに対し、初めは八本を動かした。これがスピニング・ジェニーである。この機械は多くの労働者の仕事に影響を及ぼした。

――アークライトによる機械群（ウォーター・フレーム、一七六七）。水力によって動く紡績機で多数の木管を使う。蒸気機関がほとんど普及していない時において、水力輪（水車）は動力源として重要である。

アークライトの機械群の採用は近代型の大企業の真の生誕をもたらすものである。——サミュエル・クロンプトンのミュール・ジェニー（一七七九）。機械の組合せで、スピニング・ジェニーとウォーター・フレームの二つの原理の結合による。

綿の織布工程の機械化はイギリスでの二つの発明に負う。ジョン・ケイの飛びおさ（フライ・シュトル）（一七三三）、およびカートライトの力織機（一七八五）である。

これらの発明の普及はたいへん遅い。その効果は僅少であって、織布工程においては、特にそれがはなはだしい。その技術は十八世紀末においてもほとんど変わっていなかった。

これらのイギリスでの発明はどのようにしてフランスに普及していったのだろうか。

公権力の役割——財務総監局（経済省）の役割に特に注意する必要がある。重商主義の統制の伝統である。生産に対する助成金、前貸金および奨励金、助成協会のパリ（一七七六）、ランス（一七七八）への設立、機械類の注文と分配を行なうための特別事務所のルーアンとアミアンへの設置（一七八七—一七八八）などがある。この分野に関して、二人のトリュデンが果した主要な役割に注目せねばならない。父親（一七〇三—一七六九）は土木学校の創立者であり、次いで財務監督官となった。それから、その息子で後継者であるトリュデン・ド・モンティニー（一七三三—一七七七）も同様に、フランスを次第に機械時代へと導くのに貢献した。

イギリスへのフランス技術派遣団。学者、技術者、実業家からなる、半ば公的で半ば秘密の派遣団（産業スパイ）である。一七六〇年以降はより自由なものとなった。勲爵士《シュヴァリエ》ジャル（一七六四—一七六五）、ウリエール（一七七五）、コンスタン・ペリエ（一七七七）などによる公的派遣団がある。一七七五—一七八〇年以降はイギリスにはもはや秘密はない。機械や技術者は自由にイギリスからフランスへ渡っている。一七七七年にシャイヨーのペリエ兄弟の一人であるコンスタン・ペリエは自由にブローズレイの工場を訪れ、そこで蒸気機関を見ている。一七七九年にはワットとボールトンを相手に契約が結ばれた。

フランス在住のイギリス人の役割——世紀の半ば頃イギリス人がフランスに来ている。十八世紀が下るにつれてその数は増加し、彼らの影響力は増す。最初はカトリック教徒とジェームス二世派《ジャコバイト》であって政治面、宗教面でのイギリスの体制を嫌い、フランスに在住しているのである。ジョン・ホーカーもその一人で、ストラトフォード（ランカシャー）の出身であり、一七四五年にフランスに落着き、一七五一年にルーアンにコールテンのマニュファクチュアを設立した。イギリスへの秘密派遣団に際して、彼は新しい機械の設計図と引き抜きに成功した二五人の労働者とを連れ帰った。一七五五年にはフランスにおける外国人マニュファクチュアの査察官となり、一七五六年に帰化した。ホーカーはフランスの紡績方法の革新に重要な役割を果した。——（A・レモン『ジョン・ホーカー』、パリ、一九四六）——織物業における他の事例としては、一七六四年にブリヴ地方に居をかまえたトマ・ルクレール、一七七九年サンスに住んだギヨーム・アル、ランカシャーの機械技師の息子で一七七九年にリヨネ地方に住んだジャック・ミルヌ（ヌーヴィル＝シュル＝ソーヌのマニュファクチュア）などがある。

このように何人かの炯眼の精神の行動のおかげで、フランスはイギリスに学ぶことができた。しかし、フランス工業、とりわけ織物業の設備が旧体制末期に完全に一変したということはできない。「技術革命」というよりはむしろ緩慢な進化について語らなければならないのである。不信と無関心が、資本の不足とあいまって、その動きを遅らせていた。新しい機械や方法は生産のいくつかの部門、とりわけ特に重要ないくつかの企業に限られたままだった。全体としては、紡ぎ車が「機械類」よりも、外輪車が蒸気機関よりも、優勢を保っていた。

結果はどうだっただろうか。旧体制末期の主な工業地域における詳細を明らかにするには、フランスでの機械普及に関する地域研究が不足している。若い産業である綿工業では進んでいる。ハーグリーヴズのスピニング・ジェニーは農村地方にかなり広く普及している（軽くて持ち運べる機械なのである）。ウォーターフレームは大企業で一般化し始めている。ミュール・ジェニーは、逆に、実際には知られていない。織布工程は遅れている。ジョン・ケイの飛びおさはもっと後にならなければ導入されないであろう。結果は全体的にはつつましやかである。一七九〇年の調査によれば、フランスには九〇〇台のジェニー型紡績機があり（イギリスには二万台）、八カ所の大製糸工場にアークライトの機械群が備えられていた（イギリスでは一四三カ所）。

織物業の他の分野においては遅滞はなお一層激しい。ラシャ工業においては進歩はほとんど始まってもおらず、いくつかの革新的な企業を除けば、羊毛の製糸は常に旧来の方法で行なわれていた。麻や亜麻についても同様で、古い生産技術によっていた。しかしながら絹工業は例外で、ここでは製糸工程の機械化が十七世紀の末以来、実現されているのである（糸縒。生糸を繰り、撚りあわせて二重にする操作）。十八世紀にはまゆの繰糸の機械化が完成している。絹は、流行の織物である綿との競合（彩色、図案）に脅かされており、絹工業は改善が行なわれなければならなかったのである。

要するに、産業資本主義は織物生産においてほとんど確立されていないのである。商業資本主義が依然として優勢であり、さらには拡大すらしている。交易商人が重要な役割を持ち、旧来の生産方法が存続していた。このような構造の優越は、織物のいくつかの部門で技術が変わらないこと、とりわけ人間労働が優越していることによって説明される。人力が集約的に使用されているのである。機械は生産を補助するものとしてしか用いられず、多くの場合、生産は機械を必要としていない。水車の使用が一般的になるとすべてが変わるようになり、蒸気機関の使用によってさらに変化するであろう。

2　冶金工業

冶金工業は十八世紀の経済においては比較的重要性の少ない分野となっていた。技術面では伝統的なやり方が保持されていた。カタラン式高炉、薪による精錬である。新しいやり方、すなわちコークスによる精錬はほとんど広まっていなかった。

カタラン式高炉。鉄鉱石を直接精製する背の低い炉。職人的なやり方で、多くの薪を必要とし、一回に鉄を五〇キログラム以上はとり出せなかった。この技術はとりわけフランス南部、とりわけアリエージュよりのピレネー地方（フォワ伯爵領）に広まっていた。

薪による精錬。薪による溶鉱炉。カタラン式高炉が減少していたのに対し、このやり方は飛躍的に発展している。しかし、これは莫大な資金の投下を必要としている。鉄工場主に貴族が大きな比率を占めているのは、設置に要する莫大な資本と薪の必要性とによる。彼らは森林を所有しているのである。

コークスによる精錬。新しい冶金技術であり、このやり方はイギリスで一七〇九年頃、鉄工場主アブラハム・ダービーにより発明された。これにより、鉄鉱石を精錬するのに、木炭のかわりにある種の石炭で代用できるようになった。一七八四年には、またもやイギリスで、熔鉄精錬法が完成された。このやり方により、鉄をよりよい条件で鋼にすることができるようになった。これらの新しいやり方はフランスにはたいへんゆっくりと普及した。一七六四年に技術家ジャルがイギリスに派遣された。そして彼がフランスの鉄工場主たちに紹介したのである。

他の操作、とりわけ槌打ちでは水力が用いられ（そのため冶金工場は水流のそばにある必要が生じた）、蒸気はずっとわずかしか用いられなかった。

新型冶金業の典型的事例。ル＝クルーゾは王権による擁護とイギリス人技師ウィルキンソンの援助により一七八二年に創設された株式会社である（資本金一〇〇〇万リーヴル、二五〇〇リーヴルの株券で四〇〇〇株）。設備は改善されたものだった。すなわち、一七八五年に操業を始めた四つの溶鉱炉、二つの大製鉄所であり、また旋盤はヨーロッパの同様の施設の中で最もすぐれたものであるし、送風機を動かすためには特に「火力機関」（蒸気機関）が用いられていた。さらに、軌道馬車により一頭の馬に五倍重い荷を引かせることができるのである（木のレール）。

大冶金業地方は第一にバス＝アルザス（一六万二〇〇〇トンの鋳鉄と錬鉄）で、ヴォージュの谷に拡がる製鉄所・溶鉱炉があった。ついでシャンパーニュ（五万八〇〇〇トン）で、二つのグループに分かれる。一つはアルデンヌとアルゴンヌの森の周辺で、他はオート＝マルヌの林野である。フランシュ＝コンテ（五万五〇〇〇トン）では製鉄所・鋳造所はジュラとヴォージュからの水流に沿って拡がっていた。ロレーヌ（四万八〇〇〇トン）は、少数だが設備の整った工業地域がある。ブルゴーニュ（二万四〇〇〇トン）では製鉄所はシャティヨネの森の中に分散していた。ベリとニヴェルネ（二万四〇〇〇トン）では施設はモルヴァン山地の西側に拡がっていた。石炭を使う企業は数は少なかったが、それが最も勢力を持ち、また最も設備が整っていたことは確かである（ル＝クルーゾ、ニーデルブロン）。

しかしながら、冶金工業における革新と集中化を過大評価してはならない。王政復古にならなければ、真の飛躍的発展を見ないであろう。銀行組織の弱小さがうちかちがたい障害となっていたのである。いくつかの企業の貸借対照表を研究してみると、単に資本の極度の不足のみならず、管理技術が十分に整っていないことを示す経営の劣悪さまでが明らかになる。労働力はほとんど専門化しておらず、流動性が激しかった。冶金工業は単に鉱脈（一般に石灰岩層の鉄）だけでなく、製鉄所や熔鉱炉に供給するための森林（薪を用いる最後の熔鉱炉は一八六四年までなくならない）、水車をまわす水流にも緊密に依存していた。

3　石炭業

この分野においてもやはり旧来の様式が残存しているが、新しい技術も発達していた。伝統的な小企業は斜陽化し、集中化の傾向が明らかになっていた。小企業は深い坑を掘ることはできず、しばしばほんの地表を採掘するだけにとどまっていた（ポンプ汲水の問題）。一七三四年の参議会の裁定は炭坑開発を王権による認可制にした。これは大会社の利益のために伝統的な小規模経営を不利にするものだった。新技術による炭坑の開発と採掘には約一〇〇万リーヴルの資本を必要とした。小規模な石炭採掘は、時には半農によるものだったが、大企業に吸収されて消滅するようになった。後者は科学的探鉱（鉱層の傾斜を計るためのボーリング）、運搬箱の引き上げとポンプ汲水のための蒸気機関の採用、に拠っていた。坑はかなりの深さに達していた。アンザンでは二〇〇メートル以上だったのが、一七九一年には三〇〇メートル以上になっている。

新企業。アンザン鉱業会社は一七五六年の創立、一七八九年には三〇〇〇人以上の労働者を雇用している。他にも会社はアレス、カルモーにある。ル＝クルーゾ同様、ここでも産業資本主義である（織物業にしばしば見られるような商業資本主義ではない）。それは技術的手段の集中と労働力の集中によって特徴づけられる。

一例。リトリの炭坑（ノルマンディ）――一七四四年に炭坑が発見された。バルロワ公爵が国王の認可を得て坑を掘らせた。一七四七年に彼は、パリのある実業家の仲介により、合名会社（二四名の出資）の設立に成功した。最初の一〇年は不振だった。しかし一七八九年には収支は一六万九七五リーヴルの黒字となり、一七九〇年にはそれが一九万六四二八リーヴルとなった。つまり、リトリの炭坑はすばらしくもうかる事業となったわけである。一七八九年には採掘中の坑が三本あった。それほど深くはなかった。三八二ピエ、すなわち約一二七メートルに達していただけである。採掘はアンザンの水準にはほど遠かった。坑におりるのには常にはしごが用いられ、底にいる労働者はろうそくで照明していた。採石運搬夫は石炭をそりで運んだ。截炭鉱夫は、他所と同じように、截石をハンマー、たがね、火薬を用いて行なった。しかし採掘の原始性は排水（水肥溜）とくみ上げに関する面ではっきりしていた。一七八九年にも水と石炭をくみ上げるのは人間の腕でやらねばならなかった。このトゥートゥー[12]の仕事は最も骨がおれるものであった。主要な坑では馬で動かす動滑車の機械を用いていた。蒸気機関によるポンプがとりつけられるのは共和暦[13]六年にすぎない。一七九二年にリトリ炭坑は三〇〇人を雇っていた。彼らは現地採用で、農村の日雇い農の場合が最も多かった。まだ土地から切り離されてはいないが、炭坑がわずかながらも失業時の保証となることを喜んでいた。――（G・ルフェーヴル「リトリの炭坑、一七七四―共和暦八年」、『フランス革命史年報』、一九二六、『フランス革命の研究』、第二版、一九六三、一五〇頁、に再録）

＊

このように、集中化され監督下におかれた労働が、分散した生産にゆっくりととってかわっていった。資本と労働力との集中化に結びついた新しい技術は、他方では、社会関係を変化させ、さらに究極的には人々の生活様式の変化をひきおこしていた。しかし十八世紀末についてこれらの特徴を誇張してはならない。「産業革命」はおろか「技術革命」についてすら語ることはできないのである。蒸気機関や織物工業のための「機械類」は完成していたとしても、その普及は限られたものだった。蒸気機関はルイ十四世の治世の末期にドニ・パパンによって造られ、ニューコメンによって完成され、ワットによって改良を加えられたものであるが、ほとんど普及しておらず、もっぱら炭坑の水汲みポンプに用いられていた。王政復古が始まった時に、フランスにはまだ五〇台ほどしかなかったのである。織物業においては水車の方が常に蒸気機関よりも多かった。そして、水力を用い、アークライトの機械群を入れているマニュファクチュアですら、旧体制末期にはたった八カ所しかなかったのである。「分散マニュファクチュア」が最も重要な生産部門を牛耳っており、商業資本主義が産業資本主義より優勢だった。イギリスで十八世紀に認められる「産業革命」は、フランスには十九世紀半ばにならなければ真に波及しなかった。旧体制下のフランスは農民・職人・小商店主の世界にとどまっていたのである。

第二章　状況連関《コンジョンクチュール》の反転　人口と経済の波動

十八世紀にはブルジョワジーと彼らが刺激を与えた経済活動の発展とが顕著であるのならば、さらにその与件をはっきりさせねばならない。フランス経済の動きは生産技術の変革よりも生産自体の発展によるのであり、後者は物価上昇と人口増加から刺激をうけていた。E・ラブルースは「旧来の方法による新しい莫大な富の創造」に注意を向けた。彼は主に技術面における「構造《ストルクチュール》の保持」と「状況連関《コンジョンクチュール》の革命」を対比させたのである。もっと簡単に状況連関《コンジョンクチュール》の反転ということにしよう。すなわちF・シミアンの用語を用いるならば、十七世紀全体を特色づける下降と沈滞のB局面から、上昇と発展のA局面への移行であった。後者は一七三三年から一八一七年まで、何人かの言に反して、戦争や革命があってもなお、繁栄の十八世紀をフランスにもたらしたのである。この一世紀におよぶ変動の上に循環的波動と季節的波動がつけ加わる。こうして経済生活は、生産・交換と消費・価格と収入などそのすべての分野において、「上昇と下降、発展と縮小、繁栄と後退が交互にくる諸波動の連鎖」として現われているのである。

しかしながら、十八世紀における収入の動きの研究は、E・ラブルースによって明らかにされたものにあっては、利潤の研究を欠いている。土地所有者における地代と同じく、交易商人・工業家・金融家の利潤は疑いなく上昇という一般的な動きに従っていた。この研究はまだ手をつけられていない。商工業の企業の古文書が十八世紀についてはフランスにはまれにしか保存されていないからであり、こうした視点からそれらの文書を掘りおこすのはおそらく困難だろうからである。したがって若干の示唆に限られる。しかしその示唆は、経済が資本主義的方向に進展するにつれて利潤の上昇も強化されたという点を明らかにしている。福祉施設の古文書にもとづくパリの家賃の調査から、いくつかの手がかりが得られる。一七二〇年から一七六〇年にかけて恒常的な、決定的ともいえる上昇があるが、これはおそらく都市人口の増加に負うものである。この都市の家賃という分野に関しては、需要は絶えず増加していた。われわれがここで問題にしている視点について、より有効な他のアプローチがある。工業生産が総収入に与えた効果、もしくはより正確にいえば（他の研究がないので）工業生産の成長指数である。

一　人口の動き

旧型社会の諸構造の上には、したがって、二重の状況連関《コンジョンクチュール》が重くおおいかぶさっていた。人口と経済である。この状況連関《コンジョンクチュール》はフランスでは社会的緊張を深刻化し、その緊張が崩壊点にまで達するのに寄与した。都市民衆の薄い層を除けば、人口動態の基盤は農民層にある。

1　「十七世紀型人口動態」の終わり

十八世紀の人々は人口の水準を一定と考える傾向があった。半世紀以上の間、著述家たちはソーグランが一七二〇年に彼の『徴税区ごとの、王国の新人口調査……』に発展した戸籍数を再録した。しかし、ソーグランの著作も半分は一七〇九年版からの再録で、十八世紀初頭の概算的な人口調査だった。一七二二年にはマスヴィルの『ノルマンディ州の地理状態』がソーグランの初版に載った時代遅れの数値をほとんど全面的に再録した。しかもこの時には新しい調査結果を利用できたのである。一七四五年になってもまだ、P・ドワジの『アルファベット順にみるフランス王国とロレーヌ諸州』は『新人口調査』を剽窃していた。しかもこの時にはソーグラン自身が、一七二六年の『新旧フランスの万有事典』の中で、より正しい数値を提供していたのである。

この人口の停滞という神話に替えて、哲学者《フィロソーフ》たちはその社会と国家についての全般的な批判において、人口衰退の神話を提示した。モンテスキューにとってはフランスの人口は減少していた。彼はそのことを一七二一年の『ペルシア人の手紙』で確言した。さらに一七四七年付けの『思索《パンセ》』において、またさらには『法の精神』第二三章においても同様である。「この種の事柄について可能な限り正確な計算によって、私は人々が地上に古代の頃の一〇分の一たらずしかいないことを認めたのである」！　モンテスキューはフランスの人口を一四〇〇万人と見積っていた。ヴォルテールはその『習俗に関する試論』において、同一年に生まれた一〇〇〇人の子供のうち、二〇歳まで生きるのは六〇〇人だけであると主張した。ミラボー侯は『人間の友、または人口論』（一七五六―一七五八）において、フランスは大土地所有の優越・奢侈・徴税・農業の衰退によりその人口を減少させていると述べた。

十八世紀におけるフランスの人口の減退というこの全般的な意見は、世紀半ばまで旧型の人口構造が存続したこと、およびルイ十四世の統治の末年まで深刻な食糧危機がくり返されたこと、によりある程度まで正当化される。一七〇九―一七一〇年の「大いなる冬」のいまわしい結果は長びき、オー＝ラングドックのいくつかの村では一七三〇年頃まで続いた。危機は、軽減されはしたものの、十八世紀前半にもみられた。オート＝ノルマンディのサントニでは、死亡超過は単に一七〇九―一七一〇年だけでなく一七一九

―一七二〇年にもおこっており、一七二九―一七三三年にはそれがなお一層深刻であった。ペルシュのラ・マドレーヌ＝プーヴェでは最も激しい死亡超過は一七三九―一七四四年におこった。一七一九―一七二〇年、一七四〇―一七四四年の食糧危機によってもなお、パリで人口の落ち込みがひきおこされたのである。

2 十八世紀後半の人口増加

フランス王国の人口は実際に減少していたのだろうか。一般的通説は研究を惹起し、それによって数字的データは正される傾向にあった。一七四五年に財務総監オリーにより大々的な調査が命じられた。それにより国全体について人口一八〇〇万人という見積りが得られ、未刊の『フランス王国の住民に関する覚え書』に記録されたが、これは明らかに低すぎる数値である。財務総監のベルタンが一七六三年に、同じくラヴェルディが一七六四年に人口調査を命じたが、その結果は残っていない。しかしながら、一七六五年にはアベ・デクスピイがその著書『フランスの人口について』で、地方総監が行なった調査を用いていた。ラ・ミショディエールとその協力者でサン＝テチエンヌ徴税区のタイユ徴税官であるメサンスによる研究は、一七六六年、メサンスの『オーヴェルニュ、リヨン、ルーアンの財務管区および王国の若干の州と都市の人口に関する研究……』の出版として結実した。一七七二年に財務総監のアベ・テレーは地方総監に対し、一七七〇年にさかのぼって年間の出産・婚姻・死亡の一覧表を提出するよう命じた。統計の時代にはいったのである。一七七八年になってやっと最初の人口動態学の論説とみなしうる著作が現われた。『フランスの人口に関する調査と考察』である。著者はモーなる人物で、しばしば有名な博愛家の地方総監モンチョンと同一視されている（実際にはモーはモンチョンの秘書であろう）。

しかしながら、フランスで人口動態学が、資料の性質上きわめて限定されたものであれ、決定的な発達をとげたのは最近のことにすぎない。税制上の資料が多い地中海地方の諸州を除けば、教区台帳が十八世紀末まで史料の基本となっている。それ故、分析はミクロの人口動態学という性質をおびるのである。それでも人口調べは、厳密な意味での調査ではないにしても、一八〇一年以前から試みられており、それによって十七世紀初頭以来の全般的な研究ができるのである。十八世紀における人口の増加はこれらの研究、つまり州単位の大規模な調査によっても、モノグラフィ的な研究によっても、明らかに示されている。

ケルシーの例――出生率はかなり高い。四〇パーミル、さらにはそれ以上という数値も稀ではない。モントーバン財務管区では一七七一―一七八〇年の平均は三六パーミルとなっている。婚姻率は逆に低いままであり、同じ財務管区全体で一七七五年から一七八四年までに九・二パーミルである。十九世紀における出生率の低下は、結婚数の低下にではなく、人為的な産児制限に起因していた。死亡率は常に高い。同財務管区全体では一七七五年から一七八四年までに三二パーミルにのぼる。このことは都市でも農村部でもほとんど差はなかった。基本的な点は五歳以下の幼児死亡率が高いことであった。出生率と死亡率を比較すれば人口の純増加分がわかる。一七七五年から一七八四年までに同財務管区では平均して一〇〇〇名の死亡に対し一二四〇名の出産が記録されていた。この増加傾向は一部には都市に起因する。都市は同じ期間に増加分では財務管区の二三パーセントを保ったが、出生では全体の二〇パーセントを占めるにすぎなかったのである。自然増加率は一七七五年と一七八六年の間には七・八パーミルであった。一六九九年にブルゴーニュ公の命令により作製されたモントーバン財務管区に関する覚え書きは、カオール・フィジェアク・モントーバンの三徴税区からなるケルシーに二三万五〇〇〇人の住民がいる、としていた。一七八六年には三八万六〇〇〇人であった。かなりの増加であり、既にして人口過剰と認めうるものであった。

――（Ch・ピネド嬢「十八世紀末のケルシーの人口」、『第八二回学者協会会議報告書』、一九五七）

しかしながら、サン＝セルナンとテゼルというバ＝ケルシーの二つの小教区について見るなら、その資料的基盤は限られてはいるものの、注目すべき別の特徴が表われる。人口動態の一般的傾向は他でも観察されるものである。一七四六年以降は真に危機といいうるものはないが、それでも死亡はかなりしばしば出産を上まわっていた。法に適わない出産や明らかに婚前である妊娠が極端に少ないことは、ここでもまた農民社会が出産の適法性に関する宗教的戒律を受け入れ続けていたことを示している。男子は二七歳ぐらい、女子は二四歳ぐらいで結婚していた。世紀の終わり頃にはこれより多少遅くなる。おそらく、結婚の頻度は他所よりも多少は低かった。しかしこれら二つの小教区の人口動態の他の局面は、もしもより広範な研究によって確定されるならば、十八世紀のフランス農民に関する若干の既成通念を再び疑問に付すものである。サン＝セルナンとテゼルにおける適法的出産率は、とりわけ低かった。その率は以前に計算されたすべてのものより低い。二〇歳から二四歳までの女性について、ノルマンディのクルレー、イル＝ド＝フランスのテル地方、カナダで、それぞれ一〇〇〇人につき四二〇人、四六〇人および五〇〇人以上であるのに対して、一〇〇〇人につき三八五人となっているのである。あまり効果的ではないにしてもかなり早い時期からの産児制限への意志、という仮説を、アキテーヌ盆地の農民家族については、避けて通るわけにはいかないであろう、それも十八世紀初頭から。バ＝ケルシーの女性の出産率の低さということの一種の系論として、幼児・小児の死亡率がたいへん低いことがあげられる。子供の数は少なかったが、他所よりも死亡は少なく、またより高齢になってからであった。出産から最初の誕生日までに死ぬのは一九パーセントだけである。他のいたるところでこの率は二〇パーセントから二五パーセントの間にあり、時には四分の一をこえたのであるから、それより明らかに少ない。一〇〇〇人の子供のうち六七二人までが一〇歳以上まで生きていた。クルレーやパリ盆地中で研究のある小教区よりずっと多い。後者では一〇歳まで生きる子供の数は多くの場合六〇〇パーミル以下なのである。デュヴィラールの死亡率表は十八世紀末のフランス全体について五五一パーミルという数字をあげている。オート＝ブルターニュの三つの小教区では幼児死亡率は三〇〇パーミルに近く、一〇歳まで生きる子の数は明らかに出生数の半分以下だったようだ。バ＝ケルシーとは反対に、ブルターニュでは子供は多勢いたが、彼らは死ぬのが早かったのである。——（P・ヴァルマリー『十八世紀バ＝ケルシーにおける農民家族・人口動態学的研究』、パリ、一九六五）

したがって、十八世紀のフランス農民には二つの人口動態モデルがあったようだ。ブルターニュ型モデルは大きな出生率、およびそれが幼児・小児死亡率の高さによって補正されることを特色としていた。ケルシー型モデルでは出産率と幼児・小児死亡率がともに低い数値を示しており、ルイ十四世治下からすでに産児制限が習慣的に行なわれていた。家族を再構成する方法により、旧型の人口動態構造に対応する諸モデルを定式化することができるようになった。そのモデルには完全・不完全双方の家族、出生率、死亡率、婚姻率、人口危機が含まれ、また行動様式も見落せない。これらの点が地方ごと、また社会グループごとに異なることは言うまでもない。支配する者の人口動態と支配される者の人口動態とがあり、両者の発展のリズムは同一ではないのである。この多様性の基盤としては、宗教的実践とこれらの農村社会の心性との研究が、おそらく説明の端初を示してくれるだろう。

出生率——出生率の問題に関して、自然的出産率という概念は完全に排除された。最も高い出生率でも生理的な最高値からほど遠いからであり、また種々の社会グループはマルサスよりずっと以前に、自分たち自身の増加から身を守ることを知っていたからである。娘たちの晩婚（平均二五歳）はP・ショーニュによれば「古典主義時代のヨーロッパでの真の避妊の武器」をなしていたし、またおそらくはそれが唯一の武器というわけでもなかった。特に農村部では、非適法的出産の事実上の禁止と宗教的な抑止が加わっているのである。

一七七八年に、長いことモンチヨンの著作とされていた『フランスの人口に関する研究と考察』においてモーは「楽しみが最大の関心事かつ唯一の仕事である金持ちの夫人たちだけが、種族の繁殖を古い時代の欺瞞とみなしているわけではない。人間以外の動物には知られていない忌わしい秘密が、既に田舎にまで浸透している。村々においてさえも、人は自然をあざむいているのである。」と書いた。「忌わしい秘密」とはよく言ったものだ。モーは「宗教により、心の秘密と人間の弱さの受託者とされた人々に聞いてみるといい」と勧めていたのである。実際、この分野においては、良心の指導者・中世の懺悔要綱の著者の後継者たちの証言が重要なのである。一七八二年にカーンで『既婚者の教理問答』が出版された。著者はフェリヌ神父、よく知られず、不明な点の多いバィユーの聖職者である。これはまぎれもなくノルマンディの農村部で当時行なわれていた避妊の方法に関する本である。その議論は明確であって、「子供たちは多勢いるが財産の方は少ない」「乞食をする恐れ」……等々が述べられている。先にいう忌わしい秘密に関してはなぜといいかにしてを明らかにすることが残っている。いかにして？　神父は「都市でも農村部でも多くの人々が」子供ができるのには反対だが、婚姻関係を断とうとはしない。それで「恥ずべきオナンの罪」を犯すことは「夫婦の間でたいへん一般的である。」性交中絶法のことである。なぜ？　ここでこれらの行為が確立され普及していく社会的・文化的・宗教的な脈絡の問題が措定される。どうやら、とりわけ男性の側での、教会との仲違いを考慮に入れなければならない。教会の指導力とマルサス主義の最初の諸形態との間のこの軋轢を明らかにするには、十八世紀後半における宗教的実践についての詳しい研究がなければならないだろう。オート＝ノルマンディのブラニ郡とカンブルメ郡についてみるなら、この時期から出生率の低下が認められる。そしてここは十八世紀における田舎のジャンセニズムの影響を受けた地帯の一つだったのである。ジャンセニズムは、ある程度は、秘跡の実行に対する、さらには端的に教会そのものに対する無関心の源なのだろうか。……大革命はこの進展を促進した。

出生率は高い率、つまり人口一〇〇〇人につき三八人、しばしば四〇人、すなわち一組の結婚から子供が三ないし四人、時にはそれ以上、という値を示しているのであるから、問題はしたがって、旧体制末期に本当に軽い減少があったかどうかを知ることにある。社会的行動様式、地域的偏差、時間的なずれが区別の要因となる。

出生率の減少はまず、とりわけアリストクラート層にみられる。大貴族の家では既婚女性（二〇歳から二五歳まで）一〇〇〇人に対して十七世紀後半には四六〇件の出産を数えたが、十八世紀前半には四〇三件、同後半には一四八件となっている。一揃いの家族についてみると、子供の数は一世紀の間に六・一五人から二人になっている。――（Cl・レヴィ、H・アンリ「旧体制下の大貴族、一階層《カスト》の人口動態学的特徴」、『ポピュラシオン』、一九六〇、四号）

しかし旧体制の社会は農民が基本だったわけで、果してそこに一般化できるだろうか。ボーヴェージの九つの小教区に関するP・グーベールの計算によれば、結婚に対する出産の比率は十七世紀末から十八世紀末（一七七一―一七九〇）にかけて約一〇パーセント減っている。適法的出産率の低下である。ボースとヴァル＝ド＝ロワール、およびノルマンディについても、これと一致する証言がある。

ラングドックの場合――財務総監の命令により一七七〇年から司祭によって記録された洗礼・婚姻・死亡の年次報告、および一七八八年にこれらの同じ司祭が行なった人口調査をもとにして、二二の教区のうちの一二についていえば、出生率は一七八七―一七八八年には三八パーミル前後である。カタローニュでは一七八三年から一七九〇年までの間、三六・五パーミルから四〇パーミルとなっている。プロヴァンスでは二〇ほどの都市と村について、一七六五年には三九・七パーミルである。三八パーミルという数値が一九一五年までのインドの出生率であり、また避妊方法が普及する前のプエルト・リコにおける数値でもある。この三八パーミルというラングドックの数値をフランス王国全体の平均出生率と考えられる三六・四パーミルと比べてみると、ラングドックが一番人口増加の多い州の一つであったことがわかる。それでも、この率はある種のマルサス主義的実践の普及と両立しないものではなかったのである。時間的推移を見ると、ラングドックの出生率は緩慢で目につかないほどの低下傾向を示している。これは、おそらく、その種の実践がまだ限られた範囲でではあったが、普及したことによるのである。事実、十七世紀末から一七四〇年には、ラングドックの六つの村で平均出生率は四二・四パーミルを示していた。一七七〇―一七七二年には、ヴィヴァレのトゥルノン総監代理区《スュブデレガシオン》（人口約九万）で三九パーミル、一七八七―一七八八年にはラングドックの一二の教区で三八パーミル、一七八八―一七八九年には、現在のエロー県をなしている地域は当時は人口二六万五〇〇〇人だったが、そこでは三七パーミルである。――（E・ル・ロワ・ラデュリ「人口動態学と忌わしい秘密、ラングドック、十八世紀末―十九世紀初頭」、『フランス革命史年報』、一九六五、三八五頁）

　しかしながら、大革命前の家族において出産の抑制が一般的であったかどうかを決めるためには、出生率の変化を調べるだけでは十分であり得ない。なぜなら出生率は単に受胎の偶然さによるだけでなく、人口の年齢別構成、「ピラミッド効果」にもよるからである。例えば一九五五年から一九六五年にかけて、フランスの粗再出産率（女性一〇〇人に対する）は一三一から一三八に上昇したのに、出生率は一八・五パーミルから一七・六パーミルに低下したのである。二五歳を過ぎると一般に受胎能力が減少すること、ごく若い女性の受胎能力は年長者よりややおとること、については異論はないだろう。また結婚生活の最初の九カ月には分娩数は少ないことも考慮せねばならない。十八世紀には婚前妊娠は稀少だったからである。以上を考えあわせてみると、ブルターニュではとても高い出産率が認められるが、南西部ではその率が比較的低かった。この相違は人口動態構造（授乳期間の長短）を反映するものだろうか。それとも意識的なマルサス主義的行動によるのだろうか。P・グーベールは「ブルターニュでは夫婦は神様がおくってくれる子供をすべて受け入れる。南西部ではそうではない。」と書いている。とはいえ、決定的な証拠はあがっていないのである。

結論。大部分の女性の受胎能力は、旧型の農民社会においては、同時代人の良心とか監視とはほとんど無縁なある程度の社会的強制、心性と人口との構造により限定をうけている。出産の任意的抑制については、実行されていたように思われるが、少なくとも農村部については一般化するのは正しくない。

婚姻率――婚姻率は十七世紀と比べて大きな変化はなかった。結婚の平均年齢はイル＝ド＝フランスの三つの村では二六歳、ケルシーでは二七歳である。独身は例外的だった。ボーヴェージでは婚姻率は住民一〇〇〇人につき一六・五組以上だった。これは十九世紀前半より高い率である。死亡率の低下にともなって再婚は減る傾向にあった。時として旧体制末期に婚姻数の軽い減少が認められる。おそらく経済的な困難に関係するものとみられる。ボーヴェージについてP・グーベールはもう一つの特徴を指摘している。すなわち結婚の地理的拡大で、これは人口の移動性がより高くなったことを示唆している。十七世紀にはボーヴェージ周辺の農村部では、結婚のための移動は稀であるか、もしくは狭い範囲のものだった。（大商人や役人の家族は別であって、ここではしばしば一都市から他都市へ嫁いでいった。）一七五〇年以降、こうした移動はよりひんぱんになり、結婚の地理圏は拡大した。

死亡率——死亡率は年ごとに上下したが、通常は出生率より低くとどまっていた。死亡率一覧表から計算すると、大革命以前において、平均寿命は二八歳九カ月までのびていた（デュヴィラールが一八〇六年に彼の著書『天然痘が死亡率に及ぼす影響の分析と一覧』の付録として発表した死亡率一覧表を参照）。すべての地域研究は死亡率の低下を示しているが、そこには、幼児・小児の死亡率か大人の死亡率かによる種々の差がある。地域的な違いや社会的区分も忘れてはならない。

再びラングドックを例にとると、現在のエロー県を構成している五つの司教区に関して、死亡率は十八世紀の八〇年代になってもなお三二パーミルのようだ。これはおそらく、熱病の発生源である沼の岸辺という衛生上の悪条件によるものである。しかしラングドック全体で二二の司教区のうちの一二についてみれば平均は二九パーミルであり、年九パーミルの超過率となっている。死亡率の減少は、基本的に大人に帰属するものであるが、地域に応じて一七四〇年、一七五〇年、もしくは一七六〇—一七七〇年頃から始まった。その原因としては、飢饉の間隔の拡大、経済成長の開始、実質賃金のささやかな上昇（この点についてはなお明確化が望まれよう）、生活水準の緩慢な上昇があげられる。十八世紀の第二世代から、ラングドックの大人は以前より多少はいい暮らしをするようになり、以前より年をとってから死ぬようになった。

幼児（一歳以下の子供）の死亡率水準については、小児のそれと同様、地域的較差があるため急な一般化はできない。それでも、連続的な進歩を語ることこそできないものの、減少傾向を認めることは可能なのである。バス＝ノルマンディのウールムでは、幼児死亡率は一七六〇年から一七七九年までに二九パーセントから二一・二パーセント、さらに一七・三パーセントへと低下した。幼児死亡率の季節的変動の変化も認められる。夏の主要最大点は一七五〇年以前は明瞭であったが、次第に弱まる傾向にあり、かわって近代的な最大点である冬の最大点が現われてきた。おそらくこの点に、食品衛生が進歩して夏の腸炎が減ったことの結果をみなければならない。しかし物質的でない他の原因もある。子供に対する大人の態度である。子供はよりよく扱われ、より世話を焼かれ、より注意深く見守られる対象となったのである。幼児および小児の死亡率の低下傾向は人口増加へと帰結する。その結果は、この人数の多い年齢層が結婚し子を作る年代に達した時に現われたのである。

全体の死亡率は年ごとに激しく変わっており、それをとらえるのはずっと難しい。諸徴税区全体では一七七〇―一七七九年には二七・三パーミルから三八・九パーミル、一七八〇―一七八七年には二八・二パーミルから四四・三パーミルとなるようだ。したがって、少なくとも大人については、死亡率の低下は不規則であるという印象が持たれる。減少期（一七四三―一七七八）が二つの上昇期（一七〇二―一七四二と一七七九―一七八九）にはさまれているのである。

しかしながら死亡率に関しても、すべての歴史的与件と同様に、社会的カテゴリーによる差異が認められる。単なる示唆的な見方であるが、指摘しておくのも無駄ではないだろう。人口動態の較差を示す指数は総計の指数とはまた別の意味を持つのである。後にカーン地区となる地帯では、ルイ十六世の統治下（一七七四―一七九二）において、小児（一歳から九歳）の死亡率は借地農《フェルミエ》の子が二一パーセント、職人の子が二七パーセント、日雇いの子が三〇パーセントを占めていた。死亡の平均年齢は、借地農《フェルミエ》が四〇歳、日雇いが三九歳であり、職人では二〇歳に下がっていた。二〇歳から三五歳の大人についてみれば、死は借地農《フェルミエ》よりもむしろ日雇いを襲ったのである。――（F・フルネ「ルイ十六世統治下におけるカーン地区の人口」、『第八〇回学者協会会議報告書』、一九五六）

旧体制末期における死亡率の低下の原因についていえば、十八世紀には医学の決定的な進歩は認められなかった。種痘はほとんど行なわれず、しかも手遅れであって、世紀末まで天然痘の猛威をくいとめられなかった。(医学の進歩と病気の減少に関する研究は稀少であてにならないことは確かである。) 単に以下のことを言いうる。すなわち、伝統的な大災害の間隔が拡がり、その勢いが弱まったことによって、大人の死亡率が減少したということである。ペストは、なぜどうやってかはわからないが、一七二〇年のプロヴァンスでの流行の後、完全に姿を消した。戦争は、ルイ十四世の死の後は、常に国土の外で行なわれた。最後の凶作がおきたのは一七一〇年である。大量死亡の危機の最後のものは一七三九—一七四三年であるが、飢饉よりはむしろ寒さと流行病とによるものだった。一七七五年の危機は長期にわたるきびしい物価上昇の後であり、一七八九年の時は前年の不作のあとであったが、どちらの場合にも細民の状態は一六九四年や一七一〇年の時とは比べものにならなかったのである。

危機の型の変化——大量死亡の危機は、十七世紀には人口動態にたいへん深刻な結果をもたらしたものだが、それ以後は危機の表われ方はより軽減されたものとなった。十七世紀全体を特徴づける人口の大幅な減少——死亡の増加、結婚と妊娠の減退、その結果として人口の年齢別ピラミッドにはっきり表われる長期間の死亡超過——にかわって、十八世紀半ばからはより軽くよりすみやかで食糧危機との結びつきがより弱い危機が現われた。旧型の人口危機は完全に消滅しはしなかったが、軽減され、減退した。一七一五年以前の「大飢饉」はもはやなく、一七五〇年以降は「潜在的飢饉」にすぎなくなっていた。その結果、世紀の後半には恒常的に出生が死亡を超過した。最年少の世代層の実数が規則的に増加していくのが認められた。

この推移は、P・グーベールによりボーヴェージについて明らかにされた。二大農村市場町であるオヌイユとブレルでは、最後の大危機は、程度の差はあるが、転換点にあたる一七四〇―一七四三年のものだった。一七七三年の危機はもはや「潜在的」なものにすぎなかった。真に欠落した年齢層はなくなり、実数は一様化していた。オート＝ノルマンディを例にとれば、サントニでは一七五二年、一七五四年、一七六四年、一七六七年に死亡率の極点があったがたいしたことはなく、一七七三年と一七八二年にそれよりも激しい極点があった。メニル＝ヴィゴでは最後の大きな死亡率上昇は一七八三年におこった。ペルシュのラ・マドレーヌ＝ブーヴェでは死亡率の最後の極点は一七六六年から一七七六年までと一七八七年に分散し、減少していた。食糧危機が果す役割も相変わらず続いてはいた。バス＝ノルマンディのウールムでは死亡率の三つの極点は一七八三年から一七八五年、一七九五年にあって、順次増加していた。その最後のものは世紀最大であって、一七〇九年以来の最も寒い冬、最もきびしい飢饉と一致している。それでも、一七七二―一七七三年の危機と、またさらには一七七九年、一七八三年の危機を除けば、全体を一覧すると出生超過が規則的であることがわかる。この推移の真の結果は、しばらく遅れて、ルイ十六世の統治の末期と革命期、若い層が子供をつくる年代になった時に認められるのである。

新型の危機、死亡率と出生率の多少とも同時的な後退、いまだささやかではあるが意識的な出産の抑制、これらの新しい諸構造のうちに「人口革命」の端初を求めるべきだろうか。（歴史における革命という語のなんたる氾濫！）フランス全体について単一の進展モデルは存在しない。十八世紀に関しては「近代的構造」という概念は単なる増加や成長率によっては定義され得ないのである。死亡率と出生率の変化を考えるなら、そこには「革命」は介在しない。たとえその変化は明白であるように見えても、それはあくまで地理的に偏在したものである。多くの個別研究も大量の文献もないのだから、あまりにも厳格な概念を早まって採用することはできない。

人口体制のこの変化の諸原因を確かめることが必要であろう。決定的な要因がある。食糧がより豊富になり、よりよく分配されるようになったことである。これは進歩しつつある医学よりも重要である。後者については、まずその相互的な影響をはかる必要があろう。心性、感受性、風俗の推移もつけ加えよう。すでに言及した出産コントロールの問題、さらには生と死に対する態度、家族生活や社会生活において子供に対する態度の問題である。十八世紀には子供に対する感情と併行して家族に対する感情も進展した。人々は家族的親密さを求めていた。これは世紀の後半に確たるものになり、都市の富裕な階層において、農村部の民衆よりも一層明らかであった。そのことは、住居の快適さの追求が増加したことによっても、また礼儀作法や会話が変化したことによっても、確認される。家族は子供を中心とし、外の世界を締出すようになった。いまや子供は愛されるようになった。これは基本的な改変である。子供が今や家族集団の中心であり、夫婦は子供の将来に対する責任を感じている。それで出産を計画的にするようになる。このことから、世紀の末に明らかになるような人口動態の転換が生じたのである。

3 人口動態と都市の成長

十八世紀はフランスにおいてもヨーロッパにおいても、何よりもまず都市拡大の世紀であった。人口上昇は、比率からみると、農村部よりも都市において激しかった。さらにこの傾向は、最も進歩した国であるイギリスとフランスにおいては、経済の拡大によって強化された。この現象を行政官や理論家たちは見逃さなかった。王政下の行政府は、一七四七年および一七六五年の布令にもとづき、都市をその住民数によって規定していた。最初は二〇〇〇人、ついで四五〇〇人である。モーによれば、都市とは少なくとも二〇〇〇人の住民を持つ密集地帯のことであった。もし一八四六年の人口調査に初めて登場した基準を用いて、二〇〇〇人以上の密集地帯を都市というカテゴリーに整理するならば、旧体制末期のフランスの都市人口はおよそ一六パーセントと見積ることができる。都市の拡大と人口の全体的な発展とは農業生産物の需要を増加させ、物価上昇をもたらす一因となった。しかし同時に織物業には新しい販路が開かれ、生産は刺激され、都市に向けて労働力は引き寄せられた。こうして、絹紡績業はリヨンにおいて発展をとげている間は、ドンブ、ブレス、ビュジェなどの近隣地域から農村労働力を吸収したのである。

旧体制末期におけるフランス諸都市の人口――ソーグランの『フランス万有事典』（一七二六）に示されたデータ、財務総監オリーの人口調査（一七四五）のデータ、ネッケルが『フランスの財務行政』（一七八四）で示した多少あやしいデータ、都市の大きさによって異なる恣意的な係数を出産数に乗じたカロンヌのデータ（一七八七）、および一八〇一年の人口調査のデータを総合して、モル神父は旧体制末期におけるフランス王国の四五の主要都市について以下の分類を示している。パリの人口は五五万人から六〇万人と推定される。それに続くのがリヨン、マルセイユ、ボルドー、ルーアン、リール、ナント、トゥールーズで、それぞれが人口五万人以上であった。リヨンの人口が一〇万を超えていたかどうかは確かではないが、この町がパリについで二番目の位置にあったことは間違いない。マルセイユとボルドーは海運・商業活動による刺激を得て進展していた。マルセイユは、一七二〇年のペストにもかかわらず、住民が二万人以上ふえ、ボルドーは四万人以上もふえた。ナントも同様な進展を示し、二万人以上も住民の増加をみた。メッツ、ニーム、ストラスブール、オルレアン、アミアンは三万五〇〇〇人から五万人の間だった。二万五〇〇〇人から三万五〇〇〇人のものには、ヴェルサイユ、ナンシー、レンヌ、カーン、ランス、トロワ、モンペリエ、ブザンソン、アンジェ、トゥール、トゥーロン、ブレスト、および法王領のアヴィニョンがある。エクス＝アン＝プロヴァンス、ダンケルク、サン＝テチエンヌ、リモージュ、グルノーブル、ル・アーヴル、アラス、クレルモン＝フェラン、ヴァランシエンヌ、ディジョン、ル・マン、ブルジュは、二万から二万五〇〇〇人の人口をかかえていた。――（R・モル『ヨーロッパ諸都市の歴史人口動態学入門』、一九五四―一九五六）

一七五〇年から一七八〇年までの一世代で都市は変容した。一七七六年の国王宣告書が墓地の移転を命じたこともあって、城壁や墓場のあとの新しい都市空間に新区画《カルチエ》が発生した。それは、カーンとランスでは一七五五年以来、ナントでは一七六六年以後、リヨンでは一七六六年から一七七一年にかけて、ストラスブールでは一七六八年、ブザンソンでは一七七〇年に、それぞれ行なわれたことだった。「ここ二五年間に、石工が首都の三分の一を組立てなおした」と、メルシエは一七八二年から発刊された『パリ通覧』に書いている。一七八〇年以降、オルレアン公のパレ・ロワイヤル、ショワズール公のイタリア劇場、アルトワ伯のロワイヤル通り、銀行家ラボルドのプロヴァンス通りができた。事実、土地投機は、権力の保護のもとに貴族と金融家が結託して増加した。聖職者が都市に持つ広大な所有地でマンモルト税で固定されたものだけが、いくつかの例外をのぞいて、この都市再建の膨大な企画を免れていた。

職業ごとの地理的分離は常に存続していて、通りの名（金銀細工《オルフェーヴル》通り、肉屋《ブーシェ》通り……）に多くの痕跡をとどめた。また垂直方向の社会的成層化も存続していて、最も裕福な者が「高貴な階」を取り、貧乏人は天井裏・屋根裏の部屋へと追いやられていた。メルシエの観察したところでは、パン屋の掛け売りは「四階以上には認められない」。社会関係と心性もそれらの影響を受けていた。しかし、いまや都市の変容に伴って、社会的近接関係のある程度の再編成が認められる。貴族とブルジョワジーとは新しい区画《カルチエ》で相互に接近した。彼らは古い区画《カルチエ》を細民にあけ渡したので、古い区画《カルチエ》が今度は庶民の街となった。パレ・ロワイヤルには、一七八九年に大貴族の三分の一、請願書審理官の半分、金融家、収税官、徴税請負人の九割が住んでいた。それに反してマレーはもはや代訴人の未亡人の区画《カルチエ》にすぎなかったし、貴族の館は一七四〇年以降は現在の中央市場《レ・アール》(15)の地から姿を消し、細民が市の中心部を占領していた。

建物も、それと併行して、個人主義の影響のもとに進歩をとげていた。階段の新しい配置、外廊下《コリドール》（この語が現在の意味に用いられるようになるのは、とりわけ十八世紀以降である）の出現により、住民は各自のアパートの中に孤立できるようになった。それまでは各アパートはしばしばつぎあわされ、地役権を負わされていたものである。メルシエは「隣人同士は見知らぬ人であり、時としては埋葬通知によってやっと、その死を知るのである」と述べている。

このようにして社会的な溝が拡がり、緊張が高まった。一方ではアリストクラートとブルジョワが新しい区画《カルチエ》のより広い敷地に、生活の便利さをとり入れた家、最新のものだと室内の水道、イギリス式の風呂、もしくは少なくとも豊かな照明を得て住んでいるのに対し、民衆諸階級は十六世紀・十七世紀の古い建物の中で昔ながらの生活を繰り返していた。井戸での水汲み、中庭での料理、病気や伝染病といった生物的弱さを同等に行きわたらせる相互に入り混った生活である。

都市の飛躍的発展——都市では出生率はより低く、死亡率はより高く、独身者はより多数だったのであって、農村民の移入が都市の飛躍的発展の主要因となっていた。アリストクラートやブルジョワなどの都市民は田園への回帰を夢見ており、自然というテーマが、文学や支配的イデオロギーのうちに広まっていたのに対し、田舎の人々は都市へ、小都市の細民は大都市へと流入した。その結果、住民中の移入者の割合はどんどん押し上げられた。カーンでは、結婚年齢にある他所者の率は一七四〇年には一〇—一五パーセントだったのが、一七九二年には五〇パーセント、もしくは小教区によってはそれ以上となった。パリのマレーやサン＝ジェルマン場末街《フォーブール》では、男性人口の七八パーセントまでが他所の出身だった。こうした農村部の住民の都市への流入は一七四〇―一七五〇年頃からより頻繁になったが、必ずしも都市住民の中へ真にとけ込んだわけではなかった。なぜなら、オセールから河曳船で首都に来て喜んでパリの群衆にまぎれ込んでいったレチフのような者[16](この場合はそれでも印刷工である)がいたにもせよ、なんと多勢の、あか抜けない行き暮れた田舎者、女中、見習い、日雇いがすぐに都市民に疑いの眼で見られ、危険だと思われたことだろう。これらの流入者がすべて都市住民となったか否かは疑わしい。つらいのは最初の流民化だけだったからである。トリュデーヌ以来の道路網の拡大、輸送の発達と宿駅の増加が、地理的移動性と社会的流動性を増したことは疑いない。

シャルトルの場合――この点で典型的である。十八世紀後半に人口は一万三〇〇〇人前後に安定しているが、これは外部からの流入によってやっと、この水準を保っていたのだった。死亡曲線と出産曲線はともに減少する傾向にあったものの、前者が常に後者を上まわっていた。社会的な区分は明白である。アリストクラートや商人の住む小教区では出生率が死亡率を上まわっていた。郊外のブドウ栽培人の小教区でも同様である。死亡超過の基本的部分は織物業の賃金受領者と労働者、織工、縮充工、剪毛工の住む小教区に由来していた。この死亡超過は外部からの流入によって補充されていたが、それには二種類の出自があった。非熟練の労働者大衆でボースやブルターニュ周辺部の村から来る者がその一つである。他の一つはより広い範囲からバラバラに来る、より熟練した者である。後者は主にいくつかの職の徒弟であり、職人的小ブルジョワの社会にすぐとけ込める人々であった(シャルトルはフランス遍歴の一都市だった)。[17]一八一八年の調査の結果は、そのまま旧体制末期にあてはめて差しつかえないと思われるものであるが、日雇いについてはその六〇パーセントが外部の者であり、そのほとんどは近郊の人々であったことを示している。農民階層が職人の形成に占める割合は大きかった。とりわけある種の職種では特に重要であって、例えば木靴つくりでは全員がボースの森林周辺部の出身であった。——（M・ヴォヴェル「ある都市環境＝シャルトルの農村社会に対する依存の諸形態」、『第八三回学者協会会議報告書』、一九五九）

ストラスブールの例——ストラスブールの町は別の水準にあり、都市の成長の典型的な一事例を提供していた。その人口は一七〇〇—一七〇五年頃には三万人だったのが、一七六〇—一七六五年には四万人、一七八九年には五万人に達したのである。六六パーセントの増加である。だが、六〇年間に三三パーセントしか増加しなかったのが、二〇年ぐらいで二五パーセント増したのである。人口の自然的減少があったのだが、次第に弱まり、六〇年代が一つの画期となった。死亡率は四四・六パーミル（一七二八—一七三七年）から三六・七パーミル（一七七七—一七九〇年）に下がったが、幼児死亡率は高いままだった。婚姻率は減少していたものの、出生率はわずかずつ上昇した。平均年齢も上昇し、一七二八—一七五七年から一七五八—一七八七年の間に二四歳から二七歳になった。全体的に人々は若かった。一七八九年には一六歳以下が三九パーセントを占めていたのである。人口増加の理由は、衛生の改善や幼児死亡率の低下にも求めることができる。とりわけ後者はこの町の産科医フリード（一六八九—一七九九）が活躍して助産婦業を再組織したことに負っている。しかし、なんといっても流入が大きい。一七四一年から一七六一年までに当局は一五九〇人の家長である村民《マナン》の受け入れを記録した（年平均八〇人）。一七八一年から一七八四年までに四四九人の町人《ブルジョワ》が受け入れを許可された（年平均一一二人）。物価曲線を死亡率曲線および婚姻率曲線と比較してみると、双方の一致が見られる。しかし、いくつかの危機も人口増加の波をせきとめるには至らなかった。食糧危機は世紀前半にはまだ威力があった。例えば一七三四—一七三六年である。一七三五年は死亡の記録年であり、人口の七パーセントに達した。危機は世紀半ばまで及んだ。一七四一—一七四七年の騰貴は流行病と重なって「十七世紀」型の危機の様相を示したが、程度はより軽かった。

死に至る《モルテル》危機にかわって回復しうる《ヴェニエル》危機が後をついだのである。一七七〇―一七七一年の恐慌は死亡率には影響せず、平常のままだったが、全般的状況には影響した。貧困と人口流出であり、労働力市場は狭くなり、失業は乞食を増加させた。一七八四年にはストラスブールに九〇〇〇人以上の貧民が数えられた。人口の五分の一に近い。――（Y・ル・モワニュ『十八世紀におけるストラスブールの人口と食糧』、『フランス革命人口史に向けて』、一九六〇）

民衆革命が成熟するのは、このような、人口と食糧のバランスの崩壊が特徴的な社会的雰囲気の中においてなのである。

4　人口動態の変動とその増減対照

一七五〇年までの人口水準の変化はよく知られていない。大量死亡の危機（一六九三―一六九四、一七〇九―一七一〇、一七三九―一七四五）に関する研究はふえてきた。その地理的拡がりを調べ、それがもたらした結果を測定することが残されているのである。人口の変化は一つの平均水準の上下をゆれ動いていたようである。その平均水準というのは収入や農業生産からの徴収を考慮して得られる人口動態上の最適値に対応していた。通常の期間は出産が死亡を上まわっていた。そのことが人口の圧力による不安定な状態を作り出すのであり、経済的・社会的な諸問題がうみ出されるもとになった。民衆層は食糧事情がよりおとっていた。若者は自立をするのがより困難であって、そのため結婚年齢が遅くなっていた。人口の流動性が増すとともに、農村部では底辺の人々の一部が路頭に放り出された。乞食が増加し、それは浮浪者となっていった。そうした時に危機が生じるのであった。極貧層の人々がその打撃を受けたのだが、伝染病のために裕福な者や金持ちにも被害は及んだ。一般的に水準は平均以下となり、新しい人口動態の変動の条件が作られるのだった。「危機型の大量死亡」を特徴とする人口の退潮は、要するに人口を食糧に適合させる現象とみられる。それに対し、「大量死亡の危機」は季節の不順さ、すなわち一七〇九年や一七九五年の寒すぎる冬とか一六九三年の春の長雨によるものである。退潮期にめぐりあわせると、大量死亡の危機は長期的な影響を持つ。一七〇九—一七一〇年の危機は一七一八年まで続く下降期を招来したのである。その後、上昇の時期が一七三〇年頃まで続く。ついで一七三〇—一七四〇年の、安定の一〇年があり、一七四〇年から一七五〇年にかけて新たな退潮が生じるのである。

一七五〇年以降は資料があって、人口曲線をより正確に素描しうる。

一七五〇年から一七七八年まで、増加は急速であったようだ。一七五〇—一七七〇年の期間について、エクスピイの数字にもとづき、一〇の徴税区について計算した年率は七・八パーミルから一〇・七パーミルの間にある。この人口増加から以前よりも強い需要が生じたのであり、一七六五年から一七七五年までの間の穀物価格の上昇も、一部はそれに由来するのである。一七七〇年以降、一七七八年まではフランス王国全体で出産が明らかに死亡を超過していた。この期間に出生率は三七・七パーミルとなっており、死亡率は三一・四パーミルだった。出生超過はとりわけ東部（アルザスとロレーヌ）および南西部（ポワトー、リムーザン、ギュイエンヌ）で顕著である。

一七七九年から一七八四年までは、増減対照はわずかにプラスだった。一七七九年には統計の知られている一九の地方総監区のうちの九つが死亡超過を示していた。一七八二年にはそれが一一となり、一七八三年には三二の中の一七となっている。ブルターニュが最も影響を受け、この期間の増減対照はマイナス（四・六パーセント減）だった。アルプスとピレネーの間の地方だけが、この危機をまぬがれたのである。出生率は結局のところ三七・七パーミル前後に落着き、死亡率は三六パーミルだった。一七八八年の凶作による危機は大革命の原因の一つとなったものだが、十分な統計資料がないため、この危機の分析はできない。

人口動態の増減対照――十八世紀フランスの人口動態の増減対照は結局のところどのようなものになるだろうか。一七八九年の人口水準は、当時多くの見積りがあるにもかかわらず、正確に知られてはいないことを認めねばならない。ネッケルは一七八四年に人口を二四八〇万人とみており、カロンヌは一七八七年に二三〇〇万人としている。これらは明らかに低すぎる見積りである。反対に一七九〇―一七九一年の調査による二七四〇万人という数字は多すぎると思われる。おそらく一七九〇年の人口は全部で二六三〇万人の線にとどまるべきである。これは国民議会の課税委員会が示し、アーサー・ヤングが再録した数値である。

ヴォーバンの計算を一七〇九年の『人口調査』によるデータで補正したものにもとづいて、十八世紀初頭の王国人口を一九〇〇万人と見積るならば、増加はしたがって七〇〇〇万人だったはずであり、そのうちの一〇〇万人は併合(ロレーヌとコルシカ)によるものだった。九〇年間の相対的増加はおよそ三二パーセントであり、三パーミルの増加率となる。ヨーロッパの多くの国では、少なくとも世紀後半には、一〇パーミルに達し、もしくは超えていたのであるから、それに比べれば穏やかな増減対照といえる。当然ながら地域的較差が介在する。公領と伯領をあわせた両ブルゴーニュでは一〇パーセントの増加だったようであり、アルトワとピカルディでは一一パーセント、シャンパーニュでは一七パーセント、ラングドック、プロヴァンスでは一八パーセント、オーヴェルニュとドーフィネでは二二パーセント、ノルマンディは二四パーセント、南西部は三一パーセントだった。ブルターニュは三八パーセントで、全国平均を超えていた。増加は北部の諸地方では多く、約七五パーセントとなっている。ルーション(一三五パーセント)とアルザス（一五六パーセント）は例外的であるが、この最後の二つの数値は信用しかねるものである。このようなわけで、フランスの人口動態を増加、死亡率もしくは出生率の視点から見るならば、基本的な特徴は地域較差である。十八世紀には、人口の圧力の問題を除けば、国家的規模では問題はおこらなかった。十九世紀初頭になってやっと、フランス人口に特有の諸性格が現われ始めたのである。大革命は、この分野においてもまた、混乱して「人口革命」と呼ばれているものを促進（もしくは開始？）することにより、国民的一体性を完成したのだった。

結局のところ、重要なのは増加の穏和な性質よりも増加という事実そのものである。フランスは十七世紀からヨーロッパで一番人口の多い国であり、すでにして人口の圧力が問題となっていたのである。十八世紀に農村部では人口の新たな負担を即座に担いうるようにする経済的変化も、生産の飛躍的な発展も、生じなかった。人口の変動、すなわち需要の変動は、供給される食糧の量と対比する時、その社会的意味を十全に示し出す。人口―食糧の均衡の崩壊が、民衆革命の諸原因のうちの基本的部分となったのである。

十八世紀のフランスにおいて人口全体の増加は、実際問題としては農村・農業人口の上昇を表わしている。一八〇六年の人口調査による数字を活用しつつ行なわれた一八〇九年の帝政による調査が示すデータ、デ・ポメルの『フランス全州の人口表』（一七八九）のデータ、さらにアベ・デクスピイの一七八〇年の『フランス人口表』のデータを組合わせると、農村人口は旧体制末期に全人口の八五パーセント前後のところにあった。農業人口すなわち農業で生活している者は三分の二以上である。農村人口・農業人口はともに総人口よりも相対的に増加は少なく、農村人口の方が農業人口よりは増加した。パリ周辺の広い地域について調査があり、一七四〇年から一七八九年までの人口の動きをかいま見ることができる。流入民を除けば、農村人口は三八・一パーセントの増加だったようだ。

この人口動態についていくつかの基本的な特徴をあさるならば、非適法的な出生や婚前妊娠がまれであったことに注意せねばならない。非適法的な子供は一〇〇人に二人以下であり、しばしば一パーセント以下である。結婚後八カ月未満でおこる出産についても同様である。「われらが先祖の徳」とP・グーベールは声を大にしているが、特に婚姻の平均年齢が女子は二四歳、男子は二六歳から二七歳であることをみるならば、この強調も当然である。この「軽佻な」世紀において婚姻率は十九世紀を一二パーセントから一三パーセント上まわっており、フランス女性はほとんど一年おきに分娩していた。ブルターニュと北部は例外であって、そこでは出産の平均間隔は二五カ月弱だった。したがって、昔のフランスの家庭では毎年分娩があったということ、十八世紀における独身の進展ということは伝説にすぎない。さらにまた、早くから避妊が行なわれていたというのも伝説であって、女性が四二歳か四三歳の更年期まで二年ごとに出産していることが、その反証となる。避妊は実際には八〇年代になってからやっと、地域的、とりわけ南西部において認められるにすぎないのである。最後に大量死亡の危機の後退であるが、消滅するまでは永かったが、一七四〇年以降は「潜在的」になった。旧体制の人口は、およそのところ、農民大衆にささえられていた。大革命の時になって出産が意識的に制約されるようになり、他の多くの分野におけるのと同様ここにおいても崩壊が生じたのである。

二　物価と収入の動き

人口の変動からの諸結果は経済の状況連関の推移によって増幅された。後者は、農民が中心である十八世紀のフランスにあっては、基本的に農業中心にならざるを得なかった。

経済変動の研究はフランスの歴史家にとって長い間、物価の、とりわけ農産物価格の研究だった。十八世紀のこの種の資料は統計的な価値をもつので、穀物などの市場価格や土地貸借の地代の研究が、施療院や修道院の会計簿に依拠して、優先的に行なわれた。物価と収入の数量的な状況連関史は、統計的価値に応じて選ばれた限られた数の一連の文書にもとづいているのであるが、それ自体が目的となるものではないであろう。それは、その人間的・社会的な意味づけによってのみ役立つものなのである。農産物価格と土地からの収入の上昇と下落は、大地をはむ人々の物質的生活にリズムを与えていた。しかしこのリズムは、封建的大土地所有者から日雇い農まで、社会的カテゴリーによって異なっていた。社会史はとりわけ動きと変化、なかんずく平均的な振幅の揺れ動きに注意を払うのである。この揺れ動きが異なるカテゴリーを接近させたり乖離させたりし、また社会機構を古びたものにしていくのである。民衆諸層は十八世紀において、他のいつの時代とも同様に、貧しく生きることに甘んじていたとしても、絶対的もしくは相対的に貧窮化していくことを前ほど簡単に受け入れなかった。社会的乖離の深刻化が緊張の要因だった。構造は「不変」であるようにみえるかもしれない。しかしながら状況連関は徐々に進行し、矛盾の相互作用によって社会構造の欠陥と朽廃をむき出しにしていった。十八世紀の物価と収入の動きの研究は、こうして、社会運動の研究、さらには個別のできごとにさえも連なっていくのである。その研究は、E・ラブルースの表現に従えば、「諸個人の」および社会的諸条件の「歴史への序論」と考えられるべきものである。それにより、ついには大革命の原因に新たな光が当てられることになったのである。

フランスでは、十八世紀において、貨幣は一七二六年以来安定していた。法律的にも技術的にも社会的にも、変化はほとんどなかった。戦争はフランス王国にほとんど影響を及ぼさなかった。経済変動を細かく研究するには好ましい要件がそろっているのである。この世紀の全般的な曲線は三つの時期に分かれて律動している。長期にわたる上昇と繁栄の期間が一七三三年から一七七〇年まで続いている。「ルイ十五世の威光」である。当初、一七三三年から一七六四年まで、始動はゆるやかだった。七年戦争があけてから、発展にはずみがつく。しかし、この繁栄への跳躍は一七七〇年の危機でつまずいた。通常の循環的な退潮の後、大革命前の間循環期《アンテルシクリク》が一七七八年に始まって一七八七年まで続いた。これが「ルイ十六世の斜陽」である。これは、第三期、つまり一七八八年から一七九一年までの大革命期の循環により完了したのである。

1　価格の動き

長期変動――農産物価格の上昇局面は一七三四年に始まり一八一七年まで続いた。これは今に至るまでの歴史の上で圧倒的に最長のものである。E・ラブルースの計算は二四の品物もしくは商品について行なわれたものである。一七二六―一七四一年のサイクルを基準として、その間の指数を一〇〇とするならば、一七七一―一七八九年の期間にかけての長期上昇の平均は四五パーセントであった。一七八五―一七八九年をとるなら六五パーセントに上昇する。

値上り幅は産物によってたいへん異なっていた。穀物全体では、当該パーセンテージは五六パーセントおよび六三パーセントであった。小麦は五六パーセントと六六パーセント、ライ麦は六〇パーセントと七一パーセント、それぞれ上昇した。ソバも同様の動きを示した。大麦は上昇幅がやや緩やかであり、オート麦は逆により大きかった。飼料はさらに一層上昇したのであり、その価格は肉の値段にはねかえった。一七二六―一七四一年から一七七一―一七八九年までに肉の値段は五五パーセント、一七八五―一七八九年までだと六七パーセント、上昇したのである。ブドウ酒の場合は特殊である。一七二六―一七四一年から一七七一―一七八九年までに、上昇率は四一パーセントにすぎなかった。一七八一年以降、大きく下落したので、一七八五―一七八九年までをとれば一三から一四パーセントにすぎなかった。薪は全く記録破りで、六三パーセントおよび九一パーセントとなっている。薪が当時の家計に占める重要性はよく知られたことである。逆に、基本的には織物と鉄からなる工業製品は、平均以下にとどまっていた。毛織物は一七二六―一七四一年から一七七一―一七八九年までに二二パーセント上昇しただけだった。亜麻布は三六パーセント、麻織物は三八パーセントだった。一七八六年を過ぎると織物価格の下落に拍車がかかったことがはっきりわかる。鉄の方は三〇パーセント上昇した。

これらの特徴は、基本的に農業中心の遅れて弱小な経済を性格づけるものだった。穀物は他の農産物よりも上昇した。それは、穀物が民衆の家計に大きな位置を占めており、人口増加の割に生産はわずかずつしかふえず、外国との競争が介在しなかったからである。穀物の曲線は相関的である。一つが不足すると他の一つに頼ったからである。ライ麦は小麦をしのいでいた。前者は農村での主食だった。ブドウ酒の生産条件は異なっていた。産出額は年ごとに異なり、しかも代替物はなかったのである。それ故、ブドウ酒の価格曲線は独特な型を示すことになる。マニュファクチュア製品の価格は相対的に停滞しているが、それは工業活動がやはりまだ弱小であることを示している。鉄は最後列にあった。今日では鉄鋼価格は状況連関を最も敏感に反映する指数であるのに。木材価格の大幅な上昇は、産業の遅れた性格を示している。森林は使いつくされたものの、石炭はほとんど開発されていなかった。

長期的上昇がもたらした社会的諸結果は、やはり重要なものだった。穀物類が最も騰貴し、他の農産物やマニュファクチュア製品はそれほどではなかった。価格上昇が人々に影響した度合は富裕さに反比例したのである。穀物は貧者のものほど上昇したのであって、（大麦は製パン用としてほとんど認められていなかったから例外であるが）ライ麦、ソバ、トウモロコシが小麦よりも上昇幅は大きかった。生活水準が低ければ低いほど負担は重かったのである。（しかしながら都市では騰貴の際には市当局が価格公定を行ない、富者のパンは貧者のパンより比率においてより高く決められたことも指摘しておこう。）ブドウ栽培地域では、困窮はブドウ酒の危機によって増幅された。十八世紀には多くの植樹が行なわれた。しかし一七七〇―一七七五年に売行き不振がおこり、一七八〇年から一七八五年にかけて一層ひどくなった。大革命前夜に価格はもちなおしていたとしても、その上昇は一七二六―一七四一年に比べて一三パーセントを超えなかった。その間、小麦の上昇は六六パーセントだったのである。

循環期的変動――循環期的変動が長期的変動に重なり、それを増幅した。一循環期から次の循環期へ（一七二六―一七四一年、一七四二―一七五七年、一七五八―一七七〇年、一七七一―一七八九年）と進むにつれて増幅率は大きくなり、最高値は長期変動の上昇指数を次第に大きく上まわるようになった。一七八九年は循環期的最高点で、一七二六―一七四一年の循環期を価格の基準にとると、小麦の上昇が一二七パーセント、ライ麦が一三六パーセントとなった。ソバは生産がたいへん不規則であり、トウモロコシと同様に飢饉の時に需要がふくらんだのだが、ともに麦以上に価格が変化した。材木は変動がよりおだやかであり、肉では変動が弱く、織物や服地ではより少なかった。鉄はまたしても最後列にあった。

季節的変動――最後に、長期および循環期的な変動の上に季節的な変化が介入する。穀物についていえば、豊作の年には季節的な変化はほとんどおこらないが、凶年には変化は膨大となる。その際には、秋から翌年の夏にかけて、価格は五〇パーセントから一〇〇パーセント、さらにはそれ以上も上昇することがあるのである。一七八九年には季節的最高点は七月の最初の二週間と一致していた。一七二六―一七四一年を基準価格として、小麦は一五〇パーセント、ライ麦は一六五パーセントも上昇した。このような場合、ソバとトウモロコシには影響がより強く及んだ。肉類への影響はほとんどなく、マニュファクチュア製品は全く影響を受けなかった。

このように、循環期的および季節的な値上りは長期上昇と同じ方向で作用を及ぼしている。変動幅を拡大したのである。特に穀類について著しかったため、民衆層の安全のための余裕を危険なほどに削減した。このように状況連関は基本的に生計費に示されていた。現在では大工業製品の価格に示されるのであるが。

最近の研究により、この今では古典的となったE・ラブルースの見解に詳細をつけ加えることができる。十分の一税の研究により、おそらくこの分野に詳細をつけ加え、正確さを増すことができるであろう。R・バレルはバス＝プロヴァンスに関して、農業生産の変動を把握するのに十分の一税を体系的に用いた最初の人である。十七世紀に小麦収穫の一般的な上昇があった後、十八世紀には緩慢な下落が生じたことを、彼は証明している。ブルゴーニュでは、十分の一税曲線は一七四〇年以降、なんら明らかな上昇は示していない。そこから何が結論されるだろうか。人口が上昇していくのに対して、穀物生産は上限をついたというわけではないにせよ、平均的水準、重農主義者のいう通常年にとどまっていた。供給が限られているのに対して、需要は増大しているのである。その点にこそ、「アメリカの財宝」や「メキシコの鉱山」より以上に、農産物価格と地代の上昇の起源があるのではないだろうか。その際、インフレーションは一般的な繁栄を刺激するものとはならず、単なる不均衡の反映にすぎなくて、領主だけが最終的にそこから利を得ていたようである。

2　地代の動き

これは農村的かつ農民的なこの十八世紀フランスでの基本的な収入である。地代（封建的な形態によるものも含む）、すなわち経済学者《エコノミスト》のいうさずかりものは、土地所有者や土地経営者が、自分たちの投下資本や努力をなんら拡大することなしに、価格の上昇分から得ていた、収入の追加部分である。それを理論的な形で正確にとらえるのはおそらく難しい。土地収入を評価することはできるにしても、地代の評価はそれほどにはできないのである。E・ラブルースが十八世紀における飛躍的発展を測定し得たのは、土地賃貸契約、とりわけ大宗教団体の契約を用いたからである。地代の長期変動は価格の動きとほぼ等しいが、変動幅では上まわっていた。

金納借地制――金納借地制についてみると、E・ラブルースが利用した一連の賃貸契約では一七三〇―一七三九年から一七七〇―一七九〇年までの間に八二パーセント増加しており、一七八六―一七九〇年に限れば上昇は九八パーセントとなっている。地代の上昇は価格の上昇に従っており、時期的には多少遅れるが、上げ幅はずっと大きい。右に対応する穀物の値上りは五六パーセントと六三パーセントにすぎないのである。他方、名目賃金は同期間に一七パーセントしかふえなかった。A局面においては利潤は賃金よりも早く増加したのである。

現物借地制――現物借地制は土地所有者にとって一層利益があった。長期上昇の上に循環的および季節的上昇が加わっているからで、土地所有者は売りたい時に売ることができたのである。これが「蔵庫の策謀」である。一七六三年から一七七〇年にかけて、ライ麦については年の最低価格と循環期の最高価格の間には一二八パーセントの循環期的乖離があった。そしてそれに対応するに地代の方は、一七六三年の最低額から一七七〇年の最後の四ヵ月の平均額までに一九五パーセントの上昇であった。

折半小作制――折半小作制については程度差をつけ加える必要がある。土地所有者の収入（多くの場合、半分）は収穫に応じて変化するが、ただ、折半する前に一定量の播種用分と十分の一税、シャンパールは先取りされているのである。価格騰貴の際、つまり凶作の際には、価格の上昇は量の少なさによって相殺された。しかもそれが最も普通のことであった。というのは、折半小作制は国の三分の二もしくは四分の三において優勢だったからである。しかし、収穫の他に、多くの地方で現金賦課（中央部での小作人賦課）、賦役労働、あらゆる種類の雑賦課をつけ加えるべきであろう。そうすることによって、折半小作制の地方での地代の上昇が正しく計られるであろう。

このように地代は、現物借地制によるか、金納借地制によるか、折半小作制によるかに応じて、次第に少額になっていった。したがって、地代上昇の社会的範囲を明確にするため、所有と経営の分布を正確に知ることが必要であろう。一般的にいって、貸借とりわけ借地制に供せられる領地や土地は、基本的には特権層、すなわち貴族、司祭、タイユを免除されたブルジョワに属していた。

封建地代――封建地代も、この同じ特権層のものであった。これは、十分の一税や封建的諸権利として現物で徴収されるものである。折半小作制の場合と同じように収穫に応じて異なるが、播種用分が控除されずに収穫全体に割り当てられるので、影響はずっと少なくなっている。現物の封建地代は、現物借地制や定額金納借地制と同様に、収穫が悪いほど負担が重くなり、生産が減少すると比率は増加した。飢饉の年は地代収益者にとっては有利だった。しかしその際には封建的所有者と経営者的農民の間の社会的緊張は最大になったのである。

社会的には、この問題は別の視角、すなわち地代収益者や経営者が穀物の販売者であるか購買者であるかという点からとりくむことができる。もし彼らが現物収入を消費していたのであれば、価格上昇の影響を免れていた。もし販売しうるだけの余剰を持っていたならば、価格上昇から利益を引き出した。十分な収穫を持たずに購入しなければならなかったのならば、収穫を持たない者と同様に、価格上昇から被害をこうむったのである。ところで、農民の大部分は購入者だった。折半小作農、小借地農、分割地農などである。一番めぐまれた者で、せいぜい自治自足できる程度だった。彼らの封建的賦課に対する嫌悪も納得がいくのである。

大借地農は価格上昇から利益を得た。価格上昇がまずあって、借地料はそれに従うにすぎなかったからである。農業利潤は新たに経営に再投資され、生産資本を拡大した。耕作経営者のカテゴリーは、こうして、長期にわたる繁栄を味わったのである。大借地農は日雇い農に現金で支払い、それによって価格と賃金の間の乖離が拡大していくことから利をあげていた。こうして彼らは農民大衆と対立していた。それでも、大借地農にとっても十分の一税やシャンパールは我慢しがたいものだった。これが、封建制に対立する共通の大義となったのである。

非経営者的な所有者は販売者であった。彼らは状況連関から利益を得るばかりだった。封建的所有者、シャンパール徴収者、または十分の一税徴収者（多くの場合、彼らは最初の封建的所有者という社会形態をもあわせもつ）として、彼らはさらに利益をあげる理由を持っていた。価格と生産量がともに増加するにつれて、その両方から自動的に収益をあげたのである。封建的地代は、ブルジョワ的地代と異なり、利潤に遅れをとることはなかった。しかしながら、十分の一税と封建的諸権利はしばしば請負いに出されていたこともつけ加えておこう。この点からすれば、封建的土地所有の限られた一部門のみがブルジョワ的土地所有よりも有利だったのである。封建的地代は、その起源が厳密には何であれ、概して土地には還元されなかった。経営をしない土地所有者は不在地主で、都市に住んでおり、地代を都市で消費財やサーヴィスに費やしていたのである。地主的アリストクラート層や、それを社会的模範としていた大ブルジョワジーは、邸宅を再建し、安楽を追求し、また田園と牧歌の時代とあって田舎の屋敷を求めていた。より多勢の雇い人にかこまれ、常に多くの奢侈品や植民地産品を消費していた。それも、都市の消費者が購入者的農民よりもひどい状況にあった時においてである。このため封建制への嫌悪は都市においても、農村部と同様に強かった。

3　賃金の動き

民衆の条件の本質的な問題は、賃金とその購買力、つまり日々のパンを買う力にあった。それを公正に評価するためには、まず民衆の生計費を確定する必要がある。実際、物価の上昇は種々の社会階層に、それぞれの家計の構成に応じて、異なる影響を与えたのである。

民衆の生計費——これは十八世紀に大きく増加した。穀物が他のすべてのものより値上りしたので、民衆はいたく打撃をうけた。パンは彼の日常の食料のかなりの部分を占めており、また人口の増加により養うべき人数がふえたからである。民衆の生計費指数を定めるため、E・ラブルースは家計における種々の支出部門の比率を決めた。パンに収入の半分を割りふり（これは最低限である）、野菜・ベーコン・ブドウ酒に一六パーセント、被服に一五パーセント、暖房に五パーセント、ろうそくに一パーセントとしている。長期の指数をこれら種々の項目のそれぞれの価格にあてはめて、彼は、一七二六—一七四一年の循環期を基準とすると生計費は一七七一—一七八九年の循環期までに四五パーセント、一七八五—一七八九年の大革命前循環期をとれば六二パーセント上昇した、と結論している。季節的変動はここに悲惨な効果をもたらしていた。一七八九年前夜に、パンが民衆の家計に占める割合は、一般的上昇によって五八パーセントに達していた。一七八九年にはそれが八八パーセントになった。収入のうち、他の支出にふりむける分は一二パーセントしかなかったのである。価格上昇は富裕な社会層には手心を加えていた。民衆層は押しつぶされていた。ここで問題は、賃金の動きは物価上昇が民衆の生計費にはねかえるのをやわらげたのか深刻化したのかを知ることである。

賃金の動き――賃金は、当然ながら、職種や都市によって異なっていた。熟練労働者は大革命前夜には一日四〇スーをかせぐことができた。しかし、とりわけ織物業においては、平均は二〇スーから二五スーを超えることはなかった。ルイ十四世の治世末期に、ヴォーバンは平均賃金を一五スーと見積っていた。それは十八世紀半ばまでそのままだった。一七七七年[18]の調査では、平均賃金を一七スーとしていた。一七八九年頃には、二〇スーと考えられる。一リーヴルのパンは豊年には二スーだったので、平均賃金の購買力は、旧体制末期には、一〇リーヴルのパンに相当したようである。しかしここでは、個別の事例をとりあげるよりも時系列《セリー》をつくる方が重要である。

賃金収入の研究は、統計ができる以前の時代に関しては、接近が難しく、利用するのが微妙な分野である。物価の時系列《セリー》をつくるための資料を見つけるのは比較的やさしいのだが、賃金の時系列《セリー》を組み立てるのははるかに困難なのである。旧型経済の雇用条件におけるある種の複雑さ（夏賃金と冬賃金、現金払いの賃金と現物払いの賃金、多くの場合は賃金の中に評価が難しい住居や食料を含むこと）については、ここでは触れずにおくとしても、普通に言及する時系列《セリー》は、代表としての大きな価値をもつべき三つの職業部門に関連している。農業労働者、建築労働者、および織物業労働者である。実際にはこれらの賃金受領者は、重要ではあるかもしれないが、労働界の一部を代表していたにすぎない。真の問題は、諸賃金の動きを知ることではなくて、稼働人口の全体に支払われていた賃金総体の動きを知ることなのである。これは複雑な問題で、多くの要素が介入してくる。労働日の推移、年間の開業日数、雇用条件、失業、見習いの役割、臨時労働、それから闇労働である。またさらに、われわれが賃金を探っているこれらの労働者は、どの程度まで借金によって雇主にしばられていたのだろうか。どの程度まで彼らは経営者の店で物資を買うことを強制されたのだろうか。現金評価による賃金そのものの中に、賃金受領者自身の労働によって造られた消費財による報酬はなかっただろうか。史料はこれらの質問に厳密に答えるすべを与えていない。それでもなお歴史家はこういう質問を発しなければならないのである。

十八世紀におけるフランスの賃金の動きについては、E・ラブルースは、物価について再構成した時系《セリ》列よりも不確実だと彼自身が認める時系列《セリー》で満足せねばならなかった。彼が認めた実質的下落という点は批判の焦点となっている。しかし新たな史料はないのだから、E・ラブルースが計算した指数を疑問に付すわけにはいかない。

一七二六—一七四一年を基準循環期とすると、統計的に再構成された時系列《セリー》は、一七七一—一七八九年の循環期までに賃金が一七パーセント上昇したことを示している。しかし約半数の場合（地方での時系列《セリー》が問題なのだが）においては、賃金上昇は一一パーセントに及ばない。一七八五—一七八九年の大革命前循環期をとれば上昇率は二二パーセントであり、三つの財務管区では二六パーセントを超えていた。賃金の上昇率は当然ながら職業によって異なっていた。建築では一八パーセント（一七七一—一七八九年）もしくは二四パーセント（一七八五—一七八九年）であった。織物業はそれより低かった。賃金は物価をよく追ったが、追いつくことはなかったのである。また賃金の循環期的および季節的変動は較差をさらに拡げた。なぜならそれは物価の変動とは反対の方向に動いたからである。十八世紀には過度の物価騰貴が失業をひきおこした。収穫が少ないと必然的に農民層の織物購入が減退した。農業恐慌は工業恐慌へと連鎖したのである。最後に、名目賃金の上昇を生計費のそれと比較してみると、実質賃金は下落していたことがわかる。E・ラブルースはその比率を、一七二六—一七四一年から一七八五—一七八九年までに少なくとも四分の一とみている。循環期的および季節的な変動を計算に入れれば、半分以下に減少したことになる。

十八世紀の生活諸条件からして、基本的には、生活必需品である食糧が減らされねばならなかった。それで民衆の貧困が増大し、飢餓が大衆を動揺させたのである。人口増加の圧力がさらに生活水準の低下に拍車をかけた。養うべき人数はより多くなり、労働市場に出る働き手の数もふえた。労働力需要はもはや供給につりあわなくなったので、労働者の競争が物価上昇の結果をより深刻なものにした。

パリの石工の場合——十八世紀におけるパリの石工の賃金の推移は、(一) 廃疾者救済病院の会計簿、(二) 病院所有地における建築仕事の間隔と量について触れている、石工経営者の覚え書き、およびとりわけ (三) 労働者、石切り職人、石工、人夫に対する月別支払い台帳の三つから研究できる。人夫の賃金率が、厳密な仕事の内容にかかわらず、基本として定められている。熟練工ではないからであり、それ故に一律なのである。それはまた、全般的な状況連関をもっとも忠実に反映している。人夫というのは、建築家ルコットの『石工術』(一七八三) によれば、「基本となる粗い仕事をし、他の者を助けるために雇う」ものだった。人夫の賃金の推移はこの点で、おそらく建築業の他の給料全体の推移よりも特徴的なのである。基本的側面の一つは季節的な動きの重要性である。これは恒常的な現象であり、速度と強度だけが変化を示している。そこには四つの時期が区別される。冬には賃金水準は下段にあった。春になると上昇し、夏の間は上段にとどまっていた。秋に下落した。季節的な動きの強度は、一七二七年には二五パーセント、一七五二年には三三パーセントである。世紀を通じた動きを見ると、人夫の賃金の上昇は三分の一(三三パーセント) を超えており、さらには四〇パーセントまで上昇した。建築の賃金の曲線を物価の曲線と比べると、後者がきわめて敏感であるのに対して前者は硬直し階段状をなすという、明白な対照が表われている。一七二七年から一七三五年まで、人夫の賃金ははっきりと固定していた。一七三六年から一七五二年までに一五パーセント上昇した。石工の賃金は二〇パーセントの上昇だった。一七五二―一七五五年と一七六八―一七七八年の間は上昇はとどめられていた。一七七〇年から一七七三年の間に、再びかなり上昇した。人夫の平均賃金で約一五パーセントであり、一七七七年に固定化したようである。一七八一年に安定期に達し、一七八六年まではそれを超えなかった。――(Y・デュラン「十八世紀のパリにおける石工の賃金に関する研究」、『経済社会史雑誌』、一九六六、第四号)

以上のことはすべて、まず、パリの賃金が全国平均にまさっていたことを示している。他方、人夫の賃金と石工のそれとを比較することにより、賃金が低いほど変動のすべての要素に対して鈍感であることがわかるのである。二月の賃金は、人夫の賃金で最低となるものなのだが、とりわけ硬直性を示していた。物価の循環期的推移にはほとんど反応はしない。単に「賃金の青銅法則」、すなわち生きるための最低の賃金に落着く必然性の効果のみによって、物価に適応したのである。強度の季節的な動きが建築業労働者の条件に及ぼした影響はたやすく想像できる。不規則な賃金は永続的な治安の悪さを広めるものなのである。

4　物価と収入の動きの結果

十八世紀における物価と収入の動きの多様な諸結果を過度に強調することは正しくないであろう。経済学説に対して――十八世紀の経済学者《エコノミスト》は、需要と供給の法則によって決まる短期の変動と、生産費によって決まり「自然価格」を実現する方向にある長期の変動とをうまく区別していた。

借地料の動きが、十八世紀の最後の三分の一に、重農主義学説を形成したとはいえないまでも、その開花に影響を与えたことは、やはり明瞭である。交換のすべてのメカニズムは土地所有者に有利に機能している。賃金は物価ほど敏速には上昇しない。地代は増加する。土地所有者は、工業製品よりも農業製品に著しい価格上昇の、唯一の受益者であるように思われたのである。重農主義者にとっては、土地のみが純生産物、すなわち地代をもたらす。そして土地所有者のみが直接にその地代を受益するのである。

賃金の動きの影響も同じように明瞭である。民衆の生存条件の悪化は、当時の観察者や理論家の目をのがれ得なかった。『富の形成と配分に関する考察』（一七六六）においてテュルゴは、賃金の青銅法則を初めて定式化した。それは、事物の本性によって労働者の賃金は彼自身の維持にちょうど必要とする額を超えることはあり得ない、というものである。

社会的敵対関係に対して——本質的に大土地所有者と賃金受領者の間にある。

大土地所有者。まず貴族と聖職者の土地所有者である。大土地所有者の収入は、長期の動き（価格上昇）の開始以来、増加していた。もしこの大土地所有者が、多くの場合そうであったように、領主であるなら、彼は自家用地や領主直領地とならんで上級所有権を持つ領地を保持している。彼は、その資格において、シャンパールを現物で徴収するのである。もしこの大土地所有者が聖職者であるなら、彼は一つもしくは複数の小教区から十分の一税を徴収する。これらの現物収入は物価上昇から利を得ている。大土地所有者は、シャンパール徴収者であれ十分の一税徴収者であれ、しばしば共有地の簒奪者でもあったことをつけ加えておこう。

賃金受領者。日雇い農と農村労働者だが、また同時に多勢の小土地所有農、小借地農、折半小作農、すべての分割地農なども含む。彼らは常に補足的な賃金を求めているが、賃金の下落から打撃をうけているのである。彼らは借地料の高騰と封建的徴収という重荷を負っている。穀物の購入者であるので、彼らはしばしば穀物貯蔵者である土地所有者の言いなりになっていた。恐慌の時には敵対関係は頂点に達する。その際には封建的土地所有者の収入は最大となり、賃金受領者の収入は最小となったからである。封建的負担と税務的負担（生活必需品に対する消費税）の二重性が賃金受領者層を押しつぶすのである。大革命はこの矛盾を一部軽減することになった。封建制の廃棄によって、および税務面での平等と間接税の廃棄によってである。

政治的事件に対して——「経済的状況連関は広範に革命的状況連関を創出した。」一七八九年七月に爆発する民衆革命は、都市でも農村部でもおこったが、それは小麦価格が長期の動きを始めて以来、さらには一七一〇年代以来、最高となった時期に一致している。一七八九年はブルジョワジーの繁栄による革命であると同時に民衆の飢餓による革命なのである。

三　経済の変動、成長、および出発《デマラージュ》

十八世紀は、農産物価格と土地収入の上昇の世紀であるが、また工業成長の世紀でもある。しかしながら、地域ごと、地方ごとに異なる様相やリズムを詳かにする必要がある。そうした時に、ヨーロッパの二大先進国イギリスとフランスを考える際、工業発展の起源、部門、特徴的性格が明らかになるであろう。大革命前夜におけるイギリスの先行とフランスの立遅れは明らかである。それはそのまぎわになって出現したことではなかった。両国の乖離はルイ十四世の死の際にはすでに明白であった。十七世紀の状況連関が両国の経済に与えた影響は性格が異なっていたのである。ユトレヒト条約（一七一三）の直後にダニエル・デフォーは、イギリスが「世界で最も繁栄し、最も奢侈的な国」であると書いていた。この言葉は、イギリス経済が十七世紀に経験していた、おだやかだが成長していく繁栄によって裏づけられる。同じ時期にフランス経済は停滞し、さらには減退さえしていたのである。十七世紀と十八世紀初頭のいとわしい雰囲気が消滅した時、フランスの立遅れは明らかだった。イギリスで十八世紀の最後の三分の一におこった出発《デマラージュ》（経済学者のいう離陸《テイクオフ》）は、それに先立つ二世紀間の成長から説明がつくのである。その成長は時には中断したかもしれないが、決して長く停滞するものではなかった。イギリスではフランスよりもずっと長く、出発《デマラージュ》の「予備条件」が成熟する時間があった。後者においては、十八世紀に比較的急速に成長したものの、ついに遅れをとりもどすことはできなかった。最初のコークス溶鉱炉がイギリスでは一七〇九年に実現されたのに対し、クルーゾで採用されたのは一七八五年にすぎなかった。新しい冶金技術は一八二〇—一八三〇年頃になってやっと、イギリスより一世紀も遅れて、普及し始めたのである。

1　工業の成長

伝統的な理論によれば、基本的に土地中心で農業的なフランス経済は十八世紀初めには長いこと停滞しており、完全に前工業段階にあったはずである。実際には、農業は停滞によって特徴づけられ、しかも長い間そうだったとしても、またいくつかの工業部門は旧態依然であったとしても（特に農村工業がそうであって、基本的に家族中心である。とりわけ織物業がそうである。広範に支配的だった職人制生産は言うまでもない）、十八世紀初頭から二つの工業部門が相対していたのである。一つは不変のもの、つまり伝統的工業（ラシャ製造、麻および亜麻の織布、鉱業と冶金の大部分）であり、他の一つは変わりつつあるもの（奢侈品工業および武器工業、これらに国王政府は認可状を与え、王立マニュファクチュアの名のもとに特権的な地位を与えた）である。十八世紀全体を通じてコルベール流の統制主義は存続していた。それは監視され監督される企業を麻痺させるよりはむしろ鼓舞していたように思われる。この統制主義は、おそらく、まだ保護と支えが必要な緩慢な工業成長のしるしなのである。十八世紀には当然ながら統計的データには近似値としての価値しか認められないのだが、それによれば、それでも、多少驚くべきことに、イギリスとフランスの成長のリズムは奇妙なほど似通っているのである。

成長が緩慢な部門——基本的に、伝統的産業部門、つまりラシャ織物および麻と亜麻の織布である。フランス全体のラシャ織物生産の増加は、「工業上の十八世紀」(一七三〇—一八三〇)の間に、P・レオンによれば六一パーセントである。イギリスでは、この生産は一五〇パーセント増大していた。しかしながら両国間の成長の不均衡は、この数字が与える印象ほどひどくはなかったようだ。織物業はフランスにおいて、イギリスにおけるよりもずっと重要な産業であった。一七五〇年以降にスコットランドで急速に発達したとしても、国家レベルではむしろ二次的な活動にすぎなかったのである。

この伝統工業についてフランスの地域的程度差をみると、ラングドックでは一七〇三年から一七八九年までに一四三パーセントの増大をみたようである。同じ期間にモントーバンとボルドーの財務管区では一〇九パーセントだった。シャンパーニュでの、一七六二年から一七八九年までに一二七パーセントの成長というのが際立っている。その同じ期間内において、ベリーでは八一パーセント、オルレアネで四五パーセント、ノルマンディでは一二パーセントだった。オーヴェルニュとポワトーでは停滞していた。いくらかの地方では衰退さえしたようだ。リムーザン(一八パーセント減)、プロヴァンス(三六パーセント減)である。

急成長をとげた部門——進歩する技術と莫大な投資で活力を与えられている「新しい」工業部門である。石炭業、冶金業、新織物業である。

綿業については、イギリスの成長がめざましかった。それは「産業革命」の先導部門《リーディングセクター》だった。世紀初頭から一七八〇—一七八九年にかけて、イギリスの原綿輸入は一五倍に増加した。フランスでは、一七五九年までインド更紗の製造禁止によって、綿工業の発達はブレーキをかけられていた。それ以後、生産は大幅に増大した。その結果、大革命前夜には、イギリス産業がはっきり優位にあったとしても、その差は後代ほどには開いていなかったのである。綿織物については、ルーアン地方が一七三二年から一七六六年までに一〇七パーセントの成長を示した。他方、ミュルーズ産インド更紗の取引は一七五八年から一七八六年までに七三八パーセント増加した。

フランスの絹織物は古い産業であるが、全般的な繁栄のおかげで新しい産業のような外観を呈していた。リヨンでは、織機の数は一七二〇年から一七八八年までに一八五パーセント増加した。ドーフィネでは絹の紡糸の生産は、一七三〇年から一七六七年までに（重量で）四〇〇パーセントの増加だった。イギリスでは生糸の輸入は世紀の間に二倍になった。しかしイギリスの絹工業はフランスのそれと比べると小規模なものだったのである。

石炭業については、フランスでの生産の増加は、およその統計で世紀全体につき七〇〇ないし八〇〇パーセントと見積られている。アンザンには一貫した時系列《セリー》があるが、生産の増加系数は一七四四年から一七八九年までに六八一パーセントとなっている。フランスでの生産はイギリスに比べると劣っていたが、その成長率ではまさっていたようである。鉄工業では、イギリスの成長は一七六〇年頃までは緩慢であり、フランスの成長は大革命までおだやかだった。一七三八年から一七八九年までに七二パーセントである。

工業全体の生産指数を計算することは可能だろうか。これは難しい仕事である。確実な数量的データがなく、この不確かな基盤の上に立つ諸統計はあて推量のような性格の構造のものだからである。このことは、フランスに関するG・マルチェフスキと彼のグループによる数量的歴史（むしろP・ヴィラルに習って回顧的計量経済学《エコノメトリ》と言おう）についても言える。イギリスでは工業生産指数は一七〇〇年から一七九〇年までに三倍になった。より新しい計算による商工業の実質生産指数は、一七〇〇年を一〇〇として一七九〇年には二八五となっている。年平均一・一七パーセントの成長率である。フランスでの成長率は年一パーセント強であろう。工業生産は両国においてたいへん近いリズムで進展したことになるのである。

2　対外貿易の成長

これはもっとよくわかっている。対外貿易全体（輸入・輸出および再輸出）の年平均価値は、一七一六—一七二〇年から一七八四—一七八八年までに、イギリスとウェールズで二・四倍にふえた。フランスでは同じ時期に五倍となったようである。しかしイギリスについての計算は価格を固定しているのに対して、フランスについては流通価格にもとづいているので、フランスにおける物価上昇を考慮に入れなければ比較は成り立たない。したがって価格を固定するべく「デフレ化」せねばならないのだが、そうしてもフランス貿易は少なくとも三倍にはなった。イギリス貿易にまさる発展である。さらになお、アルヌーの古典的著作『貿易差額……について』（一七九二）にもられた数値は一七一六—一七二〇年について高すぎるであろう。フランスの対外貿易の水準はもっと低かったはずである。したがって固定価格へとデフレ化してもなお、フランス貿易の発展は四分の三世紀で約五倍になったのである。こうして、一七一六—一七二〇年にはフランス貿易の価値はイギリス貿易の半分をやっと超える程度であったのが、大革命前夜にはごく近い水準まで追いついたようである。

国際貿易の重要な諸部門で、フランスは十八世紀に支配的地位を獲得もしくは保持した。フランスはスペインに対するマニュファクチュア産品の最大の供給者となっており、さらにそれはカディスを通じてスペイン領アメリカに及んでいた。それに対しイギリスは、より狭い市場であるポルトガルとブラジルを独占していた。サン＝ドマング島のおかげでフランスは植民地産品の仲継貿易の基幹部分をイギリスから奪い、ヨーロッパ北部に再輸出の大経路を展開していた。ヨーロッパにおいては、イギリス貿易は保護主義制度やフランスとの競争にぶつかっていた。それで、イギリス商品が大陸に侵入し始めたのは一七八五年以降にすぎなかった。したがって、イギリス貿易の発達は十八世紀には基本的に植民地交易の進歩と北アメリカ一三の植民地との取引に由来したのである。北アメリカでは、イギリス工業の製品が独立まではほとんど絶対的な保護を受けていた。

このような一般的な見解には、さらに年代誌的な角度からの詳細をつけ加えなければならないであろう。フランス貿易は七年戦争までは急速に発展したが、その戦争の際には五〇パーセントもの急速な落ち込みを経験した。それに対してイギリスは、最初は緩慢な発達にすぎなかったが、一七四八年以降は急速に進展した。一七六三年以降、フランス貿易は失地を回復した。しかしこのたくましい回復の後には、七〇年代におけるたいへんはっきりした停滞、さらにアメリカ独立戦争時の新たな後退が続いた。それに対して、イギリス貿易はより着実に進展していたのである。大革命の直前になってやっと、フランス貿易は新たに始動し、記録的な水準を達成した。それも一七九三年には瓦解した。他方、イギリス貿易は世紀の末まで急速な進歩を続けていた。

最後に、当該の二つの経済成長は全体的な評価が可能だろうか。イギリスについては、ディーンとコールによれば、全体的な実質生産指数は一七〇〇年から一七九〇年までに一〇〇から一九〇になったようだ。フランスでは、価格を固定した場合の物の粗生産指数は、マルチェフスキの計算によれば、同じ期間に一〇〇から二六〇になった。この進展は明らかに過大評価されている。しかし人口の増加を計算に入れると、人口一人当りの生産と実質所得の成長は両国でほとんど同じだった。これは、われわれが今参照している F・クルーゼの推論である。成長のリズムは、少なくとも八〇年代までは併行していたことは注目されるべきである。八〇年代になってイギリスでは成長が大きく促進されたのに対し、フランスでは多くの部門で停滞と恐慌にみまわれたのである。さらに、誰が成長から利益を得たのかを明らかにせねばならないであろう。ここで、物価の動きの社会的結果について述べたことと、収入の動きについてのそれとを結合することになる。成長が結果において差異をつくり出したことにより、単に地域的な不均衡だけでなく社会的乖離も拡大された。それによって敵対関係も緊迫化したのである。

3　資本主義経済への移行の道

フランス革命の前夜にイギリスは最も発達した国となっており、一人当りの平均収入は確実にフランスよりも高かった。より都市化され、より工業化され、より商業的であった。工業は稼働人口のより多くの部分を雇用しており、おそらく国民所得の四分の一以上を産出していた。フランスでは五分の一だった。現物経済はイギリスの農村では消滅していたが、フランスではまだかなりの部分を占めており、商品経済・貨幣経済の進歩を阻んでいた。フランス産品の多くは依然として職人や農村工業によって供給されており、分散マニュファクチュアが集合マニュファクチュアよりも優勢だった。実際、両国経済の基本的な相違が現われていたのは、この技術的な面だった。フランス工業の枠組みが広範に伝統的なもののままだったのに対して、イギリスでは一七六〇年以降、革命的な変化により根本的に構造が変化していた。その起源は技術革新である。近代的大工業の基盤となった発明が実現され、完成されたのは、すべてイギリスにおいてである。この決定的な優越性が十八世紀後半において、両国の経済構造の乖離をもたらしたのである。この点を考慮に入れなければならない。

何人かの著者は、制度的枠組みの相違を主張してきた。イギリスでは十七世紀の革命以来、監督や規制は廃止され、自由な分野が個人の主導に委ねられた。「自由放任（作るにまかせよ《レッセ・フェール》、通るにまかせよ《レッセ・パセー》）」である。それに対しフランスでは同業組合体制とコルベール主義の制度が新技術の導入に反対し、革新にブレーキをかけていた。これはやや図式的な見方である。イギリスでも同業組合規制の名残りが羊毛工業に残っていただけでなく、フランスの統制主義はいわれるほど厳格なものでもなく、また有害でもなかった。それに工業の多くの部分は同業組合の枠組みからはずれており、コルベール主義は世紀半ばから弛緩していたのである。

心性の相違に訴えるべきだろうか。フランスではある種の社会的心性は成長政策にほとんど不向きであったことは確かである。アリストクラートとブルジョワは一般に産業への投資を嫌っていた。前者は貴族資格違犯の偏見からであり、後者は利害計算の小心さ、もしくは社会的上昇をめざして官職購入や土地への投資を好むためである。しかし、ここでもまた、これらの特徴を誇張してはならない。ある種のフランス貴族は経済運動に全く無関心だったわけではないのである。冶金業、石炭業、ガラス製造業である。これらは伝統的に貴族が監督してきた製造業部門であった。海上大貿易の利潤、アンチュ諸島のプランテーション育成などは言うまでもない。他方、イギリスでは社会的流動性は言われるほど急激ではなかったようであるし、大土地所有と実業界の間の垣根もそれほど低くはなかった。そこにおいて産業革命は地主的アリストクラート層によるものでは絶対になかったし、ジェントリによるものでさえなかった。これら二つの社会的カテゴリーによる工業生産への積極的な参加と投資は十八世紀には下り坂になったようで、冶金業においてはとりわけその傾向があった。これはまだ曖昧なままの問題である。その解決は、一方におけるイギリス・フランスの社会構造と、他方における両国のとりわけ企業者階級の集団的心性との相関性についての新たな研究、それも国民的枠組みだけでなく地方的・地域的段階での研究に拠ることである。イギリスの産業革命はかなり限られた地域でおこった。ランカシャー南部、ミドランド東部とヨークシャーの特定地域、バーミンガム、およびブラック・カントリーである。社会的には中層カテゴリー、製造家的商人であり、またそれ以上に職人層上層部の行なったことであった。発明家、改良家はこの最後の層から出たのである。

F・クルーゼは、その緻密な分析の最後で、労働力の問題の重要性を結論するに至っている。綿工業家は、労働力価格が高騰し、さらに上昇を続けているという問題をかかえたまま、需要の急激な上昇、とりわけ植民地向け輸出のための需要の上昇に直面せねばならなかった。イギリス工業が十九世紀初頭まで苦しんだ労働力の相対的欠乏は、したがって、技術革新のための重要な刺激だったのである。それは単に綿工業だけにとどまらなかった。要するにイギリスの経済成長は十八世紀前半の間に、技術という突破口なしには超えられない限界に達したのである。そしてその技術は、人口の増加によってもたらされた需要の増加により、四〇年代から不可欠のものとなったのである。フランスでは逆に労働力が不足していなかったので、上昇していく需要は技術革新なしに満たされ得たのだった。

投資の問題を検討することが残るであろう。十八世紀のイギリスでは資本が豊富だった。長期にわたる利子率の低下がそのことを示している。しかし、そこに産業革命の決定的要因があるのではない。フランスでも同様の利子率の低下が認められるのである。イギリスの銀行制度はフランスのそれよりもずっと進んでいた。しかし、銀行は産業革命の資金調達において二次的で間接的な役割しか演じなかった。基本的な部分は企業利潤の再投資、自己調達で行なわれたのである。

おそらくここで、問題の根底そのものに触れることになる。イギリスおよびフランスにおいて、どの社会的カテゴリーが産業革命へ、したがってまた資本主義経済への決定的推進力を与えたのだろうか。より正確に言いかえるなら、経営者的資本家と彼が雇う「自由な」勤労者という新しい型の生産関係を初めて確立した、最初の資本家的マニュファクチュア経営者の厳密な起源は何だったのだろうか。その推進者は旧型社会に結びついた商人階級から来たのだろうか。それとも新しい社会的カテゴリーに由来するのだろうか。

『資本論』(第三編二〇章)の有名な文章に拠りながら、M・ドッブはその『資本主義発達の研究』(一九四六)において、経済の資本主義化に可能な二つの道の性格づけを試みた。第一の道によれば、生産者が資本家となる。十六世紀・十七世紀からイギリスでは、農業においても工業においても、新しい生産単位が形成されている。それは賃労働にもとづくもので、といってもおそらく限定されたものではあったが、しかし生産者、農民、もしくは裕福な職人の層から直接に出てきた新しい人々によるものであった。第二の道によれば、商人が資本家となる。商人のカテゴリーは、旧型社会自体の中にあって、工業生産の過程を既存の形態のまま監督・支配している。第一の場合には、企業家と「自由な」勤労者の間の関係が成立し、第二の場合にはいまだ生産手段から切り離されない生産者が資本家的商人に依存し続けるのである。第一の場合には資本家的生産者が直接に市場めあての生産を行ない、商業資本の拘束を免れていて、商業資本を産業資本に従属させていく。第二の場合には資本家的商人はその商業範囲の中において生産を行ない、自己の生産活動を商業利潤に従属させており、商業資本が産業資本を支配し続ける。第一の場合には、利潤は既に「自由な」勤労者の剰余労働によって実現される資本家的利潤である。第二の場合には利潤の多くの部分は、購入価格と販売価格の間の、市場の条件によって決まる差額からなる商業利潤の性格を持つ。こうした解釈を援用してM・ドッブは、ニューベリーのジョン・ウィンコム、ブリストルのトマス・ブランクのマニュファクチュアを織物業における第一の道の例として示している。鉱業部門ではこの種の企業はなお一層多くみられたはずである。コルベール主義型の王立特権マニュファクチュアは第二の道の例をなしているであろう。

M・ドッブの分析は日本の歴史学者高橋幸八郎により、E・タルレ、G・ルフェーヴル、E・ラブルースの諸研究から借りた実例を参照することによって、さらに深められた。第一の道は市場を生産へ、商業資本を産業資本へ従属させる。それは必然的に旧型の生産関係の徹底的な破壊へと導く。第二の道は、逆に、生産の市場に対する、工業の商業利得に対する、永続的な依存をもたらす。それは旧型の生産関係と妥協する。したがって問題は産業革命と資本主義の起源に関する二つの相異なる局面、同一の問題に同一の利害を満足させつつ二つの解決策を示すといったようなものではない二つの道、に関する。この二つの道は別々の利害と問題、別々の社会的カテゴリーに対応しているのである。集合マニュファクチュアは商業ブルジョワジーの創造になるもので、生産と交換の旧型制度に一体化していた。それ故に、それはまさに旧型制度の終了、すなわちフランス革命とともに消滅したのである。スチュアート時代の特権《チャータード》マニュファクチュアがクロムウェルの動きに反対し、逆に独立の中小生産者がクロムウェルを支持したのも、これと同様である。

この視点からして、イギリス経済においてプティング・アウト・システムとドメスティック・システムを混同しないことが肝要である。前者は、その本質そのものにおいて商業資本主義と結びついており、商人的資本家が生産者に原料を提供し、生産物を商品化していた。彼は外側から生産を監督しており、それによって、自らを変えることなく、その生産の伝統的諸条件を維持していた。しかしこのシステムにおいては、生産の拡大は雑用経費の増加という障害にぶつかっていた。これは、彼の活動半径が拡がるにつれて労働力の分散が進んだことによる。ドメスティック・システムは、独立の中小生産者の手による生産の優越によって特徴づけられている。なお比較のために、ロシアでの資本主義発達史における商業的マニュファクチュア（カウフマニッシュ）と資本主義的マニュファクチュアの対立を指摘しておこう。ピョートル大帝期のロシアのマニュファクチュアは資本主義の萌芽をはらみ得たのだが、資本主義の「形成」をなすには遠かった。

旧型の生産制度から新型のそれへの移行における二つの道、すなわち真に革命的な道と和解・妥協の道との対立は、政治的党派の抗争にまで反映する。イギリス革命における王党派と独立派、フランス革命におけるジロンド派とジャコバン派である。どちらの道が優位を占めるかによって、近代資本主義社会はそれぞれに応じた構造を特徴づけられる。この視点については、妥協の道が勝利したドイツ・イタリアの歴史と、逆に革命的な道が確保されたイギリス・フランスの歴史とを比較してみれば足りるのである。

第二部　社会構造

旧フランスにおいて、特権を特徴としていた法は三つの身分（オルドルまたはエタ）を区別していた。聖職者と貴族との特権身分、および国民の大半をなす平民の全体からなる第三身分である。

諸身分の法制度的構造は中世にさかのぼるものだった。聖職者身分が最も古く、当初から教会法に規定された特別な条件を持っていた。後になって、俗人の中に貴族という社会グループが明確になった。第三身分の形成はさらに一層遅かった。最初はブルジョワ、すなわち自主権を与えられた都市の自由人のみであった。農村部の平民は、一四八四年に最初にこの身分の代議員の選挙に参加して、第三身分にはいり込んでいった。諸身分は慣習によって少しずつ強固なものとなり、君主制に根をおろしたので、三身分の区別は王国の「基本法」(19)となった。

実際には聖職者だけが自らの諸制度と代表を持ち、厳密な意味で身分《オルドル》として存在していた。貴族はその努力にもかかわらず、フロンドの乱の時でさえも、このような特権を得ることはなかった。第三身分についてみれば、本質的に法制度的なものにすぎず、基本的に特権身分への対立物として定義づけられる。この法制度的なみせかけは農民中心の現実を隠蔽していた。十八世紀のフランスは、ヨーロッパ全体と同様に、まだ基本的に農村的であり、土地への労働と農業生産が経済・社会生活を支配していた。さらに都市は、農村からの物資で養われていたが、その精神的次元においては田園部を無視していた。農民層は、旧体制の機構が拠って立つ社会的基盤であったのだが、当該世紀のイデオロギーの潮流から基本的に切り離されていた。

一七八九年におけるフランスの人口を二六〇〇万人強とし、都市人口をおよそ一五パーセントと見積るなら、農民は優に二二〇〇万を超す大群をなしていた。一八四六年には初めて都市と農村部の関係状態を示す調査があったが、農村人口はまだ全体の七五パーセントを示していた。旧体制社会における農民層のこの多さは、大革命における農民の基本的役割を納得させるものである。彼らの介入の中心的動機は封建的諸権利の問題と封建制の存続の問題だった。大恐怖《グランドプール》(20)が八月四日の晩の大きな起源となっており、封建制度の段階的というよりは根本的な廃止をもたらしたのは農民革命なのである。他方、国有財産の獲得は土地所有農民をいやおうなく新しい秩序に結びつけた。農民問題はブルジョワ革命の中心なのである。

旧体制は、農民大衆の生存と労働の枠組みをなしていたが、その基本的な構造は封建的でアリストクラート的なままであった。フランスでの研究史は四〇年もしくはそれ以上も、状況連関の動きの研究やブルジョワジーの飛躍的発展、都市の上昇の研究を基本として専念してきたので、その結果、時として旧体制社会の現実的本質、さらには大革命の深い意義を見失うようになった。経済の動きと、それがもたらした社会の否定し難い変容も、基盤となる諸現実の存続をおおいかくすことはできない。すなわちフランスは基本的に農業中心であって、人口のほぼ全体をなす農民は伝統的依存関係によって領主の統制下にあり、その領主のところへ、土地の上級所有権のしるしとして、封建的徴収がはいった、ということである。地代は、本質的に封建的なものであって、それが農業生活を、したがって経済全体を支配していた。地代が社会関係を制御する。それは、土地所有が常に持つ重みにより、商人ブルジョワジー、マニュファクチュア・ブルジョワジーに対しても力を及ぼしているのである。地代はイデオロギーを規定している。たとえケネーがその課税理論により税務的特権を攻撃したとしても、重農学派が農業に与えた優越性は、土地を基盤とした経済を守るための一手段となっている。彼の『経済表』(一七六〇)は、十九世紀を予告するものにとらわれすぎた現代の歴史家が示してみせるものよりも、経済的にも心理的にも、はるかにこの農業社会の現実に近いのである。

旧体制社会における発展と成長は、旧型構造とアリストクラート的規範との存続によって、危機にさらされたとまではいえないまでも、ブレーキをかけられたのであった。アリストクラート的規範はブルジョワにさえも力を及ぼしており、地代を投資よりも消費財とみせびらかしに使わしめた。十八世紀末に、封建的徴収は経済問題・社会問題の中心であった。社会の制度的な構造は、もはや社会的・経済的現実に対応していなかったのである。

第三章　アリストクラート層

アリストクラート層は旧体制社会の特権階級を構成している。それは貴族と、上位聖職者の全部とを含んでいる。

一七八九年に、貴族は身分《オルドル》としては存在していても、中世に保持していた公権力の諸属性を失ってから久しかった。長い努力を払ってカペー王朝は国王大権の執行をとりもどしていた。徴税、徴兵、貨幣鋳造、裁判執行である。フロンドの乱の後、敗北した貴族は臣従化させられた。しかし貴族は一七八九年まで社会序列の第一位を保っていた。貴族は、聖職者に続いて、国家の第二身分をなしていた。

アリストクラート層は厳密には特権層と一致しない。平民出身の主任司祭や修道士はそこには属さないのである。アリストクラート層とは本質的に貴族のことなのである。聖職者は一つの特権身分だが、社会的な垣根により二つに分断されている。実際、シェイエスは、それは身分というよりはむしろ職業だと述べるであろう。司教、大修道院長、ほとんどの教会参事会員などの上位聖職者はアリストクラート層に属していた。他方、下級聖職者すなわち主任司祭は、ほとんどすべてが平民であって、社会的には第三身分に帰属していた。

一　貴族身分

貴族の実数――貴族は、国民の中で、ごく少数をなしているにすぎなかった。その人数を見積るのは困難である。ヴォーバンはその『王国十分の一税案』（一七〇七）の中で二六万という数を出している。モーの『フランスの人口調査』（一七七七）によれば、フランスには一万六〇〇〇の貴族の家があったようである。一家族が五人として約八万人である。『第三身分とは何か』の中でシェイエスは長い計算の後、一一万という数値に達した。ただし、彼は貴族叙任された人は計算に入れていない。ラヴォワジエは『フランス王国の土地財産について』という報告（一七九一）で、モーによって示された数字を再録した。最後にブイエはその『メモワール』（一七九七）の中で八万家族、すなわち四〇万人の貴族について語っている。これはおそらく誇張を含んでいる。貴族の実数は三五万人前後と見積ることができるように思われる。人口の一・五パーセントである。さらに地域的な程度差を考慮に入れる必要があるだろう。人頭税台帳や、一七八九年の選挙に参加した貴族選挙人の数によれば、都市における貴族の割合は上へ二パーセント、下へ一パーセントほどの偏差がある。エヴルーは二パーセント増、アルビは一・五パーセント減、グルノーブルは一パーセント減、マルセイユは一パーセント減である。

1　貴族の出自。家門貴族と叙任貴族

生まれが家門貴族の出自である。非貴族《イニョブル》(22)（in-nobilis）と認められた平民に対する貴族の優越性を示すものは血なのである。これら古くからの貴族の家族は旧体制末期にはまれである。いくつかの推計によれば全

貴族の二〇分の一足らずにすぎない。貴族であること四期（四世代）というのが家門貴族であることを主張するのに必要だった。さらに一六六四年の国王布告によって、一四〇〇年代以前にさかのぼる者と一五〇〇年以後に貴族の証明を受けた者とが区別されていた。十八世紀のアリストクラート文学は、歴史にもとづいて、血による貴族の優越性という概念を正当化しようとした。貴族はゲルマン系征服者の子孫であり、征服によって土地の支配者、従ってガロ・ロマン人である住民の領主になった、というものである。したがって貴族は別の人種をなす。そしてその名誉的諸権利や社会における法的優越性は歴史によって説明されることになるのである。

叙任貴族は家門貴族に対置される。それは獲得による貴族の、生まれによる貴族への対置である。ごく早い時期から国王は貴族叙任権を握っていた。これにより貴族身分は更新され、変型された。貴族位は貴族叙任状によっても、また何らかの職務をなすことによっても、獲得された。

貴族叙任状は、当初は何らかの職務の執行に報いるものであったが、じきに税務上の便策となった。貴族叙任者は、彼が享受する免税特権をつぐなうために一時金を支払ったからである。国王は貴族位を売るに至った。貴族叙任は、叙任貴族の税を免じることによって、結局は王室財政を逼迫させるに至ったので、王は以前に認めた叙任状を時々取り消した（廃止勅令）。例えば、一七一五年の勅令は一六八九年以降に認められた叙任状を取り消したのである。叙任貴族は自分たちの特権を存続させるために新たな支払いをした（追認勅令）。例えば、一七七一年の勅令は、支払い金を条件に職務や叙任状にもとづくすべての叙任貴族を追認し、「金銭的援助を行なうことを条件として、彼らは、彼らとその子孫に対する貴族としての特権を追認されることになるであろう」とした。

貴族叙任状は大璽で封をされ、高等法院、会計監査院、もしくは税務裁判所に登録された。このようにして授けられた貴族位とは以下のようなものである。「すでに生まれ、もしくは生まれてくる子供に」と明示されている場合は永代である。二代もしくは三代までにしか譲渡できない場合には段階的である。叙任された者がそれを譲渡できない場合は個人的である。実際には彼らは貴族の特権を享受はしたが、貴族とはみなされなかった。これら個人的叙任貴族は一七八九年の三部会選挙の際、貴族集会から排除された。

なんらかの職務の執行が、平民が貴族位を得る二番目の形式である。

法服の職務——ある種の職務は貴族の位をもたらす。もっとも、すぐに全面的に最上位の貴族となる（大法官、国璽尚書、国事参議官等々）か、二代または三代の貴族か、個人的称号かの違いはある。ネッケルは貴族叙任となる職務が約四〇〇〇あるとみている。これによって法服貴族が形成されていた。十八世紀には、これら法服貴族は、自分たちの職務や称号を世襲的に保有することによって、強固に確立されていた。

市庁の職務——かなり多くの都市において市庁の職務を果すと貴族に叙任された。アブヴィル、ペロンヌ、アンジェ、トゥール、ポワチエ、ラ・ロシェル、ニオール、アングーレーム、リヨン、トゥールーズ（キャピトゥール）[23]などである。最後のトゥールーズにおいては市庁の貴族は鐘貴族とあだ名されていた。ブルジョワの出身であることが強く感じられたので、こうした市庁の貴族は十八世紀にはほとんど重要視されなかったのである。

軍事の職務——軍に奉職することも貴族になる方法の一つであった。軍事が貴族のもともとの使命だったのである。一七五〇年の勅令は、目下現役にあるすべての平民の将官に永代貴族位を認めた。また他の士官でも、一定の年月を経れば同様であり、その期間は階級が上になるほど短かった。さらに負傷によって職を退いた士官にも、やはり永代貴族位を認めた。この貴族叙任の源は一七八一年の、軍事の職務を貴族に限った規則によって消滅させられた。

貴族の僭称——これを行なうことによって、多くの平民がその資格なしに貴族にはいりこんだ。第三身分も貴族もともに、この僭称を憎んでいた。後者はその社会的偏見からであり、前者は自己の税金負担がそれだけ重くなるからである。それで偽貴族の取締りが、とりわけ税務上の理由から行なわれた。偽貴族を捜査するために特別の委員会がつくられた。コルベールは貴族を装っていた者約四万人を第三身分にもどし、タイユの義務を課した。王権が税務の便策をそこに見出したので、混乱は十八世紀にも続いた。偽貴族は自分たちの地位を正規のものとするための税を支払ったのである（僭称にもとづく貴族の追認）。

貴族位の喪失——貴族位は、以下によって失われた。すなわち失権（名誉毀損宣告、等々）または資格放棄、つまり貴族になじまないとみなされた職業（肉体労働、商業）への従事である。いくつかの活動は資格放棄にならなかった。国王ないし王族の召使いとなること、ガラス業と冶金業、鉱山経営（一七二二年の勅令）、一定面積以内の耕作——これは、自らの手で土地を耕すはめに追いこまれた貧しい貴族で、ことにブルターニュに多かった——、卸売り業および海上貿易（これに関しては十七、十八世紀に多くの勅令がある。後の商業貴族に関する箇所を参照）である。

2　貴族の構造

以上のような相異なる起源を持つので、貴族は一様ではない。その上、歴史的推移によって較差の分化や敵対関係までがもたらされた。旧体制末期には家門貴族の中に、伝統的貴族である帯剣貴族と、獲得貴族から発する法服貴族が区別された。新規の叙任貴族は後者に加わった。

帯剣貴族——この組の中でも宮廷貴族と地方貴族とでは生活様式が相反している。

宮廷貴族――これにはまず四〇〇〇名ほどの国王に謁見した貴族が含まれる。謁見により、王とともに狩りに出ること、および王の馬車に乗ることとの栄誉が得られた。一七六〇年の規制により、謁見者は少なくとも一四〇〇年までさかのぼる家系であることが要求された。一七七四年にはルイ十五世が謁見者を王自身で選ぶことに決めた。この問題は重要だった。なぜなら年金、寵遇、軍の高官位は謁見者に優先権があったからである。謁見者でない貴族もまた莫大な収入を、個人的資産や、彼らでも受けられる年金や寵遇から得ていた。一例をあげれば、ラ・ファイエットは一四万リーヴルの年収を相続していたのである。

宮廷の外では、これらの貴族は自分の城で洗練された生活を営んでいた。おそらく彼らは自分たちの義務を厳密に認識してはいなかった。これらの貴族の多くは自分たちの職務に伴う義務を果さず、自分たちの農民に意を用いなかった。彼らの習俗はあまり伝統順応的でなかったし、自らも通常の道徳に従っているものと思っていなかった。結婚はしばしば単なる社会的義務とみなされている。不信仰は蔓延している。これら宮廷貴族はたいへん費用のかかる生活を送っているのである。収入の大部分は彼らの地位を守るために費やされる。多くの従僕、奢侈、賭博、招待、祭り、狩りは常に多くの金がかかるものである。上級貴族は借金をし、没落していく。ショワズールは六〇〇万からの負債を残し、グメネー家（ロアン）は一七八二年に破産している。

地方貴族と田舎貴族――フランスの諸州にいる貴族はそれほど輝しい境遇にはなかった。それでも、この伝統的見解には程度差を加味するべきである。J・メイエルの『十八世紀のブルターニュ貴族』（一九六六）に関する研究は、地域的多様性や社会的較差に注目しつつも、世紀の流れのうちに収入全体の上昇が、弱いにせよ激しいにせよあったことを主張している。すべては明白な結論、すなわちブルターニュ貴族の富裕化という点に帰結するのである。ただしこれは全体的な評価であって、それはしばしば、たいへん多様な現実をおおいかくすことになる（このような場合の常として、富者はますます富むのである）。

十八世紀には州の中心地には、豊かな地代のおかげで鷹揚な生活を営むことができる貴族があふれていた。これらの名士は年の一部を自分の土地で過しており、何人かは農学者として評判を得ていた。冬は町で過し、そこで都市社会の最上の位置を占めていた。彼らの日常生活の枠組みは都市景観とともに変化していた。すなわち、より快適で、内輪や社交の楽しみのためによりよく整えられた邸宅である。ヴェルサイユでの洗練された臣従化を免れていたので、これら州の大物は知的・芸術的な運動に活発に参加した。州アカデミーに多数が加わって、その名声を高め、また公共の行政に参加することを望んでいた。帝政期や制限選挙王政期の著名人リストには地方アリストクラート層の名が多く見られるのである。

しかしながら、この身分の根幹は田舎貴族だった。多くは貧困で、残存する中世的心性を持った田舎紳士である。おそらく、ここにおいてもまた伝統的枠組みは変化していた。丘の上の要塞化された城にかわって、もっと近づきやすい立地に家族の住居となる城館ができた。たぶん貴族の生活も変わった。かつての貴族固有の活動のうちでは狩りだけが残存していた。これは、農民の怒りを買いながらも、依然として有効なアリストクラート特権だった。それでも伝統的な価値と規範は存続していた。それは、必要と趣味の両方から実施されていた原理、すなわち家系と紋章によって維持された。生活の全般的な考え方には変化はなく、貴族資格放棄の偏見、生産活動への軽蔑は依然として生きていた。アベ・コワイエがその著作『商業貴族制度の発展と擁護』（一七五七）の中で行なった商業貴族の弁護は、彼が目当てにした人々を説得できなかったようである。そして、一方では貴族位の休止（ブルターニュ貴族は報酬活動に身を投じるために、自己の貴族位を休眠させておくことができた）により、シャトーブリアンの父はコンブールでの困窮を免れ、海運貿易の仕事をしたのだが、他方ではどれほど多くの貴族が仕事もなく細々と暮していたことだろう。

オート＝オーヴェルニュでは一七八九年の人頭税の目録には二三九人の名士が載せられていた。そのうちの八九名は一〇リーヴル以下、一三五名は二〇リーヴル以下を払っていた。サン＝フルールの一七八八年の選挙集会が指摘しているように、「この州の貴族の一部はその地位にふさわしい財産を享受しているが、大部分はほぼ例外なくたいへん貧しい。」貴族の三人に一人は三〇〇リーヴルから五〇〇リーヴルを産出するだけの小さな土地しか持っていなかった。二人に一人は資産の他に封建的諸権利の恩恵に浴していた。資産にせよ諸権利にせよ、貴族は貧しければそれだけ一層それらにしがみついていた。トゥールのバイイ裁判区では一七八九年に三六人の貴族を数えたが、その中の何人かはおそらく一代限りの貴族位しか持っていなかった。彼らの六三パーセントは一〇〇〇リーヴルもしくはそれ以上の収入を得ていた。三四パーセントは二〇〇〇リーヴルに達し、もしくはそれを超えていた。一七パーセントだけが三〇〇〇リーヴルに達していた。二人は「極貧」とされ、どうやら年収六〇〇リーヴル以下だったらしい。これらの豊かではない貴族も、法服のブルジョワや役人よりは豊かであった。ブルターニュでは貴族の遺産配分（三分の二が長男、残り三分の一が次男）は全くの無産貴族の蔓延をもたらした。その数の多さは一七一〇年の人頭税台帳からはかることができる。ブルターニュ貴族の三一パーセントは裕福であり、五四パーセントは貧乏、しばしば極貧だった。これら下層貴族の大部分は闇の仕事を余儀なくされ、いやいやながらも少しずつ第三身分にはいり込んでいったのである。

貴族の一部の貧困は事実として重要である。それは、カストの誇りとともに、第三身分の要求に対する貴族の抵抗のもとになっている。貧乏貴族は税の平等も封建的諸権利の廃止も望まなかったのである。それは収入の基幹部分を彼らから取り上げることだったからである。多くの貴族はその荒れはてた屋敷で糊口をしのいでおり、領主的賦課の支払い要求に汲々とすればするほど農民に嫌われていた。

一七九一年六月二二日午後三時頃、ちょうどヴァレンヌから王室一家を連れもどす馬車がサント＝メヌールを遠ざかろうとしていた時、その地方の領主であるダンピエール伯爵は、通過するルイ十六世にあいさつに来て、農民たちによって虐殺された。同時代者にとっては単なる雑事にすぎない。しかし、文献を通じて、伯爵がどれほど貪欲に諸権利の支払いを要求し、彼がどれほど農民に嫌われていたかを確認すれば、事件ははっきりしてくるのである。もともとブルジョワで、十六世紀にかなり繁栄して急速に昇進した。そして名士となり、封建層がいなくなった後を受け継いだ。そういう家族がここで扱われることになったのである。それ以来、貴族風に生きることを宿命づけられ、剣か教会に拠る以外は生き得ず、また望みもしないので、彼らは自分たちの財産額が相対的に減少していくのを経験していた。もはや生産活動によって自分の生活を維持することはなくなっており、しかも貨幣購買力の恒常的な低下は金納賦課の価値を削減したからである。一七八九年には田舎名士たちは、自分たちに残されているものを守るためと自己の社会的権威を維持する心遣いから、大部分が特権と封建的諸権利の廃止に反対していた。ダンピエール伯爵はまさにこうした田舎名士の一人だったのである。このようにして彼らは、「アリストクラートの陰謀」から反革命までによって、穏和なブルジョワ革命を暴力的な民衆革命に変えることに貢献したのである。——（G・ルフェーヴル「一七九一年六月二二日のダンピエール伯爵殺害」、『歴史学雑誌』第一九二号、一九四一、『フランス革命の研究』、パリ、第二版、一九六三、三九三頁に再録）

法服貴族——貴族はその特権によって、十六世紀以来、十八世紀になってもなお、ブルジョワの繁栄にもかかわらず、下部の社会的カテゴリーにとって魅力となっていた。領地、できれば荘園を買い、貴族風に生きる、すなわち封建的徴収と地代で生活すること。それはあこがれ以上のものだった。それは、商品を扱うブルジョワジーにとって、社会的威信と経済的な有利さを兼ねあわせた地位認証だったのである。貴族の資格がそこに加われば完全だった。貴族への移行は貴族叙任状の獲得もしくはそれ自体が貴族位を含む行政職への昇進（一七五〇年の勅令は、その時に現役である平民将官に永代貴族位を認めた）によった。社会的により重要なのは、司法・財務の王政官職の獲得による貴族への移行だった。王政は常に金に困っていて、官職をふやしていたからである。法服は多様化し、その価格は絶えず上昇していたが、それはなお平民に対して強い魅力を持ち続けていた。そのことは官職価格そのものの動きが示している。

法服貴族は、起源からいえば獲得貴族であるが、まず高等法院の構成員が含まれていた。高等法院の職務の実施はそれだけで平民を貴族とした。ただし、その条件は裁判所によって異なっていた。何カ所か、すなわちパリ、ブザンソン、ドゥエでは即時かつ永代の貴族、いわゆる一等貴族だった。他の所、すなわちグルノーブル、トゥールーズでは貴族位は段階的だった。つまり、二〇年間職務を行なった後に、その司法官の三代後の家族まで、貴族とされたのである。しかしながら、官職の世襲的譲渡によって、裁判所の構成員は十八世紀にはほとんど全員が貴族だったのである。いくつかの高等法院（グルノーブル、レンヌ、ディジョン）は、直系尊属に司法官を持っていない候補者には、貴族であることを正式に要請しさえした。レンヌの高等法院は、名士だけに厳密に限定されていた。それは、地方三部会とともに、ブルターニュ貴族の砦であった。ブルターニュでは終審裁判所に関するブザンヴァルの意見が確証される。すなわち「ほとんどすべて貴族で構成され、（パリ高等法院と違って）いわば大きな家族となっており、他のすべての貴族は共感と利害とによってそれと結びついている。」少なくとも上位のカテゴリーにおいては、法服貴族は旧体制の末期に帯剣貴族の人後に落ちることはなかった。高等法院の名家出身の貴族が国王軍に奉職している一方では、古くからの貴族である名士が法服職についていた。

ネッケルの『フランスの財務行政について』(一七八四)に従えば、法服貴族には、一〇〇〇名ほどの高等法院官職者のほかに、アラス、コルマールおよびペルピニャンの終審院の構成員二二〇名(パスチアの終審院官職は貴族叙任にならなかった)、パリのシャトレ裁判所の八〇名、大参議会の七〇名、税務裁判所と会計局の九〇〇名が数えられた。一三の高等法院とコルマール、ペルピニャンの二つの終審院では、一七九〇年、高等法院廃止の直前に以下の者が職についていた。一五名の法院長、一五名の総代訴官、九五名の終身裁判長、二八名の査問・審理裁判長、三三名の次席代訴官、七五七名の俗人の参議官である。ネッケルによれば、フランスには貴族叙任となる官職が四〇〇〇あったようだ。しかしながらネッケル自身が、多くの官職は貴族位をもたらしていないことを明言していた。なぜなら、それは貴族によって獲得されており、また多くは三代限りにしか相続できない貴族位だったからである。

高等法院官職者の財産状態は、当然ながら、たいへん多様であった。地方では、大きな財産は基本的に土地によるものだった。領地と領主的諸権利の購入は確実で名誉ある投資であり、社会的栄達の認証だったのである。グルノーブル高等法院の裁判長たちは大土地所有者であって、彼らは八月から一一月までは自分の土地に田舎の名士として生活していた。ギュイエンヌでは、ブドウ酒の大産地はボルドー高等法院の参議官が所有者となっていた。ラフィット、サン=テステフ、マルゴー、オー=ブリオンである。土地所有の他にパリ高等法院の構成員たちは多くの場合「設定地代」を保有している。

一事例。十八世紀におけるパリ高等法院の司法官——一七一五年から一七七一年までに五九〇家族の九五一人の司法官がパリの高等法院に所属した。それらの中には全生涯を所属していたものもあれば、他の終審院や請願書審理官の官職を待つ間のものもいた。これらの職は、その保持者がまだ貴族でない場合には、一等貴族位を授けるものだった。五九〇家のうち五一二家は既に貴族だったものであり、七八家は貴族に叙任された。それらの貴族は、しかしながら、ほとんどが古いものではなかった。三五家のみが家柄による貴族だった。二四一家は国王書記官職の購入（一七五〇年に一八万五〇〇〇リーヴル）による新貴族であって、それは金融家が貴族になる通常の経路だった。官職の元金（世紀半ばに参議官は五万リーヴル以下、終身裁判長は五〇万以上）はパリ高等法院の司法官の財産の一部だけにすぎなかった。マレーもしくはサン＝トノレ場末街《フォーブール》やサン＝ジェルマン場末街《フォーブール》の邸宅、さらにとりわけ、三分の二ぐらいの人における荘園としての領地である。地代に投資された資産がこうした財産の基幹だった。このパリ高等法院の上流社会は、称号、婚姻関係、生活様式（三五家は「宮廷の名誉」に浴していた）からみてアリストクラート的社会であったが、それでもやはり、ある種の軽蔑をうけていた。宮廷貴族の大部分は、セナク・ド・メイランが言うところの「筆頭司法官たち」を「教区で自分のベンチを持った高慢な財産管理人」とみなしていた（F・ブルシュ『十八世紀におけるパリ高等法院の司法官』、パリ、一九六〇）。

ブルターニュでも他と同様に、ブルジョワジーは貴族叙任官職についたり、貴族叙任状を入手して貴族になっている。高等法院はもはや貴族位を与えなかった。なぜなら構成員に貴族しか認めなかったからである。実質的に貴族叙任になる官職は、三代まで譲渡できる段階的貴族位しか与えないナントの会計院職と、それよりは高価だが二代目からは永代貴族位となるレンヌ高等法院の大法官廷の国王書記官職であった。貴族叙任状は一六九二年から一七一五年までに四〇状が購入され、一六九四年から一七八九年までに約五〇状が功績に対して与えられた。デュゲー＝トルインのような私掠船長、ル・シャプリエのような法律家、官吏、およびとりわけサン＝マロ、ナント、ロリアンの交易商人に対してである。貴族叙任には二つの問題がある。まず第一にその数であり、第二に古くからの貴族の側の受け容れである。J・メイエルの計算によれば、当世紀の間にブルターニュで三〇〇家族が叙任された。古くからの貴族六〇〇〇家族に比べれば小さな比率である。受け容れについては、ブルターニュでも他と同じだった。貴族叙任者の孫になってやっと身分会議に認められたのである。

行政貴族――これは獲得貴族である。若干の官職に付随している。十八世紀には行政畑の人間と高等法院の人間の間には相互浸透がある。地方総監と高等法院の参議官や裁判長とは、しばしば同一家族の出なのである。国王参議会に属する請願書審理官が一団をなしていて、未来の地方総監と未来の高等法院司法官がそこで一緒になっているのである。

民事官職――大法官、国璽尚書、四名の国務卿、四二名の国事参議官、八〇名の請願書審理官は、その官職により貴族である。財政局を構成する七四七名のフランス財務官は貴族であり、財政一般収入官も同様である。さらに九〇〇名の国王書記官も貴族である。これは全くの名誉職であって、一定の時期を経ると貴族位をもたらすのである。この役職はたいへん高価だった。しかし貴族になれば転売された。貴族位を手に入れようと思っている金融家にとって、それが最も容易なやり方だったのである。

軍の階級――一七五〇年のダルジャンソン伯による勅令により、すべての将官は永代貴族位を授けられ、他の士官も最小限度の勤務をはたせば同様となった。タイユを免除された生活を享受する（それが「貴族の始まり」だった）ためには、階級に応じて、一四年から三〇年を要した。祖父と父、ついで息子が必要な勤務期間を果せば、三代目には貴族位は全面的かつ永代のものとなった。将官のみが即時に貴族叙任され、それとともに彼の家系も叙任された。こうして軍隊貴族（あいまいな表現だが）が創出されていたのである。軍事職は、士官にとって、伝統的に貴族的な性格を持っていた。帯剣の特権は封建制にもとづく社会で維持されており、士官は貴族風に生活していた。他方、軍での勤務は国王への勤務でもあり、よく国王に仕えることは貴族叙任の正当な理由となった。一七五〇年の勅令は、平民の将官に対する適用例はあまりなかった。逆に尉官および佐官の貴族叙任はかなり多かった。他方では同じ一七五〇年の陸軍大学の設立と階級の売官制を近く廃止する約束とによって、貧乏な貴族には一種の補償がなされていたのである。後者の約束は一七八一年に実施された。すなわち、陸軍大臣セギュル伯爵の有名な命令により、軍隊において士官となるためには、兵卒を経ることなく、四代におよぶ貴族（四代の男性、すなわち父方の四等尊属）であることを証明しなければならないことが定められたのである。これにより、ダルジャンソンの命令は死文と化した。

行政貴族も、法服貴族のようにブルジョワ出身である。十八世紀の間に、彼らもまた、結婚によって帯剣貴族に同化していく傾向にある。しかし、前者も後者も融合は完全ではない。法服貴族は宮廷に参内できず、国王に謁見することもないのである。したがってこの社会的カテゴリーは、金融業の裕福な平民と伝統的貴族との間の中間層を形成しているのである。

「鐘」貴族――これは市庁の官職に授けられるものである。貴族は、より高く転売するために、それに執着しているのである。しかし多くの都市で市長と町役人は正銘の貴族である。パリがそうであり、トゥールーズの「町役人《キャピトゥール》」もやはりそうだった。

二　貴族の経済力

貴族が持ち続けていた経済力と社会的威信こそ、富を持つブルジョワに対して彼らが及ぼしていた変わらぬ魅力の源泉である。おそらく、貴族の政治的影響力は絶対主義の世紀の間に著しく後退した（もっともこの面においては十八世紀に反動がある）。またおそらく多くの場合、新貴族は貴族身分に歓迎されなかった。それでもなお、日常の社会的現実においては、貴族の優越、とりわけ領主の場合の優越は、その経済的条件と司法・行政権力の残存の上に基盤を持っており、その地位は気取った仕草とつりあっていた。この優越の基盤には土地とそこからの収入があった。事実、貴族の富の基本的部分は領地と荘園からなっていたのである。荘園の所有者として、貴族は農民の土地の「上級」所有権を持ち、その資格において封建的諸権利を徴収していた（しかし荘園を持たずにも貴族であり得るし、その逆も成り立つ）。経営を管理したり賃貸しに出したりする土地の所有者として、彼らは土地収益を得、借地料や折半小作料を徴収していた。勿論、貴族の土地はたいへん多様であり、貴族身分全体の中にはきわめて種々の程度を認めうる。

トゥールのバイイ裁判区の例――一七八九年には三六名の貴族が数えられるが、そのうちの何人かはおそらく個人的貴族位しか持っていなかった。それら三六名の貴族のうち、一三名は未亡人で、一一名はもと士官である。これらの貴族のうち六三パーセントは一〇〇〇リーヴルかそれ以上の収入を得ていた。三四パーセントは二〇〇〇リーヴルに達するかこれを超えていた。一七パーセントだけが三〇〇〇リーヴルに達している。二人の貴族は「極貧」とされており、年収は六〇〇リーヴル以下だったようである。他の二人は年金で生活している。全体として、これら貴族はそれほど財産を持っていないようだが、同じバイイ裁判区の法服のブルジョワや役人よりは富んでいるのである。――（R・ローラン「一七八九年におけるトゥールのバイイ裁判区の特権層の財産」、『フランス革命史年報』、一九四九、三四〇頁）

トゥールーズの例――トゥールーズの平均的な貴族は、八〇〇〇リーヴルの収入を持つ高等法院の一員であろう。三〇〇〇リーヴルは二五〇アルパンの土地から生じ、四〇〇〇リーヴルは役職（半分は給料、半分は謝礼）、一〇〇〇リーヴルは地代である。それはすなわち、平均的ブルジョワジーの収入の二倍、職人（宝石細工人、壁張工、大工）のそれの一六倍である。トゥールーズの貴族は、その土地収入をたいへん細かく管理している。封建的諸権利は彼の年収の一〇分の一にすぎないのである（それでも著者は封建的反動の例を多くあげている）。経営は借地制か折半小作制であり、時には作男頭の助けをかりながら直接に行なった。トゥールーズの貴族は、端境期に最高値で売るために、作物を貯蔵している。こうした厳格な管理のおかげで、彼は利益を貸付け、もしくは官職（研究の対象になっている貴族の四分の三は法服貴族に属する）に再投資しているのである。こうしたつましくて、それほどいかめしくはないトゥールーズ貴族の中から、ヴィレルのような人物が出てくる。一八〇七年に彼の領地はトゥールーズ周辺に四〇〇ヘクタール、一三の折半小作地に及んでいるのである。――（R・フォースター『十八世紀におけるトゥールーズの貴族』、バルティモア、一九六〇。またJ・サントー『革命下トゥールーズの富と社会グループ、統計的歴史学試論』、トゥールーズ、一九六九、も参照）

オルレアン公の場合――一七九〇年か一七九一年のパンフレット（『すべての種類……の財産と収入の評価もしくは状態』）によれば、オルレアン公、すなわち未来のフィリップ平等公《エガリテ》は六七七万五二五九リーヴル（親王采地が三九四万五七八二リーヴル、世襲財産が一六二万四六二八リーヴル）の収入を得ていた。収入のおよそ四分の三は土地財産によっていた。親王采地においては、収入の三分の二は土地によるもので、残りは封建的諸権利および王属諸権利に由来した。公爵の土地は多くの州に分散していた。一七の県が、彼の親王采地であった国有財産を売却したものである。公爵夫人の財産はそれには含まれていない。封建的諸権利の廃止により彼は五〇万リーヴルの年収を失った。オルレアン公の富は、大封建領主、大土地所有者、および大廷臣のそれである。――（B・F・イスロップ『オルレアン公爵フィリップ平等《エガリ》公《テ》の親王采地、一七八五―一七九一』、パリ、一九六五）

貴族の経済力は土地財産と、農民から徴収する封建的諸権利とに基礎をおいていた。さらに国家における地位に由来する特権、俸給、年金、手当てなどにももとづいていた。さらに、ある種の経済活動もつけ加えておこう。

1　貴族の特権

貴族の特権の数と重要性は、社会的関係、とりわけ貴族とブルジョワジーの関係の緊迫化の大きな要因となった。

名誉特権――同時代人はこれの重要性を認めていた。そしてこれはブルジョワジーからおおいに反感を持たれていた。貴族の人身に付随した外見的区別では、剣の携帯、領主の風見がある。優先権では、教会の特別席、献金や行列における最前の位置、教会の内陣への埋葬である。

法的特権――貴族は第一審では国王代理官《プレヴォー》や下級王立裁判所の裁判には服さず、バイイ裁判所とセネシャル裁判所(24)の裁判に服する。刑事事件については、貴族は高等法院で大審部と刑事部との合同審理によって裁かれる。貴族は鞭打ちのような名誉拘禁刑は免除されている。死刑の場合は斬首であって、絞首刑ではない。

税務的特権――貴族は直接税を支払わず、消費税を免除されている。人的タイユの地方では、タイユを免除されている。物的タイユの地方では、もし自身で四シャリュ以上の領地を経営している場合には免除される。人頭税と二十分の一税については特権を持たなかったが、課税を極度に軽減することによって、貴族は実質的に特権を得ている。貴族は地下倉のブドウ酒についてのグロ税、道路賦役、兵士の宿営を免除されている。

2　俸給、年金および手当て

貴族は主だった職務をすべて占めている。大臣は一〇万ないし三〇万リーヴル受け取っている。権力の座を離れると二万リーヴルの年金を受けるのである。モンモランは、ルイ十六世治下で外務担当の国務卿であったが、四〇万リーヴル前後の収入を得ていたようだ。宮廷貴族にとって大切なのは、国王もしくは王妃の注意を引いて、年金か手当てに同意してもらうことだった。おそらく、この手段によって富をつくることはできなかっただろう。それにしても、ヴェルサイユでの浪費的な生活が特大の財産にあけた穴を繕うことはできたのである。ランバル公妃は王妃付き召使いの女官長として一七万リーヴル受け取っていた。彼女はロレーヌの領地から六〇万リーヴルを得た。また兄弟のために五万四〇〇〇リーヴルを認めさせた。ポリニャック公爵夫人は一七七八年以降、王妃と友情で結ばれ、娘の持参金のために一七七九年に八〇万リーヴル、自分の借金を払うために四〇万リーヴル、受け取った。ルイ十六世が自分の同意した年金を記載した『赤書《リーヴル・ルージュ》』が一七九〇年に出版された。それによれば、ポリニャック家は七〇万リーヴルとされている。

3　貴族の土地財産

封建的諸権利と土地所有とがアリストクラシーの経済的基盤をなしている。二つの問題を区別せねばならない。封建的諸権利の問題と土地所有の問題である。封土の保有者である限りにおいて、貴族は農民の土地の上級所有権をもっており、その資格において封建的諸権利を徴収している。しかし封土《フィエフ》なしでも貴族であり得るし、平民で封土《フィエフ》を保有していることもありうる。平民は久しく前から貴族に叙任されることなしに封土《フィエフ》を購入し得たのである（一五七九年のブロワの政令、第二五八条を参照）。他方、貴族は土地や領地の所有者であって、それらの経営を管理したり賃貸借に出したりしている。この第二の問題が旧体制末期における貴族の土地所有の問題である。これはまだよく解明されていない。

本研究の資料――物的タイユの地方での、カダストルとかコンポワとか称される土地台帳、不動産二十分の一税の台帳、大修道院および荘園の土地台帳、一七九一年の区《セクシオン》一覧表（地租割当てのための地片図）、第二次起源の国有財産（亡命者財産）の売却証書、一〇億の亡命貴族の法と称される一八二五年の法律の適用に関する文書、である。

地域的分布――貴族の土地所有は地域によって異なる。北部地方、ピカルディ、アルトワ、西部地方、ブルゴーニュでは特に強度が強い。中央部、南部、南東部では、より弱い。全体では貴族は王国の土地所有の約五分の一（二〇パーセント）を占めていたようである。

パリ地域。ブリ＝四〇パーセント。セーヌ＝エ＝オワズ県では、ルチスキーが研究した荘園においては貴族の優越性が圧倒的である。七万五〇〇〇アルパンのうち、それが六八パーセントを占める。聖職者は一〇パーセント、上層ブルジョワジーは二二パーセントである。ヴェルサイユ周辺では農民の所有部分はほとんどゼロに等しい。

北部地域。ノール県（ジョルジュ・ルフェーヴルの学位論文）＝二一から二二パーセント。アルトワ＝三二パーセント。エーヌ（ラン地域）＝三〇パーセント。

ブルゴーニュ＝三五パーセント。

西部地域。コート＝デュ＝ノール県＝県東部の二〇パーセントないし西部の七四パーセント。カルヴァドス（ヴィル地区《ディストリクト》）＝一三から二三パーセント。レ・モージュ（アンジュー）＝六〇パーセント。

中央地域。リムーザン（コレーズ）＝一四パーセント（テュル徴税区《エレクシオン》）ないし一六パーセント（ブリヴ徴税区《エレクシオン》)。オート・オーヴェルニュ＝一一パーセント。ティエール地域＝一七パーセント。

南西地域。トゥールーズ地区《ディストリクト》＝四四パーセント。サン＝ゴーダン地区《ディストリクト》＝一六パーセント。ケルシー＝一五パーセント。ベアルン(オレロン・セネシャル管区)＝一パーセント。しかし、二十分の一税を調べた結果としてルチスキーは二〇パーセントとしている(彼は調査の範囲は示さず)。

南仏地中海地域。モンペリエ司教区＝一五パーセント。

南東地域。オー＝グレシヴォーダンでは、亡命者(貴族)の財産は平均二〇パーセントを示している。貴族所有地の平均面積は約一五〇ヘクタールであるようだ。多くの場合、この所有地は折半小作農によって開墾されている。すなわち一つの領地はいくつかの折半小作地に分割されているのである。貴族の土地所有は全体としてはかなりのものであったかもしれないが、多くの貴族の家庭はつましく暮らしている。何人かの貴族の土地所有者は、重農主義者によって唱導され、イギリスからとり入れられた新しい農業経営のやり方を用いることにより、自分の領地からより多くの収入をあげようとした。ラ・ロシュフコー＝リヤンクール公のような大領主がその例を示している。

貴族の土地財産の一例、十八世紀におけるサルトの貴族——三つのカテゴリーが区別される。六人の大土地所有者は二〇〇〇ないし三〇〇〇ヘクタールを保有している(テセ伯爵など)。三〇人ほどが五〇〇ヘクタール前後、「小名士の一群」が二〇〇ヘクタール前後である。土地、森林、荒地が考慮の対象である。テセ家は三一の小教区に土地を持ち、莫大な封建的諸権利がそれに付随している。全体で三〇〇〇ヘクタール、一〇の城館と屋敷、七七の貸地《フェルム》、一七の風車にのぼる。さらに、貴族の土地所有を一県のみで数えてはならないだろう。国有財産売却に関する「県外公報」が明らかにしているところでは、サルトの貴族はオワズや、さらにはコート＝ドールでまでも所有地を持っていたのである。隣接県ではいうまでもない。――（Ch・ジロー「十八世紀末のサルトの貴族の土地所有」、『メーヌ州』、第三五巻、第四分冊、一九五五、二〇一―二一四頁）

コンデ親王家の例――十八世紀の初頭に王の血縁家族コンデ親王家がある。彼の土地財産の主だったものは二〇〇〇万リーヴルを超え、一〇ヵ所以内の主だった領地収入源に分散していた。収入は実際の領地からの産品、すなわち、貸地《フェルム》と折半小作地、家、土地、牧草地、親王が直接に保有する風（水）車などとともに、種々の領主的・封建的諸権利、封建地代、サンスをも含んでいた。これらは会計官が経常収入の名のもとに一括していたものである。これらの収入の上に、財産の移転に関連した特別と呼ばれる収入を加えねばならない。移転《ロ・エ・ヴァント》税や封建的な五分の一税、二十五分の一税である。領地の通常の産出額は四五万五〇〇〇リーヴルになっていた。シャンチイに属するラヴェルジンの荘園の種々の賃貸借契約からの産出額を一七〇一―一七〇二年にまとめたところでは、土地や貸地《フェルム》、採石地や森林に由来する収入は全体の七〇パーセントとなっており、種々の封建的諸権利が三〇パーセントとなっている。すなわち、サンシーヴ、通行税、裁判記録料、狩猟税、漁税、河岸税、パン焼きがま税、車税、酒税、坑税、ブドウ酒税、わら束の一〇〇分の二のシャンパールである。シャンチイとパリ地区の土地全体についての一七二六―一七二七年の調査結果によれば、現物で支払われるものをのぞいて七万二四〇〇リーヴルの収入がある。そのうち、二〇ほどの貸地《フェルム》の産出額が全体の五八パーセントをなし、二〇ほどの水車と風車のそれが一九パーセント、牧草地や囲い込み耕地、孤立可耕地の貸与によるものが一一パーセント近く、種々の封建的諸権利、すなわちサンシーヴ、証書料、裁判記録料、渡し船料、道路税、通行税、等々からの産出額が一三パーセントであった。相続による移転の監視はたいへん実効があった。親王の顧問は、荘園の移転のための相続税として一年分の収入を、移転《ロ・エ・ヴァント》税として価格の八分の一か一〇分の一を要求したのである。しかしながら、封建的土地所有に結びついた富の割合がかなりのものであるにもかかわらず、財産と収入が乖離していることを指摘せねばならない。全体で約三一〇〇万リーヴルの資産のうち不動産は三分の二をなしていたが、総収益の四五パーセントをあげていたにすぎないのである。資本と収入の間のこの歪みは重大な事実を示している。王権との結びつきである。コンデ親王家の収入の四九パーセントは君主制との直接の結びつきに由来するのである。これは大貴族が絶対制のもとで臣従化させられていることの経済面での証拠であり、国王政治の鍵の一つとなるものである。毎年、国王の寛大さのおかげで七五万リーヴル以上が親王家の金庫にはいっていた。——(D・ロッシュ「十八世紀初頭におけるコンデ親王家の富と収入に関する概要」、『近代・現代史雑誌』、一九六七、第三号、二一七頁)

ブルターニュ貴族の例——法官領主、封建領主、大土地所有者などであるブルターニュ貴族について、J・メイエルは新しい事実を示した。十八世紀においてもまだ貴族に課せられている本来の意味での封建的諸権利、とりわけ臣下の貴族から主君に支払われる財産移転税の重要性を、彼は指摘している。これらの封建的賦課は、全部あわせると貴族の総収入の一〇ないし一五パーセントを吸い上げていたようである(しかしながら、これは臣下から主君へと、同一身分内にとどまっていたことも指摘しておこう)。平民の土地に対して課せられる領主的諸権利についてみれば、移転税《ロ・エ・ヴァント》のような臨時的権利の方が、金納地代はもとより現物地代さえよりも一層利益があったようだ。モンブルシェの荘園では金納地代は領主的収入の六パーセント強、全体の二パーセント以下であった。現物地代のパーセンテージは残念ながら示されていない。風(水)車の使用料もかなりの比率だった。これらの風(水)車の数は想像を絶する。シャトージロンの領地だけでも七つあった。それらは一七六〇年には三八〇〇リーヴルで貸し出されていた。領地収入は七七一四リーヴルであって、その五〇パーセントに近い。農民は製粉業者のありとあらゆる悪行を訴えていた。小麦粉の質の悪さ、量の不当なピンはね、高すぎる料金などである。状況は十八世紀後半に悪化したようだ。風（水）車の借用料は五〇年たたずに二倍かそれ以上となり、請負人は、当然ながら、それを農民に転嫁したからである。一七八九年八月の使用強制権の廃止はこれらの風（水）車から顧客の一部を奪い、その分だけ領主の収入を減少させた。当該世紀についての決算をするなら、ブルターニュ貴族は穀物価格と折半小作料の上昇、借地料の産出額の倍増から大きく利を得ていた。土地収入の三分の一は貴族が得ていたのである。さらに、冶金業、海運業、植民地経営は貴族資格放棄にならなかったので、ブルターニュ貴族は冶金操業を支配し、海上貿易や植民地開発に参加した。多くの貴族は自分の土地の経営への興味を失っており、また総借地制の料金と又貸しの料金との差額から大きな利潤が得られたので、ブルジョワジーもおそらくそこにはいり込んでいた。十八世紀に再びおこった繁栄は、それでも、特権階層を強化したことに変わりはないのである。領主の締めつけのもとで農民の貧困が深刻化していたのを前にして、繁栄の世紀の全般的な動きによって富んだ土地所有のアリストクラート層と海運ブルジョワジーは互いに競争し、角をつきあわせていた。革命期の社会的・政治的抗争の諸勢力の路線が概観されていたのである。――（J・メイエル『十八世紀におけるブルターニュ貴族』、一九六六、二巻）

オート＝オーヴェルニュの貴族の例――記述史料に限定されているが、研究者は貴族の収入全体に対する封建的諸権利の重要性を忘れずに指摘している。したがって、オート＝オーヴェルニュの貴族が一七八九年の陳情書で「その祖国に対する愛にもかかわらず……金銭上の諸特権を犠牲にすることはできない」と述べる時、税務上の免除だけと考えないようにしよう。この際「抵抗できない理由」があるとすれば、「それは必要という是非ない法則である。いかなるところにおいてもフランス貴族はこれほど貧乏ではない……」。一七九二年一一月二九日にサン＝チリドの領主であるペイラク・ジュジュアル・ド・ラ・ボンタがオーリヤック地区《ディストリクト》に対し、八〇〇リーヴルの愛国税の最後の三分の一の免除を懇願した時、彼は「財産の大部分が封建的諸権利の廃止によって取り上げられたこと」を論拠とした。アルパジョン市（カンタル県）の一七九〇年の覚え書きによれば、「地代よりも堅実で確かな」収入はない。「それは何の危険にもさらされず、何の出費も要さない。……地代には、土地所有者が得る穀物の価値よりもずっと大きな価値をもたらす他の利点がある。それは持参払いで連帯責任制である。また臨時権が付随している。」立憲議会で買いもどしの方式について議論が行なわれた際、オーヴェルニュの貴族議員であるシャブロルは、一七九〇年四月二七日、この種の収入は「最も堅実で最も変動に耐えるもの」であることを指摘した。これらの証言は負担者や受益者のものである点からして、おそらくあまり信用のおけないものである。それでもなお、領主が封建的諸権利をほとんど不可欠なまでに重要であるとみていたことを、それらが証していることに変わりはない。――（M・レイマリ「オート＝オーヴェルニュの領主的土地賦課」、『フランス革命史年報』、一九六八、第三号、二九九頁）[25]

4　貴族の商工業活動

貴族の役割は、軍隊や参議会において国王に仕え、彼のそばにいて家臣の機能を果すことだった。さらに貴族は、貴族の資格を失うことなく、農業に従事して一定面積の耕作を行なうことができた。しかし、いくつかの例外を除いて、職人業や商業など金になる職業につくのは禁じられていた。違犯すると、貴族資格放棄および資格欠如とされた。

貴族資格放棄《デロジェアンス》――金になる職業の利益は、旧フランスにおいては、貴族の名誉にも特権にも与らない平民のものであった。封建社会はもともと明確に区別された二つの階級の存在によって特徴づけられていた。

農奴、すなわち土地労働者の階級と、土地所有者もしくは領主の階級とである。領主、すなわち貴族階級の特性は武器をとって戦争をすることであった。他方、土地労働、肉体労働にはなにか非貴族的《イニョブル》なものがあったのである。農民でもないのに土地に頼る者はいやしめられた。故に農奴が不評をこうむったのは見やすい道理であるが、この不評は都市民の通常の生業、商業や職人業に拡大された。名誉以外のもの、すなわち物質的利益をもたらす職業に専心することは、名士にとっては、自らの貴族資格放棄だったのである。貴族資格放棄は貴族階級の特性に付随した諸特権、そのうち最もねたまれているものからいえば、すべての直接税の免除の喪失をもたらした。農民大衆の労働によって普段の生活が無料で保証されている階級にとって、貴族資格放棄はその生存と結びついていたのである。——(G・ゼレル「歴史社会的性格の概念　貴族資格放棄」、『国際社会学研究誌』、一九五七。「貴族とブルジョワジー」、E・コールネールとR・ムニエの討論、『近代史学会会報』、一九五四、一月—三月号、を参照)

それでも貴族は、自己の若干の権利や国王の譲歩のおかげで、貴族資格放棄の危険をおかすことなしにある種の金になる活動を行なう権利を持っていた。それで商業や工業の動きにもある程度は関与していたのである。

海上貿易および植民地経営——「海上貿易は危険に満ちている。なぜなら四つの要素と闘わなければならないからだ。」と十六世紀のある法律家は書いている。当時および十七世紀半ばまでは、貴族は自分の剣を貴族院に持って行き、財産ができるまで商人風《マルシャンドマン》に生活することができた。財産ができるともどってきて剣を受け取り、再び貴族風に生活し得たのである。貴族の特権を断念することなしに商業に従事する場合もあった。海軍司令官や副司令官で同時に私掠船長や海賊だった者である。一六六四年に国王参議会の裁定は、貴族が「貴族資格放棄が発効されることなく」貿易に参加することを認めた。一六六九年にコルベールの主導で出された勅令は、海上貿易が貴族資格を放棄させないことを確認している。

貴族はあいかわらず商業取引に参加することに極端な嫌悪を表明し続けていた。一七〇一年、海上と陸上双方の卸売商業が勅令によって改めて貴族に対し開放された。小売商業は同業組合とぶつからないように禁止されたままであった。同業組合は商業貴族という雑種団体の創設には激しい敵意を持っていたのである。君主制はまた、商人を貴族に叙任することによって、二身分間の隔たりをせばめようと考えた。この失敗はさらに明らかだった。金をためた交易商人や船主は貴族位の入手がやさしくなったのを利用し、多くの場合すぐに交易をやめてしまった。それは彼の昇進をもたらしたものであるが、新しい地位とは両立しないと判断されたのである。十八世紀には商業を営む貴族《ノーブル・コメルサン》は確かにいたが、商業貴族《ノブレス・コメルサント》（この概念はある「愛国的」司祭によって弁護されていた。アベ・コワイエ『商業貴族の発展と擁護』、一七五七）は決して存在しなかった。

海上貿易には、砂糖を産する諸島との通商、ついでアンチュ諸島でのプランテーション栽培が関連していた。十八世紀には、海上貿易は多くの貴族の心を引いてはいなかったにしても、彼らはそのかわりプランテーション、とりわけサン＝ドマングから莫大な収入を引き出していた。ラメット兄弟の一人がそうである。立憲議会議員だったグーイ・ダルシーもそうである。ルイジアナの大農園主であるリュクサンブール公も同様だった。これらの貴族大農場主は奴隷制廃止に対する最も激烈な反対者に加わっていた。

鉱山および冶金業の経営――貴族は、領主である場合には、原則的に地下資源すなわち地面の下をも保有している。地面の所有者は地表しか持たない。地面の下、したがって鉱山および岩塩鉱は領主に帰属しているのである。十八世紀にはこの権利は国王、つまり国家へ移った。また領主は森林と流水の大部分の所有者なので、燃料と動力を意のままにできた。したがって貴族は製鉄所やガラス工場を建てることができた。それは貴族資格放棄にならなかった。

十八世紀に彼らは製鉄施設のほとんどを所持していた。ピレネー、フランシュ＝コンテ、ブルゴーニュ、シャンパーニュで、製鉄所の持ち主は通常、上級の有力な領主、もしくは少なくとも法服貴族であった。オルセー伯はフランシュ＝コンテに四つの溶鉱炉と三つの製鉄所を保有していた。シャストネ侯はブルゴーニュのエサロワに溶鉱炉と製鉄所を所有していた。マンダ・ド・グランセー伯は、後のパリ国民衛兵司令官で、一七九二年八月一〇日に落命するのだが、同じ地方にキュセー＝レ＝フォルジュの溶鉱炉を保有していた。貴族叙任職のように（名士がこれをやっても貴族資格放棄にはならなかった）、平民の製鉄所の持ち主は貴族の称号を購入した。例えばアルザスのディートリシュである。こうして製鉄所の持ち主の家系が形成された。例えばウェンデル家（シャルル、イニャス、およびマルタン）であって、シャルルヴィルの武器マニュファクチュアの所有者であり、一〇ぐらいの他の施設（アヤンジュ、クレツウァルド、オンブール、サント＝フォンテーヌ、サン＝ルイ、ル・クルーゾ）にも関係している。

十八世紀の中頃に炭坑経営が鉱山経営につけ加わった。一七四四年に国王の政令により、王の許可を得ない炭坑経営は禁止された。一七五六年に設立されたアンザン鉱山会社への出資の半分をクロワ公とセルネイ侯が占めていたのは、このような理由による。つまり宮廷貴族は許可を得るのにより有利な位置にいたのである。ソラジュ勲爵士はカルモー盆地の鉱山から利益を得ていた。グランコンブの鉱山はカストリ公に許可されていた。

こうして貴族は資本主義経済の動きの中にはいっていた。しかし全体からみれば、それは少数である。マニュファクチュア生産に身を投じる者はさらに少なかった、その中にはオルレアンに綿織物マニュファクチュアをつくったオルレアン公、ジャヴェルのマニュファクチュアを補助したアルトワ伯がいる。

金融投機――カロンヌの内閣のもとで投機は熱狂的となった。すでにいくつかの株式会社が存在していた。割引金庫《ケース・デスコント》や水道会社の株、または国債などが先物で投機の対象になった。土地への投機もあった。カロンヌが登用したアベ・エスパニャックのような人物とか不正な投機をしていた何人かの人物とかを別にすれば、最も主だった人々は、一般に、土地に投機していた。例えばオルレアン公である。彼はパレ・ロワイヤルの庭園のまわりに商店つきの回廊をつくらせ、その上にアパートをつけた。彼はこの投機から莫大な利益を得た。ロアン枢機卿もまた同様である。彼はストラスブールの司教、宮中司祭長、多くの修道院の保有者、カンズ＝ヴァンの救護所の管理者であった。当時、救護所はルーヴルの近くにあった。彼はそれをサン＝タントワーヌ場末街《フォーブール》へ移すことを考案した。そちらの方がずっと地所が安かったからで、最初の敷地を転売するためであった。――（G・リシャール「十八世紀末のフランス貴族と株式会社」、『経済社会史雑誌』、一九六二、第四号参照）

このように、十八世紀の貴族にとって貨幣は大きな役割を果していた。貴族は、帯剣貴族であっても、貨幣を持たなければ何者でもなかった。貨幣がなければ宮廷でも出世できなかった。なぜなら、そこでは出費がかさむし、幅をきかせなければならなかったからである。軍隊でも同様である。一連隊は二万五〇〇〇リーヴルから五万リーヴルかかったし、評判のいい連隊はそれ以上だった。王立スウェーデン連隊はフェルゼンには一〇万リーヴルかかった。ドラゴン連隊は一二万リーヴルだった。おそらく、これらの連隊は俸給の形でもとがとれていた。フェルゼンは、こうして、年に一万二〇〇〇リーヴル受け取っていた。よい収益だった。それでもなお、役職を購入するのに十分なだけの資産は持っていなければならなかったのである。行政の役職についても同様である。法服貴族の官職についても同様だった。それらの価格は十八世紀にはむしろ低下したとはいえ、まだかなり高価のままだった。デュヴァル・デプレメニルは、パリ高等法院の参議官でアリストクラート的反動の指導者の一人だったが、彼の官職を五万リーヴルで購入し、さらに登録料に一万八〇〇〇リーヴル払ったのであった。そして彼は俸給としてぴったり三八九リーヴル一〇ソルを受け取っていたが、その中から三六七リーヴルの人頭税を払わねばならなかった。残るのは二二リーヴル一〇ソルである。したがって官職が富をもたらすのではなく、富が官職、およびそこからさらに貴族位までも、入手させたのである。

金融家層が次第に貴族の中に浸透していったのは、貴族位を購入するには裕福でなければならないこと、および家柄による貴族にとってはその体面を保つのに裕福でなければならないこと、による。貴族への入口は役職を購入することによって金融家に対して開かれていた。また金融家は大きな財産を持っていたので、貴族の体面を保つことができた。結婚が金融家層の昇進をたいへん容易にしていた。持参金を持った娘はいつでも金のない貴族を見出したのである。法服貴族と金融家の娘との結婚、帯剣貴族と法服貴族の娘との結婚は、十八世紀にはたいへん多かった。ルイ十四世の統治の末期に金融家だったベルナールの孫娘は、一七三三年に、パリ高等法院の終身裁判長の息子であるラモワニョンと結婚した。しかし、自分の紋章をめっきし直す、もしくはサン＝シモンの表現を用いるなら「自分の土地をいぶす」ために結婚に頼るのは、とりわけ財産に恵まれない帯剣貴族である。それで、金融家クロザには二人の娘がいたのだが、一人はゴントー侯夫人となり、もう一人はショワズール夫人となった。彼の二人の息子は、一人はショワズール家と縁続きのグーフィエ家の娘と結婚し、他の一人はラヴァル＝モンモランシー家の娘と結婚した。

しかしながら、上昇現象を金融・法服・帯剣という継起的な三つの世代、と図式化してはならない。法服は徴税請負人の役職と国王連隊の所有との間に不可欠に存在する中間層ではないのである。十八世紀の家族は、世紀の前半から、金融・法服・帯剣に同時に姿を現わすことがあるのである。クロザが、またも、その例である。金融家のアントワーヌ・クロザには三人の息子があった。そのうち一人は法服をまとうようになり（チュニーの領主で一七二六年にパリ高等法院の査問裁判長）、二人は剣を帯びた（国王軍の陸軍中将となったシャテル侯と騎兵伍長のチエール男爵）。家族の勢力は急速に上昇し、それはすぐに彼らの出自や彼らの昇進の条件を忘れせしめたのである。宮廷と法服と成上がり者の家族の間には、少数ながらも、利害の共通性によって急速な融合が行なわれている。出自の多様性は特権の確認の一致のうちに解消されるのである。

商業貴族の試みの失敗は、土地によるアリストクラートと金銭によるブルジョワジーの融合の不可能性（いくつかの事例はあるにせよ）を明らかにしており、後者は啓蒙と新しい文化の普及にたずさわっていた。それでも、この敵対関係について思い違いをしてはならない。旧体制社会は法的にも社会的にも身分および階級への垂直的分布によって規定される。しかし、その最上層においては水平な層の形成を特徴とし得るのである。そこでは貨幣が唯一の規準である。それが生産的な活動によるものか、社会体に寄生しているカテゴリーの特権によるかは関係ない。三身分それぞれの頂点には、貨幣が、その由来とは無関係に、上級聖職者や司教、大アリストクラート層や宮廷貴族、上層ブルジョワジーや金融家の少数を、下級聖職者、田舎貴族、平民ブルジョワジーから切り離し、孤立させている。この層の形成は、この世紀のイデオロギーの流れとその担い手を理解する上で忘れてはならないのである。ある種の知的アリストクラート層が啓蒙の味方であって、時代を支配しているのだが、そこでは大領主、金融家、哲学者が一緒になっているのである。

しかしながら、この革新に参加したのは単に貴族の小部分だけである。貴族の大多数は、階級的偏見もしくは貧しさから、旧来の心性を表明している。すなわち、経済と社会の変化には無関心で、自らの特権の維持をあくまでも望んでいるのである。彼らは旧体制とともに押し流されたのだった。

三　アリストクラート層の思想

アリストクラート的イデオロギーの流れは、十八世紀全体を通じて展開する。『法の精神』（一七四八）の第三〇篇によって頂点に達し、あとは大革命前夜まで停滞している。その起源は、さかのぼりすぎないようにするなら、ルイ十四世の統治の末期におけるアリストクラートの反対、とりわけフェヌロン（一六五一―一七一五）とサン＝シモン（一六七五―一七五五）に求めるべきである。

フェヌロンとそのグループの政治思想は『テレマックの冒険』（一六九九）という寓話にのみ表わされているわけではない。それは、このカンブレーの大司教が追放中に著わした他の書き物により明確に述べられていた。とりわけ『ショーヌの表』という題で一七一一年に出版された『政府の諸計画……ブルゴーニュ公への提案のために』が重要である（ショーヌは、フェヌロンがこの『諸計画』を記述するのを援助したシュヴルーズ公の屋敷の名）。フェヌロンの政治体制は、位階制を持つ固定したアリストクラート社会における貴族の優越によって特徴づけられる。統治は参議会（多元会議制）と、三年ごとに召集され、貴族が支配する三部会によって保たれるのである。フェヌロンの著作は階級の著作である。

反絶対主義的反動のイデオロギーの流れは二つの側面を示している。その一つは帯剣貴族の利害と対応し、他の一つは高等法院を牙城とする法服貴族の利害と対応していた。

封建的反動の流れ――ブーランヴィリエ伯（一六五八―一七二二）がその主要な代表者であった。彼の著作は、その死後に公表された。すなわち『フランス旧政府史、および議会《パルルマン》もしくは三部会に関する一四の歴史的書簡』（一七二七）、『フランス貴族に関する試論と、その起源と衰退に関する論究』（一七三二）である。ブーランヴィリエは、アリストクラート層の政治的要求とその特権とを、歴史によって正当化しようと努めている。貴族はフランク族（青い血）の子孫である。従属させられたガリア人の子孫である第三身分の人々に対する彼らの優越性の根源は征服なのである。起源からいえば、国王は戦時の選ばれた首長であって、軍の同僚の意見なしには何もしないものであるにすぎない。だから、その選挙制王国は絶対的でも専制的でもなかった。国王は貴族の同意がなければ何も法制化せず、何も判断しなかった。貴族は国王を選挙し、国王は貴族に、五月軍会《シャン・ド・メ》や「議会《パルルマン》」において相談したのである。こうしてルイ十四世のしたことは断罪される。ブルジョワ階級が国事に介入するようになった時から頽廃が始まったのである。この際に「議会《パルルマン》」に第三身分が招き入れられ、貴族の集会が三部会となったのだった。ブーランヴィリエは貴族叙任による貴族の退化を嘆いている。彼は高等法院《パルルマン》（裁判所）を軽蔑している。それは基本的に貴族叙任者によって形成されており、彼らの血の起源を忘れることはできないのである。したがってブーランヴィリエは、貴族を旧来の法的および行政的職能へ復職させることを提案する。しかし彼は、開放的なアリストクラートとして、人民の境遇に気を遣い、経済・税務の改革案をざっと描いている。彼はとりわけ特権者層が税を払うことに同意し、「物的かつ比例的なタイユ」の制度を提案するのである。だからブーランヴィリエの封建制は硬直的ではない。それは家長的で進取的な面を示している。彼の思想は一七八九年にいたるまで、封建的反動に好意的なすべての著作家によって取り上げられたのである。

高等法院の反動の流れ——これは、高等法院の利益にそうかたちで、擬歴史的な議論をそのまま取り入れている。高等法院はかつての重臣法廷の不可欠な一部をなしていた。それはフランク時代の議会《パルルマン》、ついでカペー期の三部会を受けつぐものである。国王の布告を登録する前に検討するという高等法院の権利は、このような起源から引き出されるのである。

この命題は、手書きのコピーによって流布した『フランス重臣法廷の権利と特典に関する歴史的試論』と題するパンフレットに表明された（重臣法廷。パリ高等法院のことで、重臣はそこで裁判を受ける権利がある）。高等法院はフランク人の集会を表わしており、国王に不可欠な顧問である。それは、国務団体の筆頭として、法の正・不正を判断できるし、判断すべきである。また法の全部もしくは一部を差しもどす権利をもつ。法の内容そのものを検討し、それを改正する権利を高等法院に与えるのは、建言権を極端に拡張するものだった。国王は理性と正義の規範に従う（高等法院がその擁護者だと自称する基本法の一つがそれである）。すなわち「彼がそれらの規範に反するなんらかのことを命じる時、彼は国王としてふるまってはおらず、彼に服従しないことが許される。というよりむしろ、彼に服従することは許されない」のである。

一七三二年に『ユディチウム・フランコルム』（フランク族の裁判）という新しい題のもとに、フロンド期のパンフレット（『君主制確立期から現在までの時間によって正当化された、フランス政府の真の格率』、一六五二）が再版された。自称歴史的な議論を援用しながら、高等法院のみが全国民を代表すること、講和の締結、税の徴収、保有官僚の設置にはその同意が必要であること等々が主張されていた。この本は問題となった。ルーアンの高等法院はその焼却を命じ、パリとエクスの高等法院も同様とした。しかし有罪とされたこの本は、高等法院関係者たちのひそかな考えや野心をあまりにも反映しており、判決は真面目なものではなかった。高等法院の要求は表明され続けていた。一七三九年にはアベ・デュゲがその『ある君主の制度』において、高等法院が国王の公文書をどんなものであれ検討するという権利を、またしても正当化したのである。

こうした政治的文献と出来事そのものとの併行関係には注意を払わざるを得ない。高等法院の権利と要求を表明した匿名の作品の最初のものは一七一六年である。それは高等法院と摂政制の間の最初の悶着が、特に財政に関して明らかになった時期であった。ブーランヴィリエの最初の著作は一七二七年、ブルボン公失脚の直後に現われた。一七三二年にブーランヴィリエの第二の著作と『ユディチウム・フランコルム』が現われる。高等法院はジャンセニスト司祭に関して国王参議会と対立しており、大臣のフルーリーが地位を固めていた。ブーランヴィリエの本は絶対体制への回帰に対する抗議であったように思われる。

高等法院の反動と封建的反動の理論は、世紀の半ばに再興された。もはや陰にかくれたパンフレット作者によってではなく、その世紀の最も偉大な著述家の一人によってである。モンテスキューが一七四八年に『法の精神』を出版したのである。ここで二大学派、すなわちモンテスキューが関連していた歴史法学派と、ヴォルテール、ルソーを指導者として持つ自然法学派の基本的な相違に注意しておこう。特権階級の著述家は、とりわけ歴史法、基本法、すなわち先例を援用した。中産階級の著述家は、反対に、自然法と理性を援用した。自分たちに有利であるような先例がなかったからである。両者ともに、自分たちの階級の利害に従って、君主制の改革を目論んでいたのだった。

モンテスキュー（一六八九―一七五四）は世紀の転換期の前には、まだ『ペルシャ人の手紙』（一七二一）と『ローマ人の偉大とその頽廃の原因についての論考』（一七三四）の著者にすぎない。『論考』は、社会的考察に富んでいるとはいえ、ここではたいして重要ではない。それは当時はとりわけ碩学の空論と思われていた。『ペルシャ人の手紙』はより重要だった。構成をもった政治思想が見られるからではなく、政治批判の要素を持つからである。モンテスキューはいくつかの問題（社会の起源、万民法、政府の三形態、国家における奢侈の役割……）に取り組んでいる。それはもはや伝統的な視点にはよっておらず、批判的かつ現実的な精神によっていた。穴居人《トログロデイト》の物語はユートピア、『テレマック』式の道徳的神話にとどまっているとはいえ、政治的教訓を包含している。一三〇番目の手紙は風土理論の萌芽を含む。八九番目の手紙は三つの政府の原理（徳、栄光への欲求すなわち名誉、恐怖）を素描している。一〇二番目の手紙は君主制と専制の区別をうちたてた。すなわち「ヨーロッパの政府の大部分は君主制的である。というよりもむしろ、そう呼ばれている。なぜなら、真にそうであるものがかつてあったかどうか、私は知らないからだ。少なくとも、それが純粋なかたちで長くとどまっていることは困難である。専制もしくは共和制に堕落させるのは、常に暴力状態である。権力は決して人民と君主の間に等しくは分割され得ない。均衡を守るのはあまりにも困難なのだ。」君主制的専制に対する批判はこのように素描されている。

『法の精神』（一七四八）の最後の数章で、モンテスキューは封建制の形成を研究し、貴族とその特権をフランク族の征服によって正当化している。征服者は軍事的奉仕と引きかえに彼らの封土を受け取ったのである。しかしモンテスキューは高等法院関係者でもあった。そこから彼の権力分割の理論が生じる。ロックが立法権と執行権しか区別しなかったのに対して、彼は司法権をつけ加え、それを高等法院に付与しているのである。そこからまた、君主制の条件として、基本法を維持すべき中間団体の理論が生じる。貴族、聖職者、高等法院が中間団体を構成する。「君主制において、領主、聖職者、貴族および都市の特典を廃止してみよ。諸君はじきに民衆的国家もしくは専制国家をもつことになろう。」すなわち等しく忌むべき二つの国家を、ということである。さらに「君主なくして貴族なし、貴族なくして君主なし」ともいう。モンテスキューは売官制を正当化し、それは司法官に独立をもたらす、とした。司法権は、他とは区別して構成され、他から独立であると、君主制の基本法の守り主になるであろう。基本法という漠然とした定義不可能な表現は高等法院の建言書によく見られる。モンテスキューはそれを何も列挙せず、定義を与えてもいない。彼の理想は、基本法の守り主である中間団体によって和らげられた君主制である。それはすべての高等法院関係者の理想なのである。パリ高等法院の法院長もそうであった。彼は「君主政体の賢明な経済性……そこでは主権者はすべての権力の源でありながら、自らの下に二次的権力を設立することによって、自らすすんで自己拘束をするのです。二次的権力は、その構成により、法の委託とその執行を委ねられます。この権利が時代とともに委託されるようになったのは、陛下、陛下の高等法院なのです。」(御前演説、一七五一年八月一六日)と述べている。

『法の精神』は、当時にあっては、君主制への傾向をもつブルジョワ的著述家に対するきわめて明白な反論であった。たとえモンテスキューが政治的にリベラルであり、専制には断固として反対したにしても、彼の本が一七八九年までアリストクラート層のバイブルとなっていたことに変わりはない。そして高等法院はそこから彼らの建言を引き出し、貴族は絶対主義への攻撃を引き出すのである。一七八九年以降、モンテスキューは穏和で保守的な革命家によってしか援用されなかった。まずフイヤン派(ラファイエット、バイイ等々)ついでテルミドール九日の後には、クリシー派を形成した変装した王党派である。モンテスキューの「二義性」が問題となりうる。また「モンテスキューの後世代のパラドックス」(L・アルチュセール『モンテスキュー、政治と歴史』、一九五九)も指摘された。前革命期の間に、「専制に対するこの封建的な敵は、既成秩序に対するすべての敵対者の英雄となった。歴史の奇妙なめぐりあわせによって、過去を眺めていた者が未来の門を開くように見えたのである」(一一五頁)。このパラドックスはモンテスキューの位置の時代錯誤的な性格による。

したがって、貴族は諸制度の改革を要求していたのだが、それは自らの利益に即してのことだった。彼らは自由主義的体制、三部会の定期的な召集による絶対君主制から立憲的君主制への転化を望んでいた。

彼らは個人の権利（個人の自由、封印状の廃止）[26]の保障をつけ加えた。さらに地方の体制の改革、行政をフランス人自身に任せることを要求していた。しかし、貴族は自由を自分たち自身のためにしか要求しなかった。なかんずく、彼らは国家と社会における自己の首位性を守ることを要求した。ブルジョワジーとの権利の平等には絶対的に敵対していたのである。権利の平等に対してアリストクラート層が執拗に反対したところから大革命が生じた。しかしその前にアリストクラート層は、絶対主義に対する攻撃によって君主制を弱体化し、第三身分の襲撃から自分たちを守り得た唯一の胸壁を掘りくずしていたのである。

四　アリストクラート的反動

これはいくつかの側面を示している。

1　カストの精神

貴族は、接近が禁じられた閉鎖的なカストに転化しようとする傾向を持つ。彼らは以前ほど入れ替えが行なわれていない。貴族叙任状はより少なくなっている。士官の徴募に関する一七八一年の政令は、こうした精神状態を示したものである。貴族は国家を位階制的な機構と考えていた。君主制の基盤は身分組織と上位身分に対する特権であることを、高等法院は指摘し続けている。こうした傾向は平民に対する貴族の行動に反映している。アリストクラートの尊大さは、彼らに対するブルジョワの憎しみをかきたてるのに大きな効果を持ったのである。ロラン夫人はその『メモワール』の中で、祖母とともに貴族の婦人の家へ食事に招かれた時、台所で食べさせられたことを語っている。閉鎖的になろうとする貴族の傾向は、ブルジョワジーをいら立たせた。後者は常に数でも多く、より裕福で、より教育があるのに、自分たちの社会的昇進が止められているのを味わっているのである。貴族がいまや国家の重要な官職をすべて占めようとしているので、ブルジョワジーはなお一層いら立っている。

2 貴族の排他主義

貴族は常に、自らを国王の本来的な顧問役と考えていた。大臣や参議会の地位は彼らに帰属すべきものであった。こうした貴族の排他主義は十八世紀に始まったものではない。しかし、この時代に大きく進展した。

軍隊において――軍のすべての階級に平民がいつでもいたものである。国王が連隊や中隊を売ったので、平民も、金がありさえすれば、たやすく軍隊にはいることができたのである。一七五八年に陸軍大臣ベルーイル元帥は訓令を出し、軍での任命においては貴族に優先権を与えることを規定した。一七六三年には、歩兵中隊では売官制が禁止されている。売官制は平民に有利だったからである。一七七五年には、親衛隊の少尉には二〇〇年間貴族であることの証明書が要求された。一七五一年には、できたばかりの陸軍大学にはいるのには四代の貴族であることが要求された。一七七二年には、その規定は砲術学校にも適用され、一七七六年には工兵学校に適用された。

最も有名な措置は、一七八一年の、陸軍大臣セギュール伯の勅令であった。兵卒を経ずに士官として軍隊にはいるためには、四代の貴族であることを証明せねばならない、というものであった。サン＝ルイ勲爵士の子供にだけしか例外は認められなかった。士官の位への昇進は平民に閉ざされてはいなかった。しかし貴族が直接に士官の位についたのに対して、平民は兵卒を経なければならなかったのである。実際、一七八一年から一七八九年までに四六人の平民が兵卒を経て士官になった。その全員が革命期と帝政期の将官となっている。この措置は、故に、兵卒を経ずに軍事職につきたいと思っている息子を持つ裕福なブルジョワジーに打撃を与えたのだった。上層ブルジョワジーの貴族に対する憎悪はここから説明がつくのである。兵卒出身の士官については、一七八八年の法令は副大尉の位を禁じた。彼らは少尉および中尉に甘んじなければならなかった。――（A・コルヴィジェ「セギュール勅令の接近、モンゴーチエ殿の場合、一七七九」、『歴史の現代性』、一九五八）

海軍において――売官制が存在しなかったので、貴族は平民との競合をそれほど恐れなかった。単に彼らのみが上層部を形成しており、平民は経理士官となるか私掠船で働いた。商船隊の士官が海軍の士官となることはできなかった。――（V・ヴァロル「旧体制の海軍にて　赤と青」、『歴史情報』、一九五三）

教会において――一五一六年の協約により、国王が、教皇の同意を得て、司教と大修道院長とを任命する。一七八九年には、平民の司教はもはやただの一人もおらず、大修道院長の大部分は（聖職禄の）一時的授与、つまりその場に住んでおらず、大修道院長の職務も果していない者（小修道院長が代行）に割当てられているのである。こうしてド・ロアン猊下は、ストラスブールの司教でありながら、いくつかの修道院を一時的授与で持っており、それらは一〇〇万近い収入をもたらしている。名家が司教職を占めている。すなわち一七八九年には二人のタレイランがおり、一人はランスの大司教、他の一人はオータンの司教だった。こうした上位聖職者の中には四人のカステラン、二人のロアン、二人のロメニ・ド・ブリエンヌがいるのである。教会参事会はそれほどではないが、やはり貴族の侵入を許している。ある種の女性参事会、参事会員待遇の修道女は貴族の娘の専任となっている。何人かの貴族はたいへん若いうちに剃髪式を受け、後になって聖職禄、司教職、もしくは少なくとも司教座聖堂参事会員の資格を得ることをめざしていた。聖職者は二つの層に分かれる傾向があった。下級聖職者は平民に、上位聖職者は貴族に属した。それ故に下級聖職者は第三身分と一致協力したのである。

高等法院において――高等法院は、売官制にもかかわらず、四代の貴族位を持たない者を受けいれることは一貫して拒否した。ボルドーの高等法院はその主旨の規定をつくっていた。

国王の行政において――貴族は十八世紀に次第に上級の行政、つまり地方総監、国王参議会等々に浸透した。こうして十七世紀、ルイ十四世の治下との対照が生じている。その頃は行政官は、サン＝シモンの言葉によれば、「さもしいブルジョワジー」から選ばれたのだった。地方総監はいまや、しばしばたいへん古い貴族の出身である。ブルゴーニュの地方総監アムロは十四世紀にさかのぼる家柄だった。十五世紀にさかのぼる家柄なら、ポワトーの地方総監ブロサックがいる。ルイ十六世治下の地方総監のほとんどが四代にわたる貴族位を持っていた。ルーアンの地方総監ヴィルダイユのように、より新しい貴族叙任者もいるが、彼らもやはり排他的であることに変わりはない。彼らは自分たちの出自を忘れさせたいと願っているのである。政府においては、ルイ十六世の大臣のすべてが貴族である。ネッケルは例外で、平民でスイス人でプロテスタントだった。しかし、その任命は喧噪をまきおこしたのだった。さらにその上、大臣たちは法服ではなくて帯剣貴族である。カストリ、サン＝ジェルマン、ブリエンヌがそうであって、古い封建貴族だった。

3　領主的反動

貴族は、収益を拡大するため、農民より徴収する領主的諸権利からできる限り最大限の利益を引き出そうと努めた。十八世紀の後半に、この動きは活発となる。それは、ブルジョワ出身の貴族が自分の土地財産の管理に一層の注意を払うようになったからでもあり、貧困化している地方の小貴族が自分の収入をふやそうとしたからでもある。また最後にもはや自分の領地に住んでいない大領主が、封建的諸権利の徴収も含めて、ブルジョワの管理人に賃貸したからでもあって、その管理人が自分の賃貸借から最大限のものを引き出すのが利にかなうのは明らかなことである。

封建的賦課租は、したがって、まさに期限ぴったりに要求され、失効した権利も再び活用された。そのために封建法学者（封建法・領主法を専門とする法律家）は、領主の権利と収入が記載された土地台帳をつくりなおしている。土地台帳の改訂は、農民の負担で、彼らの申告に従って行なわれた。領主はしばしば、その後に測量を行なわせた。もしある土地の実際の広さが申告の広さを越えていると、その超過分は「主なし」と称され、領主の所有地とされた。論争がある場合には、高等法院は、当然ながら、領主の方に理があるとした。

同時に森林や木立ちに対する農民の用益権も縮小された。それらは全部もしくはほとんどが王および領主に属していたのである。同様に大土地所有者は共同放牧（種も収穫物もない土地に自分の家畜を送り込む権利）を攻撃していた。フランドルのワロン地方、エノー、シャンパーニュ、ブルゴーニュ等々などで国王は、土地所有者が土地を囲い込み、共同放牧を禁じるのを許可した。しかし囲い込めるのは大土地所有者だけで、ほとんど常に貴族か教会関係者であった。それで、自分たちの慣習的な放牧地の一部を奪われた農民の、彼らに対する怒りが生じたのである。

さらに領主は共有地をできる限り占拠した。その共有地は土地を持たない農民が生存するのを助けていたのである。いくつかの州では、たいへん多数の日雇い農が共有地の分割を要求していた。それはフランドル、アルトワ、カンブレジ、ガスコーニュ、ラングドックでは許可された。しかし領主は、共有地は自分のものであり、農民は用益権を持つにすぎない、と主張した。分割する際に国王は三分の一を領主に与えた。これが三分の一権《トリアージュ》だった。このやり方も、農民の領主に対する敵意を助長した。大革命期におこった農事紛争は、領主の農民に対するこの封建的反動と、領主体制の諸賦課によって、説明がつく。それらは領主が、しばしば好んで描かれるような、家父長的で慈善的な権威を農民の上に及ぼしてはいなかったことを証明しているのである。

　こうして、ブルジョワジーのアリストクラート層に対する敵意の上に、農民のそれが加わっているのである。アリストクラート層は国民全体と敵対してしまっていた。しかもその際自らは硬直化し、分裂していたのだった。上層貴族の一部が生産的活動に携わり、ブルジョワジーの利害と結びついた利害を持ち、時代の精神につらぬかれるに従って、アリストクラート層は自己の等質性を失っていた。しかしながら貴族の多くは伝統的な地位にとどまっており、それを強化しさえしていた。彼らは農民に対する封建的諸権利の維持には満足しなかった。彼らはそれを拡大した。彼らは政治権力を要求し、行政の一部と地方三部会をすでに実質的に支配していた。彼らは自由は主張しても平等は認めなかった。自分たちの特権を放棄する覚悟はできていなかったのである。

第四章　聖職者

「たいへんキリスト教的なこの王国にあっては、神の大臣が名誉に関して第一の序列を保持してきた。それで聖職者はフランスの三身分のうちの筆頭である」(ロワゾー『身分』、一七〇一年版)。聖職者は自ら「王国の筆頭団体」たることを要求している。特権によって聖職者は貴族とつながっている。社会的には、階級の棚によって二つに分断されている。一方がアリストクラート層(上級聖職者)、他方が平民(下級聖職者)である。シェイエス(『第三身分とは何か』)は、聖職者は一身分を構成しないと主張した。彼らの特権はその機能に付随していて、人身に付随してはいないからである。確かに、聖職者身分はいくつかの機能を割りあてられた人々のグループによって形成されている。それでもシェイエスの視点は法律的に支持できないものであることに変わりはない。聖職者身分は、身分としては、構成されている唯一のものだからである。聖職者は名誉上の優越性と特権とを最も広範に持っていた。それは極度に位階制的で組織化された団体を構成していた。それは旧体制下のフランスに存在した唯一の身分だった。

封建社会において教会は広範な特権を享受しており、王権から大きく独立した権力を構成していた。教会の権限が基礎をおいていた諸原則は、基本的に、革命まで存続していた。しかし王権は、伝統的な諸特権にはふれなかったものの、教会の諸権利を少しずつ制限した。それらは教会がかつて獲得し、それによって国家の属性を侵蝕してきたものだった。この点においてはローマ法もまた大きな効果があり、法律家は教会に対して王権を強化する役割を担っていた。十七世紀からは絶対君主制は、公共の利益もしくは国家理性の名において、国家の教会に対する政治的優越性を決定的に確立した。一七八九年にあるパンフレット（『君主制と自由の一致』）は、「教会は国家の中にある。これは今日、もはや難点のない原則である」と宣言している。

旧体制末期に教会が国家と緊密に結びついていたとしても、ある意味において独立であったことに変わりはない。聖職者は特権階級を構成し、独自の集会を持ち、三部会および地方三部会に自分の代表を送っている。自分の裁判所を保持し、その上、広大な資産を享受しているのである。教会法は国家の法として認められている。その適用に対して、王権は世俗の手を貸していた。例えば、すでに誓いをたてているのに俗世にもどりたくなった修道士をその修道院に連れもどすことによって、聖職の誓願の維持に貢献したのである。その他にも、王の裁判所は神を冒瀆する者を罰していた。王権は日曜日の尊重を保証した。

一　聖職者の身分

聖職者の実数——厳密に正確な数字を示すのは不可能である。国民全体との関連では、この身分の実数は明らかに少数である。モーは一三万程度と見積っている。したがって聖職者はフランスの全人口の一・八パーセント前後を構成していたことになる。

修道聖職者——旧体制末期には頽廃と衰退の傾向にあった。とりわけ男子修道院にそれが著しい。六万人前後（二万から二万五〇〇〇人の修道士と四万人前後の修道女）がいるとみられる。

教区聖職者――『王国年鑑』によれば、一八の大司教職を含む一三九の司教職と、三万四六五八の主任司祭職があった。上級聖職者＝二九〇〇人の司教および大聖堂参事会員、五〇〇〇ないし六〇〇〇人の修道教会参事会員、三〇〇〇人の聖職禄なしの聖職者。下級聖職者＝約六万人の主任司祭および助任司祭。

地方の一事例。旧体制末期におけるアンジェの教会「社会」――それは、司教の他に、以下の者から成っていた。地方貴族の次男以下からのみ選ばれる、三八名のサン＝モーリス大聖堂参事会員。中流ブルジョワジーから選ばれ、収入はおとるが、それでも一定の社会的信用を得るのに役立っている、五つの修道教会参事会の五四名の参事会員。一七の小教区を管理している一七名の主任司祭と二二名の助任司祭。以上である。司祭たちは中産層の出で、その地域の出身者に限定されていた。付随的な収入を累積してきちんとした生活のできる聖職禄所有司祭と、窮乏に近い助任司祭とは、対照的な状況にあった。修道聖職者においては、古くからの男子修道会は他のいたるところと同じく頽廃の症候を示していた。サン＝モールのベネディクト会、サント＝ジュヌヴィエーヴ会、托鉢修道会がそれである。サン＝トーバンのベネディクト会男子修道院では、一五人の修道士がヴォルテールとルソーの胸像に守られて快適な生活を送っていた。修道士の数の少なさと、その施設の立派さとの間には不均衡があったのである。教育を行なう教団は活動的だった。シュルピス会は神学校、オラトリオ会はアンジューの寄宿学校、キリスト教学校修士会は小学校に、それぞれ活躍していた。女子修道会も活気に満ちていた。教会がアンジェの社会を支配しているのである。それは大学と科学文芸アカデミーの統率者である。また王立農業協会やフリーメーソンの集会にも出席している。住民に対する教会の影響力は大きいのである。それでも、アンジェの教会が分裂していることには変わりない。下級聖職者はリシェリズムに貫かれており、教区の事務と、したがって聖職者税の分配とにおける教区寡頭制に反対している。彼らは教区の集会においても、フランス聖職者集会においてと同様、よりつりあいのとれた代表制を要求している。一七八九年に、アンジェの中心となるセネシャル管区において、下級聖職者が三部会選挙での聖職者の席をすべて占めた。しかしながら、一七九〇年には、アンジェの一七人の主任司祭のうち三人だけが、聖職者の民事基本法に宣誓したのだった。――（J・マクマナーズ『旧体制下におけるフランス教会社会、アンジェ……の研究』、マンチェスター、一九六〇）

1　聖職者の機能

聖職者は、司牧職の実施にとどまらず、主要な公共の役務を主導していた。

司牧職――伝統と一五一六年の協約とによって、普遍的《カトリック》(27)・使徒的なローマの宗教のみが国家によって認められ、おおやけの礼拝を要求できた。ナントの勅令の廃止（一六八五）以降、国王の家臣はすべてカトリックであるとみなされている。国王は聖別式の際には常に「教会から名ざしで示された異端者」を排除すると約束するのである。世紀の後半には寛容の思想が進展した。プロテスタントに対する事実上の寛容が確立され、一七八七年の勅令ではそのことが法的に確立された。

公共の職務

戸籍――これは教区の主任司祭の手にあり（信徒台帳。洗礼、結婚、埋葬）、非カトリック教徒（プロテスタント）のための一七八七年の勅令によって規定されたやり方に従うことが、その条件となっていた。

教育――教会に従うキリスト教徒にして国王に従順な臣下をつくる必要から、聖職者は教育の種々の段階を監督していた。大学、寄宿学校《コレージュ》、小学校などである。小教区において、学校がキリスト教学校修士会の手にない時は、主任司祭が学校の担任教師や講師を注意深く監視していた。宗教教団が寄宿学校を主宰していた。追放（一七六四）前のイエズス会、オラトリオ会等々である。
扶助――これは十六世紀に教会の管轄からはずされた。しかし信仰による寄付が病院や救護所の収入の基幹をなしていた。そうした病院などの機能は、慈善のための教団（例えば一六三三年にサン＝ヴァンサン・ド・ポールによってたてられた女子慈善教団）によって確保されていた。

2 教会裁判

封建社会においては、教会裁判はたいへん広範な権能を得ていた。それは民事訴訟についても刑事訴訟についても裁決を下していた。世俗の裁判を排する形で行なうこともあれば、それと競合するかたちのこともあった。教会裁判に対抗して世俗の判決に頼ることはできなかった。それは事実上、国家権力から独立していたのである。

十三世紀以来、最初は領主から、ついで王権から、反抗が現われた。十四世紀には君主制は一貫した行動によって、教会が奪い取った国家の大権をとりもどそうと企てた。その点に関して、フィリップ美貌王《ル・ベル》の支配は重要だった。俗界の事件は俗界の裁判に依るというのが法学者の説である。俗界のことに関する宗教裁判所《オフィシアリテ》すなわち教会裁判所の権能は、教権と俗権との二つの権力の分割という理論に反する。それは廃されなければならない。高等法院が、世上の利害に関する訴訟をとりもどすための有効な手段であった。十七世紀には取りもどしは完了した。

俗人に対する教会裁判――中世には基本的に三種類の訴訟について行なわれた。結婚に関すること、誓約と契約、信仰の擁護（異端、冒瀆、魔術）である。これらの訴訟の一つでも俗界の利害に触れると、それには俗権による裁判が請求された。こうして、国王の裁判所は少しずつ教権を侵蝕していった。十八世紀には教会裁判がみられる分野は著しく制限されていたのである。

結婚。宗教裁判所の権能は秘蹟に関する問題（結婚の有効もしくは無効）に制限されている。俗界の利害がかかわるや否や（持参金、寡婦資産、財産の分割等々）、事件は国王裁判所のものになるのである。実際には、十八世紀には宗教裁判所の管轄にあった結婚関係の訴訟でさえも、当事者は高等法院に訴えて、教会当局の証書を権利と法に反するものとして無効にすることができる。これが越権上訴の審理である。

誓約と契約。教会の権能は十六世紀に完全に消滅した。

信仰の擁護。犯罪や違犯は国王の裁判所にひきたてられた（王が優先する訴訟の理論）。異端のみが長い間、宗教裁判所の管轄にとどまっていた。それについても国王裁判所は、公共の治安を乱す行ないにより複雑化した場合の異端の裁判権を要求していた。

聖職者に対する教会裁判――宗教裁判所は、当然ながら、聖職者に対する裁判を第一にした。聖職特権によって、聖職者は刑事事件に関しては教会裁判によっていた。民事についても、彼が被告となる訴訟についてはすべて同様だった。この特権は、理論的には十八世紀にも有効であったが、もはや適用はされなかった。民事事件に関しては、多くの訴訟において、裁判所のみが資格を持っていた。刑事事件に関しては、特権者訴訟の理論により、聖職者の特権は後退させられていた。聖職者が犯した犯罪または違犯でも、公共の治安にかかわる結果をもたらしたものは国王の裁判所で裁かれたのである。十四世紀から主張されてきたこの理論は、十七世紀には完全に勝利を占めた。留保が一つあった。事件が高等法院にもち込まれた際に、司教は一人の聖職者の顧問を選んで、その審理において教会の権限を代表させる権利を持つのである。

国王の裁判権は進展して、聖職禄訴訟、すなわち聖職禄の分配に関する聖職者間の審理の大部分にまで裁判権を有するにいたった。他方、教会は修道士の誓願を守らせるために世俗の手による支えを要請したので、国王裁判所は、必然的に、誓願の有効性について裁判権を持つことになった。

国王裁判権の教会裁判権に対する優勢は、俗人に関する場合も聖職者に関する場合も、法の実務を長い間行なうことによって少しずつ確立されていった。立法は遅ればせに介入してきた。一六五五年の勅令は既成の成果を承認し、教会裁判権を明確に規定した。十八世紀の末には、フランシュ＝コンテのようないくつかの地方を除けば、教会裁判所は聖職者に関する風紀上の行為と結婚のきずなに関する審理以外には、ほとんど裁判権を持たなかった。

3　聖職者の特権

名誉特権——これは国家における聖職者の優越性に由来する。すべての儀式、および政治集会において、聖職者は他の二身分よりも優先するのである（一七八九年五月二日と四日のヴェルサイユにおける三部会の召集を表わす儀式においても同様であった）。一六九五年四月の勅令の第四五条は「大司教、司教、およびその他の教会関係者は、われわれの王国において筆頭身分の名誉を受けんことを」と述べている。

法的特権——審理上の特権《プリウィレギウム・フォリ》は依然として存続していた。聖職者は自分たちの裁判所、すなわち宗教裁判所を持っていた。しかし裁判をする特権は、国王裁判所のために、絶えず縮小させられていた。それは聖職者の風紀に関する事件と、秘蹟の管理や結婚のきずなに関する純粋に精神的な問題だけしか、ほとんど扱わなくなっていた。聖職者は負債のために投獄されることはなかった。彼らの動産、とりわけ書籍類は差し押えられなかった。彼らは国王代理官の管轄には属さず、終審では初級裁判所の管轄にはなかった。

税務的特権——聖職者は、身分としては、旧体制末期まで税務の免除特権を維持するのに成功した。彼の財産は、神権により、俗界のすべての義務を免れており、単に礼拝、機構の維持、扶助および公教育にのみ割り当てられる、というのがその理論である。一七八八年になってもなお聖職者集会は「われわれの免除特権は、われわれの財産の神への奉献、その目的、その始源的な免税に起源をもつものである。それは常に商業の外にあるとみなされてきたのであり……不可譲で神聖な領域をなしている。われわれの貢納金は、それが自由で自発的なものである限りにおいてしか許されない」と宣言している。事実、聖職者は無償貢納金《ドン・グラチュイ》を支払ったが、それは自由に行なうのだということを主張し、かつ無償貢納金の議決、分配、管理を保持した上でのことだった。税に関する聖職者の特権は、教会財産の免除特権に限られなかった。聖職者の個人財産も広範な免除を受けていたのである。タイユ税については聖職者は、平民であっても、免除されていた。人頭税と二十分の一税は彼らには無縁だった。賦役と軍人の寄宿は免除されていた。間接税についてみれば、彼らは塩税免除の特権を享受し、ブドウ酒に関するグロ税を免除されていた。

これらの特権と引きかえに、聖職者は、宗務法に規定され国家に認められた法的無能力性を負っていた。ある種の機能は司祭職と両立しなかった。国家は修道生活の正式な誓願を承認した（一七六八年の勅令によれば、誓願式を行なうのに男子は二一歳、女子は一八歳になっていなければならなかった）。修道院から出てきた修道士や修道女を連れもどそうとする修道院長に、国家は世俗の手による助力を与えた。

4　聖職禄の授与

聖職禄は、寄付財産のように、一定の聖職の機能に割り当てられたある種の聖職者財産がもたらす収入から成る。その機能の執行者がその収入を徴収していた。教会の聖職禄は二つの組に大別されていた。教区聖職者の機能に対して割り当てられる教区聖職禄と、修道会（修道聖職者）への寄付財産をなす修道聖職禄である。修道聖職者にあっては聖職禄は修道院に割り当てられている。教区聖職者にあっては、聖職禄は司教区に割り当てられる。司教は自分の職務を助けている他の聖職構成者に聖職禄となっている財産の一部を委譲し、享受させることができた。聖職禄の制度は法的には十二世紀に定められていた。

初期には聖職禄の授与、すなわち聖職禄を授ける行為は、原則として、教会と修道院の独立を旨としていた。各司教区においては司教が教区聖職禄の通常の授与者であった。しかしながら、その権利は大聖堂参事会や修道教会の権利によって制限されていた。後者には司教座聖堂参事会員収入《プレバンド》と呼ばれる聖職禄が割り当てられていた。参事会がしばしばこの司教座聖堂参事会員収入の資格者を選ぶ権利を持っていたのである。司教についていえば、初期には選挙制だった。修道院の院長もそうだった。しかし司教は、たとえ選出されても、俗権によって叙任されるのでなければ、その聖職禄をなす俗界の財産を保有しなかったのである。

教会の聖職禄はかなりの額の収入をなしており、したがって分け与えられるべき恩恵となっていた。教皇権と王権とが長い間それを自分のものにしようと争ったのも理解できる。十三世紀と、とりわけ十四世紀における教皇権の進展は、大聖職禄（司教職および大修道院長聖職禄）を割りふる選挙官の権利と、小聖職禄の授与をする司教の権利とを侵蝕することによっていた。

混乱も相並んで進展した。とりわけ大分裂（一三七八―一四二九）の間にそれがひどかった。この時には二人、ついで三人の相競合する教皇が争ったのである。各教皇は味方をつくるために授与をふやしたのだった。一四三一年に始まったバルの公会議は、大聖職禄についての選挙制を再建した。また司教は小聖職禄を、大学にいる学士聖職者に割りふらなければならなかった。一四三九年にシャルル七世によって公布されたブールジュの国事詔書は基本的にバルの決定を採用した。大聖職禄についての選挙制が再建された。しかし国王が候補者を選挙官に推薦する権利を持っていた。

教皇権はバルの公会議によって勝利を得、この国事詔書をまったく認めなかった。他方、王権は聖職禄の授与を監督しようとし、それを地方教会の自治に委ねようとはしなかった。この問題はボローニャの協約（一五一六）によって最終的に解決された。フランソワ一世とレオ十世が交渉し、相互に譲歩をしたのである。

大聖職禄の授与――選挙制は廃止されている（この特権を保っている少数の修道院を除く）。指名権は国王に属する。教皇は聖職禄叙任および設立を保持していた。国王によって指名された候補者が、聖職禄を受けるために宗務法で要求された資格を満たしている時には、教皇は叙任の辞令を交付せざるを得ないのである。したがって聖職禄の授与は国王の手に移っていた。小聖職禄は、通常の授与者である司教のもとにあった。

聖職禄取得納金《アナト》が、教皇権に与えられた譲歩の代表である。聖職禄取得納金は、新たに任じられた聖職禄受託者が教皇に支払う税であり、最初の年の聖職禄収入に等しかった。聖職禄取得納金は一四三九年の国事詔書で廃止されていた。一五一六年の協約で復活されたのである（もっとも、その条項は最初の文面にはない）。聖職禄取得納金は大聖職禄についてのみ課せられ、小聖職禄は免除されていた。

一五一六年の協約は一七八九年まで効力を保った。これによって国王は新たな寵愛の手段を持ったのである。彼の大臣の一人、もしくは聴罪司祭が聖職禄簿を持っており、旧体制末期にはアリストクラート層の候補者のみが聖職禄を受けた。こうして、ここにもアリストクラートの反動がみられた。また同時に、聖職禄の配分に明らかにたいへん大きな影響力を持っている国王の権威も強化された。

一時的授与《コマンド》の実施も、この影響力を一層増大した。ある程度の頽廃が修道院におこっていたので、それらの収入源は修道院の減少しつつある人数とはつりあわなくなってきていた。教皇権は、十四世紀以来、修道院の収入を教区聖職者に配分していた。それが一時的授与《コマンド》の制度であり、トレントの公会議で規制された。フランス国王は、それを実施するのを差し控えはしなかった。一時的授与により、大部分の修道院の収入は教区聖職者の高官によって享受されることになったのである。時には修道院の聖職禄収入が俗人に付与されることすらあった。

一五一六年の協約は、一四三九年の国事詔書を認めた州にしか適用されなかった。ブルターニュ、プロヴァンスは十七世紀、十八世紀にフランス王国に併合された地方であるので、協約の適用外となっていた。大聖職禄の授与に関しては、協約体制が教皇の特別権限によってこれらの地域に拡張された。これが忠順《ペイ・ドベ》地方《ディアンス》である。実施においては、司教もしくは大修道院長が空席の時は、国王は六カ月以内に、宗務上の条件を満たす候補者を選定しなければならない。教皇は国王によって指名された候補者に宗務上の叙任を行なった。そうすると、新司教は国王への忠誠を宣誓し、収入のひきつぎを受けるのであった。この収入は、その時までは、国王大権によって国王が享受していたのである。

小聖職禄については、一五一六年の協約は国事詔書を再活用した。後者は、それ自体が、バルの決定の適用だった。小聖職禄の授与は司教区において司教に帰属している。しかし、教会のパトロン、すなわち設立者の子孫は推薦権を持つのである。それで国王は、彼の先祖や彼が後を継いだ領主たちによってつくられた幾多の聖職禄について、推薦する権利を持っていた。

二　この身分の資産と財務

1　聖職者の財産

十八世紀まで教会は、封建法にもとづくある種の制限はあったものの、土地財産の購入権を保持していた。それで教会の資産はかなりの増加を示したのである。ルイ十三世のもとで法律家のルブレ（『主権について』）は、誇張なしに、教会財産をフランス王国の不動産全体の三分の一と見積っている。信徒の遺言による寄進の結果、教会のこの資産はふえ続けていた。そして教会財産の譲渡は原則的にあり得なかったので、決して減ることはなかった。

ルイ十五世治下に大法官ダゲソーの主導によって出された一七四九年の勅令は、マンモルト財産の設立と購入をきびしく規制した（マンモルト。教区もしくは修道院の聖職団体に属している財産で、不可譲であってなんら譲渡税を生み出さないという条件）。これ以後、教会施設は、高等法院の審査をうけた許可状による国王の認可がなければ、不動産は購入できなかった。遺言の規定に従って不動産を寄付することにより、新たな設立をすることは禁じられた。家族の資産を守ることが問題になったのである。動産の購入（たとえば国債）はまったく自由のままであった。十八世紀には不動産が基本的なものとされ、動産はほとんど考慮されなかったのである。

伝統的に教会の資産はすべての課税を免れていた。封建機構においては聖職者領主も世俗領主と同じ資格で封建的義務に服していた。しかし教会財産は国家権力による監督から守られていたのである。王権は教会財産を、特に税に関して、共通の規則に服させようと努めた。そして、特殊な様式においてではあったが、それに成功した。

聖職者の財産は基本的に土地所有と十分の一税《ディーム》の徴収にもとづいていた。

聖職者の土地所有——それは都市と農村の両方にある。聖職者はたいへん多くの不動産を都市に持っている。彼はその資格において家賃をとっているのだが、その価値は世紀の間に倍加した。修道聖職者にとっては、都市での不動産所有は農村での不動産所有よりも重要だったようにみえる。レンヌやルーアンのような都市において、修道院はたいへん多くの地所や不動産を保有していたのである。教会の農村での所有地は一層重要だった。国全体について聖職者の土地所有の評価を与えるのは難しい。ラボー＝サン＝テチエンヌは聖職者が土地の五分の一を持つとしていた。ラヴォワジエは、財産の総額を三〇億リーヴル近いと評価した。聖職者がその土地所有から引き出す収入については、ヴォルテールは九〇〇〇万リーヴルと評価し、ネッケルは一億三〇〇〇万リーヴルとしている。後者の方がおそらく実際により近い評価であろう。当時は聖職者の土地収益が過大に評価される傾向にあったことは確かである。一般的に聖職者の所有は細分されており、収益率が低い孤立した貸地からなっていた。それは、とくに聖職禄受領者の下手な管理と下手な監督に依っていた。

地方的・地域的な研究によって聖職者の土地所有をより正確に評価してみると、それが地域ごとに異なり、かつ西部や南仏に行くに従って減少することが確かめられる。地方全体ではパーセンテージが二〇パーセントを超えることはめったになく、時には一パーセント以下であった。平均は多くて一〇パーセントと評価できるようである。この身分の数の少なさを考慮すれば、大きな比率である。

パリ地域。ブリ＝二〇パーセント

北部地域。ノール県＝一九から二〇パーセント、アルトワ＝二〇パーセント、ピカルディ＝一八パーセント、エーヌ（ラン地域）＝二〇パーセント

ブルゴーニュ＝一一パーセント、ヨンヌ＝一五パーセント

西部地域。コート＝デュ＝ノール県＝極少（三五分の一から四〇分の一パーセント）、カルヴァドス（ヴィル地区）＝一・六パーセント、サン＝ロ地区＝二・二パーセント、レンヌ、ヴィトレ、フージェールの諸地区＝三・四パーセント、レ・モージュ（アンジュー）＝五パーセント

中央地域。ベリー＝一五パーセント、リムーザン（コレーズ）＝三・七パーセント（テュル徴税区）ないし〇・八パーセント（ブリヴ徴税区）、オート＝オーヴェルニュ＝三・五パーセント、チエール地域＝〇・六〇パーセント

南西地域。トゥールーズ地区＝六・五パーセント、サン＝ゴーダン地区＝二パーセント、ケルシー＝一・九パーセント、ベァルン（オロロン・セネシャル管区）＝聖職者の所有はほとんど皆無（〇・〇〇三パーセント）、二十分の一税を検討した結果、ルチスキーは一・五パーセントとしている。

南仏地中海地域。モンペリエ司教区＝六パーセント

南東地域。オー＝グレシヴォーダンにおいて＝二パーセント以下、ドーフィネ（全体）＝二パーセント

聖職者の土地財産についての一例。十八世紀末のサルトにおける教会財産――約六万三〇〇〇ヘクタール、県の面積の一〇パーセント以上と見積られる。それは土地の独占ではないが、とるに足りない比率というわけでもない。一般的にいって教会の土地所有が北部から西部ないし南仏にいくにつれてかなり減少することを認めるなら、この比率は予想されるはずのものよりかなり高い値である。しかしながら比率は地区によってかなり異なる。ル・マン地区で一六パーセント、サブレ地区とシレ地区の周辺で一三パーセントに達している一方、他の諸地区では五パーセントから一〇パーセントの間であった。教区聖職者が持っていたのはこの財産の三分の一以下だった。残りは修道院に属していたのである。――（アベ・Ch・ジ

ロー「十八世紀末のサルトにおける教会財産」、『メーヌ州』、一九五三）

教会十分の一税――これが聖職者のもう一方の収入源となっていた。十分の一税は、土地の収穫と家畜との一部分であって、七七九年および七九四年の勅法《キャピチュレール》により土地所有者が十分の一税徴収者に支払うよう義務づけられたものである。これは完全に普遍的なもので、貴族の土地や聖職者の私有地にも、平民の土地と同様に、課せられていた。十分の一税は地域や収穫に応じて異なっていた。大十分の一税は四大穀物（小麦、ライ麦、大麦、オート麦）に課せられ、小十分の一税はその他の収穫から徴収された。十分の一税の比率はいつでも一〇パーセント以下だったようである。穀物についての平均比率は、国全体について、一三分の一程度だったように思われる。

聖職者が十分の一税から引き出していた収入の全体を評価するのは困難である。ラヴォワジエは七〇〇〇万リーヴルと見積り、タレイランは八〇〇〇万とした。デュポン＝ド＝ヌムールは一七八九年九月二四日の立憲議会での演説で一億二〇〇〇万、トレイラールは一七八九年一〇月一八日の報告で一億二三〇〇万、シャセは一七九〇年四月九日の報告で一億三三〇〇万だがそのうちの一〇〇〇万は封与十分の一税、二三〇〇万は徴収費として控除する、というように、それぞれ見積っている。一億ないし一億二〇〇〇万リーヴルという評価を心に留めておけばいいと思われる。それに、ほぼ同額の土地所有からの収益がつけ加わるのである。

十分の一税と領地とから、聖職者は収穫のかなりの部分を転売にまわす余地を得ていた。それにより、賃貸借料の上昇によって利益を得るとともに、物価の上昇によっても利益を得たのである。十分の一税の価値は十八世紀の間に二倍以上になったように思われる。十分の一税はきわめてしばしばその所期の目的からはずれ、時には俗人のものとさえなった（封与十分の一税）だけに、農民にとってはますます耐えかねる重荷であった。

これらの収入の対価として、何が聖職者の負担だったのだろうか。

2　聖職者の財務

十三世紀から王権は、教会に対する領主的加護の理論を自分に都合のいいように取り上げた。加護権によって領主は宗教的機構を保護するために介入するのだが、その介入から利益を引き出さないわけではない。国王の普遍的加護によって、国王は、王国のすべての教会、すべての修道院が彼の加護のもとにあることを主張している。彼はそれらの保護を保証する。そのかわり王はそれらに王国の歳費を出費させるのである。教会財産の税務上の免税特権は封建社会で長い間尊重されていたとはいえ、王権は自らの発展によって費用が増大していた。十三世紀から聖職者税《デシーム》が、理論的には教会財産収入の十分の一と決められた税となっている。課税は同意を要した。聖職者は集会において、それを無償貢納金の名のもとに承認するのだった。無償貢納金は、たびたび行なわれはしたものの、長い間臨時課税であった。十六世紀にそれは定期的かつ永続的となった。それでも聖職者は、聖職者税に必要な税額を自分自身でその構成員に割りふり、徴収する権利を持っていた。税額は一〇年ごとに定められた。すなわち聖職者は、議会地方《ペイ・デタ》と同様に、自分の税に同意をし、それを自分自身で管理することを許されていたのである。これは、重要な特権だった。

こうした財務問題を調整するために、聖職者は一〇年ごとに、それぞれの教会管区の代表（各管区四名ずつ）からなる集会を開いていた。選挙は何段階にもわたって行なわれた。各司教区は代議員を管区集会に送り、そこで今度は聖職者総会の構成員が指名された。後者は、国王に同意した無償貢納金の投票をすることを基本的な役割とした。税の割り当てと徴収を確実に行なうために、総会は司教区における各徴収官、管区の総徴収官および聖職者総徴収官を指名した。総会はさらに、閉会期間の出来事に対処するため、二人の聖職者の理事もしくは総務を指名した。一六二五年以降、五年ごとに小集会が開かれて、聖職者の報告をうけた。――（M・ペロネ「ルイ十六世治下のフランスの聖職者集会、一七七五―一七八八」、『フランス革命史年報』、一九六二、八頁）

十八世紀には、聖職者の財務はよく管理されていたようにみえる。聖職禄から定期的に徴収される聖職者税により、国王に対する義務とこの身分の全般的費用をまかなうことができるのである。聖職者の信用は申し分なく、債券の発行にも成功している。しかし聖職者の税は、君主制における税全体と同じく、重大な欠陥を示している。不平等性である。これから述べられる組織はフランス聖職者、すなわち十五世紀にフランス王国の一部となっていた地方についてしかあてはまらないことを指摘しておこう。被征服地方と依然呼ばれていた地方、すなわち十七、十八世紀につけ加わった管区の外国聖職者は、この組織には含まれないのである。

聖職者の負担――これは収入に引き比べるとわずかである。課税は、聖職者が王制国庫に払わずにすませることはできなかったが、聖職者集会の同意によっていた。この制度が規則的になったのは一五六一年にさかのぼる。これが無償貢納金であって、十八世紀には五年ごとに更新されている。この聖職者集会には一五六一年にフランス王国に加わっていたすべての管区が代表を持っている。これは一〇年ごとに開かれていた（西暦年数が五で終わる年、このやり方は一五八五―八六年の集会までは最終的に決定されなかった）。これが大集会である。小集会もじきに加わり、年数が零で終わる年に開かれた。最初は会計の監査を目的としたが、じきに大集会と同じく無償貢納金の採決を行なうようになった。時には臨時集会もあった。ルイ十六世のもとでは、聖職者によって認められた無償貢納金は一七七五年に一六〇〇万リーヴル、一七八〇年に三〇〇〇万、一七八二年に一六〇〇万、一七八五年に一八〇〇万であった。一七一五年から一七八八年までに、年平均は約三六〇万リーヴルだった。この数値はおおよそフランス聖職者（一五六一年にフランス王国に加わっていた管区の聖職者）から支払われた税の額を示しており、外国聖職者（一五六一年以後に統合された管区の聖職者）は含まれていない。

無償貢納金のほかに、聖職者はパリ市役所の定期金という負担を負っていた。それは国家がふり出し、パリ市庁が保証している債券であって、国家にかわって聖職者がその利子を支払っていたものである。年に約四〇万リーヴルだった。この額は、国王が自分の負債を返済させるかわりとして聖職者に認めた徴税請負いからあがる年額でまかなわれ、さらに余りがあった。この年額は一七四八年から五〇万リーヴルとなり、一七八〇年と一七八三年には二五〇万リーヴルとなっていた。

無償貢納金を支払うために、聖職者は一般に債券を発行している。それで一七八九年には元金が一億四九〇〇〇万リーヴルと見積られる負債が生じていた。この債券の利子の返済のため、市役所の定期金の利子のため、また自分たちの管理費のため、聖職者は自分たちの中から聖職者税《デシーム》と呼ばれる税を徴収していた。それは一五六一年以来、定期的で永続的な税であり、聖職者が自律的に財務管理をするようになって以来、聖職者の会計（王政国庫ではない）に収められていた。一七五〇年には聖職者税は約五〇〇万リーヴルにのぼっていた。一七八四年にはネッケルは、総額一〇〇〇万リーヴルと指摘していた。聖職者税は直接税をなし、すべての聖職禄受領者、司祭、宗教団体に課せられた。聖職者税の割り当てにはたいへんな不備があった。下級聖職者の方が、比率からいうと、上級聖職者より重く課税されていたのである。

聖職者は他のすべての課税、貴族が部分的に服していた人頭税や二十分の一税でさえも免除されていた。

それで聖職者の租税は、ネッケルによれば、「貴族と同じ特権をもって普通の分担をうけもった時に徴収されるはずの額に比べ、七〇万から八〇万リーヴル少ない。」確かに、施しの出費や教育の出費、それに礼拝堂の維持は聖職者の負担となっていた。それにしても、収入を考えれば、負担は軽いものであった。

こうした負担を引きうけるため、聖職者は独自の財務管理を行なっていた。

聖職者の財務管理——周期的機関である聖職者集会と永続的機関である聖職者総務部を含んでいる。聖職者集会は五年ごとに開かれる。それは無償貢納金の採決をする。大集会は聖職者税を採決した。小集会は無償貢納金しか扱わなかった。フランス聖職者の管区しか代表を持たない(外国聖職者にはカンブレー、ブザンソンの二つの大司教区と一九の司教区が含まれた)。聖職者集会は、管区集会で選ばれた代議員により形成された。後者は各大司教区の首府で開かれ、その大司教区に属する司教区の代議員からなっていた。管区集会は、大集会のためには第一身分(上級聖職者)から二名、第二身分(下級聖職者)から二名の代議員を、小集会のためには各身分一名を、指名した。各司教区集会は管区集会に二名の代議員を選定した。当然の代議員である司教と第二身分から選ばれる一名の代議員である。

通常の会期は、小集会は三カ月、大集会は六カ月か、時にはそれ以上であった。集会は一人の議長を選出した。これは常に第一身分から出され、事実上、国王から指名された。また第二身分から一人の進行係と一人の書記とを選出した。採決は管区ごとに行なわれた。さて、聖職者集会は無償貢納金の採決をしたのである。聖職者税を扱い、司教区間に受け持つべき額を割り当てた。それを司教区事務所が教会関係者の間に割りふったのである。

聖職者集会はまた信仰の擁護をも扱っていた。集会は異端やプロテスタントに対して世俗の手による支えを要請している。宗教に反する書物を断罪し、教会の風紀と組織、およびその特権の維持にかかわるすべての問題を扱うのである。

聖職者総務部は閉会期間の当身分の利害、およびその財務管理をとり扱っていた。それは聖職者の二人の総務によって指揮されていた。彼らは任期五年で、常に第二身分から選ばれ、各教会管区の代議員による回りもちであった。総務は多くの場合、その役職の後に司教に昇進した。タレイランがそうである。

三　聖職者の構成

聖職者の一体性は基本的に精神的なものであった。世俗社会はまだ教会権力に緊密に依存していた。国王の聖別式は神権を象徴しており、その国王と一体化することによって聖職者は国王のため、また自分自身のために、精神に対する統治を行なっていた。他方において聖職者は堅固な経済的基盤を持っていた。それは領地と、封建制度の地代全体の中で最も重要なものである十分の一税の徴収との両方から成っていた。しかし、これらの収入は誰のところにはいったのだろうか。

実際には聖職者は全く社会的一体性を持ってはいなかった。主に上級聖職者（司教、修道院長、参事会員）にいる貴族と、特に下級聖職者（主任司祭、助任司祭、修道士の大多数）にいる平民とが認められていた。旧体制の社会には、事実上、二つの社会的カテゴリーしか存在しない。アリストクラート層と平民である。聖職者身分は、この社会的な垣根によって、二つに分断されているのである。

1　修道聖職者

修道聖職者には、規則（レグラ）に従い、大修道院および修道院に共同体として生活している修道士と修道女が含まれていた。それは十七世紀前半、反宗教改革の影響のもとで真の再生をみた。多くの修道会が設立されたのである。

教育を目的とする修道会――一六〇六年＝ウルスラ童貞会、聖母の娘会《フィユ・ド・ノートル・ダム》。一六一一年＝ベリュル枢機卿によるオラトリオ会のフランスへの導入。この会は一五四八年にローマで設立され、司祭の教育を目的とし、じきに若者の教育をめざしてイエズス会と競うことになる。さらに注目しておくべきものを以下にあげる。ラザロ会もしくは伝道司祭会。これは一六二四年に聖ヴァンサン・ド・ポールによって設立され、無知と闘い、農村部に布教することをめざした。さらに、一六四一年にジャン＝ジャック・オリエによって設立され、若い聖職志望者の教育をめざしたシュルピス会（サン＝シュルピス神学校《セミネール》）。一六四三年に聖ジャン・ユードによって設立され、教育と宣教を目的にした教団であるユード会。一六八六年にジャン＝バチスト・ド・ラ・サルによって設立されたキリスト教学校修士会。以上である。

慈善を目的とした修道会――一六〇二年＝病人慰撫のための、聖ジャン＝ド＝デューの慈善修士会。一六二〇年＝若くて貧しい娘の放縦を予防するためのマドレーヌの娘会《フィユ・ド・ラ・マドレーヌ》(28)。一六七〇年＝摂理の娘会《フィユ・ド・ラ・プロヴィダンス》（同じ目的）。一六三三年に聖ヴァンサン・ド・ポールとルイーズ・ド・マリラックは慈善修道女会《サール・ド・ラ・シャリテ》を設立した。

黙想を目的とした修道会――一六〇九年＝小門《ギシェ》(29)の日に引き続いてアンジェリク・アルノーはポール・ロワイヤルを改革する。一六一〇年＝アカリー夫人がフランスに聖テレジアの礼拝とカルメル修道会を導入する。一六一七年＝父ヨゼフを守護者とするカルヴァリオの娘修道会《フィユ・デュ・カルヴェール》の設立。一六一九年＝聖フランソワ・ド・サルとシャンタル夫人によって創設された聖母訪問会《ヴィジタンダン》のパリでの設立。一六五二年＝アンヌ・ドートリッシュにより聖なる秘蹟《サン・サクルマン》もしくは永遠の崇拝《アドラシオン・ペルペチュエル》の女子修道会がパリに確立。一六二二年にアベ・ランセはトラピスト修道会を改革している。

多くの都市で修道会の真に急速な成長があった。それは多くの不動産を持ち、時には区画《カルチエ》全体を保有していた。一六三一年の高等法院によればルーアンがそうである。

十八世紀、とりわけその後半には修道聖職者の真の頽廃が認められる。旧来の黙想と托鉢の修道会において、規律は弛緩している。そのことに対して人々が不信を抱くので、徴募は困難になっている。男子修道会においてそれが特に著しい。哲学的精神の進歩は宗教への召命にも影響を与えずにはおかないのである。一七二六年から一七六五年にかけてルーアン財務管区における修道士と修道女の数は三一二七名から二三一四名になっている。多くの修道院がそれぞれ七人か八人の修道士しか数えなかった。シトー会の多くの修道院のうちでかなりのものは三人以上を数えなかった。

聖職者集会は一七六五年に修道聖職者の改革を要求した。一七六六年に修道者委員会が設立された。それは一七八〇年に連合委員会(一七八〇―一七八四)におきかえられるまで機能した。それは各修道院の修道士の最低数を設定した。場合により九人もしくは一五人である(ウルバヌス八世の決定はその数を一二人とした)。その数に達していない修道院は廃止された。四年間に一五〇〇以上の修道院が消滅した。委員会は一七六八年の勅令を発し、終身の誓願をたてる年齢を男子は二一歳、女子は一八歳とした。いかなる修道会もパリに二つ以上、地方都市には一つ以上の修道院を持つことを禁じられた。修道士の数は減少し、一七七〇年の約二万六〇〇〇人から一七九〇年には一万七〇〇〇人になった。聖ベネディクトの規則に従う種々の修道会の修道士は六四三四人から四三〇〇人に落ち、アシジの聖フランシスコの規則に従う修道士は九八二〇人から六〇六四人となった。――(P・シュヴァリエ『ロメニー・ド・ブリエンヌと修道会、一七六六―一七八九』、パリ、一九五九―一九六〇、二巻、参照)

一七八九年には男子の大修道院院長聖職禄で一時的授与になっているものが六二五、戒律に従うものが一一五あった。女子修道院で戒律に従うものは二五三だった。実際には戒律に従う大修道院はほとんどすべて国王の指名によるものである。修道聖職者への不信は存続している。それは、一部には、修道院が持つ大量の土地所有の重要さによるものだった。その収入は人のいない修道院や、さらにそれ以上に不在の聖職禄一時受領の大修道院長のものとなるのである。高位聖職者自身が修道聖職者にきびしい。一七七八年、トゥールの大司教によれば、「網作り《コルディエ》の連中（アシジの聖フランシスコ修道会のコルドリエ派）はこの州では堕落している。司教たちはこの修道士たちの放蕩で無規律な行ないを嘆いている。」

風紀の弛緩は実際に存続していた。多くの修道僧が新思想にとらわれ、哲学者《フィロゾーフ》のものを読んでいた。彼らは立憲派聖職者の一部、さらには革命家の一部をも構成したのである。頽廃は女子修道院、特に教育や扶助を目的とするものでは、それほど感じられなかった。それらはまさに最も貧しい修道院なのだった。旧来の大修道院では時にはかなりの収入を享受しているのである。

多くの大修道院院長職が国王の指名によっていた。きわめてしばしば、国王はそれらの大修道院院長職を修道僧自身には委ねなかった。聖職禄の一時的受領として与えたのである。すなわち教区聖職者の聖職禄受領者、もしくは俗人にさえも与えたのである。彼らは職務は果さないが、大修道院の収入の半分もしくは三分の二を自分のものとした。高位聖職者が自分の収入を増加させるための場合もあったし、ただ剃髪を受けただけの人の場合もあったが、ほぼ貴族の独占となっていた。こうして一七八九年にはほとんどの大修道院、とりわけ男子修道院は一時的受領になっていたのである。

誓願によって態度を明確にし、宗教的共同体をいとなむ修道聖職者に対して、（俗界に生活している）教区聖職者が対立している。

2　教区聖職者。上級聖職者

基本的に司教と教会参事会員のことである。一七八九年には、一三九の司教座（そのうち一八は大司教座）がある。その範囲や重要性は著しく不平等だった。

上級聖職者とアリストクラート層——司教や教会参事会員は、修道院の院長と同じく、貴族から選ばれていた。王権は貴族の次男以下に、その階層にふさわしい快適な生活を保証することを目論んでいた。父方の相続権は長子権のため長男に有利となっており、次男以下は相続からしめ出されていたのである。

大修道院院長職と同じく、司教座も貴族のものであった。十七世紀には、またルイ十五世のもとでもなお、平民の司教は存在していた。ボシュエ、フレシエ、マション、デュボワ等々である。十八世紀が進むにつれて、司教を決して平民からとらないという前例が確立した。時期的に最後なのはアベ・ド・ボーヴェだった。有名な説教師で、一七七四年にオート＝プロヴァンスの貧しい司教座スネに昇進した。ここは「泥まみれの司教座」「下僕の司教座」とされていた。彼が一七八三年にその司教職を辞任すると、フランスの司教には平民は一人もいなくなった。

こうして、司教や大司教の中にはフランスで最も高貴で古い家柄の名がみとめられる。ロアン、ラ・ロシュフコー、クレルモン＝トネール、タレイラン＝ペリゴール等々である。真に司教的な家系がある。ロアン家がそうである。一人は、おじの後をついで、ストラスブールの司教になっている。そのいとこはカンブレーの大司教である。ラ・ロシュフコー家は三人がそれぞれルーアン、ボーヴェ、サントの席を占めている。タレイラン家は二人で、一人はランス、一人はオータンにいる。カストラン家は四人である。マンド、ラヴォー、トゥーロン、スネである。

名家の次男以下は教会にはいって、家長の負担を軽くし、できる限り資産の保全を維持しようとした。

長男が軍事職に不適当な場合は教会にのがれる。タレイランがそうであって、彼はえび足なのである。召命は二次的な要素だと思われた。司教に任命されるのに要求される年齢は二七歳だった。博士であること、もしくは少なくとも教会法か神学の学士号を持っていなければならなかった。ボローニャの協約は指名権を国王に与えていた。実際には、指名は聖職禄簿を持っている者（しばしば国王の聴罪司祭）に依っていた。

この教会の顕職から小貴族は締め出されていた。他方、輝かしい家柄の貴族はたいへん若くして最上位の職務に昇進していた。名家の教会関係者は、一般的に、三〇歳から三五歳の間、遅くても四〇歳で司教になっていた。タレイランは三五歳で司教となった。ロアン枢機卿は二六歳で叙階された。

上級聖職者の富――収入の分布は聖職者内部で極端に不平等である。上級聖職者の構成員はしばしば一〇万リーヴルを超える収入を得ていた。それはつまり、主任司祭が受ける適正配当分の一三〇倍以上にあたる。司教は沢山の収入源を持っていたからである。

司教は多くの地域で俗権の一部を持っていた。それは、彼らの先任者が中世において、司教座に属した教会荘園で享受していたものだった（この荘園の地所は司教区とは必ずしも一致しない）。それでマンドの司教は、マンドの領主にして司令官、ジェヴォーダンの伯爵、ジェヴォーダンの八人の男爵の宗主なのである。彼の封土は四〇の小教区に及んでいる。彼はマンドに裁判所を持ち、帯剣バイイ裁判官と自分の総代官をおいている。外国と称される教区においては、高位聖職者が真の君主である。例えばストラスブールの司教は、ストラスブールの君主《プランス》＝司教《エヴェク》、アルザスの伯爵《ランドグラーヴ》、神聖ローマ帝国の領邦君主《プランス》なのである。アルザスで彼の領地には二万五〇〇〇の住民がおり、およそ八〇万リーヴルをもたらしている。彼の権限は八〇の都市や市場町、もしくはバドの辺境伯領地である農村に及んでいるのである。他の外国高位聖職者であるカンブレーの大司教は、カンブレーの公爵《デューク》であり、七万五〇〇〇の住民がいる封土の宗主である。

これら教会荘園の収入のほかに、聖職者収入の多くの部分が司教と大司教に与えられている。フランスの一三九人の大司教および司教の司教配当（司教職に由来する司教の収入）は地代、封建的賦課および教会十分の一税からなっていた。一七八九年の『王国年鑑』によれば、五六〇万リーヴルである。しかしそれの司教座の間での分配はたいへん不平等だった。ストラスブール司教の四〇万リーヴルからコルシカのネビオの司教の四〇〇〇リーヴルまでの差がある。南東部ではいくつかの司教座は貧しく（ディーニュ、サン＝ポール＝トロワ＝シャトー、ヴァンス）、一万リーヴル以下である。ブルターニュの司教のほとんどは収入三万リーヴル以下である。多くの司教座は四万リーヴル以上をその保持者に提供していた。大司教座の大部分は四万から七万リーヴル、いくつかは一〇万リーヴル以上（アルビ＝一二万、ナルボンヌ＝一六万、パリ＝二〇万）得ていたようである。

司教の収入には、一時的授与の大修道院院長聖職禄をつけ加えねばならない。これにより、アルビの大司教ベルニは一〇万リーヴルを得、ナルボンヌの大司教ディヨンは一七六三年から一七九〇年までに一二万リーヴルを得ている。これはおよそ一二二万五〇〇〇リーヴルの追加収入であって、一五人の大司教と七九人の司教によって分けられている。パリの大司教だけが慣習により聖職禄の兼任を禁じられているのである。

大聖堂もしくは修道教会の教会参事会（大聖堂もしくは修道教会に付属し、教会参事会員からなる教会団体）は上級聖職者のものであり、しばしばかなりの収入を享受していた。教会参事会員はもともと、司教を司教座の世俗的な管理から解放するためにつくられたものである。一七八九年には、大聖堂には一二九の教会参事会と約二八〇〇人の教会参事会員、修道教会には五二五の教会参事会と五〇〇〇から六〇〇〇人の教会参事会員がいた。大聖堂の参事会員に任じられるためには一四歳、修道教会の参事会員には一〇歳であることしか必要ではなかった。いくつかの教会参事会は貴族にしか開かれていなかった。ストラスブール、リヨン、マルセイユのサン＝ヴィクトールの参事会である。さらに有名なものとしてはサン＝クロード、ボーム＝レ＝メシュー、リュールの参事会があり、これには一六代の貴族であることが要求された。ルミルモン、エピナルの女性貴族の参事会もおとらず有名だった。それらはその資格保持者に対して、一時的な独身生活と何回かのミサへの列席しか強請しなかった。ルミルモンの女子大修道院院長は神聖ローマ帝国の領邦女君主《プランセス》で、広大な領地の女宗主だった。彼女は六頭立ての馬車でしか外出しなかった。当時の一証言によれば、女子教会参事会員による貴族的な教会参事会は「教会の財産を一カストの資産にする」傾向があった。旧体制末期に世論が最も強く反対を表明していた諸混乱のうち、アリストクラート的な教会参事会の特権がその一つをなしていた。――（例えばM・ヴォヴェル「旧体制末期におけるシャルトル大聖堂の教会参事会」、『第八五回全国学者協会会議報告書』、一九六〇）

上級聖職者の生活――多くの司教は大領主の暮らしを営んでいる。多くの従僕、美しい馬車、祭り、接待である。彼らは冬のためパリに邸宅を持っている。夏は田舎の別邸で過すのである。例えばブリエンヌ枢機卿は領地のブリエンヌに、ディヨンはピカルディのオートフォンテーヌに、ロアン枢機卿はサヴェルヌに別邸を持っていた。

これらの上級聖職者は熱意のおとろえを示していた。リヴァロルは、大革命の間際に「聖職者の知識は哲学者《フィロゾーフ》のそれに等しかった」と述べている。ルイ十六世は、パリの司教座にロメニー・ド・ブリエンヌを推薦した人に対して、「少なくともパリの大司教ぐらいは神を信じているべきだろう」と言ったようである。聖職者集会において上級聖職者は、世俗の手を借りて、宗教を攻撃する文書を糾弾し、あばき続けている。しかし自分自身の階層内部の不信仰については何もしていない。彼らは大革命に至るまで無頓着で、時には軽率に生き続けるのである。

多くの高位聖職者はごく不熱心なやり方でしか自分の役職を履行していない。彼らは自分の司教区よりもパリの方に長く住んでいるのである。一七六四年にはパリに四〇人以上の司教の滞在が数えられている。二〇人を数えないことはまれなのである。高位聖職者の大半は自分の司教館には短期間しか滞在しない。こうした混乱はかなり重大だった。それで王室国務卿のブルトゥイユは、彼自身、教会関係のことに収入源を持っていたのだが、一七八四年一〇月一六日に司教たちに宛て、国王は彼らが司教区に「多く」とどまり、「王の許可なしには」そこから決して離れないことを望んでいる、と書いたものである。

この不在から、当然に、多くの高位聖職者がたまにしか説教せず、時々しか秘蹟を授けず、司牧の訪問はほとんど全く行なわず、自分の司教区の管理を司教総代理もしくは無任所司教に委託する、という事態が生じていた。

さらに上級聖職者は、徴収している十分の一税に付随した諸義務、とりわけ礼拝の維持と慈善の義務をよく果さなかった点で非難されていた。大十分の一税徴収者は、貧民にほとんど気を配らず、聖職者の職務だった民衆教育もあまり行なわなかった。それで一七八九年に多くの陳情書が、教会財産は扶助と教育にささげられること、十分の一税は最初の目的にもどされること、を要求したのである。

しかしながら旧体制末期の上級聖職者についてあまりにも暗い見取り図をつくるべきではないだろう。有徳な司教、時には厳格な徳を持つ司教も結構いるのである。例えばエクスの司教ボワジュランである。一三九人の司教のうち、俗臭をもつ高位聖職者は少数なのである。しかし彼らの方がずっと目につき、それ故に身分全体をまきぞえにしているのである。他方において、十八世紀後半には何人かの司教は司教区の世俗的な管理の方に関心を抱いている。例えばシャンピオン・ド・シセは、最初はロデの司教、ついでボルドーの大司教になったのだが、その行政家的な資質によって目立っている。ボワジュラン猊下もそうである。さらにはＪ－Ｆ・ド・ラ・マルシュもそうである。彼はサン＝ポル＝ド＝レオンの司教で、司教の義務を果し、定期的に司牧の訪問を行ない、司祭の養成に気を配りながら、二〇年の間ほとんど続けて自分の司教区に住んでいた。さらにはサンスの大司教（一七五三－一七八八）であるリュイヌ枢機卿もそうだった。

3　教区聖職者。下級聖職者

下級聖職者は等質のカテゴリーを形成するにはほど遠かった。しかし、その出自と収入によって上級聖職者と対立していた。

約六万人の主任司祭、助任司祭、および無資格司祭が数えられた（無資格司祭。小教区に地位も顕職も持たずに、教区の奉仕にたずさわる者）。この人々は教会の収入のうち四〇〇〇万から四五〇〇万リーヴルを得ていた。主任司祭のうち何人かは裕福だった。とりわけ定期的な収入源を臨時収入《カジュアル》（臨時収入《カジュアル》。固定収入の逆）によっている都市の司祭はそうであった。パリでは、サン＝トゥースタシュの主任司祭は一万リーヴルの収入があった。ロレーヌではナンシーの司教区において、一六八名の主任司祭のうち四三名は二〇〇〇リーヴル以上を得ていた。

しかし主任司祭の大部分はいくらかの十分の一税によるわずかな収入しか享受していなかった。この十分の一税は大十分の一税徴収者から与えられたものだった。後者には、適正配当分《コングリュ》（コングルウス。ふさわしい、十分な）と呼ばれる部分を主任司祭に与える義務があったのである。一六八六年の宣言は適正配当分を主任司祭については三〇〇リーヴルに定めた。一七六八年に五〇〇リーヴルに上げられた。一七八六年にはルイ十六世によって、主任司祭については七五〇リーヴル、助任司祭については三〇〇リーヴルに引き上げられた。しかし物価は十八世紀に著しく上昇していたので、適正配当分に依る主任司祭はつましく生活していた。ことに田舎ではそうだった。そこでは臨時収入は都市よりずっと少なかったのである。助任司祭は、小教区の職務の大半を負っていたが、しばしば貧しい生活をしていた。無資格司祭はさらにめぐまれなかった。

下級聖職者の生活条件が困難だったことがしばしば主張された。しかしながら、地域的な程度差を考慮に入れる必要がある。

例えばニオール地域では、農村部の主任司祭職はしばしばかなりの収入があるので懇望されていた。しかし適正配当分に頼る主任司祭もいた。ニオールの二つの小教区では主任司祭を務めるのは助任司祭にすぎなかった。彼らは第一司祭で聖職禄の一時受領をする小修道院長のもとにいた。この司祭が十分の一税を徴収し、臨時主任司祭に適正配当分を支給しているのである。その定期金に加えて、寄進や臨時収入による収入がある。一七八六年にはこれら二人の主任司祭がそれぞれ約一〇〇〇リーヴルだった。より質素なのは聖歌隊員、助任司祭、無資格司祭の収入だった。彼らは小教区の精神面の管理を主任司祭とともにしていた。これらニオールの聖職者の構成員はブルジョワの出身である。すなわち裁判所役人、交易商人、または親方職人の息子である。これら聖職者の人生は地理的に狭い範囲で展開している。ニオールのオラトリオ会とポワチエの神学校で勉強し、ニオールの小教区の一つで助任司祭をする。ついで近隣農村部で主任司祭職を獲得し、最後にニオールで無資格司祭の肩書きで半分引退となるのである。——(M・L・フラカール『ニオールにおける旧体制の終焉、宗教社会学試論』、パリ、一九五六)

サルト地域においては、主任司祭はある程度の裕福さに達していたようだ。彼らのうち、一七二名の純収入は一二〇〇リーヴル以下にとどまっていたものの、一二三名は一二〇〇から二〇〇〇リーヴル、九〇名は二〇〇〇から三〇〇〇リーヴル、三三名は三〇〇〇から四〇〇〇リーヴル、そして二六名は四〇〇〇リーヴル以上を得ていた。これはアベ・Ch・ジローが研究した三種類の文書、すなわち一七九〇―一七九一年の主任司祭の税務申告、彼らの俸給に関する同時期の行政の評価、および国有財産の売却の文書が示しているものである。それにより、サルトの農村部の主任司祭の裕福さが結論されるのである。実際、領地と十分の一税とは大部分の主任司祭にブルジョワか公証人のような体裁を与えていた。「旧体制の司祭館は農場のような外観を持っている。」

ノルマンディで最も貧しいものの一つであるモルテンの徴税区、より正確にはイシニ郡《カントン》において、一七八九年に、三人の司祭が貴族の出身であり、七人が商人もしくは土地所有者の家庭に属していた。アベ・F・ベシュレルはアヴランシャンのサン＝ルーの主任司祭で後にマンシュの立憲派司教となるが、豊かな商人の家庭の出身である。彼の出納簿を見ると、主任司祭の聖職禄を懇請するためには金のかかる勉強をやった後、さらに家族が最低一〇〇リーヴルの終身年金を持つことを公証人に証明せねばならないことがわかる。一七四一年から一七九〇年までにリジュー司教区出身の聖職者の七一パーセントはブルジョワの豊かさを享受している家庭に属していた。

十八世紀末のランス司教区の例――主任司祭の三分の二近くが一七一三年から一七三三年の間の生まれで、四〇歳を過ぎていた。彼らは一七三八年から一七六〇年の間に叙階された。したがって彼らのイデオロギー形成は哲学思想の大普及以前に行なわれているのである。聖職者は比較的若い。特に助任司祭も含めるなら余計にそのことがいえる。老化と硬直化は一七八〇年以降にならなければ感じ取られるようにならなかった。これは大革命中のこの教区の聖職者の行動を理解する上で大切なことである。現地出身の聖職者の四分の一以上は都市の出であった。ランス、ルテル、シャルルヴィルとメッツィエール、セダンの諸都市で一六三人の教会関係者を出している。全体の二八パーセントである。これらの聖職者の多くは中小ブルジョワジーの出身だった。財産の点でも心性においても職人層や農民より上位にあったのである。役人と商人が、一七三八年から一七七三年までの叙階台帳の五三パーセントに記入されていた。職人が一六パーセント、自営農が一九パーセントとなっている。一人の神学生に必要な教育を与え、その生活費の一部を負担するには、年収一〇〇リーヴル（元金二〇〇〇リーヴル）を彼に保証することが必要で、それなしには彼は司祭職に進めなかった。これは、どんなに信仰や社会的昇進への熱意があろうとも、細民にはのりこえ難い困難だった。中層ブルジョワジーの同一家族の中に司祭への召命が継続することも、指摘しておくべきであろう。ここでは家庭的環境と宗教的伝統が重要な役割を演じていた。収入に関しては、主任司祭職の平均は八〇〇リーヴルから一二〇〇リーヴルのところにあった。シャンパーニュ、アルデンヌの主任司祭は富に縁がなかったとしても、彼らの物質的境遇は貧困にはほど遠かったのである。経済的な状況からいっても、社会的に第三身分の中産層に帰属することからいっても、ランスの下級聖職者は等質の団体をなしていた。それは、なによりもまず、ブルジョワジーだった。この事実は、旧体制下のフランスで珍しいものではなかったようだ。このことは、一面で、主任司祭の一七八九年以降の態度に帰結している。聖職者の民事基本法はランス司教区の小教区聖職者の六〇パーセント以上から承認されたのである。——（D・ジュリア「十八世紀末のランス司教区における小教区聖職者」、『近代・現代史雑誌』、一九六八、一九五頁）

下級聖職者をいら立たせていたものは、彼の生活と上級聖職者のそれとの対照的相違だった。下級聖職者の境遇は彼にかかる負担によって悪化させられている。通常の聖職者税、無償貢納金支払いのための特別聖職者税である。大聖職禄受領者や高位聖職者は、比率からいえば、適正配当による主任司祭が八〇リーヴルから時には一二〇リーヴルも課税されたり、助任司祭が二二リーヴル課税されるのよりもずっと少ししか課税されていないのである。

下級聖職者は当身分の管理にほとんど参加していなかった。主任司祭は、聖職者税の割当てのために召集される司教区集会に出席しても、それは司教から選ばれた時のみであって、決して同僚の代表としてではなかった。ブルターニュやラングドックでの、地方三部会のための集会において、彼らは聖職者代議員の選挙に参加しなかった。理論的には主任司祭は終身だった。無資格もしくは他の宗務規定上の理由によらなければ、免職、解職はさせられないはずだったのである。実際には司教は彼らをしばしば助任司祭かただの臨時主任司祭のように扱った。彼らの仕事には感謝していても、彼らを無視していたのである。

旧体制の末期には、主任司祭はこうした司教たちの態度を我慢できなく思っている。彼らは自分たちの境遇がしばしば困窮しているのを、高位聖職者の境遇と比べてみるのである。例えばノルマンディのマロルの主任司祭が一七八九年にそれをやっている。主任司祭は自分たちの要求を起草するために、何度も集会を開こうとした。上級聖職者は一七八二年に国王から法令を獲得していて、その法令は主任司祭が、一七七九年にプロヴァンスとドーフィネでやったように、集会を開いて理事を任命することを禁じていた。主任司祭は一七八六年に適正配当分の増額を獲得した。彼らはそれ以上を望んでいたのである。下級聖職者は次第に上級聖職者に敵対的になり、次第に第三身分の要求に好意的になっている。例えば『ドーフィネの主任司祭たちから同志ブルターニュの小教区司祭たちへ』と題するパンフレットを参照。「民衆の利害と主任司祭のそれとは不可分である。民衆が抑圧から抜け出すならば、主任司祭も上級聖職者によって投げ込まれた恥辱から抜け出すだろう。」

実際、ドーフィネの下級聖職者の事例はとりわけ意義深いものである。他のすべての州にも増して、ドーフィネではたいへん早くからこの「主任司祭の反乱」がおこった。この反乱が三部会初期の会合における当身分の爆発をひきおこしたのである。その要求の意図は、上級聖職者から遠ざけられた適正配当分受領者の数の多いことと、高等法院関係者の支持を彼らが見出したことによって説明がつくことだった。主任司祭、助任司祭は物質的な困窮の中でもがいていた。そのために彼らは俗界での要求を形成するに至り、それはじきに神学の領域にまで延長された。一七七六年に将来のグルノーブルの立憲司教であるアンリ・レイモンは、リシェリズムから着想を得て、本を出版した。その中で彼は、初代教会の歴史、公会議の伝統、教父たちの教えによって主任司祭の諸権利を基礎づけた。一七八九年にドーフィネの主任司祭の陳情書は、司教に対する尊敬の調子をずっと保ちながらも、それらの考えを極端な結論にまで押しすすめた。そしてドーフィネの下級聖職者の境遇を第三身分のそれと結びつけたのである。――(M・ベルナン「大革命前夜のドーフィネの下級聖職者の要求と渇望」、『歴史手帳』、一九五六)

四　聖職者の伝統と傾向

1　ガリカン教会の自由

旧体制のもとでガリカン教会の自由、権利、および自主権が規範の全体となっていた。それは一方では俗界と風紀に対するフランス教会の位置を決定し、他方ではフランス教会が、カトリック教会の中にあって、独自の自由を享受するのを保証しているのである。したがってガリカニズムは教皇権と王権の双方に対して同時に発現しているのである。

その起源は古く、十四世紀初頭における教皇ボニファチウス八世とフィリップ美貌王《ル・ベル》の争議に求めることができる。一四三九年の国事詔書はガリカニズムの原則を確定したものとみなし得る。十六世紀の後半と十七世紀の初頭において、ガリカニズムは、法律家とソルボンヌの支持により、教義体系として確立した。しかしそれは教皇権に対する不信を持っているので、王権に対して次第に従順になっていく。一五一六年以降は王権が聖職禄の分配者となるのである。

ガリカニズムを確定するのに二つの著作が役立った。一五九四年にピエール・ピトーが『ガリカン教会の自由』を出版した。一六三九年にはピエール・デュピュイの『ガリカン教会の自由の証し』が現われた。この二著はすぐに古典となり、旧体制末期までその位置にとどまった。

ガリカニズム――三つの基本的な原理に帰結しうる。俗権と教権の二つの権力の区別、および教権に対する俗権の絶対的独立の原則。したがって教皇は、国王に対する忠誠の誓約からフランス人を解き得ない。国王や役人がその職務を果したことによる行為によっては、彼らを破門し得ない。

俗界の権利および風紀に関してはフランスの聖職者は教皇に全く従属しない原則。教皇は、国王の認可と追認がなければ、ガリカン教会の俗界の権利と風紀に関する決定はできない、という規則が確立していた。それで俗界の権利と風紀に関しては、教皇や公会議のいかなる決定も、国王の認可と同意がなければフランスでは公布または実施されなかった。国王の承認がなければ教皇権はフランスの教会に課税できなかった。

俗界の権利と風紀に関する、フランス国王のガリカン教会への適法的権威の原則。この原則によって、国王はある程度までフランスの教会の首長の役を持っていた。どのような公会議も彼の同意なしには開催され得ない。彼は俗界の権利と風紀に関する問題を決定するために、自分の王国内に公会議を召集しうる。

どの司教も国王の同意なしには国を離れることはできない。彼は宗教団体に対する高度の監視をし、それらを改革、廃止、もしくは禁止しうる。それで一七六二年にはイエズス会がフランスでは解散させられたし、一七六六年には国王は修道者委員会に男子修道院の改革を委託したのである。

これらの原則は、習慣によって確定されたものだが、旧体制下にあって法の力を持っていた。それは越権上訴の手続きによって有効な保証を与えられていた。この手続きにより、個人または総代訴官が申請すれば、教会当局の決議は、フランス王国で行なわれている権利もしくは法に反するものとして、高等法院に付託し得た。高等法院は決議の方式の正しさについて宣告をした。高等法院が決議を破棄し、自らの決定を教会当局に課すこともあった。責任ある聖職者に罰金を課したり、俗界の権利を差し押えたりするのである。越権上訴(タンクアム・アブ・アブシュ)は教会裁判の無慈悲に対する有効な闘争手段となっていた。これは国家法たる国事詔書で明確にされていた。これに反する決議はすべて高等法院が無効とすることになっていた。十五世紀末に越権上訴は確定された。越権上訴は長い間、基本的に高等法院に送られていた。しかし十八世紀には国王参議会に移送されるようになった。特に、ウニゲニトゥス教書によってひきおこされた長期の論争の場合がそうだった。

一六八二年の四カ条宣言が、ガリカン教会の自由という教義を定式化して、旧体制末期に至っていた。その契機は国王大権に関するルイ十四世と教皇権の間の抗争だった。

国王大権のおかげで、国王は空位の司教座において二つの大権を享受していた。俗権的国王大権によって彼は、司教座の俗界の収入を空位の間徴収する権利を持っていた。教権的国王大権によって、空位の間、司教座に依る小聖職禄であきのあるものを授与する権利を持っていた。俗権的国王大権は普遍的だった。それはすべての司教座に適用された。教権的国王大権は個別的だった。それは慣習によって確定されたいくつかの司教座についてしか適用されなかったのである。十七世紀になると絶対君主制は教権的国王大権を普遍的なものとみなす傾向があった。一六七三年の宣言によってルイ十四世は普遍的国王大権を布告した。ジャンセニズムの傾向を持つ二人の司教が教皇に提訴し、後者が、空位の司教座に対して国王から指名された聖職禄受領者を非難したので、抗争が尖鋭化した。ルイ十四世はフランス聖職者集会を召集した。それは一六八二年初めにパリで開催された。集会は普遍的国王大権の支持を声明した。ついで、ボシュエが起草した教会の権限と世俗の権限に関するフランス聖職者の宣言を採択した。

第一条、「俗界の権利に関しては、国王および王族は、神の命令により、いかなる教会の権限にも服従しない。」

第二条、精神的なものに関する十全な権限は教皇に属する。この条項は、教皇が精神的なものに対して持つ「権限の充足性」を確立したコンスタンス公会議での布令に準拠する。「フランスの教会は、それらの布令を侵す者の意見に与しない。」

第三条、しかしながら教皇の権限の発動は「フランスの王国と教会でうけいれられている慣習と格率によって」規制される。これらは維持されなければならず、「われわれの父祖によって設けられた限界は不動のものでなければならない。」

第四条、「教皇が信仰の問題については主要な位置を占めており、またその布令はすべて全部の教会と各個別の教会にかかわっているとしても、その判断は、教会の同意がはいったものでなければ、取り消し得ないものではない。」

第一条と第三条はガリカン教会の自由と自主権を確認している。それは教権に対する俗権の完全な独立と、フランス教会が従っている慣習の維持を声明している。第二条と第四条は公会議の主権性とその教皇に対する優越、および教皇の決定を取り消し得ないものとするためには教会の同意が必要であることを主張している。

この四カ条宣言は高等法院によって国法とみなされた。それを教えることは大学、寄宿学校、神学校の義務であった。一七六六年に国王参議会の裁定はこの宣言を確認し、その尊重を命じた。ガリカニズムの精神状態は十八世紀全体に染み込んでいた。立憲議会の宗教的改革、とりわけ聖職者の民事基本法（一七九〇）も、ある程度はそこから説明がつくのである。一八〇一年の協約の適用方法を明確にした付属条項（一八〇二）もなお神学校教授に対し、一六八二年の宣言に署名をし、それを教えることを課したのだった。

王のガリカニズムと教会のガリカニズムを区別せねばならない。

王のガリカニズム――国王は宗務規定の擁護者であり、フランスの教会の秩序を維持する役を負った外部的司教である。彼の目標は精神的権威に対する市民的権力の優越を確保することである。彼には三つの武器がある。国王大権、承諾権《プラセ》（「ローマの宮廷から来る教書および複本はすべて、ガリカン教会の権利と自由および国王の権威への偏見を示すものを持つかどうか調べるため、点検されるべきこと」）、越権上訴（これにより高等法院は「フランス王国でうけいれられている神聖な布告と宗務規定、フランスの教会の権利、自主権、自由および特権に反する企てもしくは陰謀」をすべて裁判する）である。高等法院のガリカニズムは王のガリカニズムの一側面をなしているのである。

教会の（もしくは神学的）ガリカニズム――（一六六三年のソルボンヌの宣言、一六八二年の四カ条宣言を参照）総公会議が教皇に優越する。後者は基本的かつ通常の権力を保持する。「ローマ教皇の同意は信仰問題の決定において第一等の位置を占め、基本的な権威であること。彼の布告はすべての教会のそれぞれに広められるべきこと。しかしながら彼が発する判断は教会の同意によって受けいれられるまでは間

然するところのないものではないこと」(一六八二年、第四条)

教皇権至上主義――教会は、教皇に服従する、絶対君主制である。使徒たちが聖ペトロの手によって司教に聖別されたように、司教たちは聖ペトロの後継者の手から自分たちの権能を受けるのである。

リシェリズム――リシェ(一五六〇―一六三一)は悔悛同盟員で、一六〇八年に神学部理事になる。一六〇七年に教皇権至上主義に反対する『教会と国家との権力に関する覚え書き』を出版した。これは断罪された。隠退している時に『理事エドモン・リシェの物語』を草したが、一七五三年まで出版されなかった。これは彼の教義の体系を表明したものである。不可謬の法をつくる権能はカトリック教会に属する。この権力の行使は、信徒を除いた、司牧者の共同体に委ねられる。教会の統治は穏和なアリストクラシーのそれである。教皇はそのアリストクラシーの頭に位置する君主であるが、彼もまた服従をするのである。司教(聖職者の第一身分)が全能なのである。主任司祭(聖職者の第二身分)は高位聖職者よりも下にある。しかし、彼らをあまねく聖職に招いたキリストによって設立されたものとして、彼らは野放図に教皇や高位聖職者に従うのではない。彼らは教会の元老院を構成する。司教の司会のもとで司教区会議に集まって、彼らは司教区の統治に協力するのである。また公会議に招かれて決戦投票に参加する。すなわち、教会の統治は穏和なアリストクラシーを表わしている。そこにおいては、信徒によってではなく、キリストによって資格を与えられた司牧者が広範な権威を持っている。その大部分は司教により、極小部分が主任司祭によるのである。

リシェリズムは、このように、教皇権至上主義(教皇君主制)とプロテスタント的な小教区主義・世俗主義(聖職者と民衆の民主主義)、およびガリカニズムの妥協を示すものである。リシェリズムと教皇権至上主義の間には、後者が主任司祭の身分は教皇の設立によるとする点で、全面的な対立がある。リシェリズムと高等法院のガリカニズムとは、教会と国家の関係について一致している。リシェリズムと教会のガリカニズムとは、総公会議の教皇に対する優越、司教の尊厳性の高さ、主任司祭はキリストの設立による、という点で一致が見られる。しかしガリカン主義者は、司教が司祭の使命の本質的な源泉であるとし、第二身分が宗務集会において発言権を持つことを拒否している。両者の間の乖離は次第に明確になり、一七三〇年以降に決裂が生じた。

リシェリズムとジャンセニズム——最初のジャンセニズム（一六七五年まで）はリシェの思想を採用しなかった。そうするのは、イエズス会に対抗して現実に、もしくは潜在的に同盟していた教皇や、とりわけ司教たちと仲違いすることになっただろう。当時ジャンセニストは穏和なガリカニズムを表明している。それはボシュエのものに近く、必要に応じて教皇にも司教にも近づきうるものだった。一六七五年以降、リシェリズムの原理はジャンセニストの司祭によって採用された。彼らは国王、司教、教皇の同盟に脅かされていたのである。民主主義的ジャンセニズムが十八世紀初頭に明確になった。ウニゲニトゥス教書（一七一三）に対抗するのに、ジャンセニストもまたリシェから神学的装備をひき出したのである。

2 聖職者の思想

信仰の擁護

ジャンセニストに対して——司教たちは、正統性の敵に反対する自分たちの情熱を保っている。一七八九年には、ジャンセニズムの傾向のある司教はたった一人しかみられない。ジャンセニズムは打破されたように見えた。神学者だけがまだ恩寵の問題に興味を持っていた。一方、オラトワール会の司祭たちは、一七六二年にイエズス会士が追放された後、多くの寄宿学校をひきついでいたが、アウグスチヌスの教義に傾いていると疑われていた。ジャンセニズムとガリカニズム、とりわけ高等法院のガリカニズムの間には一つならず結びつきがあった。特に教皇権至上主義に対する憎悪がそうである。一七九〇年の聖職者の民事基本法にも、両者の影響が感じとられたのである。

プロテスタントに対して——聖職者集会は彼らに対して、旧来の厳格さを維持することを主張し続けている。しかしながら政府は政策を緩和した。一七六九年、エーギュ＝モルトのコンスタンス塔のプロテスタント入牢者を解放。一七七〇年、最後のプロテスタント漕役刑囚を解放。実際には旧体制の晩年には、プロテスタントの礼拝は家の中では許されているのである。しかしながら聖職者はあくまでも礼拝堂の閉鎖、集会の解散、牧師の追及を主張し続けていた。一七七五年にトゥールーズの大司教は、聖職者集会の名において、国王に異端と不信心の発展を告げ、それらの抑圧を要求した。一七八〇年には集会の新たな要求が出る。しかし同時に、プロテスタントでしかも外国人ですらあるネッケルが財務長官に任命された。寛容という大義が通ったのである。一七八七年一一月、勅令によってプロテスタントに市民権が付与された。一七八九年に聖職者は、その陳情書の中で、この勅令に抗議をした。そして、異端については公共の礼拝は許されないこと、混合結婚は禁じられること、を要求した。

哲学者《フィロゾーフ》に対して——聖職者は、宗教に反すると自分たちが判断した本を告発し続けた。一七八〇年にもなお聖職者集会は抑圧のための立法と罰金、および再犯の場合に「雇用、名誉、および市民の特権の絶対的剝奪」を要求している。聖職者は、パンフレット、中傷文、小冊子を用いた広範な運動によって、哲学《フィロゾ》者《ーフ》と闘っているのである。一七一五年から一七八九年までに、宗教の伝統を支持する反駁書が九〇〇あった。一七七〇年の一年だけで九〇にのぼる。押し寄せる哲学の波をせきとめるため、教会は広範囲の文学に示唆を与え、監督しているのである。

上級聖職者の思想――上級聖職者は、教会と国家の関係については、伝統と慣習およびガリカン教会の自由に執着し続けていた。ジャンセニズムに対する敵意から、教皇権と協調していくことを望んでいた。それ故、不可謬権の問題にも慎重であった。高等法院のガリカニズムには、はっきりと敵対していた。それは後者が、礼拝の取締りを国王に帰属させることによって、教会の統治に介入する権利を与えたからである。そのことは、上級聖職者が非常な忠臣であることを妨げなかった。司教教書がそれを証している。聖職者は、王座と祭壇との確固たる結合を信じていたのである。政治の領域では、金持ちで特権を持った上級聖職者は、当然ながら、アリストクラート層の思想を分ち持っていた。当身分の指導者は貴族と提携している。その点に関して、自由主義的な高位聖職者に多大の幻想を抱くことはできない。危機が来ると、彼らは結局は大革命に反対するようになったのである。

下級聖職者の要求――これはとりわけ、彼らの上級聖職者に対する恨みによって決定されている。主任司祭の陳情書（ほんのわずかしか残っていない）は、第一に、教会の混乱の改革、とりわけ聖職禄の授与に特徴的な混乱の改革を要求した。十分の一税は小教区に還元されることを要求した。政治の領域では、下級聖職者の願望は明確に第三身分のそれである。したがって、下級聖職者が一七八九年五月と六月に三部会で演じる役割を予測することができるのである。聖職者身分、すなわち上級聖職者から分離して、第三身分と結合することにより、彼らは国民議会の勝利を確かなものにしたのである。

一七八九年の聖職者と世論――一七八九年の陳情書にみられる願望や苦情の中で、聖職者や教会に関するものとしては、財政的特権の廃止と収入に応じた公共負担の分担が第一にあげられる。高位聖職者でさえも、この方向での改革の必要性を認めていた。聖職者の名誉特権はそれほど敵意をひきおこさなかった。しかし多くの陳情書は当身分の収入がよりよく分配されることを要求している。とりわけ十分の一税を大聖職禄受領者から取り上げ、その設立の目的に応えさせることが要求される。他の願望は聖職者の個人的地位に関したものである。いくつかの陳情書は、一五一六年の協約の廃棄と、ブールジュの国事詔書の体制に従った司教選挙とを要求している。この願望はガリカニズムの精神に刺激されたもので、ある程度は聖職者の民事基本法を予告するものである。いくつかの陳情書は修道士にも結婚の可能性を要求している。さらに多いのは、国家が修道職を規制することを要求したものである。最後に、陳情書は三身分とも、聖職者の地位に関する改革は教皇座によってではなく、国王によって達成されることを望む点で一致している。

聖職者と教会に対する世論の状態を判断するため、また大革命における宗教問題の重要性や協約後の急速な礼拝の再建を前もって理解するためには、ここで宗教的実践がどのようなものであったか明らかにしておくことが必要であろう。確かに個人の魂の状態を、外面的な伝統順応から判断することは困難である。アリストクラート層とブルジョワジーの少数を除けば、国民の大部分、すなわち民衆階級、中産層、ブルジョワジーの中で、信仰は疑いもなくたいへん生き生きしていたのである。

*

したがって、世論と一部の聖職者とは、当身分を改革する必要性について一致していたことが確認される。他方、下級聖職者と第三身分との社会的連帯感も確認される。こうしたことのすべては、宗教的確信、教会の規律感覚、古い価値体系への忠誠に、はっきりとうちかつことができただろうか。下級聖職者は一時的に自分の恨みの念にまけた。彼らはブルジョワジーの革命の煽動に応じた。全体としては彼らはじきに教会の伝統的立場にもどったのである。聖職者は、社会的には均等のものではなかったが、旧体制の基盤の一つをなしていた。大革命下にあっては、それは保守と反動の一勢力を形成したのである。

第五章　ブルジョワジー

第三身分――三番目の身分は、十五世紀の末以来、第三身分《チエール・エタ》の名で示されていた。それは国民の大多数を含んでいた。旧体制末期には人口二五〇〇万以上である。聖職者と貴族はそれよりずっと前から形成されていた。しかし第三身分の社会的重要性は、その構成員の国民や国家に占める役割によって急速に増加した。十七世紀初頭にロワゾーは、第三身分が「目下、かつてよりもずっと大きな権力と権威になっている。それは、貴族が学芸を軽蔑し、怠惰に身を委ねて以来、裁判所と財政の役人はほとんど皆が第三身分の者だからだ」と述べている。

シェイエスは旧体制末期における第三身分の重要性を、一七八九年の小冊子『第三身分とは何か』において、正しく示した。この設問に対して、彼は「すべてである」と答える。第一章において、彼は第三身分が「完全な国民」であることを示している。「第三身分は完全な国民を形成するのに必要なものすべてを自らのうちに持っていない、と誰が言い切れるだろうか。それは強くたくましい人間であるが、その腕はまだ鎖につながれている。特権身分をとり除けば、国民はそれまで以下のものになるのではなく、それまで以上のものになるのである。だから、第三身分とは何か。すべてである。しかし、束縛され、抑圧されたすべてである。特権身分がなかったなら、それは何であろうか。すべてである。しかし自由で栄えているすべてである。この身分なしには何ものも成り行かず、他がなければすべてが一層限りなくうまく行く。……貴族身分は社会組織の中にはいっていない。」シェイエスは「第三身分は、国民に属するものすべてを包含する。第三身分でないものはなにものも国民であるとはみなされ得ない」と結論したのである。したがって第三身分には農村部および都市の民衆階級が含まれる。さらに、種々の社会的カテゴリーの間に明確な境界を引くことはできないものの、基本的には職人や小商店主である中小ブルジョワジーも含まれる。これらの中産層には自由業者が結びついている。貴族に叙任されない司法官、弁護士、公証人、教授、内科医と外科医等々である。上層ブルジョワジーには金融と大商業の関係者が含まれ、その筆頭には船主や金融業者、徴税請負人や銀行家がいる。彼らは富では貴族にまさっている。しかし役職の購入と貴族叙任により、貴族にはいりこもうという野心を持っているのである。

そのような社会的多様性を超えて、第三身分の一体性をつくり出しているものは、特権層への反対と市民的平等の要求である。後者が獲得されるやいなや、第三身分の種々の社会的カテゴリーの連帯は消滅するであろう。ここから大革命下の階級闘争が進展するのである。実際、富裕な金融業者から貧困な農村労働者に至るまで、その多様性は著しい。すなわち第三身分はすべての平民を集めたものであって、一身分を構成してはいるが、一階級を構成してはいないのである。第三身分は一種の内在的本質であり、その種種の社会的要素を分解しなければ、その正しい概念を形成することはできない。

第三身分の社会的複合性。トゥールーズの例（P・H・トール「トゥールーズ第三身分内部の社会的カテゴリーの分類試論」、『第七八回学者協会会議報告書』、一九五三、一六三頁）

ブルジョワ（「彼らの収入の産物で生活する者」）＝四パーセント

自由業（大学、高等法院の弁護士および代訴官、公証人、執行吏、書記、本屋、薬剤師、外科医学校）

＝五パーセント。さらに種々の法官職構成員（セネシャル管区、元帥裁判区《マレショーセー》、治水森林、貨幣、塩税、手形等々）＝二パーセント。故にこのグループ全体で七パーセント

取引業ブルジョワジー（商業組合。大名簿の交易商人と小名簿の商人）＝一七パーセント

職人・小商店主ブルジョワジー（工芸）＝一八パーセント

未加入住民（どの組合、法官職、同業組合等々にも属さない。いわゆる民衆階級、プロレタリアートか？）＝五四パーセント

他の事例。一七四四年のニオール（徴税区の報告書による戸籍調査）――聖職者、名士、内科医、金利ブルジョワジーがおよそ一〇〇戸の戸数を持っている。卸売商人、織布またはなめし革の製造業者が二〇〇戸。小商人、職人の親方が二〇〇戸。自営農、ブドウ栽培人、日雇い農、庭師が二五〇戸。最後にマニュファクチュアの労働者と港の人足が一五五〇戸。以上である。合計すると、人口の七分の六が細民をなしている。――（M・L・フラカール『ニオールにおける旧体制の終焉、宗教社会学試論』、パリ、一九五六）

ル・アーヴル（一七三四）の例――総人口一万四〇〇〇人のうち、貴族が一五〇人から二〇〇人を占め、上層ブルジョワジーが二五〇人から三〇〇人、中層ブルジョワジーが二〇〇〇人から二二〇〇人、小ブルジョワジーが約四〇〇〇人で、民衆階級が約七五〇〇人だった。

オルレアンの例――数量的評価ではなしに、オルレアンに関するジョルジュ・ルフェーヴルの質的分析に従えば、社会的敵対関係の複雑な動きがよりよく把握される。貴族とブルジョワの間には、活発な競合とある程度の連帯が同時に見られる。オルレアンには終審裁判所はなく、副次的な法官職は貴族位をもたらさなかった。したがって、交易、マニュファクチュア、または砂糖の精製で富をなしたブルジョワは、

貴族にはいるためには、国王書記官職か封土の購入によらなければならなかった（何代か後に称号が与えられれば、保有をやめる）。オルレアン貴族を新しくする直接の手段は金だったのである。しかしながら、家柄による貴族は、混合結婚を拒否し、自分たちの特権を熱心に擁護して、新しい叙任貴族との距離を保っていた。他方、ブルジョワジーも同様の辛辣さをもって、「貴族を法の前の平等に導き、裁判の条件を単なる市民のそれにすること」を要求していた。しかしオルレアンの上流社会は、緊密なまとまりは形成していなかったにしても「私生活における類似の慣習、生まれと富に対する共通の配慮、身分の低い者との結婚に対する同様の嫌悪、持たざる者に対する似たような尊大さ、民衆に対する同じような軽蔑によって、その構成分子は互いに近似していた。」さらに、経済的利害がすべての富者を結びつけていた。この都市からボース地方一帯の交易商人、借地農、領主は経済的自由、すなわち穀物商業の自由による自由な利潤を要求していた。民衆階級、つまり職人や小商店主、小土地所有者や日雇い農は、大土地所有者、交易商人、企業家など、すべての持てる者のこの連帯を感じ取っていた。基本的な対抗関係がブルジョワジーと貴族の間にあったとしても、第三身分の中にすでにひび割れの線がはっきりしていたのである。オルレアンの職人、徒弟、小商店主は、アリストクラート層の特権に対するのと同様に、商業とマニュファクチュアにおける資本主義の進展にも敵対的だった。特にメリヤス製造業においてはその発達は職人を商人の給料に依る手間賃労働者の地位におとしめる傾向があった。賃金の圧迫に対して、徒弟と手間賃労働者は連帯していた。まだプロレタリア化をまぬがれ、独立を保っている職人は「驚きと不安をもってその大仕事場、精製場、機械製糸の工場をみつめた。それらは彼らの小さな資力、貧弱な設備、のろくて零細な生産、わずかなとるに足りない収益、丹念で小心な旧慣墨守とは全くの対照をなしていたのだ。」集中化に反対するこれら細民は、自分たちの生活条件をパン価格との関係でしか判断しない。それで流通と価格の監視と統制を要求している。タブーロー・ド・モンティニーの経済と政治に関する考察は、一七八九年以前において、一七九三年の過激《アンラジエ》な要求を告げている。それは旧型の人民大衆の深い渇望を忠実に伝えているのである。――(G・ルフェーヴル『オルレアンの研究、第一巻、十八世紀末の社会構造研究に向けて』、パリ、一九六二)

一　ブルジョワジー――構造の問題

旧体制のもとでは第三身分のもとにすべての平民が包含されていた。最も貧困な賃労働者から最も裕福なブルジョワまで、シェイエスによれば国民の九六パーセントである。したがって第三身分とは法的な内在的本質であり、現実にあるのは社会的な諸構成分子である。最も重要な分子、大革命を指導し、そこから利益を得た分子は、ブルジョワジーだった。

ブルジョワジーは農民層を基盤として身をおこし、職人層を中間段階とした。労働と節約、さらにとりわけ商業の投機をし、運がよければ、きわめてつましい生活をしていた者も上昇することができたのである。メサンスは一七六六年にその『人口研究』の中で「農村に一人でも余分な男がいると、彼は町へ行き、労働者、職人、製造業者、商人になる。もし彼が活動的で倹約をし、頭がよければ、また彼が世にいう果報者なら、彼はじきに金持ちになる」と書いている。このようにフランスでは最初から、ブルジョワジーは、絶えざる運動によって、農民層から出ていたのである。中部・東部ヨーロッパのような、都市と農村部を隔てる垣根は存在しなかった。後者においては農民は、もはや農奴耕作地に結びつけられてはいなくなっていても、商工業は禁じられていたのである。それとは全く逆であった。ブルジョワジーは都市に集中していたとはいえ、十八世紀には弁護士、商人、地代生活者などブルジョワ風に生活する者が農村の市場町でも次第に多く見られるようになっていたのである。ブルジョワジーは他の人々と入りまじっていた。彼が大革命を導き得たのも、一部にはこのことから説明がつく。それでもブルジョワジーが、都市の職人層を加えてもなお、少数部分であったことに変わりはなかった。たとえ十八世紀にブルジョワの飛躍的発展があったにしても、フランスは基本的に農村主体のままだったのである。

ブルジョワジー、ブルジョワジーたち。まず明示しておかなければならないのは、旧体制の社会に関して、この言葉は大多数の場合、歴史家によって複数形で用いられていることである。そこには、階級の現実を否定しようという、多少とも明白な意図はないのだろうか。確かにブルジョワジーは種々多様であった。しかしまた、それは一つのものでもあったのである。十八世紀には、歴史上の他のすべての時代と同様、階級の区別は数多く、変化に富んでいて、しばしばほとんど知覚できないものだった。生まれと財産の程度、教育と言葉、服装と住居、生活様式、等々、これら一つ一つの基準は単独にとり出せば、一階級の特徴的性格とはならないのである。ブルジョワの基準の第一のものは、まぎれもなく財産である。それは、その量よりもむしろその起源、形態および管理と消費のしかたが問題であった。ブルジョワ風に暮らすということである。十八世紀のフランス人が、誰がアリストクラート層に属すか、誰がブルジョワジーの出であるかを、苦もなく区別したことは疑いをいれない。「彼にはブルジョワくささがある」という感じである。

さらに進めて、最小限の体系化を可能とする定義を試みなければならない。それがしばしば矛盾した外観を持つ社会的諸タイプの統一性を把握できるであろう単一の接近のしかたである。

E・ラブルースは以下のようにみる。「役人、委員、官吏など、貴族位を与えられない管理職についているグループが一群の豪家である。ブルジョワ風に生活している土地所有者や金利生活者が、また一群の豪家である。彼らを、ブルジョワジーの本に出てくる『ブルジョワ』、すなわち都市に一定期間住むことによってのみ資格を得た、せいぜい徒弟でしかないような『ブルジョワ』と混同してはならない。当然ながら自由業もまた、その語の変わらざる意味において、ブルジョワ的である。これら上層の部類は無数の企業主の家庭を母体としている。後者は数量的にこの階級の最大部分を占めているのである。彼らは、賃労働によって動かされる独立の生産手段の、所有者もしくは管理者である。そしてそこから生活手段の主要部分を得ているのであり、とりわけ商工業の利潤をわがものとしている。これは多様な家族を含む。上は金融業者、船主、マニュファクチュア経営者、交易商人、商人から、下は小カテゴリーの最低部分まで、すなわち小商店や仕事場の持主まで、また賃労働を用いて材料を加工し、自分のところでできた製品を直接に顧客に売る独立職人層にいたるまでが含まれるのである。」

P・ヴィラールはより体系的である。「ブルジョワをその起源からとらえる時にも、統計上の一群としてとらえる時にも、E・ラブルースはマルキシズムの用語をもってした。すなわち『独立の生産手段の所有者もしくは管理者……』である。ここに基準がある。一、生産手段を自由に所持すること。二、労働力しか所持しない労働者を、自由な契約によって、生産手段にあてがうこと。三、こうして商品に実現された価値と適用された労働力への報酬の差額をわがものとすること。以上である。この定義による社会的天引きを直接間接に利用して生活しているのでない者はブルジョワではない。」

一と多様。ブルジョワジーというカテゴリーの構成は全く同質なのではなかった。固有の意味でのブルジョワを自認していたのは平民の中のほんの一部だった。働かずにすみ、自分の財産、すなわち土地、地代、および量的には少ないが有価証券で生活できるほどに豊かなものである。権威と統制という彼らの機能により、二つのものがこの第一のグループに結びついていた。一方では、何であれ何らかの王政の行政職の地位を持っている者、すなわち保有官僚《オフィシエ》(30)、法務家、自由業者など、他方では金融家と経済の指導者、すなわち船主・交易商人とマニュファクチュア経営者など、今日に上層ブルジョワジーとされている少数派である。ただし、彼らは、富裕で肉体労働をまぬがれているという条件を満たさねばならなかった。今日、中産階級もしくは小ブルジョワジーとされている者たちを、当時は公証人たちは軽蔑をこめて民衆《プープル》と呼んでいた。このカテゴリーは下位とされた。それは彼らが、少なくとも時々は、自ら手で仕事をしたから、もしくはともかくもそうすることから始めただろうからである。最後に、出生、職種、時としては才能も、生活条件の序列では重視された。その序列は、言うまでもなく、かなりつましい程度のゆとりから大きな富にいたるまで、不明瞭に拡がる階梯に支えられていた。この序列はかなり進んだ分業を反映していた。しかし同時に、増大しつつある個人主義と上昇をめざす一般的な野心とに活気づけられた、実際の社会の動態をも含意していたのである。

1 法的側面

この点をないがしろにはできない。ブルジョワジーは基本的に都市の社会的カテゴリーである。ブルジョワとは、通常の住居が都市にある者のことである。パリではブルジョワジー権は一年と一日居住することによって得られた。したがって貴族も徒弟も同様にパリのブルジョワたり得たのだった。その点からみれば、この語はなんら社会的意味を持たない。他所ではブルジョワ資格の獲得にはよりきびしい条件が要求された。ボルドーでは五年、マルセイユ、リヨン、ペリグーでは一〇年である。ボルドーでは、その上、家を持っていてそこに家族とともに居住していることが必要だった。いくつかの都市では、ド・ブルジョワジーと呼ばれる税を支払うという条件でしか、ブルジョワになれない。そのかわり、当事者は市の特権の享受にあずかるのである。

ブルジョワは、実際、公権と私権で多くの特権を享受している。これは旧体制社会の特徴の一つである。ブルジョワジー権は特権（身分特権、議会地方の特権、法定団体の特権、同業組合の特権等々）の特殊な一例にすぎないのである。ブルジョワジー状により財政上の免除が得られる。例えばパリ、トゥール、ボルドー、ポワチエでは、ブルジョワはタイユ税を免除されていた。パリではさらにエード（ブドウ酒に対する税）も免除されている。武器携帯権は平民には原則として禁じられていたが、ブルジョワには時として認められていた。パリのブルジョワはシャルル五世の特許状により、その点に関して貴族と同じ扱いをうけていた。パリのブルジョワは、フランス王国の首都の住民という資格によって、ほとんど貴族同様にみなされていた。それで私権においても特権を持っていた。例えば民事において、彼らはパリ以外の場所で訴えられることはなかったのである。トロワ＝ゼヴェシェ、すなわちメッス、トゥール、ヴェルダンの住民も同様に都市貴族の境遇を享受していた。最後に、職業の枠組みにおいて、ある種のカテゴリーに属する平民で組合を形成している者もまた、特権を持っていたことを記しておこう。裁判、財政の主要な保有官職の所持者は、タイユ税を免除されていた。パリでは職業組合の構成員も同様だった。

都市ブルジョワのこれらの特権はすべて、貴族や聖職者のそれと同様、八月四日の晩に廃止された。この廃止は人権宣言（第一条と第一三条）によって承認された。

2　社会的側面

この点からみて、最初に設定される問題はブルジョワジーの境界の問題である。

上限は厳密な境界で、法的なものである。すなわち貴族であり、境界線はアリストクラートの特権からなっている。しかしながら、特に高等法院のある都市、例えばグルノーブルなどでは、法服貴族の分類には若干の問題がある。ブルジョワジー出身の二級の役人（代訴官補佐、書記官、執行吏）はこのカストから除かねばならないのである。

下限は決定するのがずっと難しい。不明瞭なうちに中層ブルジョワジーから小ブルジョワジーへ、ついで民衆のカテゴリーへと連なっているのである。手仕事を持つ人であるという点では、小ブルジョワジーは労働者の世界と混同されることになる。ここに明確な境界線を引くのは不可能である。この方面については、社会構造は厳密なものではなかった。まさしく民衆である者に対しても社会的に昇進する可能性が与えられていたのである。

地域的多様性――右のように境界線を引くと、フランスのブルジョワジーは、第一に、地域的多様性のうちに存在することがわかる。この多様性は地理的・経済的な枠組みの多様性に由来するのである。ある都市では織物の製造業者的商人が支配的である。他の都市では固有の意味での商人、大交易商人や船主が支配的である。都市の歴史、その古さが別の色あいを添えている。いくつかの古い都市、例えばモントーバンでは役人のカテゴリーが重要である。他の都市、例えばル・アーヴルのように交易が排他的に支配している「新しい」都市ではほとんどそういうことはない。――（P・レオン「十八世紀におけるフランスの地方のブルジョワジーの研究」、『歴史情報』、一九五八、二〇一頁）

社会的階梯性――こうした地域的色あいに加えて社会的多様性、もしくは言うなれば社会的階梯性がある。上層、中層、および小ブルジョワジーである。歴史家によるその分類は、ある程度の恣意性を含んでいる。それは課税台帳、特に人頭税の調査にもとづいている。しかし、どれぐらいの税負担額までが中層ブルジョワジーであり、どのくらいからが上層ブルジョワジーであるのか。さらに重要な理由として、一都市での負担額とその境界を他の都市と比較するのはさらに一層困難だということがある。人頭税を一リーヴル支払うのはモントーバンとグルノーブルで同じ意味を持つだろうか。一七八八年にモントーバンでは八人のプロテスタントのブルジョワ（製造業者的商人）が二〇〇リーヴル以上の人頭税を支払っている。一七八九年にグルノーブルでは、最も人頭税を課税されているブルジョワである大銀行家のクロード・ペリエは一二〇リーヴルしか支払っていないのである。

こうしたブルジョワジーの構造に関する研究は、それなりの難点を持ちはするが、社会的階梯性という考え方を示唆するのである。グルノーブルでは一七〇七年に、小ブルジョワジーは七五二人分、人頭税を負担していたようだ。中層は三二七人分、上層ブルジョワジーはただの三七人分だった。一七七三年に同じグルノーブルで、ブルジョワジー全体で一二七九人分の負担のうち、小ブルジョワジーは八四五人分を占めていたようである。このように少数の上層ブルジョワジーが、小ブルジョワジー、中層ブルジョワジーの広範な基盤の上にあぐらをかいていた。そしてその基盤の中から、社会的上昇の絶えざる動きによって、補充されていたことになる。

社会的上昇――ブルジョワジーの出自で一番多いのは農村である。フランス史全体を通じて、彼らは農民から出てくるのである。耕作者はいくらかの財産を手に入れると息子を都市に送り、彼に官職を購入してやる、とトクヴィルは述べている。このようにブルジョワは、絶えざる勤労によって農民層から出てくるのである。ル・アーヴルの例は際立っている。十八世紀にはノルマンディ農村部、コー地方、バス＝ノルマンディからの流入は恒常的なのである。これらの新しい勢力はル・アーヴルのブルジョワジーに発展の力を与えている。農民出身のただのパン屋が大商業によって、つまり船舶の食糧補給をし、ノルマンディの田舎の製粉業者とアンチュ諸島への小麦粉輸出業者の仲立ちをすることによって、社会の位階をよじのぼることができるのである。それで、時にはかなり急速に、ただの職人、小商店主、無一文の農民が商業ブルジョワジーの筆頭にのし上がるのである。グルノーブルでは、トリエーヴ生まれのペリエがそうである。十八世紀における彼の昇進はめざましいものであった。

社会的昇進の一例。ペリエ家――出身はトリエーヴ、ドーフィネのアルプス山中で麻の製造地である。ジャック・ペリエ（一七〇〇？―一七八二）はヴォワロンの織物業の発展に貢献した。農村の多くの小仕事場を商業の面から監督したのである。彼の息子のクロード（一七四二―一八〇一）の時に一家の企業は商業資本主義の段階を超えた。交易銀行を加えて工業生産に進出したのである。一七七五年、ヴィジルに壁紙のマニュファクチュアを設立したが、四年後にはインド更紗のマニュファクチュアに変更した。そうして、不動産の購入、とりわけ一七八〇年のヴィジルの領地の購入が、一家の昇進を確かなものにした。しかし意義深いことは、クロード・ペリエはその勢力によって「ペリエ閣下」とあだ名されていたにもかかわらず、アリストクラート社会を軽蔑し続けていたことである。そのことはスタンダールの『アンリ・ブリュラールの生涯』が伝えている。大革命には好意的たらざるを得なかった。ヴィジルの城館こそ一七八八年七月二一日に非合法のドーフィネ州議会による処分に委ねたものの、しかし、クロード・ペリエはその後は慎重にふるまった。一七九二年一二月に市政参議に選ばれると、連邦主義の動きに反対の党派を選ぶ先見の明があった。告発された時には莫大な愛国的貢納《ドン・パトリオティク》をして免れた。一七九〇年以降、彼の銀行の活動がアシニアの下落により困難になった。また一七九二―一七九三年の諸事件が彼の損失を増加した。ヴィジルの封建的収入（約三万リーヴル）が消失した。「最高価格法」が在庫品に損失をもたらした。一七九三年末に銀行が整理された（しかし預金は価値の減ったアシニアで償還された）。こうしたことにもかかわらずクロード・ペリエは、工業生産や痕跡を残さない他の活動で埋めあわせをすることができたのである。テルミドールの後には、彼は実際に多くの大取引をした。国有財産の購入や、とりわけアンザン鉱山の二七株式《ドニエ》を九六万二五〇〇フランで購入したことである。それによりかなりの可能性を回復した。クロード・ペリエはブリュメールのクー・デタを承認した。彼はフランス銀行の七人の第一理事の一人になった。早逝がこの模範的な生涯に終わりをもたらした。――(P・バラル『家族の書簡による十九世紀におけるイセールのペリエ家』、パリ、一九六四)

社会的固定化――ブルジョワジーがこのように下から新しくなるとしても、他方では、上部へ行くに従ってある程度の硬化症が、とりわけ十八世紀半ば以降、おこるのに注意せねばならない。ボーヴェーでは当世紀の初め以来、上層ブルジョワジーは閉鎖的になっている。十七世紀の終わりまではこの都市でも、織物の仕上げと流通によって富を貯えた新しい家は、町の官職、役職を持っている旧家の中にまざり込んでいた。いまやこのグループはほんのわずかの製造業者か商人しか加えなかったのである。モントーバンでも同様で、一七五〇年以後はカルヴァン派の上層ブルジョワジーは排他的になっている。ほとんどの都市において、十八世紀後半に第一等の地位を占めているのは大商人、「交易商人」のグループである。しかし多くの場合、一番数が多いのは金利生活者《ランチエ》のグループなのである。

旧体制の用語においては、事実、ブルジョワとは(語の経済的意味では)土地所有者、金利生活者のことである。ブルジョワ風に暮らすとは働かずに暮らすことなのである。(特に人頭税名簿におけるこの語の意味を見よ。)世紀が下るにつれて、ブルジョワの心性も推移する。ボーヴェーでは、ラシャ製造業、漂白業で新たに富をなした者は貴族叙任しか求めない。他方、ブルジョワの多くは土地を購入する。それで、いくつかの例外をのぞいて、ボーヴェーのブルジョワジーは実業から離れていくのである。商業ブルジョワジーのカテゴリーは硬化している。彼らはじきに、上昇しつつある産業ブルジョワジーのカテゴリーにとってかわられるであろう。

これらの一般的考察からわれわれは、十八世紀末期にブルジョワジーを構成する諸カテゴリーがどのようなものであったのかを、彼らの社会における地位や経済生活における位置についての考察をも含めて、帰結することができる。固有の意味のブルジョワのグループ、すなわち資本の利潤や土地財産からの収益で生活する金利生活者の、非活動的ブルジョワジー。自由業者、法律家、保有官僚のグループ、すなわち旧体制のもとでは複雑でたいへん多様なカテゴリー。職人、小商店主のブルジョワジーのグループ、すなわち伝統的な生産・交換制度に結びついている中小ブルジョワジー。大実業家ブルジョワジーのグループ、すなわち直接に利潤によって生活する活動的なカテゴリーで、ブルジョワジーの推進翼。以上である。

第三身分全体との関係でいけば、ブルジョワジーは、たとえ職人全体を含めたとしても、少数派であることは勿論である。十八世紀末のフランスは基本的に農業的なのであり、工業生産については職人の国なのである。信用はあまり普及しておらず、流通している通貨は少ない。このような特徴はブルジョワジーの社会構成に反映している。しかし、ブルジョワジーが第三身分の中で優越した階級であり、大革命を指導してそこから利益を得ることになる階級であることにかわりはない。彼らは、その富と教養によって、社会の第一等の序列を占めている。それは特権身分が公的には存在するのと矛盾する位置なのである。

一　金利生活者のブルジョワジー

これは非活動的なブルジョワジーである。実業家ブルジョワジー出身で、資本からの利潤で生活しているのである。当世紀の間にブルジョワジーは富を貯えたので、金利生活者の数はふえ続けた。グルノーブルでも同様で、金利生活者（およびやもめ）のカテゴリーは増大し続けている。すなわち一七七三年に金利生活者はブルジョワ実数の二一・九パーセントを占めている。法律家が一三・八パーセント、商人が一七・六パーセントである。一七八九年には、商人の比率は一一パーセントに低下したようだが、金利生活者のそれは二八パーセントに上昇したはずなのである。トゥールーズでは、この金利生活者ブルジョワジーはブルジョワジー全体の約一〇パーセントをなしている。アルビではこの比率は二から三パーセントに下がる。金利生活者のグループはブルジョワジー全体の約一〇パーセントをなしていたようである。

金利生活者の境遇には極端な相違があるのに注意せねばならない。ル・アーヴルではある歴史家は「小金利生活者、極小金利生活者に堕したブルジョワジー」を指摘している。レンヌでは金利生活者は社会階梯のずっと上かずっと下に見出される。金利生活者は一定の生活様式（ブルジョワ風に暮らす）を持たなければならないが、それは財産の極端な多様性に応じて多くの水準を含んでいる。同様に金利の源も相異なっていた。商事会社への出資に由来することもあれば、市役所年金（公債業務）、都市の家賃、農村の借地料によることもある。

一七八四年にネッケルは「元金が償還されない限り国家の負担となるはずの」年金を一億二五〇〇万リーヴル以上、終身年金を八一〇〇万リーヴル、と見積っていた。合計で二億六〇〇〇万リーヴルの年利である。ネッケルの後継者による借入金は、この膨大な金額をさらに増加させた。国家によって支払われる利子のほかに、都市、議会地方、およびとりわけ聖職者がその負債について支払うものを加えねばならない。これら様々な種類の公債の主要な引受人はブルジョワジーに属する人々であった。彼らのみが利益を得て、それを蓄積したのである。これら金利生活者は、国庫の破算に脅かされたので、大挙して大革命の味方になった。しかし結局はアシニアの下落の犠牲となったのだった。

しかし、さらに他の種類の金利生活者もいる。土地からの収入（地代）、不動産の家賃、抵当つき貸借の利子で生活する人々である。貨幣は一七二六年以来安定していた。貨幣価値下落などなかったが物価は上昇していた。利率もそうだった（どの程度の率だったかはわからないが）。土地からの収入は二倍になり、都市での家賃は借地料よりも増加したように思われる。

ブルジョワジーの土地所有（ブルジョワジー全体にかかわっており、金利生活者のブルジョワジーだけではない）

北部地域。ノール県＝一六〜一七パーセント。アルトワ＝九パーセント。エーヌ（ラン地域）＝一九パーセント

東部地域。ムーズ（バー＝ル＝デューク地区）＝一五パーセント

ブルゴーニュ＝二〇パーセント。ヨンヌ（サンス地区）＝一五パーセント

西部地域。コート＝デュ＝ノール県＝県西部の一一パーセントないし東部の三二パーセント、カルヴァドス（ヴィール地区）＝一二パーセント、レ・モージュ（アンジュー）＝一五・五パーセント

中央部地域。リムーザン（コレーズ）＝テュル徴税区では二五・八パーセントで、ブリヴ徴税区では二六・七パーセント、ティエール地区＝一八パーセント

南西部地域。トゥールーズ地区＝二五パーセント、サン＝ゴーダン地区＝三八パーセント

南仏地中海地域。モンペリエ司教区＝二〇パーセント

国全体ではブルジョワの所有のパーセンテージは一二パーセントから四五パーセントまでの開きがある。国の平均は三〇パーセント前後のところにあると思われる。都市の周辺では当然に多くなる。都市の彼ら

の住居のそばに土地財産を購入するのは、商業で富を貯えた多くのブルジョワが常に好む投資となっていたからである。

三　自由業のブルジョワジー

これはたいへん多様なグループである。ブルジョワジーは彼らのうちに自分たちの基本的な代弁者を見出した。ここでもまた、昇進はしばしば商業によっており、主要な資産は利潤に由来するのである。貴族位をもたらさない官職の保有者はこのカテゴリーに属する。裁判の官職のこともあれば、財政の官職のこともある。公共的機能を伴う高官位である。保有官僚は自分の官職を購入したのであり、彼らはその所有者なのである。

官吏（委員、書記、査察官等々）は委任により任命され、免職されうるものである。

固有の意味での自由業の第一のものは裁判関係の職業である。たいへん数が多く、ブルジョワジーの基本的なカテゴリーの一つとなっている。代訴官《プロキユルール》（今でいう代訴人《アヴゥエ》ではない）、執行吏、公訴人、弁護士で、旧体制下の多くの裁判所にいた。

他の自由業はそれほど華々しい位置を占めてはいない。内科医は少数である。有名になった何人か（トロンシャン、ギヨタン等々）を除けば、それほど注目されていない。小さな都市には薬剤師と外科医がいた。後者は、最近まで、同時に床屋でもあった。教授も、コレージュ・ド・フランスや法学部もしくは医学部で講義する何人かを除けば、重要性はなお一層少ないものである。その上、教会が教育を独占していたので、教授は少人数なのである。俗人で教育にあたっているのは、小学校教師か家庭教師である。パリに比較的多かった文士と小説家（ジャーナリスト）（ブリソー、カミュ・デムーラン等々）を最後につけ加えておこう。

この自由業グループを数値評価できるだろうか。グルノーブルには高等法院があって多くの法学者、弁護士、代訴官がいる。そこでは法律家はブルジョワの実数の一三・八パーセントをなしている。トゥールーズもやはり高等法院と地方行政の都市であるが、貴族位をもたらさない裁判と財政の官職を持つ保有官僚、および自由業者はブルジョワジーの実数の一〇パーセントから二〇パーセントを占めている。ポーでは九〇〇〇人の住人のうち二〇〇人が裁判関係の職業もしくは自由業を営んでいる。これはブルジョワジー全体の二〇パーセントにあたる。国全体では、自由業のグループはブルジョワジーの実数の一〇パーセントから二〇パーセントと見積ることができる。

この自由業ブルジョワジーの生活条件は実に多様である。謝礼金や俸給も同様であり得る。何人かはアリストクラート層に近く、他は中位の状態である。このブルジョワジーの分派は、一般にたいへん質素な生活を営み、深い知的教養を持ち、哲学思想の熱心な同調者だった。彼らは、法律家を先頭に、一七八九年に主要な役割を演じた。革命家の大部分は彼らの中から出ているのである。後にボワシ・ダングラが語った「野心的な少数派」というのは、彼らのことなのである。

四　職人・小商店主の小ブルジョワジー

このカテゴリーと、この上に位置する実業家ブルジョワジーとは、収入が利潤からなっている。このカテゴリーは生産手段を保持しているのである。彼らはブルジョワジーの実数の約三分の二を構成している。

この社会階梯の下から上への区分は、労働の役割の減少と資本の役割の増加とによっている。職人層と小商店についてみれば、社会階梯を下るに従って次第に資本の占める部分はとるに足りなくなり、収入は次第に人の労働に由来するようになる。こうして不明瞭なうちに、固有の意味での民衆階級へとつながるのである。

この社会的カテゴリーは経済の伝統的形態、小商業と職人層に結ばれている。これらは資本が分散していることと、労働力が小仕事場に分散していることに特徴がある。技術は旧慣墨守的なものであり、設備は平凡である。こうした職人的生産は、旧体制のフランス経済においては、依然としてたいへん大きな重要性を持つのである。

職人・小商店主ブルジョワジーの中には、生産における位置や法的地位によって区分がある。

1　従属的職人と独立的職人

これらは勤労者的職人であるが、一方は顧客のために働き、他方は交易商人のために働いている。

従属的職人層――資本家的交易商人から報酬を受ける職人である。前者が原料を供給し、製品を商品化するのである。この典型はリヨンの絹織工である。このグループはむしろ都市の民衆階級の上層のカテゴリーに位置している。基本的に賃金で暮らしており、企業の資本は存在しないかわずかなものであり、原料は供給されている。その職人が徒弟を雇っている時でさえも、彼はそれらの労働を当てこんではいないのである。

独立的職人層――顧客のために働く職人である。収入は労働と資本との双方に由来する。

3　商人的職人と職人的商人

これは独立的職人層の二側面で、労働と資本との重要性の比率による。

商人的職人――労働からの収入が経営資本よりも重要である。この商人的職人は小商店を持ち、原料の所有者である。販売のために前もって製造する。徒弟を雇っている場合にも、資産の価値は僅少である。この構造は建築業、木工業（指物師、家具師等々）、金属工業（錠前師等々）、仕立て屋および靴製造人に見られる。

職人的商人――この職人層はやはり肉体労働によって特徴づけられる。しかし経営資本はここではより重要であり、賃労働は一層展開している。この構造は特に食品業と接客業のグループに特徴的である。すなわちパン屋、肉屋、居酒屋、宿屋である。これらは警察の厳重な監督を受けている職業であり、収入の方は種々様々である。例えばエヴルーでは、四二人の宿屋のうち二人は一〇リーヴル以上の人頭税を払い、一四名は五リーヴルから一〇リーヴルの間である。

一例。リヨンの製造業――それは旧体制末期に、四〇〇名の資本の持主である商人的親方と六〇〇〇名の労働者的親方を包含しており、後者はその小規模な仕事場に徒弟と見習い、および多くの助手を雇っていた。これらの人々すべての仕事はきびしい規制のもとにおかれていた。下位の被雇用者（絹紡績工、繰糸工等々）は親方にまで昇進できなかった。絹織工についてみれば、一〇歳ぐらいから見習いを始め、一人の親方のところで平均五年続けた。見習いは、専門の布地を製作するという試験の後、入会金を払って、徒弟になった。徒弟身分は二年で終わった。新たな試験の後、徒弟は親方状を受けた。こうして彼は仕事場をかまえることができたのである。リヨン出身者のみが組合に加わった。製造業者は、質の高い労働力を養成したり製造規定を尊重させたりするために、同業組合が必要だとみていた。製造業者的な交易商人の指図に従っているので、従属的職人である絹織工は賃金受領者になる傾向にあった。彼らは活気のない生活をしていた。一七六九年にある織工が自分の困窮を訴えている。彼は日に三五スー稼いだ。彼の妻は一五スー稼いだ。しかし家賃が高いので、八人の子供を養うために一日二五スーしか残らなかった。休業になる祝日が多いので、一年間に仕事ができるのは二八四日しかなかった。——（L・トレナール『リヨン、百科全書から初期ロマン主義まで』、パリ、一九五八。M・ガルデン「十八世紀における労働者と職人、リヨンの例と分類の問題」、『経済社会史雑誌』、一九七〇、第一号）

トゥールーズの例——トゥールーズでは公式には古くから、裕福な商人、とりわけ交易商人で「取引所《ブルス》の大名簿《グラン・タブロー》」に登録した者と、それほど豊かではなく「小名簿《プティ・タブロー》」に名を載せている商人とが区別されていた。後者はつまり、自らは生産しない商品を小売りする商人・小商店主であって、生産と流通の両機能を兼ねた多数の職人とは異なっている。この小商業のカテゴリーは有産者全体の八・七二パーセントを構成していた。これは交易と製造業の実業界（九・二一パーセント）より多少は少ない数値だった。後者は南仏の広範囲を自己の圏内におさめていた。これら商人・小商店主の財産の全般的な平均は、結婚の時に二〇〇〇フラン、死亡時に一万六〇〇〇フラン強だった。それに対して交易商人は一万一〇〇〇フラン強および三万八〇〇〇フラン強であった。したがって蓄財能力は小商人の方が相対的に大商人よりも上であった。勿論、平均利得は交易商人の方が商人よりも多かった。商人の死亡時の平均財産は聖職者のそれ（やはり一万六〇〇〇フラン強）に近かった。これは職人のそれ（八〇〇〇フラン強）のほとんど二倍だった。

トゥールーズの小商業の平均的資産の典型的な構成は、不動産資本の相対的優越（六五パーセント）を示している。小売りの商人・小商店主は、ブルジョワジーの他のカテゴリーと同様、土地財産の魅力につかれていたのである。ただし、一つの顕著な特殊性があった。すなわち、ここでは都市への投資が農村部への投資を上まわっていることである（資産全体について、四五パーセント対約二〇パーセント）。動産資本（約三五パーセント）は基本的に、かなりの額の動産手形を含んでいる。商品の在庫のためである。金利はあまりみられない（資産の四パーセント近く）。トゥールーズの小商業界は、平均して、実業界の二・六分の一、職人層の二倍の裕福さだった。その境界においては両方の世界に属する者がいた。きわめてあいまいな世界なのである。商人の最も豊かな者は交易商人とつきあい、自分の娘を彼らと結婚させようと努めていた。彼らは、少なくともその最もつましい層は、血縁関係によっても心性によっても、職人に接近していた。この社会層は民衆カテゴリーに根をおろしていた。そしてその中の最も意欲的な部分に対し、職人層を経由するよりも恐らく早い社会的昇進の手段を与えていたのである。

職人的小ブルジョワジーは、ブルジョワジーのすべてのカテゴリーの中で、把握し定義するのが最も難しいものである。上部に対してはそれほどでもないが（トゥールーズでは、サントーによれば、一万フランという線が彼らを中層ブルジョワジーから明確に隔てていた）、下部に向かうと困難なのである。移行の段階づけがゆるやかな旧体制のこの社会において、どこから民衆が始まり、どこでブルジョワジーが終わるのだろうか。トゥールーズの職人界は平均八〇〇〇フラン強の財産を持っていた。全体でトゥールーズの財産の五・二一パーセントである。彼らは基本的に独立の職人だった。一人か二人の有給の徒弟を雇っており、その点で固有の意味での民衆と区分されていた（それでもなお、親方職人を有給の徒弟から区別するのは必ずしも容易ではない）。民衆カテゴリーの平均財産は二〇〇〇フランに達しなかった。職人は急速な昇進がそれほど望めない層であって、商人よりも蓄財の機会は少なかった。この階層から広範に出ているサン゠キュロットの矛盾した社会的・政治的態度は、おそらくこの点に由来するのである。石工は蓄財すると進んで企業家になるから別であるが、他の職人たちは自らの社会的条件を脱け出すのが難しかった。遺言を調べてみると、彼らの子供や孫ももっぱら同じ職業にとどまっていることがわかるのである。ここには社会的移動性は存在しない。昇進は単に経済的な序列に関してである。同業者の職業的博愛は、一時期にはクラブによる革命的博愛に変わって、ジャコバン運動の一時的な成功をもたらした。しかし、いくらかの財産を得ると、より多くの独立を得ることができ、社会についての保守主義が強化されたのである。

こうしたトゥールーズの職人界は社会＝職業的カテゴリーとして最も人数が多かった（人口の四二パーセント）。その基本部分はブルジョワジーであって、民衆諸階級（ほぼ二五パーセント）さえよりも多かった。ある内部矛盾がこの職人グループに溝をつくっていた。これらの職人のうち、少なくとも半数は何も保有していなかったのである。所有および経済組織という問題に加えて、所有者的職人は、固有の意味のブルジョワジーの位置という問題を措定したのである。社会的諸勢力の結節点である職人界の統一もしくは分裂に、トゥールーズでも他と同じく、革命運動の発展と後退は依存していたのである。——（J・サントー『大革命下トゥールーズの財産と社会グループ』、トゥールーズ、一九六九）

オルレアンの場合——オルレアンでは、小ブルジョワジーとして、一七二六名の独立的職人、二六二名の交易に従属した職人、八六七名の小商店主が登録されていた。広い意味では、職人・小商店主層は四〇〇〇名以上の人を包含していた。その一部は職業組合にグループ化され、他はそうではなかった。後者の中には、一六〇名の小製酢業者、二六〇名のメリヤス工、二〇〇名のマッチ製造業者、一五〇名の居酒屋、一〇〇人ほどの細民に入れたいような男女仲買人などがいる。マッチ製造業者と仲買人についてつけ加える。もし交易商人のために働いていても労働者を監督する者、および職人・小商店主で、いかにささやかであっても市場に向けて生産し、一定程度の独立を保っている者を小ブルジョワジーに数えるならば、彼らをも小ブルジョワジーに含めるのは正しいことである。しかしながら、収入と生活のしかたにおいては、彼らはブルジョワジーよりも民衆に近かった。公証人の書記や下級役人だったら、彼らを自分と同等に扱うのを肯んじなかっただろう。これらの人々は将来のサン＝キュロットなのである。

これらの職種の一部は同業組合に組織されていた。テュルゴが一七七六年にそれらを廃止した時、オルレアンには三二あった。その二年前には靴なおし屋が、靴製造人の抗議にもかかわらず、後者に合併されていたのである。同業組合には約一八〇〇名の親方がいたようだ。そのうち三四六名はメリヤス製造業者だった。これら同業組合の起源は必ずしも明らかではなかった。いくつかのものは規約を持っていないか、もしくはその喪失を宣言していた。一七七六年四月の参議会裁定で命じられた調査によれば、三つは十六世紀にさかのぼる規約を持つとされている。指物師の同業組合は一五七七年に始まり、一五八〇年にはパリの同僚のためにつくられた規則と規約を受け入れた。靴なおしの組合は一五九九年に始まった。一三の組合は十七世紀の規約を持っていた。他の一三については起源は不明だった。いくつかの職種は独特の組織を享受しており、それによって他と区別されていた。金銀細工師の団体がそうである。一六一一年につくられ、オルレアンの造幣局の監督のもとに仕事をしていた。それは原則として二〇の親方職を持っていた。しかし大革命前夜には一七のみが占められていた。肉屋の団体は一七八九年に一〇名の親方と一人の寡婦を集めていた。その中の四名が宣誓親方、一名が理事だった。それは、フィリップ・オーギュストの特許状によって認められた特権に頼っていた。かつら製造業者は同業組合を形成してはいなかった。しかし自分たちの職務を購入し、独占を享受していた。印刷屋と本屋は別々に同業組合をつくっていた。一七三九年と一七六七年の裁定は本屋兼印刷屋と本屋との設立を認めた。一七七七年の裁定は、それらを一つの組合会議所にまとめた。——(G・ルフェーヴル『オルレアンの研究』、第一巻、既に引用)

パリの例——一七九三年にモンマルトル場末街区《フォーブールセクシオン》の当局によって作製された報告書から、大工職、車製造業、錠前製造業、指物業における労働力の集中化を判断できる。それは職業によって異なっている。より大きな資本の投下と設備を要する職業で、一層激しくなっているのである。錠前製造の仕事場よりも大工の企業で、集中はよりはっきりしている。一七九三年六月にモンマルトル場末街区《フォーブールセクシオン》で、九つの大工の企業が全部で八一名を雇っているのが数えられた。平均九名の労働者である。車製造業では集中はおだやかである。一四六名の労働者が二三の企業におり、平均六・一名である。二人の車製造業者は労働者を全く持たず、別の二人は一人だけ持っている。指物業の仕事場では徒弟の平均は五・二名に下がる。錠前製造業では、分散がさらに激しい。五一名の徒弟が二五の仕事場にいて、平均二名の徒弟となっている。このように、ここで問題にした四つの職業団体に限っていえば、雇主ごとの労働者数の平均は、モンマルトル場末街区《フォーブールセクシオン》で一七九三年には、五・五名となる。パリの労働界を特徴づけているのは職人層なのである。——(A・ソブール『共和暦二年のパリのサン＝キュロット』、パリ、一九五八)

大革命前夜の職人層の世論はどのようなものであろうか。

この社会構造は経済活動の一定水準に適応していた。十八世紀における生産と交換の技術の変革は、経済の伝統的形態に危機をもたらしたはずである。同業組合体制に対して、いまや経済自由主義と自由競争という概念が対立している。十八世紀末期には職人のほとんどが不満を抱いている。ある者は自分たちの生活条件が悪化し、労働者の地位におとしめられるのを予見している。他の者は、自分たちを滅亡させる競争が出現するのを恐れている。職人は全般的に、生産の資本主義的組織には敵対的なのである。規制に賛同するのであって、実業家ブルジョワジーのように経済的自由に賛同するのではない。

大革命前夜の職人層の精神状態を判定するためには、収入の相違を考慮に含めねばならない。それは労働と資本の割合に応じて色あいが異なる。職人的商人にとっては、物価の上昇に対応して収入の上昇があった。十八世紀には多くの居酒屋の息子が裁判所書記団《バゾッシュ》（代訴官見習、記録係書記）を通って自由業に上昇している。顧客のために生産する商人的職人もまた、物価の上昇から利益を得ており、その生産は増加している。従属的職人層の勤労者職人で、基本的に賃金（料金《タリフ》）で生活している者は、物価曲線と賃金曲線が次第に離れていくため、その犠牲になっている。たとえ名目賃金が増加しても、彼らの購買力は低下しているのである。したがって、これら従属的職人は収入の一般的低下をこうむっている。これは旧体制末期の都市民衆階級を特徴づけるものである。

都市サン＝キュロットの枠組みを形成している職人層の諸グループを、危機が動かした。しかしながら、利害の多様性により、彼らが首尾一貫した社会的プログラムを定式化することは妨げられた。このことから大革命史、とりわけ共和暦二年におけるいくつかの転変が生じるのである。

五　実業家ブルジョワジー

これは活動的ブルジョワジーであり、直接に利潤によって生活している。広義における「企業家」の階級であり、アダム・スミスのいう「企業主」階級である。これもまた、その活動に応じて種々のカテゴリーを含んでいる。それらはさらに地理的要因と歴史的過去とに応じて細分されるのである。

ブルジョワジーのすべてのグループの中でこれが最もよく知られているものである。商人、製造業者、金融業者の比率は都市によって異なっている。数量的には少数のグループである。ル・アーヴルでは一七四三年にこの上層ブルジョワジーは四三の家族で構成されている。彼らの財産は新しいものである。モントーバンでは一七八八年に上層ブルジョワジーはプロテスタントの被課税者六〇、カトリック一七を含んでいる。グルノーブルでは、このグループは一七〇七年には三七家族しか数えなかったが、一七八九年には一〇一家族を含んでいた。数の上では少なかったが、この上層ブルジョワジーはその統一性と金融力とでも同様に注目すべきである。しばしば近隣の農村部までを勢力圏としているのである。ボーヴェーでは一〇〇ほどの家族からなる商人の堅固なグループが、主に動産からなる富を自由に動かしている。この富は在庫品とか、フランスや外国の取引所に債券の形でおかれているのである。利益の一部は農村の領地に投資されている。これらの商業都市においては、土地との緊密な結びつきが、これら大ブルジョワジーの基本的な力の一つをなしているのである。ル・アーヴルの商業の発展は新しいものであるが、そのル・アーヴルにおいてさえ、土地やさらには荘園、とりわけ多くのル・アーヴルの人の出身地であるコー地方の土地の購入は、常に見られる特徴となっているのである。最後に、この大ブルジョワジーは、産業的というよりは商業的なのであるが、そのさまざまな収入に加えて金融活動からも収入を得ている。貴族、農民、交易商人、職人への貸しつけはブルジョワの富の重要部分をなしている。例えば、ボーヴェーがそうである。

1　金融ブルジョワジー

国家の業務が基本である。金融家は次第に商人から区別されて、一つの社会的カテゴリーを形成した。もともと国家の業務に金をまわすのは危険を伴わないわけではなかった。国王が貨幣を変動させ、時には不当利潤を責めて何人かの金融家を絞首刑にしたからである。それで長い間、十八世紀初頭にいたるまで、たいへんいやしい生まれの人々が金融によって成りあがり、急速に社会の第一級の地位にまで上昇するのが見られた。旧体制の末期になって、この社会的カテゴリーは固定化したのである。

最初に徴税請負人《フェルミエ・ジュネロー》、ヴォルテールのいう「四〇人の平民の王」がいる。これは一つのカスト、もしくは少なくとも偏狭な寡頭制をなす傾向があり、名門家族と結びついている。ラヴォワジエは一七六九年から徴税請負人であり、徴税請負人の息子であるが、徴税請負人の娘であるポールズ嬢と結婚した。さらに『精神論』(一七五八)の著者であるエルヴェシウス、デュパン・ド・フランカィユ、ラ・ポプリエール等等があげられる。これら金融家の名門家族はアリストクラート層と一体化することもあった。多くは貴族に叙任されている。四〇名の徴税請負人は徴税請負制《フェルム・ジェネラル》を構成している。これは一七二〇年以降には固定的な組織となった。請負契約は六年ごとに行なわれた。一七二六年の契約は八〇〇〇万、一七七四年のそれは一億五二〇〇万だった。一七八〇年にエードと領地(約一億にあたる)が徴税請負制から取り除かれた。それでも一七八六年には契約は一億五〇〇〇万で請負われた。徴税請負人の経済的・社会的役割はかなりのものであった。

徴税請負人とならんで財政の保有官僚がいる。財政の役所、徴税区、塩倉庫の構成員、徴税請負制や収税局の係官である。この金融ブルジョワの一部は自分たちの役職を購入して貴族に叙任されようとしている。

金融ブルジョワジーの第三の構成分子は銀行家である。最も重要なのは宮廷銀行家のように国家と関係を持っている者、例えばラボルド家である。十八世紀の末にはこうした財界人グループはパリで増加している。彼らの多くは外国人である。一番有名なのはスイス出身の銀行家である。ネッケルやクラヴィエールで、一七八四年から一七八七年まで大事業家として活躍した。オランダ人もいる。ド・コックとか、バリー夫人の銀行家であるヴァンデニヴェールである。ベルギー人ではシモン兄弟、イギリス人ではボイドがいる。フランス人にも大銀行家はいる。例えばトゥールトンやラヴェルであって、その家柄は十七世紀までさかのぼる。産業への融資はほとんど、これら銀行家の関心の対象になっていないことは際立っている。クラヴィエールがそのために行なったことは効果がなかった。これらの銀行はもっぱら国債と為替に専念しているのである。

これら銀行家のうちの何人かの活動で最も新しいものは、事実上匿名の会社の設立である。単に近親者や友人などの個人的資産だけでなく、公共の貯蓄に広範に依存する手段で行なおうとする最初の試みである。株式会社が出現する。それは金融資本主義のささやかな開始を告げるものである。トンチ式の会社(ラファルジュ金庫《ケース》のような)、イリュミナシオン会社、すなわち街路照明、火災保険や生命保険の会社などである。最後の二種の保険会社は国王特権によってつくられた(前者にはドレサールとバッツが、後者にはクラヴィエールとマレが、それぞれかかわっていた)。またシャイヨーの実業家ペリエによって設立されたパリ水道会社、辻馬車会社もある。取引所《ブルス》は証券への投機を開始している。

2 交易ブルジョワジー

このグループは実業家ブルジョワジーの実数の中で最大である。

交易商人と商人——交易の世界には位階制がある。前者も後者も企業資本と賃金受領者の労働とからの利益によって生活している。しかし商人においては、一部、わずかながらも個人労働に由来する収入部分が存在するのである。

商人——基本的に卸売商業にたずさわっている。その顧客は地域的であり、また多くの場合、彼らは特定の産物の取引を専門的に行なっている。パリでもそうであって、ラシャ商人、小間物商人、金銀細工商、食料品商（半卸売）がいた。そこにおいて個人労働の割合はある程度の重要性をおびている。このカテゴリーには、当然ながら、物価上昇の一般的な動きが有利に作用している。

商業ブルジョワジーの一グループ。パリの小間物商人――彼らはこの都市の六団体(31)のうちの三番目を構成しており、「最も有力で最も数が多く、取引は最も広範である」とみなされていた。小間物商人は交易に専念している。輸入をしたり、自分たちが利潤をあげるために他の同業組合を働かせたりしているのである。自分たち自身は労働しないので、彼らは他の組合、例えば金銀細工商や織物商のような「親方作品を作る」義務は負っていない。小間物商人になるためには「フランス人として生まれ、三年間見習いをやり、さらにあと三年、小僧の資格で商人に仕えること」が必要だった。さらに一〇〇〇リーヴルにものぼる上納金《ドロワ》を払わねばならなかった。仕事の統制は選ばれた七人の管理員と一人の大管理員によって行なわれていた。同業組合は一七七六年にテュルゴによって廃止された後すぐに再建されて、六団体を維持した。小間物商と織物商はその第一位を占め、親方職を獲得するためには一〇〇〇リーヴルの上納金を要した。同業組合と並んで同僚団があった。実務においては、各小間物商は自分の専門を持っていた。一番数が多く、一番古くから取引が行なわれていたのは、布地に関するもの一切の販売である。すなわち高級絹物およびベルガモつづれ織りやじゅうたん、飾りひも、リボン、モール、装身具、雑多な小間物である。美術工芸品を担当する小間物商には玩具商、鏡商人、金銀細工・宝石細工商の有力な同業組合と結びついた宝石商、および文字通りの美術工芸品商人が含まれる。この取引を専門にするパリの小間物商が特に好んだ通りはサン＝トノレ通りである。そこには小間物商のいくつかの著名な家系があった。彼らが趣味と美術工芸の歴史におよぼした影響は十八世紀にはかなりのものであった。エベール家、ポワリエ家等々である。それらは商人であるが、自分たちが指導して職人を働かせるという意味では債権者でもある。彼らはパリの職人層に対し、統制官の役割を持っているのである。――(P・ヴェルレ「十八世紀における、パリの美術工芸品の商業と小間物商人」、『経済・社会・文明年報』、一九五八、一〇頁)

トゥールーズの例。布地商人――彼らは約一〇〇人ほどの人数である。その富により、トゥールーズ社会において貴族、高等法院関係者についで第三の地位を占めている。彼らは限られた地区に住んでいる。商業取引所の周囲である。彼らの野心は自分の交易を拡げることではなく、子供のために土地と官職を買って、彼らを貴族に昇進させることである。これらの商人のうちで最も富んだジャック・ゴノンは年に二万から二万五〇〇〇リーヴルの収入を得ている。一七八六年に彼は国王書記官の職を購入して貴族に叙任される。彼の長女は高等法院の参議と結婚している。――(M・マリニエール「十八世紀末のトゥールーズの布地商人」、『フランス革命史年報』、一九五九、三〇一頁)

交易商人――経済生活における基本的な役割を彼らは果している。彼らの収入においては資本が優越している。交易商人は、産業的というよりは商業的な企業のかしらにたっているのである。彼らは小仕事場すべての生産をまとめて商業化することにより、生産を監督・統制している。彼らは価格を規制し、信用を認める。その役割は複雑である。交易商人はまだ資本主義社会におけるように専門化してはいない。仲買業者でもあり、同時に銀行家でもある。商業の発達は十八世紀にはかなりのものだった。その発達にともなって交易商人の役割は次第に重要性を増しているのである。

この交易にかかわる社会グループの第一位に船主がくる。船主は艦隊をしたて、艤装する。しかし彼は同時に交易商人、保険業者、銀行家でもある。船のトン数は少なかったとはいえ、海上および植民地の大貿易に投じられた資本は大きなものである。それで港や商業都市には十八世紀に巨大な富が築かれた。大革命下に、ブルジョワジーのみの優越に固執した党派、すなわち立憲王政派ついでジロンド派が出てくるのは、ここからである。

一例。ルーアンの交易商人――輸出入業者として、彼らは実に種々の商品を販売している。織物と武器、より少ないものでは穀物と小麦粉、ブドウ酒と蒸留酒であり、またとりわけ砂糖とコーヒーがあげられる。現地で使われたりコー地方に販売されたりする綿、エルブーフに送られる羊毛もあげられる。彼らの商業活動の中では、常軌をはずれた冒険への貸付金は少ない。利益が船団をしたてることから得られる場合も同様である。大交易商人だけがそうした危険をおかしているのである。他の交易商人に対して海上保険をつけるのも同様にまれである。私掠船による利益の部分はさらに一層少なかった。反対に、西インド諸島へ送られる無償輸送品はたいへん流行している。それは利潤があるので、多くの二流、三流の商人からただの小売商人までが関心をいだいたのである。純粋に銀行的な活動は借入金で行なわれた。生活ぶりは全く質素である。持参金は最低限で、召使いや雇い人はめったにいなかった。

簡明な一例。イスナールは立法議会および国民公会のヴァルからの代議員で、ジロンド派の傾向を持つ。一七五八年にグラスで交易商人の息子として生まれ、油と小麦の卸売りをやる家の家長の地位を父から継いだ。その他に、年に約九〇〇〇カンタル生産する石けんのマニュファクチュアを経営していた。共和暦三年に、もと追放議員が始めた賠償請求審理における覚え書きで、イスナールは「これら二品目（石けんと油）は私の商売の基本であったが、それだけだったわけではない。私はさらに、穀物の輸入、絹の糸縫り、ブドウ酒や他の食料品の購入にたずさわっていた」と指摘している。要するに「私は、父から子へと受け継がれ、半世紀におよぶ勤勉な労働によって組織され、繁昌し、大きな信用と広範な連繋にささえられた商家の家長だったのである。」それに加えて「船舶」があるが、イスナールはそれについては詳しく語っていない。またドラギニャン地区に二つの家があり、他に土地もある。――（A・ソブール「ジロン

ド派の財産について」、『フランス革命史年報』、一九五四、二五六頁）

3　マニュファクチュア・ブルジョワジー

これは交易ブルジョワジーからほとんど分離しておらず、しばしば区別がつかない。商業資本主義がまだ産業資本主義に優越し、製造業者的交易商人が近代的な産業家に優越しているのである。十八世紀末には、工業生産は全生産の約二〇パーセントを占めている。しかし、マニュファクチュア活動は、社会的には、それよりも比率的に大きい重要性を持っている。都市が中心であるが、農村工業を通じて農村部とも関係を持っている。

製造業者的交易商人――旧型の工業組織が支配している。工業（製造業《ファブリック》またはマニュファクチュアと言っていた）は、きわめて多くの場合、交易の付属物にすぎないのである。製造業者的交易商人は、自宅で働いている職人に原料を供給し、加工された製品を受けとる。製造業者的交易商人は、こうした従属的職人層を支配しているのである。そして、彼らを次第に、自宅で働き、自分たちの条件（料金《タリフ》）に従う義務を持った賃労働者にしていった。

リヨンの製造業――こうした構造の古典的な例である。これは十八世紀には明らかに再興した。一七八八年には一万五〇〇〇の稼働織機があった。一七七〇年から一七八四年までの年平均生産額は六〇〇〇万リーヴルにのぼり、約三万人の商人、労働者、徒弟がいたのである。その活動は、資本の保有者である四〇〇名の商人的親方に支配されている。このリヨンのマニュファクチュア・ブルジョワジーは、ジャック・アンベール＝コロメのような男をその典型とする。もともとの財産はつましかったが、彼は法服貴族とつながりを持っている。絹織物業を監督している層を性格づけるいくつかの特徴を、彼は示している。

技術的熟練、広い交際、公共の責任の受諾（一七八九年に彼は市の第一役人である）などである。彼の教養は科学と芸術の双方にまたがっていた。これらリヨンの実業家ブルジョワジーと技芸ブルジョワジーとは一つならず結びつきがあった。

一例。コアン家とサルト地方における麻およびリンネル織物工業の進展――農村家内工業（十八世紀後半における資本の創誕）が、商業資本主義を媒介として、機械制の集中的大工業へと移行するのを、この事例は示している。バ＝メーヌはリンネルと上質織物の区域となっていた。その製品はラヴァルに集められて遠隔地商業のもとになり、南アメリカにまで送られたのである。麻および通常織物の区域はより広く（オー＝メーヌ、ペルシュ、ノルマンディとの境界等々）、その中心地はより分散していた（ル・マン、アランソン等々）。最も粗悪な織物はナントから植民地へ輸出され、そこで奴隷の衣料として用いられた。製造の諸工程は農業労働とうまく組みあわされ、その補充とされていた。しかし、最も辺鄙な小村落の中にまで分散している、それら何千もの織工は貧しかった。前金を受けていないので、できたばかりの布片を現金で売っては新しい布片をつくるのに必要な糸を入手していたのである。そこへコアンのような資本を持った商人が介入していた。大革命前夜にルネ・コアンは地域の織物流通に重要な地位を占めている。一七八六年に彼はラ・フェルテの事務所の布の四分の一に彼の商標をつけさせていたものである。彼自身、トリニェの織物商人の息子だった。一七八九年には彼の息子が、一人はナントで、一人はベレームで、他の一人は父親のもとで、それぞれ織物商業にたずさわっているのが認められる。ルネ・コアンは、その上、土地所有者でもあった。彼は国有財産を購入した。大革命はコアン家にとっては充実してみのり多い商業活動の時期だった。ベレームのコアン家は土地を購入して七月王政下に城主として生活するようになった。他方、一家の他の分枝は一八四六年にリンネル工業銀行の設立発起人となった。その銀行の活動は商業と工業の双方に及んでいる（リンネルと麻の機械製糸、一八五四年に一万二七〇〇本の木管）。——（F・ドルニク「十八・十九世紀における織物業の進展。コアン家の活動」、『近代・現代史雑誌』、一九五六、三八頁）

近代的な型の産業家——彼らは、分散家内労働にかえて、集中され監督された労働をあてている。それにより労働力の集中をもたらしているのである。資本と労働力の集中に結びついた新しい技術は、他方では、生産様式や社会関係、さらには人々の生活様式にまでも変化をもたらしているのである。しかしながら十八世紀の末に関しては、そうした特徴を誇張してはならない。

工業の集中の例はわずかである。大企業は、特に綿工業では、あちこちで梳毛や紡績の機械を使い始めている。オルレアン公は、イギリス人に管理され、蒸気を動力とするはずのマニュファクチュアをオルレアンに創設するのを助けた。さらに、布地捺染業にも集中の例はみられる。オベルカンプ、ジュイの織物、ミュルーズとタンのマニュファクチュアである。冶金業においてはすでに、イギリス式の装置をそなえた近代的な大施設、何百人かの労働者を雇う真の工場が存在する。典型的な施設は、株式会社であるクルーゾーのものである。

大工業家。後のフイヤン派のストラスブール市長ディートリシュ。彼はニーデルブロン、イェゲルタル、ライヒスホフェン、ロトーに工場を持っていた。この工業グループは旧体制末期のフランスで最も強力だったようだ。ニーデルブロンに熔鉱炉一つと製鉄所四つ、イェゲルタルに熔鉱炉一つと製鉄所五つ、精錬用鉱炉五つ、大プレス二つ、ライヒスホフェンに熔鉱炉一つと鋳造所一つ、ロトーに熔鉱炉一つ、製鉄所一つ、鋳造所一つ、はねハンマー一つ、研磨所二つを含んでいる。ニーデルブロンの施設だけで八〇〇人の労働者を雇っていた。ディートリシュは当時の鉄鋼王だった。——（H・ブルジャンとG・ブルジャン

「大革命初期のフランスの冶金工業」、パリ、一九二〇)

六　ブルジョワジーの思想

十八世紀に、経済と社会がまだなお中世的な側面をいくつか持っているのを、資本主義の発達が掘りくずしていった一方、ブルジョワの野心は伝統的な諸価値から縁を切りつつあった。

勿論、ブルジョワの構造を深く考察するなら、多くの古い特徴が存続していた。商人と職人は常に共同体のかげにかくれて、その援助と保護を期待していた。家族と小教区、同僚団と同業組合などである。生産が少ないので、彼らは安全をはかっていた。すなわち規制によって競争から、正当価格によって、騰貴から身を守ったのである。利潤の精神にも無縁なわけではなかった。しかし彼らの理想は土地を購入して金利生活者として生涯を終えることだったので、集積の遅い収益で満足していた。彼らは倹約家であり、質素で、しばしば厳格な風習を持っていた。彼らの妻はぜいたくや化粧を知らなかった。夫・父の権力はその家族において無限だった。職人は徒弟と一緒に、商人は手代と一緒に働いていた。これらブルジョワは民衆と緊密に結びついて生活していた。都市においては彼らは一階と二階を占め、民衆はそれより上に住んでいた。こうした日常生活での親密さが、ブルジョワジーの精神的影響および口頭での宣伝による革命思想の伝播のもとになったのである。

これらブルジョワは、それでも、自分たちの社会的威厳という感情を持っていた。小ブルジョワは固有の意味でのブルジョワから高圧的に扱われるのに苛立っていた。しかし彼らは「賤民」に対し、しばしば同じようにふるまったのである。ルバ夫人、すなわち指物業の企業主でロベスピエールの宿主だったデュプレの娘によれば、もし彼女の父が食事に彼の「使用人」、つまり彼の労働者の一人を同席させたとしたら、それは彼の威厳をそこなうことになったであろう。古くからのブルジョワは好んで自分の家系を誇りにし、身分の低い者と結婚しないように気をつけていた。職業と役職が位階制を形成し、それが羨望の的になった。「このブルジョワ社会の序列における従属関係ほど際立っていたものはない」とクールノはその『覚え書き』に書いている。代訴官や公証人の妻は「マドモワゼル」と呼ばれた。参議の妻は当然のごとく「マダム」と呼ばれた。弁護士や学者の妻も、よく言われるように、しばしば同様の敬称を受けた。内科医と外科医もしくは薬剤師との間にも同じくらいの違いがあった。一方は「ブルジョワジーの輪」の中にはいっており、他方は「その扉をたたく」にすぎなかったのである。名家から軽蔑されていながら、ブルジョワジーはできる限り彼らの真似をした。アリストクラート層をねたみながら、ブルジョワジーは彼らの地位にはいり込もうという野心を燃やしていた。ダントンは自分の名前をアポストロフで区切り、ドロベスピエール家の人々は自分たちの名を二つに分けた。(32) このようにデモクラシーからはほど遠い精神に動かされていたのだから、共和暦二年の荒々しい試練の後にブルジョワジーが社会的位階制の再建に絶え間なく努めたのも理解できることである。

しかしながら富裕化により収入がふえたので、気質と趣味の多様性が自由な展開を示し得たのである。伝統的心性は絶えず存続していた。しかし近代的心性もすでにめざめていたのだ。個人は家族や社会の束縛を耐えようとはせず、それに苛立った。機会を追い求め、自分の欲求、ついでは自分の情念を満足させようと励んだ。都市の成長は種々の解放を助長した。新しくなった都市の美化された環境はブルジョワ生活の基本的な飾りだった。そこにおいては、社会的束縛を弱め、伝統的グループをのがれる様々な可能性が与えられていたのである。さらに経済の成長も同じ作用をした。より早い交通、よりたやすい収益、個人的・社会的な移動性の多くの要因などである。他方では、危険と冒険を好む趣味は、ブルジョワ的に、企業と自由競争の精神に置きかえられた。誰もが成功したわけではない。ある者は豊かになり、ある者はプロレタリア化した。しかし、中世から受けつがれた静的な社会においては、希望は来世に集約されていたが、それにかわってダイナミックな動的社会が生じつつあった。そこでは個人は自らを解放し、自由を夢見ており、後の世のことを忘れてこの世の幸福にめざめていたのである。

しかしさらに別のことがある。ブルジョワジーは哲学者《フィロソーフ》の学派に属していたのであり、欲得を離れた教養をそこから身につけたのである。哲学思想は、ある程度は、オラトリオ会の寄宿学校を通じて伝播した。これらの寄宿学校はしばしば新思想にとらわれていた。それはまた、読書、協会（農業協会、博愛協会、地方アカデミー、フリーメーソンの秘密集会）、さらには十八世紀にふえたサロンやカフェを通じて広まった。口頭での宣伝も考慮せねばならない。多くの場合、新思想の普及は気づかないうちに好奇心からなされたようである。哲学者《フィロソーフ》たちは流行にのっていた。人々はそれらを知り、それらを読もうとした。同時代の証言はすべて、ヴォルテール、ルソー、レイナル、その他がひきおこした熱狂を認める点で一致している。

哲学運動――どのように定義されるべきだろうか。

「哲学するとは、理性にその尊厳のすべてを帰し、理性をそのすべての権利のもとへつれもどすことである。各事物をその諸原則に関係づけ、世論と権威とのくびきをふりはらうことである。」（ド・ランベール夫人、一六四七―一七三三）。哲学は理性の普遍的な使用として定義されている。

「折衷主義者とは、偏見、伝統、古さ、普遍的合意、権威など、一口で言えば多くの精神を屈服させるものをすべて足の下にふみつけ、あえて自分自身で考え、最も明晰な一般原則にたどりつき、感覚と理性に証されるもの以外は認めようとしない哲学者である。」（ディドロ『百科全書』の折衷主義の項）哲学とは科学的な方法および認識として定義されている。

「真の哲学者は未耕作地を開墾し、犂の数をふやし、それによって住民をふやし、貧乏人を養い、富ませ、結婚を勧め、孤児を一人立ちさせ、必要な税に対して不平をもらさず、耕作者が喜んで支払うようにさせる。彼は人々に何も期待せず、自分にできるすべての善を人々になす」（ヴォルテール、一七六五）。哲学は社会的実践として定義されている。

一七七〇年以降、哲学の宣伝は勝利し、ある程度は立法に反映されている。その基本的な主題は何であろうか。

理性の優越――十八世紀には合理主義の勝利をみた。それは、もはや、何物もその適用外におかなかった。理性、それは以前には、信徒にとって、人間に与えられた真理の断片、神的なきらめきと受け取られた。理性はいまや自らの領域を画定する。すべての形而上学を投げ捨て、実体や事物の本質を認識すること、体系を構築することは不可能だと宣言する。理性は判断し、比較し、真実を誤謬から選り分けるのに努める。アプリオリな原則から出発するかわりに、観察し、分析し、現実的なものに密着する。ついで、それが区別した種々の要素を比較して、理性はそれらの連関を発見し、法則を確立することに努める。理性は経験に依拠する。理性は権威を投げ捨てる。理性はその反対物なのである。理性は伝統を投げ捨てる。理性は普遍的な性格を持ち、すべての人々において等質である。人々の救いはそれのみによる。「理性は哲学者にとって、恩寵がキリスト教徒にとって持つのと同じ意味を持つ。」（『百科全書』の哲学者の項）

自然権――歴史的権利に対して、哲学者《フィロゾーフ》は自然権を対置した。これはストア派までさかのぼる考えで、中世の神学者のうちの何人かによって主張された。絶対君主制によって闇に葬られたが、カルヴァン派のもとで生きのびていた。ロックは、一六八八年のイギリス革命を正当化するために、それに頼っていた。すなわち社会は市民の自由な契約に拠り、政府は主権者人民とその委任者の間の契約に拠るのである。そして委任者の権威は、最高存在が人間に付託した時効にかからない諸権利を尊重させる、という以外の目的は持たないのである。一七二四年に『市民統治論』のフランス語訳が出版された。この著作は、この世紀全体を鼓舞した。ロックは「歴史的一事件を人間理性によって命じられた出来事に」変えた、といわれ、それによってブルジョワジーの理想を表明したのである。彼の政治的理念が、その深い影響の根本的な理由である。その理念は経験主義と合理主義の複雑な混合であって、ブルジョワジーを魅するにふさわしいものだった。すなわち既成の社会秩序と所有の擁護であるが、それを道徳に訴えて行なうこと。効果的な政府を望むが、同意を必要とすること。個人主義だが、多数による規定を承認すること。ルソーは『社会契約論』(一七六二)において、不可分・不可譲の人民主権の理論、およびそこから民主的共和国の理論を公然と形成した。それにより彼は、自然権の論理的帰結を導いたのである。自然権と契約理論は、結局、革命的な諸結果を表明するものだったのである。

進歩への信頼——理性はだんだんと、その光の輪を拡げていく。「ついにすべての暗闇は一掃された。いたるところ、なんと輝かしい光だろう。すべての分野になんと多くの偉人がいることだろう。人間理性のなんたる完全さだろう。」(テュルゴ『人間精神進歩の哲学的描写』、一七五〇。またコンドルセ『人間精神進歩の歴史的描写の要約』、一七九四、も参照)

個人の自由から商業の自由まで、すべての分野における自由の要求。十八世紀の偉大な著作はすべて自由の問題にあてられている。哲学者《フィロゾーフ》たちの行動の基本的な一側面として、寛容と礼拝の自由のための闘いがある。ヴォルテールにとりわけ顕著にみられる。

平等の問題はより一層議論がある。哲学者《フィロゾーフ》の大部分は、法のもとにおける形式的な平等しか要求していない。ヴォルテールは『哲学事典』において不平等は永遠で運命的なものだとみている。ディドロは、実際の役職にもとづく正当な特権を不当な特権から区別している。ルソーは当時の思想に平等の理念を導入した。彼はすべての市民に平等な政治的権利を要求し、またある程度の社会的均衡の維持を国家の役割としたのである。

哲学思想の共通の基盤となっていたこれらの理念は、どの程度ブルジョワジーの各層に浸透していたのだろうか。

ブルジョワ全体を団結させているのは、アリストクラート層への反対である。十八世紀に貴族は、特権とか貴族位をもたらす役職とかを次第に自らだけのものにしようとしていた。他方、富と教養の進歩にともなって、ブルジョワジーの野心はふくらんでいる。そして同時に、彼らは自分たちの前ですべての門が閉ざされているのを見ているのである。彼らは、貴族の構成員よりも自分たちの方が適していると思われる行政の重要職に参加できない。彼らはしばしば誇りや自尊心を傷つけられている。ブルジョワジーの不満はすべて、名士であるブイエ侯の『メモワール』にはっきり記されている。さらにロラン夫人によっても表明されている。彼女は、自分が貴族の婦人たちより、才能においてもブルジョワの品位においてもまさっていることをはっきり感じていたのである。

二つの問題が基本的にブルジョワジーにはあった。政治の問題と経済の問題である。

政治の問題――ブルジョワジーによる権力の分有の問題である。世紀半ばから、とりわけ一七七〇年以降、世論は次第に政治や社会の問題に注意を払うようになっている。ブルジョワの宣伝が展開している。その主題は明らかに哲学運動のそれである。すなわち、神権的君主制の批判、専制政府への嫌悪、貴族とその特権に対する攻撃、市民的平等と担税の平等、すべての者をすべての雇用に、才能に応じて登用すること、等々である。

経済の問題――同様にブルジョワジーの関心をひいている。上層ブルジョワジーには、資本主義の発達のためには国家が変革された方がいいという意識がある。十分の一税、農奴制、封建的諸権利、税の分担の不適正は農業を阻害し、ひいては経済活動全体を阻害している。長子権とマンモルト財産との廃止は財産を流通させ、したがって活動を刺激するであろう。実業家ブルジョワジーは、さらに、労働の自由を望んでいる。それにより、自分の資本が実をむすぶようなすべてのマニュファクチュアを創設するためである。多くの法慣習、国内関税、度量衡の多様さは商業を阻害し、国民的市場の成立を妨げている。ブルジョワジーが自分たちの実業を経営するのと同じ秩序、明瞭さ、統一性の諸原理をもって、国家は組織されなければならない。最後に、資本主義の企業的精神は、科学の分野での探究の自由を要求する。科学的な仕事は、哲学的思索と同様、教会や国家の監視を免れることを、ブルジョワジーは要求するのである。

ブルジョワジーを導いているのは単なる利害関係だけではない。確かに、彼らの階級意識は貴族の排他主義、およびブルジョワジーの経済的・知的な上昇とその政治上の退行との対照によって強化されただろう。しかしブルジョワジーは自らの力と価値を意識しており、哲学者《フィロゾーフ》から世界についての一定の概念と利害を離れた教養を受けとっていた。それで旧体制の変革を自分の利害からだけ見ていたのではなく、それを行なうのが正当だと信じたのである。彼らは、自分たちの利害と正義の間には一致があると考えていた。このことは彼らの革命的性格をいやがうえにも強化したのである。

確かに、特徴を強調しすぎてはならない。ブルジョワジーは多様であり、同質の階級ではないのである。多くのブルジョワは哲学の宣伝に感銘を受けていない。敬虔の念や伝統主義から、変化に敵対的なブルジヨワもいる（恐怖政治《テルール》の犠牲者の中には多数の第三身分の者がいた）。変化と改革を望んでいるとしても、ブルジョワジーは革命の考えは少しも持っていないのである。第三身分全体が国王に対して多大な崇敬の念を持っている。それはほとんど「宗教的な性格」の感情である、とマルモンはその『メモワール』に記している。国王は国民的理念を表わしており、誰も君主制を破壊しようとは考えていなかった。同様にブルジョワジーはアリストクラート層を破壊するよりも、むしろ彼らと混合しようと願ったのだった。上層ブルジョワジーが特にそうであった。彼らのラファイエットに対する熱狂はその点で意味深いものだったのである。

ブルジョワジーは、他方、民主的というにはほど遠い。彼らは社会の位階制を基本的に維持しようとしていたのである。彼らは自分たちより下にある階級から自らを区別しようとしていた。貴族の平民に対する軽蔑はブルジョワジーの民衆階級への軽蔑でもあった。ブルジョワジーは貴族に対抗するために民衆階級の助力を求めた。その後、民衆が共和暦二年に権力を要求した。これを見た時にブルジョワジーが感じた怒りと恐れは、こうした階級的偏見によって説明されるのである。

*

貴族がゆっくりと没落していく時に、ブルジョワジーは富んでいた。しかし、その経済力とつりあった政治的役割を社会で演じてはいなかったのである。彼らは一つの野心しか持っていなかった。フランス王国の政治生活において当然に自分たちのものだと思われる位置を占めることである。ブルジョワジーは活動的階級を自認していた。それで、生産的な職業がいやしめられている社会秩序の存在には我慢できなかったのである。彼らは、旧体制が増加させた拘束から自分たちの活動が解放されることを願っていた。彼らは経済的自由を要求していた。資本の保持者として、動産による富の重要性を認識させることを願っていた。要するに、彼らは自分たちの利益にあうように社会の均衡を再構成しようと望んでいたのである。

この闘いにおいて、彼らは自分たち自身の力の他に、他の力をあてにできた。ブルジョワジーは他の社会的カテゴリーを自らの歩みに引き込んだのである。ある程度の利害の対抗関係はあった。しかしアリストクラート層と旧体制に対する一致した反対により、その対抗関係はおおいかくされていた。すなわち都市の民衆階級と農民であり、またある意味では下級聖職者と自由主義貴族もこれにあたる。旧体制末期にブルジョワジーは明らかに国民の指導的分子をなしていたのである。

第六章　都市の民衆諸階級

アリストクラートとブルジョワは抜きん出た位置を占めていた。彼らは民衆層を、摂理によって肉体労働に運命づけられた者とみなしていた。支配階級の中では民衆層に対する軽蔑と恐れの感情が支配していた。彼らは小民《プティ・プープル》、細民《ムヌ・プープル》である。だがまた、個人的蔑視や集団的反乱を考える時には賤民《ポピュラス》、下衆《カナイユ》である。上層部においては中小ブルジョワジーとの間の境界は不明確で動的であった。しかし下層部においては、革命下に清廉な者《オネット・ジャン》と呼ばれた人々（この言い方は一七九三年六月二日とジロンド派の没落の後、一般的になった）との対照は大きかった。すなわち金ピカ半ズボン、絹靴下対サン＝キュロット(33)の対立である。「第四身分」とは、デュフルニの一七八九年四月の言によれば、「貧しい日雇いの身分、無産者の聖なる身分」である。宗教的感情は常に彼らを慈善をもって扱うようしむけた。哲学は社会的義務の概念を導入して、人類愛を発明した。大革命は福祉を発見した。それらは救済策としては不十分であった。民衆諸層、危険な大衆は重圧と反乱の間を揺れ動いていたのである。ブルジョワ的要求と民衆の暴力の結合が旧体制を打ち倒した。民衆運動は独自の政治的・社会的目的性を持たなかった。だから、この十八世紀末において、運動自身によって運動自身のために成功することはおこり得なかったのである。

一　構造の問題――裸の労務者《ブラ・ニュ》かプロレタリアかサン＝キュロットか

第四身分。まず定義の問題がある。それを解明することは無駄ではない。

日雇い農民については、ここではとり上げないとして（野良仕事、脱穀、森林、石切り場などのため、村々には多くの農業プロレタリアートが維持されていた）、労働者《ウーヴリエ》は、今日われわれが用いる厳密な意味においては、十八世紀末にはまれであった。まだ基本的に農業中心の社会にあって、工業活動は農作業と緊密に重なりあっていた。都市に固有の「工業」であってもなお田園部との共生で生きていたのである。労働者と農民の混合型がより多かった。語の厳密な意味における農業プロレタリアートの存在まで否定することはしない。しかし固有の意味での賃金は、多くはこれら労働者＝農民の収入の一部であり、彼らは地片の所有者であったことは、明らかにしておこう。さらに賃金と、料金《タリフ》から結果する固定価格とを区別すべきであろう。逆の意味では、都市の勤労者は、家族のきずなや土地もしくはブドウ園の所有によって、近郊の農村と結びついたままだった。モンペリエ付近では十八世紀末に、職人、小商店主、徒弟の激しい労働による極小ブドウ栽培が展開していた。「自分のブドウ酒を作る」こと、これは、経済的な必要によるとともに、常に土地に結びついていたこれらの人々の個人的な満足のためでもあった。これは民衆の心性の特徴である。このことは、都市の社会構造に対する土地の影響の頑強さを表わしていた。

上層部においては従属的職人層が混合型をなしていた。リヨンの労働者的親方、すなわち絹織工は、用具を持ち、徒弟を雇い入れて、雇主《パトロン》の体裁をとっており、賃金受領者の大衆とは意識において異なっていた。しかしながら、彼は手間賃仕事に対して製造業者的交易商人から報酬を受けており、実際上は料金《タリフ》によってきびしく従属化させられた勤労者であった。このために社会的敵対関係の展開は複雑化していた。労働者的親方と製造業者的交易商人の対立が、徒弟と労働者的親方の上に重なったからである。P・レオンは、リヨンについて、「二段階のプロレタリアート」を語ったものである。

こうした非等質的な大衆を「労働者階級《クラス・ウーヴリエール》」と命名するのは時代錯誤的であろう。D・ゲランは一九四六年のいささか議論を呼んだ本の中で、この大衆を示すのに裸の労務者《ブラ・ニュ》という表現を提案している。ただし、その語により明確な定義を与えてはいない。この表現は社会的差異に関して的確な基準をなしていないのだから、彼に従うことはできないであろう。ソ連の歴史家は、当時の文書から離れて、無権者大衆《マス・プレベイエンヌ》および初期《プレ》プロレタリアートという二つの表現を用いている。これは曖昧に思われる。なぜなら、相異なる歴史的諸条件と不明確な社会的現実に準拠しているからである。

無権者大衆《マス・プレベイエンヌ》という表現は、たとえマルクス主義の古典に用いられているにせよ、古代史を引きあいに出しているのであるから、ここでは十分でないであろう。大革命下においては無権者《プレーブ》という語はほとんど使われていなかった。この語が用いられる時には軽蔑的なニュアンスを含んでおり、勤労する大衆の反対語だった。一七九八年春の一文書によれば、「この県の住民の中には一つの階級がある。それは労働者階級ではなく、ローマで無権者《プレーブ》と呼ばれていた者の階級である。すなわちどの党派にも属さず、どこにでも身売りする諸個人の集まりである。」確かに、共和暦四年フリメール九日（一七九五年一一月三〇日）のバブーフの『人民の護民官《ル・トリブン・ド・プープル》』紙では無権者主義《プレベイアニズム》が民主主義という意味で問題になった。また同じ共和暦四年に『無権者の演説家もしくは共和国の擁護者《ロラトウール・プレベイアン・ウ・ル・デファンスール・ド・ラ・レピュブリク》』と題する新聞があった。しかしながらこうした使用はまれであり、社会的現実よりもむしろ政治用語の意味をおびていたのである。無権者大衆《マス・プレベイエンヌ》という表現は当時用いられなかっただけではない。極貧者の数量的重要性（パリでは一七九三―一七九四年に住民九人につき一人の極貧者が扶助されていた。サン＝タントワーヌ場末街《フォーブール》の三区《セクシオン》では住民三人につき一人だった。）を考慮に入れてもなお、十八世紀末のフランス都市社会のどのカテゴリーにも明確には対応しないのである。この語はいかなる特殊的性格も示していない。そのローマ風の響きのために、現実を歪め、展望を誤まらせるものである。

初期《プレ》プロレタリアートという語にも、やはり、満足できない。プロレタリアートという語はとりわけバブーフ主義の用語にみられる。すなわち時期的に遅いのであり、また「共同体」が必要物を供給しなければならない貧困な市民、という古代風の意味で用いられているのである。意義深いことに、プロレタリアという語が貧困という概念ではなしに労働の概念と結びついて現われたのは、一七八九年九月二四日、経済学者で立憲議会議員のデュポン・ド・ヌムールの口を通してである。無論、すでに集中化されていたごく小部分の産業部門を除くならば、当時のフランスにおいてプロレタリアートについて語ることはできないであろう。しかもその小部分についても、農民的もしくは職人的な心性がなお大きくはいり込んでいたのである。初期《プレ》プロレタリアートについてみれば、これは後の社会的発展との関連でつくり出された語である。たとえ年代的な意味では受け入れられるようにみえても、なお漠然としていて特徴をよく示していないことにかわりはないのである。経済発展の重みのもとで、職人層と小商店の世界は十九世紀の間に分解した。大多数は中小の商人的生産者の地位からしめ出された。農業の資本主義的発達と農村共同体の風化によって農村部から放り出された小農民とともに、彼らは産業労働者階級の群れを形成した。十八世紀末の民衆の諸カテゴリーは、様々な立場のもとで、初期プロレタリアートを構成していたのである。

サン＝キュロットリーという語は革命期に用いられており、研究史でも認められている。しかし現代の社会学的用語という点では不明確であるようにみえる。当時の職人と小商店主が優越している経済的・社会的諸条件との関連でいえば、その語は、それでも、現実に対応しているのである。サン＝キュロットというのが、すべての社会的カテゴリーと同様、社会的特徴と集団的心性の特徴の双方の全体から定義されるものであることは言うまでもない。それでも、サン＝キュロットリーと言うと、あまりに政治的なひびきがある。また、ここで認めるには、その用い方の年代的制限があまりにも狭すぎるように思われる。

旧フランスの都市の勤労者は、その固有の利害が分散していて自覚されておらず、単一の階級も、また等質の社会的グループさえ構成していなかった。それならなぜ、それを指すのに、簡単に旧型の都市諸大《マス・ウルベン・ド・テイプ・ア》衆《ンシアン》という表現に頼らないのだろう。

二　民衆の諸カテゴリー

従属的職人層。民衆のカテゴリーと職人的小ブルジョワジーのカテゴリーの境目にある。曖昧で、把握・測定が難しいものである。リヨンの絹織工のような型の職人、つまり、原料を供給して加工製品を商品化する資本家的問屋商人から手間賃をもらう職人である。この職人は自宅で、交易商人の監視を受けずに労働する。多くの場合、道具は自前である。時には徒弟を雇い、小雇主《パトロン》の体裁をとっている。しかし実際には、経済上は、この従属的職人は賃金受領者で、商業資本主義のいいなりになっているのである。こうした社会構造、交易商人によって決められる料金《タリフ》に対するこれら職人の従属性によって、十八世紀のリヨンの紛争は説明がつくのである。とりわけ一七四四年の絹織工の蜂起は大きく、地方総監は軍隊を街に入れるのを余儀なくされたのだった。

他方、同業組合（職人的生産）の労働者と、数はまだ少ないがマニュファクチュアやできつつある大工業の労働者とを区別しなければならない。

同業組合に集まっている徒弟と見習いは経済的にもイデオロギー的にも、親方に緊密に従属していた。職人的な職種については、家族の仕事場が生産の自律的な細胞をなしていた。そこから一定の型の社会関係が生じる。絶対的な規則があったわけではないが、見習いだけでなく徒弟（通常一人か二人）までも親方と同じ家で、「親方のパン、水さし、ベッド、家で」生活していた。この慣行は多くの職種で大革命前夜にも存続していた。これが消滅する割合に応じて親方と徒弟の分離が生じ、ひいては伝統的な労働界の解体がおこった。その過程は徒弟数が次第に増加することによって強化された。

マニュファクチュアの労働者は労働条件の諸階梯をよりたやすくとびこえられた。規則的な見習いは彼らには要求されなかった。しかし彼らは、仕事場の規則については、よりきびしい原則に服していた。雇用者を離れることは困難だった。それには書面での解雇状が必要だったのである。一七八一年にはすべての賃金受領者について労働手帳が義務づけられた。しかしながら、十九世紀のプロレタリアートの先駆をなすこれら十八世紀の都市賃金受領者グループの数量的重要性について誇張をしてはならない。

顧客相手の賃金生活者はこれら都市の民衆諸階級の中でたいへん数の多い、おそらく最も数の多いグループを形成していた。日雇い労働者、庭師、使い走り、水や薪の運搬人、手間賃かせぎ（使い走りや雑用をする者）などである。アリストクラート層やブルジョワジーの召使い（従僕、料理人、御者、等々）をつけ加えねばならない。後者はパリの特定地区、例えばサン・ジェルマン場末街《フォーブール》などには特に多かった。さらに、晩秋から冬にかけては、都市へ労役を求めてやってくる農民がつけ加えられる。例えば、パリでは秋から春にかけて多くのリムーザン出身者が建築の仕事についていた。

第四身分の持つ社会的な重みを調べるためには、その実数を調べることから始める必要があろう。おそらくかなりの数の大衆である。だが史料が不足で散逸しているのに、どうやって様々なカテゴリーや職業、国内の諸地域への分布を明確にできるだろうか。実際、利用できる史料の価値は一様ではないのである。マニュファクチュア査察の報告書は、農村労働者の調査については疑わしいが、都市については資料的価値を持つようだ。タイユ税、さらには人頭税の課税台帳は、曖昧な点や混乱が多いが、役には立つ。さらに、例えばパリにおいては、都市の職業調査、救貧税の台帳がある。しかしながら資料の状態によって、およびそれと同じぐらい社会構造の性質のため、民衆的な旧型の都市諸大衆の数を正確に決定することはできない。だが少なくともこの問題に十分な程度の接近は可能なのである。

スミュール＝アン＝オソワの場合――一七八九年にブルゴーニュのスミュールには一三一九の家族がおり、そのうちの六七七家族が都市民衆のカテゴリーに属していた。すなわち五五パーセントである。ただし都市在住の農民はのぞく。職人業、手仕事には一八一名の家長が携わっていた。マニュファクチュア活動は僅少だった。織物業において三二の稼働織機により五四名の労働者が働かされていた。そのかわり、顧客相手の賃金生活者は多かった。二八五の召使いの家族が、四二家の貴族、九二家の役人（「初審裁判所の閣下連《メシュー》」）と自由業者、さらに一〇〇家ほどの金利生活者、すなわち「ブルジョワ」と金持ちの寡婦に雇われていたのである。最後に一五七名の極貧で課税を受けていない家長がいた。すなわち家族ともで約三〇〇名、住民の六パーセントである。老人や子持ちのやもめがその大部分であり、「無所有」で仕事のない独身の娘もいた。就業年齢になっても職がないのである。このような社会的文脈から、食糧問題の重要性が読みとられる。――（R・ロバン「一七八九年におけるスミュール＝アン＝オソワの都市プロレタリアート」、『経済社会史雑誌』、一九六六、第四号）

パリの例――パリは一七八九年には人口が六〇万人近い都市である。その半分近くが工業に携わっている。最も人口が密集した地帯はサン＝タントワーヌ場末街《フォーブール》とサン＝マルセル場末街《フォーブール》、およびパリの中心ではセーヌ河両岸の二地帯である。

労働人口の分布は後者の二地帯に対応している。労働者の給料を払うために高額アシニアを低額紙幣に両替する件についての一七九一年の文書から、労働者の数は約七万五〇〇〇人と見積ることができる。家族を含めれば二八万から三〇万の人口となる。これはパリの人口の半分にあたるのである。この労働者大衆は、現在よりも集中化が進んでいなかった。西部の諸地区を除けば、首都の全地区に労働者がいるのである。サン＝タントワーヌ場末街《フォーブール》には四五一九人の労働者がいる。雇主《パトロン》あたりの平均一四・九人である。パリ中央部では、平均は二七・九人（マルシェ区）および三一・八人（デュ＝ノール場末街《フォーブール》区）(34)に上昇する。パリ中央部で右岸に、セーヌ河から大通り《ブールヴァール》へ、(34)さらにそこを超えて徴税請負人の壁までのびている地区が基本的に重要である。そこには二万八〇〇〇人近い賃金受領者がいる。布地やメリヤス類の製造所が二〇〇人から三〇〇人の労働者を雇っているのである。もう一つの民衆地区は左岸のポン＝ヌフからサン＝ミシェル橋の間に拡がっている。ここには一万人以上の勤労者がいる。しかし仕事場ごとの集中度は右岸よりも弱い（雇主《パトロン》あたり一五・六人の労働者）。

おそらく、これらの文書はパリの労働界の社会構造を正確に示してはいない。労働者への支払いを確保しなければならなかった雇主のみが高額紙幣を両替したのだった。職人的な小企業は、事実上、この統計からもれている。（前章の四、「職人・小商店主の小ブルジョワジー」、パリの例」を見よ。）しかしながら、歴史的場末街《フォーブール》、すなわちサン＝タントワーヌやサン＝マルセルには労働者も大きな企業もとりたてて密集しているわけではないことは注目を要する。サン＝タントワーヌ場末街《フォーブール》は多くの職人的小雇主層が支配的だったようである（そこでは雇主あたりの平均労働者数は一四・九人であり、パリ全体の平均一六・六人よりも少ない）。大革命中に「光栄ある場末街《フォーブール》」が演じた役割は知られている。すなわち、民衆諸階級の中で最も革命的な分子は小職人層から構成されていたのであって、工場プロレタリアートではない。後者はまだやっと展開し始めたばかりなのである。

極貧層からなる貧困で飢えた大衆の重さをつけ加えねばならない。共和暦二年ジェルミナルにコミューン総参議会に提出された報告によれば、扶助をうけている極貧層はパリで六万八九八一人にのぼっている。住民約九人に一人は扶助をうけている極貧層なのである。この貧困な大衆による圧迫は区によって異なる。歴史的場末街《フォーブール》では、それはとりわけ強い。故に彼らの政治的役割も明瞭である。サン＝タントワーヌ場末《フォーブ》街《ール》では一万四七四二人が数えられる。住民三人につき約一人である。ここでは日々のパンの問題が他のすべての考慮に優先するのである。サン＝マルセル場末街《フォーブール》では、この割合はさらに多い。セーヌ左岸のサン＝ミシェル橋とポン＝ヌフの間の民衆地区でも、住民約六人に一人の割で極貧層が数えられる。こうして、パリの大衆の描写に詳細がつけ加えられる。同時に民衆運動の基本的要因が確認される。すなわち飢餓である。――（A・ソブール『パリのサン＝キュロット』、すでに引用）

三　民衆の生活条件

都市の民衆諸階級はきわめて多様であった。これら種々のカテゴリーの間には一つのきずながあった。日々のパン、したがって賃金の問題である。他方、十八世紀には収入全部の中で一つだけが下落している。賃金である。当然ながら、単なる賃金率（名目賃金）でなく、雇用率（失業）および生活費の動き、すなわち実質賃金を考察に含むことになる。

都市の民衆諸階級の生活条件は世紀が進むにつれて悪化した。都市人口の増加は、上昇する物価とあいまって、賃金と生活費との関係に不均衡をもたらしている。十八世紀後半には都市人口のうちの賃金受領者のカテゴリーには貧困化の傾向があった。しかしながら職人層に関しては、徒弟の生活条件は親方のそれと本質的に異なっていなかったことに注目せねばならない。単に一段低いだけなのである。

労働日は一般に夜明けから夜までである。ヴェルサイユでは多くの仕事場で、晩春から初秋にかけては、仕事は朝四時から夜八時まで続いている。パリではほとんどの職種で一六時間労働である。製本業者と印刷業者は、労働日が一四時間を超えていないので、特権者と考えられていた。仕事は、確かに、現在よりも密度が薄く、もっとゆっくりしている。休日となる宗教的祭日は比較的多い。

民衆の生活条件の基本的問題は、賃金とその購買力の問題である。

1 民衆の生計費（前出第二章、二、物価と収入の変動、3、賃金の変動、を見よ）

2 賃金の変動（前出、同右）

一例。十八世紀における製紙労働者の生活条件——たいへん早くから仕事を始める。一般に一二歳である（一七三九年の規制）。見習いは四年続いた。徒弟の資格を得ることにより、仕事を覚えたことが認められるのである。一日は朝四時か五時に始まる。労働はきつく、絶えず水に接しているので、徒弟はしばしばかなり早くから肺病や畸形性リューマチになっている。それで、労働のきつさを埋めあわせるために、製紙労働者は親方によい食事とよい酒を要求する習慣があった。アノネー（ヴィヴァレー）の製紙業親方ピエール・モンゴルフィエの計算によれば、一五〇人ほどの労働者を雇っているマニュファクチュアの指導的立場にいる徒弟は、カテゴリーに応じて、平均して年に六〇リーヴルから九〇リーヴルかせいでいた。それに賄いとして年に一九八リーヴル追加される。親方が住居を提供したが、かなり質素なものだったようだ。大きな仕事場の労働者はしばしば大部屋に寝ていた。大革命前の二〇年間には親方と徒弟の関係はしばしば難しいものだったようだ。ストライキが多くあったが、それは賃金の条件によるとともに仕事の条件にもよったらしい。——(H・ガシェ『歴史の現代性』、一九五五、五頁)

オルレアンの場合——オルレアンでは賃金に関する情報はないわけではない。しかし断片的であり、大革命前のものはまれである。生活必需品に関するものも、一七九三年の最高価格表に頼る以外には、ごく少ししかない。さらに労働者家族の家計がどのようなものであったか知らなければならないであろう。パン価格が占めるパーセンテージだけは、十分な程度に近似的には、測りうる。その数値が何よりも重要なのである。E・ラブルースは、子供が三人いる家族の毎日の消費量を七リーヴルと見積っている。労働日数が二九〇日として、父親の給料が一日三五スーなら、一リーヴルが二スーのパンは給料の五〇パーセントを持ち出すことになる、というのがG・ルフェーヴルの計算である。日給が三〇スーなら五九パーセント、二五スーなら七五パーセント、二〇スーなら八八パーセントとなる。すなわち、一家の父である労働者のほとんどは、収入の大半をパンにさいていたのである。さらに住と衣をつけ加えよう。子供がもっと多く、妻が働いていなかった者の境遇はどんなだっただろうか。三人の子の父であるメリヤス工で日当一五スーの者の境遇はどんなだっただろうか。パンは二スーとして一年で二二五リーヴルとなるのに、年収は二一七リーヴルしかなかったのである。妻のかせぎによってなんとか餓死せずにすんでいた。故に乞食が生じる。

一七八三年の請願書によれば「労働者の大部分の貧窮はひどく、日曜祭日には農村部へ行って一週間の生計のために一片のパンを乞食することを余儀なくされる者もいるほどである。……彼らの仕事は彼らの食糧および彼らの子供の食糧を得るのに十分ではなく、ましてや彼らの必需品全部のためには十分でないからである。」凶作がマニュファクチュア製品の市場を狭めるため、定期的におこる失業をつけ加えよう。病気と癈疾をつけ加えよう。一八〇五年に商工会議所は、恐慌の際には労働者人口の三分の一以上が全くの極貧状態にあって、扶助を必要としている、と認めたのである。

労働者は一七八九年の都市の集会に姿を現わさなかった。陳情書では彼らは問題にされていない。ラシャ製造業者兼小間物商が簡単な言及を行なったのが例外である。それは「徒弟と見習いを従順にし、親方に服従させるような、よい取締りが必要である」と述べている。ブルジョワジーは、アリストクラート層が第三身分全体に対して尊大で軽蔑を示していると非難していた。それと同じ尊大さ、および多くの場合に同じ軽蔑を、ブルジョワは民衆に対して示していたのである。例えばメリヤスを扱う交易商人は手間賃労働者について、「これらの労働者の多くは読み書きを知らない。大部分はたいへん貧しいので、市庁の課税台帳に入れられていないほどである。何人かは慈善と教区民が与えるパンに頼っている。一番裕福な者は納税市民の一番下の階級に認められている。共同体の中にいてその規制を要求するこれらの者は、何者であるというのか。」と述べている。

階級の分離は明確である。食物と衣類に関しては、ある面では現在よりも露骨に現われていた。オルレアンでは、民衆は小麦とライ麦を混ぜた黒パンを食べており、ブルジョワは白パンだった。職人と労働者は長ズボンと仕事着もしくは作業上着をつけており、夏は麻布、冬はドロゲ(安価な毛織物)もしくはプーランジ(毛と麻の織物)だった。彼らだけが毛の靴下をはき、ふちなし帽をかぶっていた。他方、ブルジョワは半ズボンをはき、外来の薄い織物を着、つばつきの帽子とリンネル、絹、もしくは綿の靴下を着用していた。——(G・ルフェーヴル『オルレアンの研究』、第一巻、すでに引用)

他の例。大革命前夜のリヨンの絹織工——リヨンの製造業は、世紀半ばには繁栄していたが、一七八七年以後に深刻化する恐慌を経験した。四〇〇〇台以上の織機がこわされ、多くの労働者が外国へ行こうとしているのである。リヨンの織工とすべての労働者との生活条件は一七七八年以降に悪化していた。賃金は生計費の上昇に追いつかず、労働者の購買力は低下した。一七八六年のある家計によれば、衣食住の費用が減少してもなお、家政は収入の三分の一にのぼる年間赤字をさけることができなかった。労働者は一日に一八時間も働いている。夜明けよりも前から始め、「彼らの労働を夜ふけまで延長した。時間の長さによって賃金の僅少さをおぎなおうとした。」それによる過労は畸形と隔世遺伝的な退化をひきおこした。「絹布労働者は決して絹布労働者の孫でないことは確かである。」狭くて採光も換気も悪い住居で、絹織工たちはニシン、タラ、クリームチーズでつましく暮らしていた。失業中には貧しい織工は割引き価格で注文を受けた。こうして自ら賃金の低下をおし進めたのである。それ故、最も意識のめざめた人々によって仕立ての一般料金を獲得する努力がおこった。その要求は一七七九年に最初に現われた。動揺は一七八六年まで続き、その年に不満から紛争が生じた。一七八七年から一七八九年までの年が最もきびしかった。「三市庁はパン価格を公定し、特に貧しい一万人以上の家長には人頭税を免除しなければならなかった。万人のやせおとろえて蒼白い餓鬼が、自らの無用性と貧困を示して」通りを歩いた。「これらの不幸な者たち、彼らは一体、誰だろう。絹がないので家族ぐるみ乞食にされてしまった、工場の労働者だ。彼らは死にそうに餓えている。」——（L・トレナール『リヨン……』、すでに引用）

四　労働組織と行政による監視

労働者は権利において法的従属状態にあり、実際上も自分たちの組織は非公然で個別的であり、弱かった。それで自分たちの生活条件を改善することは一層困難だった。

1　仲間組合《コンパニヨナージュ》

親方の同僚団から締め出されていたので、徒弟たちはたいへん早くから個別の同僚団をつくっていた。これは真の相互扶助協会だった。とりわけ彼らは仲間組合《コンパニヨナージュ》をつくった。フランス遍歴をする職種に限られた結社である。F・ルプレーは仲間組合を、「同一の職業団体の労働者によって、職業教育、相互保障、道徳化の三つの目的のために形成された協会」と定義した。その性格をはっきりさせるため、それが秘密もしくは半秘密で、そのため常に仲間組合の結びつきは強化され、自律性が基礎づけられた、ということをつけ加えよう。フランス王国全体に分散し、思想の共通の規則を免れ、社会関係から独立した秩序をがんとして維持し、道徳的価値に関して独自の基準を持っていた。それで仲間組合は、最近それを研究している歴史家E・コールネールの表現に従えば、「精神の特殊地域」を形成していたのである。

仲間組合はエルサレムで神殿建設の際に、ソロモンの建築家のヒラムと現場監督のアドニラムの勧めによってつくられた、という雑然たる伝説のかげでは、伝承が、不正確ながらも、真実の一部を示しているようである。すなわち仲間組合の発展を中世の大聖堂建設に結びつけるものである。十五世紀末までは職工組合《ドゥヴォワール》の秘密におおわれて闇の中にあった。十六世紀には、親方と当局に対する闘争組織を自任するようになった。そうしたものとして大革命まで残ったのである。国家から追求され、ソルボンヌの一六五五年三月一四日の荘厳な宣告文をもって教会から断罪されながら、十七世紀半ばに仲間組合の進歩は加速し、そのまま大革命前夜に至った。宗教的権威による破門も、公権力の武力同様、有効性を持たなかったのである。職工組合《ドゥヴォワール》（徒弟により、彼らの結社を指すために用いられた語）という協会の数は十五世紀から十八世紀にかけて増加した。旧体制の末期にはフランス王国内のほとんどすべての都市に徒弟がみられた。エタンプ、バル＝シュル＝オーブ、アヴァロン、スェールのような、重要性のない都市でも同様であった。そこでは一七六〇年に大工たちはトルイヤールという名の母親役とグルニエという名の父親役を持っていたのである。一七九一年には秘伝授与団体は全部で三〇ほどの職業に及んでいた。その構成員の数を見積ることはできない。それでもその数が労働界にかなりの割合を占めており、強い影響を及ぼしていたことは、疑いのないところである。

仲間組合の数量的な発展がもたらされるとともに、その組織も強化された。規約が起草された。パリの石切り工、ディジョンの指物師、マルセイユのろくろ細工人などである。同じ都市の中の諸協会間にきずなが結ばれた。時にはライバル同士の職工組合ドゥヴォワランとガヴォが手を結んで、親方や役人を驚かせた。例えば一七六八年のディジョンとトゥール、一七八五年のムーランでのことである。諸協会は次第に、特定の中心地にあてたり「フランス遍歴にのせ」たりして「手紙を走らせる」ことによって、都市から都市への連絡をとった。一七六四年にはムーランの徒弟はロシュフォールまで手紙を「走らせ」ていた。職工組合の指物師にとって、マコンの宿場《カイエンヌ》は大変活発な通信の中継点だった。

仲間組合の力の増加は次第にひんぱんになる争議に表わされ、それによって労働界における信用が増加した。最もうるさ型で、社会的抗争に最も活発に参加した協会は、まず製紙業の協会、ついで指物師の協会だった。後者はしばしば大工、金具工、靴なおしと共働した。十八世紀の間、職業抗争は絶え間なかった。それは、何よりもまず、就職の独占が長い間ずっと職工組合の手にあったことにより可能となった。「小商店への禁止宣告」とか、ある職業の勤労者がほとんど全部いなくなる、都市全体への「呪い」などを行なったのである。ストライキはずっとまれであり、時には敵対の儀式を伴った。一七七六年に宣誓組合の廃止に関してテュルゴにあてた建言書の中で、パリの高等法院はテュルゴを「社会の混乱のために生まれたあの者たちの騒乱に好意的である」点で非難した。徒弟によるこの絶えざる騒乱は、労働界における社会的緊張の深刻化を証明していた。経済的・社会的構造の緩慢だが不可逆的な変化は、伝統的な秩序の均衡を破壊した。そのことは職工組合に、その基本的な規定にもかかわらず、次第に闘争的な姿勢をとらせるようになったのである。徒弟が力を持っていた都市ではすべて彼らが、少なくとも職人的な職業については、労働市場を支配していた。時にはおだやかに、しばしば激しく、彼らは自分たちの意志を押しつけた。大革命に先立つ一〇年には、仲間組合がその歴史の頂点にあったのである。

しかしながら、その力とその影響がいかなるものであろうとも、それは限られたものだった。まず、それぞれの支部を対立させ、しばしば流血の争いに至ったような競争のためである。とりわけガヴォとドゥヴォワランの間で激しかった。他方、諸協会が要求した独占は絶対というにはほど遠かった。多くの都市に反抗者がいて、仲間組合の原理を拒否していたのである。徒弟の自らの集団的利害に関する意識が弱かったことを示す特徴はいくつもあるのである。旧体制末期における労働争議の増加、いくつかの同業組合による地方的な争乱はあったにしても、仲間組合は、新しい現実にうまく対応できない過去の制度となっていた。それは、少なくとも三世紀来、その伝統、儀式、信仰によって、古い社会の最も深くまで根をおろしたものとなっていたのである。合法的な秩序の周辺にありながら、同時にその秩序に付随し、またその社会の中にあって真の自律を享受しつつも、古くからその社会と共生関係にあったのである。セバスチアン・メルシエはその『パリ通覧』の中で、この「種々異なる職種の徒弟の間における動揺」と言っているし、また傾きつつある旧体制を注意深く観察したすべての人、例えばレティフ・ド・ラ・ブルトンヌや本屋のアルディも同じように見ていた。この動揺は未来に向けての革新的な役割には向かわなかったのである。何人の徒弟が新思想に心を動かされただろうか。全体として仲間組合は経済と社会の全般的な変化を察知しなかった。だから、生産と労働の新しい組織形態を探究する必要をみてとることもなかったのだった。大革命の渦にまき込まれた後、それらは帝政下にひそかに再建され、七月王政下に最後の光をはなった。産業革命によって、それらは民俗的遺物の状態におとしめられた。

2 法的従属

労働者の要求に対抗するのに、親方の方は中央権力・地方当局のすべての抑圧装置を味方にしていた。教会の支持があることは言うまでもない。

十六世紀以来、仲間組合は国家により禁じられ、教会から断罪されている。一六五五年にソルボンヌは仲間組合のいくつかのやり方、とりわけ入団式を、背教、迷信、妖術で汚されているとして断罪していた。ストライキもしくは謀議は禁じられた。十八世紀には、王権と自治体権力とは労働者の組織と要求とにとりわけ敵意を示した。製造業の規制を緩和する傾向にある時に、国家は個人の規制強化にはより積極的になった。とりわけ労働者を雇主のもとに束縛し、従属させるのに意を用いたのである。

マニュファクチュアと製造業に関する一七四九年一月二日の特許状は、徒弟が書面での解雇状なしに親方のもとをはなれること、集会をすること、「同僚団をつくること」、「つれだって親方のところへ行くため、あるいは親方のところから出るため、あるいは何らかの方法で上記の親方が自身で自分の労働者を選ぶのを妨害するため、仲間うちで陰謀をなすこと」（第三条）を禁じ、その違犯には一〇〇リーヴルの罰金と拘留を課した。このようにして、特に書面での解雇状を義務づけることによって、労働者を雇主に緊密に従属させることが望まれているのである。

一七七六年一月のテュルゴの勅令は、親方の同業組合を廃止したが、同時に徒弟の結社も禁じた。そしてそのために用いられていた警察手段をすべて保存した。一七七六年八月の勅令は、親方の同業組合は再建したが、労働者に対する抑圧的立法は維持した。特に第四〇条は解雇証明書の義務を規定した。親方はその証明書に、自分のところを出ていく徒弟の行状と仕事に関する意見を記載しなければならなかった。雇主は書面での解雇状を携帯しない労働者を採用することはできず、違犯には罰金が課せられた。

一七八一年九月一二日の特許状は「マニュファクチュア地方における労働者の中に従属関係を維持する」ことを目的としていた。この治安維持についての規定は以前からの規則を強化した。すなわち労働者が同僚団をなすこと、集会をもつこと、賃上げのため謀議をなすこと、の禁止である。特に書面での解雇状は労働手帳に貼って持たねばならなかった。この手帳は整理番号をうたれ、署名された、真の法的な身分証明書だった。書面での解雇状を得るためには、労働者は負わされた務めを果し、負債を払い、一週間前に予告した上で親方に退職を告げねばならなかった。労働手帳は十九世紀半ばになってやっと、反労働者的?立法から姿を消したのだった。

旧体制末期に、高等法院、地方総監、警察の役人、自治体から、労働者の集会もしくは謀議を禁じる布令が多く出された（一七七八年のパリ高等法院の布令は居酒屋に対し、四人以上の徒弟を入れることを禁じた）。労働者の生活条件の悪化によって、彼らの闘争性が増加した証拠である。

このように多くの徒弟が貧困にとじこめられた生活を営んでいた。飢饉と失業が猛威をふるうと、賃金生活者から乞食への道がすみやかに開かれたのである。一七七七年にルイ十六世は大臣のアムロに手紙を送り、彼が先回、徒歩で散歩した際、パリとヴェルサイユの通りが多勢の乞食で埋まっていることにたいへん深く悲しんだことを述べた。「乞食が教会の中や家々の門へ喜捨を求めにくるのに悩まされることがあってはならない。それは神への務めを妨げ、信徒の瞑想をそこない、盗難をひきおこす。」一七六七年に乞食の収容所が設けられた。大革命前夜にその数は三三にのぼった。ルーアンでは一七六八年から一七八九年までに四〇三一人の乞食、気ちがい、もしくは前科者が拘留された。これは実効のない措置だった。飢饉の時には農村部の貧民は例外的な慈善措置を享受するために都市にあふれたからである。

実際、飢饉とそれに伴う民衆騒動への恐れから、町役人は特別財源を手に入れることに努めた。一七〇九年にラングドックの諸都市は、穀物を持ってくるために使節を乗せた二〇隻の小帆船を北アフリカ諸港へ送ることで協働した。一七五〇年にリヨンは、飢饉が予想されたので、公共穀庫を満たすために三〇〇万を支出した。政府自身も食糧調達を行なったり、その目的のために諸都市に基金を前貸ししたりした。一七四〇年にトロワは、一年返却で、六万リーヴルを王から借入した。そのことから、交易商人に対しては買占め、君主制に対しては飢饉協定という民衆の非難が生じたのである。

五　民衆の要求

都市民衆諸階級の旧構造においては、徒弟は小雇主と結びついている。彼らの要求は同じである。親方は彼自身が多くの場合にもと徒弟であり、労働者と一緒に働いていて、彼らに対してイデオロギーの面で決定的な影響をおよぼしているのである。勿論、小さな仕事場から大製造業まで、小商店の徒弟からマニュファクチュアの労働者まで、首都から農村の市場町まで、様々な色あいの差があるだろう。しかし徒弟の心性を形成しているのは基本的に職人的環境、小ブルジョワジーの環境である。最も多くの場合、集中化された大企業の賃金受領者は小雇主のもとでの徒弟として出発しており、その精神をうけついでいた。

十九世紀の工場プロレタリアートを旧型の民衆諸階級と比較することは全くできないのである。後者は、この十八世紀の末にあって、小ブルジョワジーのあとに従い、多少程度の差はあっても彼らの理念をわかちあい、イデオロギー的には彼らの被保護者として、生活しているのである。

これら民衆諸階級とブルジョワジーの間に社会的軋轢はあった。しかし前者がまず第一に対立していた階級はアリストクラート層である。一方での職人・小商店主も、他方での徒弟も、旧体制に対する自分たちの不満を持っており、貴族を嫌悪していた。これが基本的な敵対関係である。それは、多くの都市勤労者が農民の出身で農村部とのつながりを保っていたことによって強化されている。彼らが嫌悪するのは貴族、特権層の人間そのものである。その特権、その土地による富、その封建的諸権利の徴収が、嫌悪の原因なのである。

国家に関しては、民衆諸階級はとりわけ担税負担の軽減、なかでも間接税と入市税の廃止を要求していた。自治体はそれらから収益の大部分を得ているのだが、富者の方が有利であった。同業組合については、職人と徒弟の意見は一様というにはほど遠かった。最後に政治的には、彼らは漠然と直接民主主義的な傾向を持っていた。

しかし、民衆の基本的な要求はパンであった。一七八八―一七八九年に民衆諸層を政治面においてとりわけ敏感にしたものは経済危機の重大さであった。彼らの生存がその危機のために次第に困難になったのである。ほとんどの都市において一七八九年の騒擾はもともと貧困をその原因としたのであり、また騒擾の第一の成果はパン価格の下落だった。旧体制のフランスにおける恐慌は、基本的に農業によっている。それは、通常、わずかな収穫もしくは完全な不作が続くことからおこった。民衆は当時、パンを大量に食べていた。一人一日あたり二リーヴルから三リーヴルである（国民公会は平均消費量を一リーヴル半と見積った)。収穫が少ない時には穀物はかなりの価格上昇をこうむる。多くの農民は少ししか生産しないか、全然生産しないかなので、穀物を購入しなければならない。それで彼らの購買力は低下する。こうして農業恐慌は工業生産に反映するのである。一七八八年には農業恐慌が十八世紀全体を通じて最も激しかった。その年の冬に飢饉が生じた。失業による乞食が増大した。これら飢えた失業者が革命的群衆の一要因をなしたのである。

しかしながら、いくつかの社会的カテゴリーは穀物価格の上昇から利益を得ていた。現物で支払いを受ける土地所有者、十分の一税徴収者、領主、商人である。それらは、まさに、アリストクラート層、聖職者、ブルジョワジーに、すなわち指導階級に属する人々なのである。階級の敵対関係が強化された。当局と政府に対する民衆の反対も同様だった。これが飢饉協定の伝説の起源である。都市、自治体、政府に補給を行なう職務にある者が嫌疑をかけられた。ネッケル自身、製粉業者を優遇しているとして告発されたのである。

このような貧困、このような集団的心性から騒擾が生じる。一七八九年四月二八日にパリで、壁紙のマニュファクチュア経営者レヴェイヨンと硝石のマニュファクチュア経営者アンリオに反抗する最初の民衆騒擾が発生した。彼らは選挙集会で民衆の貧困に関して無分別な提案をした点を非難されたのである。レヴェイヨンは、労働者は一人一日一五スーで十分生活できる、と言ったらしい。四月二七日に示威運動があり、二八日に二軒の家は略奪された。警察代官が部隊をさしむけ、騒擾者たちが抵抗して、死者が出た。

この最初の革命的蜂起において、経済的・社会的な要因は明白である。政治的騒擾ではなかった。民衆諸層は政治的諸事件についてははっきりした視点を持っていなかった。彼らを運動にかりたてたのは経済的・社会的な動機だったのである。しかしこれらの民衆による諸事件が今度は政治的な結果を生じた。権力をゆるがせるだけのことだったが。

飢饉と食糧の高騰との問題を解決するのに一番簡単な方法は、規制に頼ること、および徴発と価格公定とをためらうことなく厳格に適用することである、と民衆は考えていた。したがって、経済に関する彼らの要求はブルジョワジーのそれと対立していたのである。後者はこの分野でも、他の分野におけると同様、自由を標榜していた。

経済・社会に関するこれらの民衆の要求が、つまるところ、一七八九年七月に民衆が政治の場面へ侵入したことを説明するのである。他方、第三身分内部の矛盾によっていくつかの突発事件、とりわけ共和暦二年の民主主義の試みが生じたのである。

旧体制の社会で重要性を持ち、その重みの一部をささえていたにもかかわらず、これら都市の民衆諸階級はブルジョワ思想の興味をほとんど引かなかった。勿論、孤立した発言はあった（アベ・コワイエ『読まるべき論文……第二、民衆の本性について』、一七五五）。勿論、ルソーと彼の流れはあった（アベ・レイナル『ヨーロッパの植民と商業……の哲学的・政治的歴史』、一七七〇、第一七巻、第二一章）。しかしこれらの社会的カテゴリーは、多くの場合小民の名のもとに一括され、一般的見解では啓蒙に参加しえないものであった。哲学者《フィロソーフ》たちは、この面では保守主義者で、躊躇していた。彼らは確かに、第三身分すなわち職人の福祉には関心を持っていた。しかし彼らの関心は第四身分まではめったに及ばなかったのである。この身分は、自分の腕で仕事をする広範な大衆から形成されていた。日曜日のミサと居酒屋が、毎日のパンの心配をのぞけば、彼らの関心の限界だった。職人の条件は、逆に、しばしば改善しうるものである。ある程度の教育が要求され、思慮と進歩をなしうるのである。職人層はまだある種の精神革命にまきこまれる可能性がある。下衆はだめである。

哲学者《フィロゾーフ》たちが労働者大衆の生活条件の改善をめざさなかった、ということではない。彼らの物質的幸福が何よりも問題なのである。しかしそこから哲学者たちは彼らの権利の承認に移ってしまう……。『百科全書』の日雇いと民衆の項はその点で意義深い。

「日雇い――自らの手で仕事をし、一日ごとにその日を雇われる労働者。この種の人間が国民の最も多数部分を形成している。よい政府が原則的に視野に入れねばならないのは彼らの境遇である。日雇いが貧困ならば国民が貧困なのである。」

「民衆……したがって民衆の階層には労働者と耕作民しか残らない。(彼らの労働への賛辞、国の経済生活における彼らの役割の重要性) これが、われわれが民衆と呼び、常に国民の最多数で最も必要な部分を形成している人々の肖像である。」

権利においては民衆の群れが国民の中で持つものは何もない。それが、ロベスピエールが、ルソー主義者であってもなお、百科全書派に向ける不満の一つだった。「人民の権利の下に」とどまっている、というのである(「宗教・道徳の理念と共和制の理念の関係について」、共和暦二年フロレアル一八日、一七九四年五月七日)。これは、ブルジョワジーの様々なイデオロギーの流れにある亀裂の中の、本質的な裂け目の一つを示唆するものとして重要なテキストである。革命的な第三身分の分解はこのようにすでに予感されていたのである。

第七章　農　民

フランスは旧体制末期には基本的に農業国のままである。農業生産が経済生活を支配している。そこからフランス革命の流れにおける農民問題の重要性が生じるのである。

フランス人口全体の中の農民層の重要性――ネッケルは、その『フランスの財務行政』(一七八四)においで、人口を二四七〇万人と見積っており、カロンヌはその『フランス王国の人口状態』(一七八七)で二三〇〇万人としている。これらの数字は、後の推計を用いるならば、やや少なめである。一七八九年には人口二六〇〇万人と概算できるのである。これだけの全人口のうち、都市人口を一五パーセント前後とすると、農村人口はかなりの群塊、確実に二〇〇〇万人以上となる。農村人口と都市人口の関連が初めて明らかに調査された一八四六年においてもまだ、農村人口は全体の七五パーセントを示していたのである。

フランス革命史における農民層の重要性――もし農民が受動的なままであったら、大革命は成功し得ず、ブルジョワジーは勝利を得なかっただろう。農民が大革命の流れに介入した基本的な動機は、領主的諸権利と封建制の存続との問題だった。領主制の、漸次的というよりは急進的な廃止をもたらしたのは、彼らの介入なのである。八月四日の晩の起源は、かなりの程度、大恐怖である。他方、国有財産の購入は土地所有農民層を新しい秩序に、不可逆的に結びつけたはずである。

一　土地所有の分布

旧体制下のフランス農民は土地を保有していた。この真理は一時期、ロシアの歴史家カレイエフとコワレフスキーによって反駁されていた。彼らは、封建的賦課を免除された土地財産を所有する自由地所有者のみが土地所有者と考えられ得るとみていた。ほとんどの保有地はサンス、シャンパール、その他の税を課せられていたので、この歴史家たちは農民の土地所有は一七八九年には実質的に存在しないという結論に達したのだった。確かに、サンス、シャンパール、臨時の諸税を課せられた保有地の保有者は、完全な所有者ではなかった。しかし自分の保有地を貸したり、売ったり、遺贈したりできたのであるから、土地保有農は実益所有権を持っていたのである。まさに彼が近代的土地所有者のすべての権利を行使していたからこそ、封建的諸権利は彼にとって耐えがたく思われたのであった。世襲的保有地を所持する農民を土地所有者として数えねばならないことを、一八九七年にすでに『革命前のフランスの小土地所有』についての仕事で示し、その結果として旧体制末の土地分布の数量的評価を企てたことは、ロシアの別の歴史家J・ルチスキーの偉大な業績だった。

これは重要な問題である。事実、農村社会の発展におけるフランス革命の役割の厳密な評価は、どれぐらいの割合で土地がその所有者を変えたかを明確にしなければ、こころみることはできない。旧体制末期における土地所有の分布は、農民の生活条件の基盤そのものをなしているのである。G・ルフェーヴルは『フランス革命期のノール県の農民』（一九二四）についてのみごとな論文において、その点について画期的な描写を与えた。それ以後、多くの地域研究・地方研究が現われた。これらの研究の最も喜ぶべき業績の一つは、歴史研究に測定が導入されたことである。農村史はこの点で物価史に一歩先んじたのである。しかしながら、J・ルチスキーとG・ルフェーヴルによって始められたこの方法——土地や税務の史料の可能な限り完全な利用、数字化された比率を引き出す必然性——は疑問とされるに至った。批判は基本的に二つの点に向けられた。面積ごとの計算と、利用した資料である。

『旧体制の最後の世紀における北部ブルゴーニュの農民』(一九六〇)を著わした歴史家であるP・ド・サン＝ジャコブによれば、「われわれは近代の概念を過去にもちこむ危険をおかしている。それは展望と結論を歪めるだけである。」所有の法的概念に関するカレイエフの視点にまではもどらないにしても、この著者は「われわれの統計には、しばしば、同じ平均値の中に、土地にかかる負担の無限の範囲が含まれている。われわれは同じ数値もしくは同じ百分率のうちに、価値の点でも利潤の点でも全く比較にならない土地面積を一まとめにしてしまうのである。……もし土地の経営価値を問題にするなら、賦課が一律になっているまれな土地を除いて、所有地の間の共通な尺度は存在しない。ある農民が二ヘクタール保有している、と言うのは、経済・社会的な視点からは、絶対的な価値のない定式化なのである。」と考えている。

他方、『ある成長。バス＝プロヴァンスの農村(十六世紀末〜一七八九)』(一九六一)の著者であるR・ベーレルは、土地にかかる賦課の不平等よりもむしろ収入の相違を主張している。バス＝プロヴァンスでは土地の肥沃度は、灌漑との関連で、一対二〇、さらには一対八〇もの開きがあり得た。したがって、土地面積ではなく、収入見積りを用いねばならないのである。「土地面積、例えばヘクタールを論証のささえにするのは、すべてのヘクタールは同じ収入を創出すると仮定することであろう。」

こうしたことから、この旧体制下のフランス社会の基本問題に関して一つの仮説的立場が生じる。これは結局はP・ド・サン＝ジャコブの立場だったものである。すなわち、一七八九年以前の土地所有の分布とは、「誤った問題」「とらえ難い幻影」である。「土地所有の研究は、特権なき国家の税制がない限り、真に始まることはあり得ない。……特権層の抵抗のため、一七八九年における土地所有の分布と価値を正しく知ることは不可能である。土地所有の確実な統計が最初に大々的に確立するのは一七九三年〔封建制の決定的な廃棄の年〕なのである。」これは誇張された断定で、われわれはこれに従わない。もっと簡単に、一七八九年以前の土地所有の分布の研究は、封建的な賦課・徴収の負担の研究を付帯的に伴わなければ存在しえない、とだけ言っておこう。

他方、収入の分布は、土地面積の分布とともに、史料が許す限り、明確にされねばならないことは明らかである。これは、例えば乾燥地と灌漑地が極端に差があるような、肥沃度にばらつきがある地域では特に必要な用心である。それでも経験によれば、ある程度の相殺は行なえるのである。例えば農村土地台帳に拠って研究したモンペリエの司教区がそうである。さらにヴェクサン＝フランセもそうであって、そこでは農民の所有は土地面積で一四・四パーセント、収入で一四・七パーセントとなっていた。おそらく、ある保有者は一アルパンのブドウ園で、荒れた土地八アルパンを持つ隣人より豊かであっただろう。しかし大量に調べれば、統計の一般法則があてはまるようになる。個々の例については議論の余地があっても、全体の結果はまずその余地はないものなのである。

したがって、フランス農民の一部は土地所有者である。ついで、土地のどれぐらいの部分を保有していたかを知るのが問題である。フランス全体については概算を述べるしかできない。他方、経営の問題も考慮せねばならないものである。土地所有と農業経営とは二つの、違ってはいるが連関した問題をなしているからである。経営の体制は、農民にとっては、土地所有の分布に由来する不便をある程度まで訂正しうるものなのである。

1　農民以外の土地所有

農民以外の社会的カテゴリーは土地のかなりの部分を持っている。それは人数の多さからする比率を超えている。

聖職者——彼らは長い間、たいへん広い土地財産を持っていると評判されていた。しかしながらそれは考えられていたよりは少ないものである。ノール県では、カンブレジのようないくつかの地域では四〇パーセントにのぼるが、平均すれば二〇パーセントを超えない。西部、南西部、南仏地中海地方にいくに従って教会所有地は減少し、ほとんどゼロになる（ドーフィネでは二パーセント、ケルシーでは二パーセント以下）。教会所有地は土地の一〇パーセント（最大限）とみなすことができるように思われる。この身分の人数の少ないことを考慮すれば、これは大きな比率である。

貴族——貴族の所有地については見積りは一層不確かである。亡命したのは貴族の一部だけだったので、国有財産の売却からは聖職者の場合のようにはわからないのである。ノール県では二〇パーセントに達する。西部でも比率は大きい。南東部と南西部では減少するが、教会所有地より減り方は少ない（ドーフィネでは一二パーセント、ケルシーでは一五パーセント）。フランス王国全体では、二〇パーセントという評価が適当であるようだ。

ブルジョワジー——その土地所有は一層変化がある。大都市の周辺ではたいへん比率が大きいが、そこから遠ざかるに従って減少していく。ノール県では一六から一七パーセントにのぼる。南仏に行くに従って増加しているようである。トゥールーザンがその例である。ブルジョワ所有地はフランス全体では約三〇パーセントと見積ることができるように思われる。

共有財産、家の建った所有地、道路等々を考慮すれば、農民大衆には約三五パーセントの土地が残っていることになる。

2　農民の土地所有

地域的分布――これは、二二パーセントから七〇パーセントまで、たいへん差異がある。北部、北西部、西部の、小麦や牧畜による豊かな土地では、農民の所有地は少ない。林や森、山岳の遅れた地域で、開墾が個人の主導に委ねられていた地域では、農民の占める割合は重要である。逆に、土地の整備（排水のような）が大きな資本投下を要する地方、もしくは特権層やブルジョワが土地を占めている都市周辺部では、農民がとる部分は少ない。

パリ地域。ヴェルサイユ周辺では農民の部分は土地の一から一・五パーセントである。しかし九つの総監代理区（現在のセーヌ＝エ＝オワズ県）では一七パーセントに達する。

北部地域。ノール県＝三〇から三一パーセント（フランドルの沿岸平野部の二〇パーセントから、カンブレジの二八パーセント、ペイ＝オ＝ボワの五〇パーセントまで）。アルトワ（台地）＝三八パーセント。

エーヌ（ラン地域）＝三〇パーセント。

ブルゴーニュ（スミュール＝アン＝オーソワ、ソーリュー、およびアルネー＝ル＝デュクの各バイイ裁判区）＝三三パーセント。

西部地域。コート＝デュ＝ノール県＝県東部では四八パーセントだが、西部では農民部分は一八パーセントに下がる。カルヴァドス（ヴィル地区）＝四〇から七〇パーセント。レ・モージュ＝一八パーセント。

中央地域。リムーザン（コレーズ）＝約五五パーセント（テュルおよびブリヴの徴税区)。チエール地域＝六〇パーセント。

南西部地域。トゥールーズ地区＝二二・五パーセント。サン＝ゴーダン地区＝二九パーセント。ベアルン（オロロン・セネシャル管区）＝九八パーセント以上。

南仏地中海地域。モンペリエ司教区＝三四パーセント（荒地地帯《ガリギュ》では五七パーセントだが、平野部では二二パーセントだけで、後者ではアリストクラート層とブルジョワジーの部分がずっと多い)。

農民層に帰属する土地所有全体の比率は十分に多いようにみえる（約三五パーセント)。しかし農民人口の多いことを考慮すれば、各農民に帰属する部分は微細なのである。かなりの農民が土地を持たない。一方では、旧体制下のフランス農民は、きわめて多くの場合に、分割地農民である。他方では、多くの土地なし農民、非土地所有者、真の農村プロレタリアートが数多くいる。

分割地農民の所有地――農民所有地の細分化は、国全体にみられる一般的特徴である。土地所有農民の大部分は小規模の地片しか持っていないのである。リムーザンでは（五三一四人の農民土地所有者についての統計)、これらの農民のうち五八パーセントは二ヘクタール以下の保有である。独立して生活するのに十分な土地を持っているのは一八パーセントにすぎない。ラネでは農民の四分の三（七六パーセント）が二ヘクタール以下の保有である。ノールでは、リスの南部で、土地所有農民の四分の三が一ヘクタールすらも持っていないのである。この問題について明確な見通しを持つためには、比較のポイントとして、借地もしくは折半小作地の支配的形態を把握する必要がある。それは土地の肥沃度と地域的要因とによって異なる。リムーザンではこの支配的形態は一四アルパンから二八アルパンだった。すなわち土地所有農民の一八パーセントが独立で生活できているのである。このパーセンテージは、非土地所有農民を含めれば、一五パーセントに下がる。農民が家族とともに自分の土地で独立に生活するためには、カンブレジでは一〇ヘクタール、土地がたいへん肥沃なフランドルでは五ヘクタールを持っていなければならなかった。フランドルでは土地所有農民のうちのたった一六パーセントがこの最低限度を持っていた。農民の家長全体を含めれば、この比率は五から六パーセントに低下するのである。多くの地域で、農民の過半数はすでに土地所有者だった。彼らにとっての問題は、不十分な所領を増加させることだったのである。

小土地所有農民の数の多さによって、旧フランスの農業体制は中部・東部ヨーロッパのそれとも、イギリスのそれとも、著しい対照をなしている。エルベ河の向こう側、ボヘミアやハンガリーでは、貴族の大土地所有者が自分自身で自分の土地を経営している。そのためには農民が彼に負っている賦役を用いていたが、それら農民はほとんどすべて農奴だった。イギリスでは逆に、農奴制、賦役、封建的諸権利などは中世末期・近代初頭に消滅していた。十六世紀から十八世紀には、大土地所有者が小農民の土地を奪い取った（囲い込み運動）。そのため、イギリス農民は自由ではあったが、大方は賃金受領の日雇い農の条件に追いやられていた。フランスは、十八世紀末に、第三の型を示していた。農民層は土地の一部分の所有者だったが、封建的諸権利に従属したままだったのである。

土地を持たない農民——農村部の社会問題の鋭さをはかるためには、農民層全体に対する彼らの比率をはっきりさせることが重要である。この比率は、当然ながら、地域によって異なる。ロワレでは、一三の村について、非土地所有農民の比率は二四パーセントだった。リムーザンでは、テュル徴税区の九八の小教区について、一七パーセント。ノール県では、土地所有者の人数と家長の人数を比較することにより、土地を持たない農民の比率はカンブレジ平野で一五から二〇パーセントだとわかる。その比率はフランドル沿岸地帯では七五パーセントにのぼり、この点ではイギリスと共通の特徴を示していないわけではない。

バス＝ノルマンディでは農民の四〇パーセントが土地を持っていない。都市周辺では非土地所有農民の比率は増加する。ヴェルサイユ周辺では約七〇パーセントである。ブリやトゥールーザンをはじめ、ブルジョワの所有地が多いところではどこでもどうやら同じような値を示している。すなわち所有地を奪われた農民は、地域によって多少の差はあるが、かなりの比率をもっているのである。もし賃貸借地を見つけることができなかったら、もし土地所有者や借地農、折半小作農に自分の労働力を貸すことができなかったら、また手仕事や農村工業に頼ることができなかったら、これら農村部のプロレタリアは頭陀袋を下げて乞食をするか、都市に流入するかを余儀なくされるのである。しかも、人口増加により、これら農村プロレタリアは十八世紀が下るにつれて次第に数を増している。

農民の所有地は十八世紀に増加したか——大革命前における農民所有地の問題の諸側面をはっきりさせるためには、この質問を設定し、それに答えようとする必要がある。ルチスキーがリムーザンでブリヴとテュルの両徴税区について調査したところでは、それはブルジョワと貴族の所有地を蚕食して増加したようである。ロレーヌのバル＝ル＝デュク地区でも同様だったようだ。しかし、ラン地域、トゥールーズ地域では農民所有地の進展はたいへん緩慢だったようにみえる。一七五〇年から一七八五年までに農民層はラネの一七の小教区で二六四ヘクタールを獲得している。またトゥールーザンでは一七六〇年から一七八七年までに六〇の小教区でたった三〇ヘクタールしか獲得していないのである。ノールでは、ジョルジュ・ルフェーヴルによれば、農民所有地はほとんど増加しなかったようにみえる。他方、そうした進展が開墾によるものか購入によるものか、またすでに土地所有者の農民のものか土地を持たない農民のものか、はっきりさせた方がいいだろう。土地所有者の人数の増加は、彼らの持つ面積が拡がったことを意味するものではない。ノールでは極小土地所有者の人数がふえているが、それは実際には相続の際の分割によるのである。さらにこの問題には人口動態学の光をあてる必要がある。人口の増加、とりわけ最も民衆的な社会層の増加のために、農民所有地の総面積は増加しても、家長ごとの平均面積は減少する傾向にある。土地を欠いた農民の数が旧体制末期に急速に増大したことは、疑う余地がないのである。

3　経営の分布

経営の分布が、農民層にとって、所有地の危機を減じたかどうかをはっきりさせることが重要である。農民は借地農もしくは折半小作農になれれば裕福に暮らすこともできるのである。多くの場合、聖職者・貴族・ブルジョワの土地所有者は自分自身では経営（間接利殖）をせず、自分たちの土地を賃貸借地（借《フェ》地制《ルマージュ》もしくは折半小作制《メティヤージュ》）として与えていた。さらに、特権層やブルジョワの所有地は地片、もしくは中規模ないし小規模の領地に細分されていた。大経営は比較的まれだったのである。その結果、土地を持たなかったり、不十分にしか持っていない農民は、いくらかの畑を借りることができたのだった。

土地経営の分布については研究がない。大借地農が賃貸借地のほとんどすべてを独占している地域は多くはないようだ。それは一般に穀物の大耕作地域に見られる。ピカルディ平野、ブリ、ボース、ヴェルサイユ周辺である。地域的多様性は大きいようだ。ノールでは、フランドルは借地農の地方だった。沿岸部の平野の経営者の七五パーセントを占めている。すでに土地所有者であって、いくらかの地片を借りている農民（混合占有者）を加えれば、この比率は八七パーセントにのぼる。特権層やブルジョワの土地の借入が農業危機を減じる傾向にあったことは明らかである。フランドル沿岸地方では非土地所有農民が約七五パーセントだったが、経営地を持たないのは家長の三分の一にすぎないのである。カンブレジでは非土地所有者は一五から二〇パーセントだったが、経営地を全く持たない農民の比率は一〇パーセントに下がる。

しかしながら、こうした農民経営の平均面積をはっきりさせる必要がある。ノールではサンブルとリスの間において、経営者の六〇から七〇パーセントは一ヘクタール以下しか持たず、二〇パーセントから二五パーセントは一ヘクタールから五ヘクタールだった。フランドル沿岸部では五ヘクタール以下の経営が全体の約六〇パーセントを占めている。農民の平均経営面積の不足は、いくつかの地方では、経営の集中化が化傾向によって深刻化していた。フランドル沿岸部でこの傾向は明瞭である。フランドルのワロン地方では中規模経営が優勢であった。ピカルディ、ブリ、ボースなどの大耕作の地方では経営の集中化がたいへんたいへん激しかった。大借地が土地を独占していたのである。それ故、経営地を持たない農民や自分の所有地を拡げるための賃貸地を持たない農民は大借地の分割の要求を出したのである（経営の分割であって、所有の分割ではない）。

したがって、フランス農村部には旧体制末期に農業危機が存在している。それは農民大衆と、彼らが所有地もしくは経営地として持っている土地面積の不十分さとの間の不均衡に由来する。その危機は、さらに、土地の法的条件によって深刻化されているのである。

4　土地所有の法的体制

土地の法的体制は、一七八九年と旧権利の消滅にいたるまで、封建社会がつくりあげた基盤の上によって立っていた。旧体制のもとでは封建体制、すなわち貴族の特権の土台が土地所有を特徴づけている。公法においては、この体制は久しく前から王権によって侵蝕されていた。王権は君主権の属性を領主からとりあげていたのである。しかし封建制は私法においては存続していた。

土地はたいへん多くの俗人領もしくは教会領の荘園となっていた。広さはまちまちである。それらは聖職者、貴族、ブルジョワのものであった（土地の体制とその所有者の体制の間の関係はすべて消滅していた）。封建法においては荘園の中に二つの部分が区別されていた。領主直領地《ドメイン・プロッシュ》と領主管轄地《ドメイン・ユティル》もしくは従属地《ムーヴアンス》である。

領主直領地は一般に自家用地《レゼルヴ》と貸地《フェルム》、折半小作地、もしくは囲い込み小耕地を含んでいた。自家用地は、ふつう城館とその付属物、森林、荒地、沼地等々とある程度の広さの耕地からなっていた。領主が自分の土地を召使いを使って経営する場合もあり（これは貴族資格放棄にならない）、貸地に出す場合もあった。貸地や折半小作地は、貨幣地代の小作にするか、折半小作制で賃貸借された。領主は領主直領地の完全な所有者である。

領主管轄地もしくは従属地は、一般的に、貴族保有地（封土《フィエフ》）、および農民（サンス請負人）に属する平民保有地（サンシーヴ）からなる。十八世紀には領主管轄地は真の所有地と考えられていた。実際、農民は自分の平民保有地（サンシーヴ）を世襲の資格で保有している。生前行為や遺言によってそれを処分すること、抵当に入れること等々もできるのである。しかし、それは現在の言葉の意味における所有地ではない。領主管轄地の保持者は不完全で不十分な所有権しか持っていないのである。事実、領主が領主管轄地の上級所有権を保持している。彼が直接権を持つと言われていた。農民は用益所有権しか持たないのである（直接権。封土もしくはサンシーヴとして領主に帰属する土地に対する彼の権利）。このため、領主管轄地は領主を利するための諸権利のもとにおかれている。ある封建法学者は「領主管轄地を持つ者は所有者と称し、直接権を設定された領地を持つ者は単に領主と称する。彼はまさに領主権の所有者なのである。」と書いている。この領主権は定期的もしくは臨時的の賦課の支払いによって示され、それらは封建的諸権利と呼ばれている。しかしながら、封土契約に由来する固有の意味での封建的諸権利と領主的諸権利とを区別する必要がある。後者は、公的権力に由来するいくつかの特典と賦課とからなっている。その公権力は、主権が国王の利にかなうように再編成される以前は領主によって行使され、その後も国王が領主にその用益を委ねていたものである。封建的諸権利と領主的諸権利とは所有に負担を課し、所有の享受を制限している。サンシーヴを所有する農民は、その領主に従属しているのである。その従属は毎年サンスを支払うことによって示される。しかし、それでもなお、農民は自分が自分の保有地の真の所有者だと思っていた。封建法を何も知らないので、彼は土地の賦課を支払うのを途方もないことだとみているのである。

サンシーヴ（サンスを条件として、本来的には平民によって保有されている土地）がサンスを請負わされている。それは、ある封建法学者によれば、平民保有地に対する「領主的直接権のしるし」であって、「忠誠と服従契約が封土のしるしであるようなもの」である。サンスは平民保有地（サンシーヴ）が領主に対して従属していることを表わしている。封土の方はその政治的性格を失い、社会組織の一型式たることをやめて、根本的に変化していたが、サンシーヴは十八世紀の末まで収入をもたらすべき保有地のままであった。それは領主管轄地と領主の上級所有権との、当時最もひろまっていた様式となっている。小土地所有農民の大部分がサンス請負人であった。

農奴保有地がサンシーヴと並んで存続していた。それは、サンシーヴ同様、賦課と用役の義務を負っていたが、一層重かった。保有者（農奴）は自分の農奴保有地を生前行為や遺言によって自由に処分することができなかった（これがマンモルトといわれるものである）。十八世紀にはかなりの農奴保有地がサンシーヴに転換していた。それでもなお存続もしていたのである。

さらに自由地（アルーもしくはフラン＝アルー）が存在する。荘園と保有地とが網状に入りくんだ中で、いくつかの土地は領主への従属を免れていた。それが自由地《アルー》であった。ローマ法の概念によれば、自由な所有地であり、領主的権利をまったく免れていた。しかし、自由地は例外であった。領主なき土地はなしという規則が適用されていた地域では、かなりの自由地がサンシーヴに変化させられていたのである。自由地の多い地方は、原則的に成文法の地方と対応していた。そこでは称号なき領主はなしという規則が適用されていた。自由地は、十七世紀から、国王の役人による攻撃の前に後退した。税務の利害にかかわっていたので、できるだけ多くの土地を地租と封建的賦課に服させることが問題だったのである。普遍的直接権を援用することにより、法律家たちは領主に直接帰属しない王国の土地をすべて国王への封建的従属のもとへおこうと努めた。自由地はドーフィネ、ラングドック、ボルドレ、ニヴェルネなどで旧体制末期まで存続し、土地の一〇〇分の一と見積られていた。当時は自由地は遺物にすぎなくなっていたのである。

（土地所有の法的体制に結びついた負担については、以下の、三　農民の負担、「封建制」を参照。）

二　農民の生活条件

旧体制末期において、農民の生活条件は様々である。多様性の二大要因は、一方では個人の法的条件であり、他方では土地の所有と経営との分布である。第一の視点からは農奴と自由農民とを区別せねばならない。第二の視点からは旧体制下の農民層の種々の社会グループが様々な程度に分散していることを見ねばならない。

1　農民の法的条件。農奴と自由農民

フランス農民の大部分は、十八世紀の末には、自由農であった。農奴制も存続し続けていた。農奴制の地理的区域――農奴制はなお、フランスの東部および中央部の若干の荘園で存続していた。フランシュ゠コンテ、ロレーヌ、ブルゴーニュ、およびオーヴェルニュ、マルシュ、ブルボネ、ニヴェルネである。人格的隷属はニヴェルネやいくつかの教会領、例えばリュグズイユの大修道院の土地などに存続していた。物的マンモルトはさらに多く残存していた。フランシュ゠コンテでは、マンモルトは相変わらず農村部住民の一般的条件だった。農奴は、一般に、領主や国王の土地よりも教会の土地の方に多かった。教会は、資産を得るために農奴に自由を与えることを強制されなかったからである。フランシュ゠コンテのサン゠クロード教会参事会はジュラ山中に約一万二〇〇〇人の農奴を保有していた。リュグズイユの大修道院は一万一〇〇〇人以上だった。旧体制末頃にはフランス王国に約一〇〇万人の農奴が存続していたはずである。

農奴の法的条件――中世末期における農奴の条件と、旧体制末期までに変化した条件とを比較することはできない。十八世紀にはまだ身体の農奴（人格的隷属）と相続の農奴（マンモルト）が区別されている。しかし人格的隷属は消滅する傾向にあった。農奴の大部分はマンモルタブルだったのである。人格的隷属は追跡権および域外結婚（荘園の外の人間との結婚）の禁止によって示されていた。前者の権利により、領主は逃亡した身体の農奴を、実力によって、その領地につれもどすことができる。実際には追跡権の承認は変化していた。ニヴェルネのように存続しているところでも、領主は死んだ逃亡農奴の相続を要求することが認められているにすぎないのである。域外結婚の禁止は、ニヴェルネでは消滅していたが、ブルゴーニュ公領の慣習法には存続していた。リュグズイユ大修道院の土地にも適用されていた。

マンモルト（子供がいない時には遺言および財産処分の権能を奪われた農奴の状態）は旧体制末期に農奴の基本的性格をなしていた。これによって領主は農奴の相続の全部または一部を受けとることができたのである。農奴は、このため、マンモルタブルと呼ばれた。もし同じ家に一緒に住んでいる子供がいなければ、マンモルタブルは相続者なしとみなされた。他方、彼は遺言することはできないのだから、彼の財産は領主のものとなったのである。リュグズイユ大修道院の土地でもそうであった。

農奴は、最後に、農奴タイユ税に服しており、それによって領主制の賦課租は一層重みを増していた。しかし農奴はもはや思いのままにタイユ税を課せられていたのではなかった。タイユ税は彼の資産につりあっていなければならなかったのである。

十八世紀にマンモルトは自然的自由と人間の尊厳性に反するものとして激しく批判された。それは、行き過ぎを含むために、農奴には耐えがたいものに思われている。ジュラ山中の六つのマンモルタブルの村が彼らの領主であるフランシュ＝コンテのサン＝クロード教会参事会に対して訴訟をおこすと、ヴォルテールは彼らの言い分を支持し、フランスの農奴制を廃止するための覚え書きを書いた。「サン＝クロードの教会参事会員の一万二〇〇〇人の奴隷たちは、国王の臣下以外ではありたくない、修道士たちに属する農奴や牛馬ではありたくないと望む傲慢さを持ったのだが、ブザンソンの高等法院で彼らは訴訟に敗れた。それは大法廷の参議たちの何人かがマンモルトの存続している土地を持っていることによるのだ。」この闘いは一七七九年八月八日のネッケルの勅令をもたらした。それは前文で、農奴制を人間性の観点と一般的利害の観点とから断罪している。実際にはこの勅令の適用はより限定されたものである。マンモルト権から収入を得ている領主に弁済することができないので、農奴制は（補償なしでは）王領地でだけしか廃止されなかった。追跡権はフランス王国全体で廃止された（第六条）。実際には、これは消滅の傾向にあって、フランシュ＝コンテとリュグズイユ大修道院の土地でしか適用されていなかったのである。ルイ十六世は領主たちに、自分の模範にならうよう勧めたが、ごくわずかしか従わなかった。ネッケルからマンモルトの廃止を懇請されると、サン＝クロードの司教は、そのような措置は彼の参事会から二万五〇〇〇リーヴルの年金をうばうことになる、と主張した。立憲議会から「いかなる名称のものでも、農奴身分とマンモルトの廃止」をめざした布告が出されるには、八月四日の晩を待たねばならなかったのである。

農奴制が存続していたにしても、旧体制の末期には、農民の大多数は自由であった。農民の状態に多様な程度差をもち込むのは法的要因ではなくて、経済的・社会的要因、すなわち土地所有と経営との分離である。

2 農民の経済的条件。農民層の社会的グループ

農民が彼の土地に独立したやり方で生活しているか否かによって、彼が土地を借りられるか否かによって、彼がその土地を借地制で借りているか折半小作制で借りているかによって、農民の状態は変化する。農民大衆は上から下まで社会的位階制を明確にしている。それは多くのカテゴリーを伴っていて、各カテゴリーに多様な程度差がある。農民もしくは自営農《ラブルール》は、彼と彼の家族が生きるのに十分な土地を持っている者である。大借地農は真の企業家で、かなりの広さの土地を借地している。分割地農民、小土地所有者、小借地農、折半小作農はしばしば、その経済的独立を保障するのに十分な土地を持たない。日雇い《ジュルナリエ》農もしくは農村労働者《マヌーヴリエ》の大衆の中で最も恵まれた者は小さな家と庭もしくは小地片を持っていることもある。だが大部分は生活手段として自分の腕しか持っていない。

土地所有農民層。「自営農《ラブルール》」と「篤農家《メナジエー》」——彼らは独立して生活するのに十分な土地を持っている。農

民層の群の中で彼らは少人数のグループでしかない。しかし、その社会的影響力は大きい。農民共同体の中の有力者、村の顔役《コック・ド・ヴィラージュ》、一種の農村ブルジョワジーなのである。彼らの経済的役割は小さい。確かに生産物の一部を商品化してはいるが、それは農産物全体の中ではわずかな比率にしかならないのである。豊年には自営農は自分たちの穀物の余剰を販売している。また多くの地域で彼らはかなりブドウ酒を販売しているが、その価格は一七七七―一七七八年頃まで非常な上昇傾向にある（約七〇パーセント）。裕福な土地所有農民は、したがって、ルイ十六世の統治の初期まで、農産物価格の上昇から利益を得ていた。

資本家的農民層。大借地農――これは同質的で人数は少なく、大耕作の地方に偏在しているグループである。社会的にも経済的にも重要であり、穀物栽培地方において農業を資本主義の方に転化させる主導者となっているグループなのである。大借地農は広い経営地を賃貸借で手に入れている。一般にそれは九年契約である。その結果、経営資本を必要とする。借地による賃貸借は折半小作による賃貸借よりずっと少ない。それはとりわけ、豊かな穀物農業地域や、泥土の小麦栽培平原で農民所有地の少ないところで行なわれている。ピカルディ、東部ノルマンディ、ブリ、ボース等々である。借地農は小麦のために最良の土地と牧草地とを持っている。ブドウ畑は決して借地制に出されなかった。

大借地農は市場めあてに生産し、その収穫物を商品化する。したがって彼は、十八世紀を特色づける農産物価格の上昇から利益を得ているのである。しかし、借地料は物価よりもさらに上昇している。君主制の最後の二〇年間において、物価の上昇が三〇パーセントであるのに対して、借地料のそれは六〇パーセントなのである。一七七〇年頃までは農産物価格の上昇は借地料のそれよりもまさっていた。一七七〇年以降は動きが逆転し、借地料の上昇が農産物のそれよりも大きくなっている。

借地料の上昇に従って利潤は減少する傾向にあったので、その損失を補うために大借地農は農業経営を集中化し、いくつもの賃貸借地を手に入れて、生産の全体的な費用をへらそうとした。それが借地の統合である。経営の集中化であって、所有地の集中化ではない。この運動は、農業生産の分野に資本主義的方法がはいっていくことを示すもので、一七六〇年以降に顕著になっている。それは基本的に大耕作の地方で行なわれた。フランス北部、ピカルディ、ヴェクサン・ノルマン、パリの北部および東部の農業地域である。ブーロネの第三身分は、三〇〇以上の借地がこうして二五年の間に消滅したと証言している。

この借地集中運動の社会的結果は重要である。一方では、農村ブルジョワジーの中に、自営農とならんで、資本主義的な農業企業家というカテゴリーが形成される。しかし他方では、分割地農民はかつては賃貸借地を手に入れていたのが、もはや自分の腕をもって大経営者の用益にやとわれるしかなくなるのである。彼らはプロレタリア化していくのである。旧体制の農村社会における基本的敵対関係（アリストクラート層対農民層）の上に、二次的な社会的敵対が加わる。資本家的な大借地農対土地を持たない農民、である。大革命下、特に一七九三―一七九四年に、農村部のサン＝キュロット、すなわち分割地農民や農村労働者は大借地の分割、すなわち大経営の区分を要求したのである（これを所有の分配、当時の表現で土地均分法《ロワ・アグレール》といわれるものと混同してはならない）。

大耕作の地方における農業の集中。ピュイゾー＝ポントワーズのトマサン家――タイユ台帳によれば、一六八五年に四名の大借地農がピュイゾー小教区のタイユ税額の五三パーセントを支払っている。一七六六年にはこれら四大経営は土地の八六パーセントを占めている。これら四大借地農の中で一番規模が大きいのは一八五ヘクタール（領主からの借地）を経営している。これは土地の三三パーセント以上にあたるのである。一七六六年にピュイゾーのタイユ台帳は、領主からの借地の新たな借地農として、シャルル・トマサンについて初めて述べている。一七六七年には、借地の収益は五八〇〇リーヴルであり、トマサンは他の土地を借り入れて自分の経営面積を増大させている。一七七三年には彼は二二四ヘクタールを経営している。これは小教区の土地の四〇パーセントにあたる。大革命前には所有地は全部で三ヘクタールしか持っていなかったが、一七九一年から共和暦三年にかけてトマサンはピュイゾーで最も重要な国有財産購入者となった。彼は七四ヘクタール購入している。そのうちの五五ヘクタールはポントワーズのサン＝マルタン大修道院に属する貸地《フェルム》だった。これは領主貸地《フェルム》についでピュイゾーで最も大きいものだった。旧体制の大借地農は大土地所有者になったのである。彼はさらに進展を続ける。一八二二年の死の際には、トマサンは一五〇ヘクタールの土地所有者なのである（ジラルダン侯のかつての貸地《フェルム》は一八一八年に分割され販売された）。一九一四年に、トマサンの所有地は二一六ヘクタールにおよぶ。一九四〇年には三七三ヘクタールである（村の面積の六八パーセント強）。一九六四年にトマサンの経営地は六五〇ヘクタールにおよび、そのうちの五三〇ヘクタールが所有地である。ピュイゾーの簡明な場合において、旧体制下の大借地農が土地独占の起源になっているのである。土地所有農民層はふるい落されたのだった。――（A・ソブール「ピュイゾー＝ポントワーズ（セーヌ＝エ＝オワズ）とトマサン所有地」、『思想』、一九四六年七・八・九月号）

ボースの借地農――ジョルジュ・ルフェーヴルによれば、ボースでは「貴族が王様」であり、借地農が「副王」であった。しかしボースでは、イギリスと違って、大借地は農業革命の枠組みとはならなかった。「ボースの借地農は資本を持たなかったわけではない。しかし経営を拡大したり、農産物への投機のために市場を駆けめぐったりすることの方を好んで、自分たちの資産を生産の集約的な改善に費さなかった。」小麦の収穫高はヘクタールあたり一五ヘクトリットル近かった。生産は耕作面積の拡大によってしか増加しなかった。その拡大は税負担の免除と物価上昇とに刺激されていた。借地農が、富裕な者でも、農学の進歩によって要求される資本を耕作に投下するのをいやがっているのだが、その原因はおそらく純生産の低さと借地料の上昇とに求めねばならない。純生産とは粗生産から三種の徴収、すなわち領主制の徴収(封建的諸権利)、教会の徴収(十分の一税)、王の徴収(諸税)、および種籾を除いたものである。しかしながら借地農は、収穫を大量に商品化することと、領主権および教会の十分の一税を請負うことによって、自分の経営の均衡を保つにいたっていたのである。ただし彼らが蓄財したとしても、それは彼らの息子が都市のブルジョワジーに上昇するためだった。彼らの投資は土地から離れて、商業と官職に向かっていたのである。——(G・ルフェーヴル『オルレアンの研究』、第一巻、すでに引用済み)

分割地農民層。小土地所有者、小借地農、折半小作農——彼らは小経営者である。そのうちの何人かは分割地所有者であり、混合形態が多い。すなわち自分の経営をふやすためにいくつかの地片を賃貸借で手に入れている小土地所有者、いくらかの畑を所有している分割地借地農、等々である。彼らが経営者の階層をつくっているのだが、販売分まで作っている者はごく少ない。したがって物価の上昇から利益を得てはいないのである。むしろ、凶作や飢饉で穀物を購入しなければならない時には、その犠牲者である。これら小経営者農民層の中で、分割地借地農(分散した分割地片の経営者をさす)は比較的少数である。借地による賃貸借よりは折半小作制による賃貸借の方が普及しているのである(約一対七の比率)。

折半小作農——分割地農民の中でおそらく最大のグループを形成している。フランスの三分の二もしくは四分の三は折半小作制の地方であった。それはロワール河南部、とりわけ中央部(ソローニュ、ベリー、リムーザン、オーヴェルニュ等々)、西部(ブルターニュでは貸与地の約半分におよぶ)、および南西部の諸地域で支配的である。ロワール河以北ではより少ないが、ロレーヌには特別に見られる。折半小作制、すなわち分益式の賃貸借は、したがって、十八世紀末には最も普及していた貸借様式なのである。なかんずく最も貧しく、農民が家畜も前払い金も持っていないところで顕著だった。

折半小作制による経営は、一般に、面積が狭くてあまり生産的ではない。折半小作地《メテリー》、小分益小作地《ボルドリー》、家付囲い込み農地《クロズリー》は小規模な多種同時栽培と、しばしば閉鎖経済とによって特徴づけられている。折半小作農は市場向けの生産はめったに行なわないのである。アンジュー、メーヌ、ブルターニュでは、折半小作にあてられる地所は六ないし一〇ヘクタールである。その中に小作地と牧草地、およびロワール周辺ではいくらかのブドウ畑を含んでいる。ブドウ栽培の地方では、地所はもっと狭くなる。マコネー、ボージョレー、ブルゴーニュではブドウ畑二ヘクタールである。全体では、折半小作の地所は大多数が二〇ヘクタール以下のようである。市場向けの販売をしないので、折半小作農は農産物の価格上昇から利益を得ることはできない。ブドウ栽培業者は別であって、彼らは常に商品化できる余剰を持っているのである。ブドウ酒価格の上昇は一七七一－一七七八年にかけて約七〇パーセントである。しかしその後、ブドウ栽培はたいへん深刻な危機を経験したのだった。

折半小作農の生活条件は十八世紀に悪化した。負担と税は重くなり、労働供与は増加する傾向にある。しかも人口増加によって折半小作農の扶養家族がふえている時のことなのである。とりわけ、借地料が増加したのと同様に、折半小作の条件も悪化している。土地からの収益をふやすために、土地所有者は自分と折半小作農の間に仲介者を介在させるのである。これが総借地人《フェルミエ・ジェネラル》である。彼は一人もしくは数人の土地所有者の折半小作用地全体を賃貸借で手に入れ、それを折半小作人に又貸しするのである。勿論、彼は自分の事業資本から最大の収益をあげようとする。きわめて多くの場合、総借地人は実業家、公証人、穀物の交易商人である。また彼は同時に領主的諸権利や十分の一税の請負人でもある。このようにして彼は商品化できる収穫を集めているのである。総借地人は補足的賦課を、時には現金で、要求している（例えば中央部では集落賦課が課せられた）。これは折半小作料の上に重ねあわせられた一種の借地料である。収穫を折半した上にこの賦課を支払うので、実際には多くの場合に収益の三分の二を支払うことになる。さらには、オータン地域の折半小作農によれば、四分の三を支払うことにもなるのである。同時に賃貸借期間が短縮され、追いたての恐れが強まった。ベリーでは九年間の賃貸借にかわって四年半のそれが増し、それとともに賃貸借なかばでの解約通告の可能性が生じた。総借地制は本来の意味での借地制の地方の周辺部にひろまっている。ブルターニュ、アランソン財務管区およびボースのいくつかの郡、ベリー、リムーザン、ブルボネ（ここでは一人の総借地人がしばしば一五から二〇の箇所の領地を管理している）、ブルゴーニュ、フランシュ＝コンテである。――（総借地制については、G・ルフェーヴル「折半小作農と『総借地人』」、『恐怖政時代の農業問題』、一九五四、第二版、九一頁、を見よ）

　このように借地の統合や経営の集中化とならんで、農業の集中化の他の例が現われていた。領地管理の統合である。これは商品化される収穫の統合ともなった。小耕作と折半小作制の地方でも、大耕作と借地制の地方と同様、その結果を背負いこみ、自分の生活条件が悪化していくのをみるのは分割地農民層なのである。

　十八世紀におけるチェール地域の折半小作制――折半小作制は最も普及した利殖のやり方である。しかし折半小作農に直接に貸与する貴族はごく少数である。彼らは自分たちの領地を借地人《フェルミエ》（＝総借地人）に貸与する方を好み、後者がそれを折半小作地として与えるのである。借地人はまた領主的諸権利のとりたても行なう。何人かは多くの荘園を借地制により手に入れていた。これらの借地人は一般に公証人や代訴官から出ていた。しかし実業家、商人、刃物製造人、宿屋もこの職業を行なった。賃貸借はふつう三年から六年、および六年から九年だった。しかし多くの場合、折半小作農は三年たつとその借地を放棄していた。家畜はほとんどいつでも賃貸者が調達した。種籾は半分調達した。収穫は、十分の一税とシャンパールとを控除した後で、折半された。収穫の刈り入れ、輸送、搬入は、折半小作農の費用で行なわれた。彼にかかる負担は重かった。賃貸者は地代、サンス、土地にかかる賦役、王の税金を折半小作農に負わせようとしていた。賃貸者は自分の勝手で、折半小作として与えられた土地の耕作に規制を設けた。折半小作農はきわめてしばしば借金を負っていた。彼らがある領地を請負うと、その所有者は多くの場合、彼らに前貸しするのを余儀なくされた。それは播種のための場合もあれば、彼らの食物のための場合もあった。折半小作農は、これらの前貸しの保証として、自分の動産、収穫の自分の取り分、家畜の繁殖分を抵当に入れていた。クレルモン＝フェランの第三身分の代議員であるゴールチエ・ド・ビオーザは「農夫（折半小作農）の崩壊を示す、悲しくも数多い証拠」と語ったものである。――（H・ソアネン『フランス革命史年報』、一九三五、二八九頁）

他の例。ポワトー開拓地の折半小作地――十六世紀から十八世紀にかけて、つましい農民保有地は大折半小作地に再統合された。それはしばしば一〇〇ヘクタールにおよび、大量の家畜を備え、時には小教区の土地の七五パーセントにあたった。この再統合にあたって多くの小部落が姿を消し、垣根がふえて、この地方は森林地の様相をおびたが、耕作技術は変わっていない（荒野をなくして可耕地がふえたにもかかわらず、この地方がその住民に十分なだけの穀物を産することは決してなかった）。この再統合は貴族領主によって行なわれた。彼らは封建的受戻しによって、自分たちの封土を構成している保有地を再び手に入れたのである。こうしてポワトー開拓地の中小貴族はその生活条件を維持できた。一般に普及した折半小作の契約条項は賃貸者にたいへん有利であり、十七世紀から十八世紀には賃借者に譲歩する必要はなかったからである。折半小作制の一般化は、他方で、下級官職にいるブルジョワ、商人、独立の裕福な耕作者などが、不在領主の総借地人の資格で、貴族の利潤にあずかることを可能にした。こうした進展が開拓地の折半小作農に大きな悲惨をもたらしたのである。彼らは大革命前夜に真の農村プロレタリアートを形成していた。――（J・メルル博士『中世末期から大革命にいたる折半小作制とポワトー開拓地の進展』、パリ、一九五八）

プロレタリア農民層――これは単に農民層においてだけでなく、旧体制下のフランスにおいてもっとも人数の多い社会グループである。人口の増加によって急増の傾向にある。小家屋や地片を持っているか否かによって、程度の差はある。しかし全員が、食糧を確保するためには、農業労働者として自分たちの労働力を雇ってもらわなければならない。すなわち日雇い農《ジュルナリエ》、農村労働者《マヌーヴリエ》、人夫《ブラシエ》等々である。この社会グループから、さらに、従僕や召使い、工業にやとわれる農民が出てくる。名目賃金は上昇しているものの、物価の上昇の方がより大きいので、これら農村プロレタリアートの生活条件は悪化している。

農村プロレタリアートの数量的重要性――それは地域と、注目する社会局面とによって異なっている。職業資格だけを見るなら、日雇い農と農村労働者が若干の地域では人口の基本的なカテゴリーの一つになっている。特に大耕作と借地制の地方でそうである。ブルターニュは小耕作の地方だが、日雇い農がやはり人口の三分の一以上を構成している。ブドウ栽培の地方でも同様である。もし農村プロレタリアートを非土地所有者と同一視するなら、その数はフランス王国北部の大耕作の地方ではかなり多い。バス＝ノルマンディのいくつかの地域では四〇パーセント、ヴェルサイユ周辺では五五から七三パーセント、フランドル沿岸部では七五パーセントである。十分な土地を持たない分割地農民もまた、十分な経営をするための土地を賃貸借で手に入れることができず、したがって自分の労働力を雇ってもらわざるを得ないのなら、明らかにこのプロレタリアのカテゴリーに入れなければならない。そうすると比率は増加する。ノールにおいてリスの南部では土地所有者の七五パーセントが一ヘクタールを持たない。ラン地域では七六パーセントが二ヘクタール以下である。テュル徴税区では所有地を持たないのは農民の一七パーセントであるが、土地所有者の六〇パーセントは五アルパン以下なのである。

一七九〇年七月に立憲議会の乞食委員会が、貧民の数を見積って公的扶助を組織するための目的で行なった調査に依拠し、さらにラヴォワジエによって立憲議会の課税委員会に提出され、議会の命令で一七九一年に印刷された報告（『フランス王国の土地財産について』）に依拠するなら、農村プロレタリアートはフランス王国全体で農村部人口の四〇パーセント以上と評価できる。それは約二〇〇〇万人の農民層に対して、八〇〇万人以上の農民大衆にあたるのである。

さて、この大衆は種々の要因の影響によって増加する傾向にある。まず人口の増加である。人口は増加しており、特に民衆諸階級で著しい。その結果、土地を持つ農民家族において、土地の分割が生じる。こうして各自の分け前は小さくなる。小土地所有農はプロレタリア化するのである。土地を持たない農民にとっては、人口の増加は求職労働者を増加し、失業と浮浪のおそれを招くことになる。確かに、十八世紀の農業は今日の農業よりも多くの人手を必要としてはいる。耕作、収穫、穀物の脱穀、ブドウの細かい仕事など、すべて手で行なうからである。農村の労働力需要はかなりのものとなっている。しかし供給はそれ以上なのである。経済と社会の発展は、様々な局面において、農村プロレタリアートの増加をもたらす傾向にある。分割地農民、小土地所有者、小借地農、折半小作農はプロレタリア化する。大耕作の地方では、大借地の集中化は農民から土地を奪い、彼らを日雇い農の位置におとしめている。都市の資本家的交易商人の指導と保護のもとに仕事する農村工業と従属的職人層の進展は、家内工業に従事する農村プロレタリアートの拡大をもたらしている。最後に、農業個人主義の進展、および集団的権利に対するもてる者の攻撃は、結果的に、プロレタリア化の条件を農村部に拡大し、かつ悪化せしめているのである。農村プロレタリアートの生活条件の悪化――いくつかの証言は一致している。農民大衆の生活水準はたいへん低いのである。「青銅法則」は当然ながら農村部にもあてはまる。賃金は旧体制の最後の数年に、停滞期を終えた後、ゆっくりと上昇したようである。アルザスで草刈り人は一七三〇年から一七四九年まで同じ料金を支払われていた。ブルターニュでも同様で、ルドンで日雇い農は一七五四年から一七六九年まで同一額である。大革命直前の数年に軽い上昇が見られた。ネッケルの命令で一七七七年に地方総監が行なった、賦役の改革に関する調査によれば、道路の建設と維持のために雇いうる非熟練労働者は、一般的に平均して約一六スーとなっている。賃金はその後、一七八七―一七八九年に一九スーまで上昇した。大革命中に行なわれた調査では平均二〇スーとなっている。これらの数字を、ヴォーバンやボワギルベールがルイ十四世の統治の末期について与えている数字(一五スー)と比較してみれば、二五パーセントの上昇があったと結論できるのである。同様に、E・ラブルースが行なった賃金の地域的時系列の研究(病院、修道院、自治体の会計)も、一七二六―一七四五年の平均賃金と一七七一―一七八九年のそれとの間に約二〇パーセントの上昇があることを明らかにしている。

しかし、生計費の上昇はずっと大きいのである。それで農業賃金受領者の物質生活は次第にきびしくなっている。種々の食料品についてみれば、全体の上昇は五〇パーセント(小麦は五六パーセント、ライ麦は六〇パーセント)である。住居は二倍に上昇している。確かに、多くの日雇い農が自分の家を持っており、時にはいくらかの地片を持ってはいる。しばしば彼らは一部を現物で支払いをうけている。これらの利点を考慮しても、農村プロレタリアートの購買力は約二五パーセント減ったとみられるのである。

もちろん、こうした全体的な観点には地域的な程度差を導入する必要がある。南東部では農村労働者の平均賃金は一日二〇から二五スーである。しかし南西部、北部では一五から一七スーでしかない。ブルターニュでは特に低いようだ（レンヌ、ヴァンスでは一二スー、オーレイでは一〇スー）。確かに、穀物の平均価格も同様な地域的偏差がある。それにしても、どの地域であれ、農業賃金受領者が生活必需品の価格変動に支配されていて、生活が困難だったことに変わりはない。彼らにかかる負担は、農民層全体にかかるのと同様、一層重く悪化していたのであるから、影響は余計に強かった。

3　乞食と浮浪。放浪者の世界

旧体制下の農村部では、きびしい生活条件のために飢饉がひきおこされ、そのために乞食と浮浪者が増大した。老人、障害者、失業者には他に何の手段があっただろう。日雇い農は仕事がない時には乞食をしないではすませられなかった。扶助施設は、都市でも不足していたが、農村では存在しないに等しかった。少なくとも農村人口の一〇分の一は一年中乞食をしていた。ノール県ではその比率は、一七九〇年に、五分の一と見積られた。ある人々にとっては乞食は一つの職業で、なんら恥ずべきものではなかった。ノール県のエステールでは一七九〇年に一〇人ほどの職業的な乞食がおり、「しばしば父から子へと引きつがれた。」「乞食は、貧しいから仕方がないといって、二〇歳から二五歳で、生活手段を持たないまま結婚する。子があるにせよないにせよ、絶えず修道院の炊出しにかけつけ、乞食をし、それによって子供たちに見本を示している」。同じノール県のゴドウェルスヴェルドとベスシェプでは、「細民は、牝牛二頭を持った借地農に至るまで、人の記憶にある限りの昔から、三里《リュー》四方を乞食してまわる習慣を持っている。これは他の小教区の怠け者の手本となっている。」この悪は、施し物を分配する大修道院の周囲では特に広まっていた。

善意の、もしくは職業的な乞食に加えて、移動民がいた。地理的流動性が現在よりずっと目についた時代である。フランス遍歴をする徒弟のほかに多くの勤労者が仕事を求めて旅路についており、職を見つけるまで町から町へとさまよっていた。大きな作業場、例えば中央運河やピカルディ運河、シェルブールの防波堤などは旧体制末期に、失業者、契約が切れた農場の召使い、兵隊に引っぱられないよう村から逃げ出した若者などを集めていた。こうした不定期な者に加えて、季節労働者がいた。冬には家を遠く離れる山里の人々である。例えばリムーザンの人々はパリで建築業の労働者となった。収穫とブドウの摘みとりの時には、こうした移民は激増した。バス＝ブルゴーニュ、ロレーヌから、多くの人々がブリやヴァロワに散っていった。コース、モンターニュ・ノワール、セヴェンヌからはバ＝ラングドックへ移動した。

さらに農村には多くの行商人が巡回していた。村には小売商はたいへん少なかったからである。毎年、タンシュブレイやヴィルデューでできた鍋類をわずかばかり包みに入れた貧乏人が、ノルマンディの森林《ボカージュ》からピカルディやさらにはオランダまでさえ、出て行った。鋳掛屋、鍋売り行商、煙突掃除人、さらには熊やマルモットの見せ物屋もいた。これらの人々は、ほとんど信用をおかれていなかった。ヴィルモワイエンヌの主任司祭兼小修道院長は、一七八八年五月二八日にバル＝シュル＝セーヌの選挙集会にあてて、「われわれはこれら多くの人々を厄介ばらいすることを考える必要があるでしょう。彼らは、どこへでも運んで行く包みを持って、多くの子供を引き連れています。その子たちは、母親と一緒に、たえずわれわれの門をくぐり、家の中にまで侵入してくるのです。多くのあばずれ娘が頑強で溌剌とした男どもと一緒に、仲間同士、包みを持って、ちょうど年ごろでありながら居酒屋でドンチャン騒ぎをするのを見ること、彼らが結婚していないのは明らかなのに雑魚寝すると知ることは、われわれ司祭にとって苦痛であります。」と書いている。

一般品および塩の密輸が、国内関税の境界線や、入市税をとる大都市、とりわけパリのまわりの境界線の不穏さを増した。塩の一ミノ(36)がブルターニュでは二リーヴルだったが、メーヌでは五八リーヴルだった。メーヌの織工や石切工は一日一〇スーから一二スー稼いでいたが、塩を背負って旅行すれば一回で二〇リーヴルから三〇リーヴルになったのである。貧民は塩の密輸人になった。例えばアンジューとポワトウの境界であるモージュでそうであり、さらに塩税が高い地方の境界ではどこも同様だった。農民は一時的な塩密売人には寛大だったが、専門の密売人は恐れていた。ある書きものによると、「朝、彼は多くの場合に持ち主に知られずにしのび込んだ納屋のワラから出てくる。密売品を捨値で売ることによって、宿代を払う。彼はそそのかしたり脅したりする。気分によっては、とりわけ遠くの小教区から来た場合には、貧しい者へのあわれみなどなしに、農場の動物、動産、金を略奪する……。」塩税吏は徴税請負制のもとで、密輸をとりしまるためにつくられていたものである。選び方が悪くまた給料も低く、罰せられないのは確かなので、彼らもまた恐れられていた。「夜といわず昼といわず、二人組か小グループをなしており、決して単独では危険をおかさない。農場を襲い、犬がほえればこれを殺す。自分の馬を勝手放題にまぐさや二番草、時には穂のままの小麦の中にさえ入れる。彼が来ると皆がふるえあがるのである。男たちを脅し、女たちをたたき、家具をこわし、長持ちやたんすをあけてひっくり返す。何人かの不幸な者を牢にかりたてるのでなければ、略奪品をとって去っていく。」

種々の形態の乞食は、土地所有農民にとって、重い負担となっていた。彼らは、例えばノール県のように、救貧税を払った上に、なお最下層の乞食を迎えねばならなかったのである。彼らが乞食を恐れたのは、それが、略奪や農村犯罪にはならないまでも、容易にごろつきとなったからであった。けんかになってしまって攻撃をうけるのがこわかったのである。さらに匿名の仕返しを恐れた。すなわち垣の破壊、木の切り倒し、家畜への傷害、およびとりわけ放火である。人々は恐怖から物を与えた。ほどこしは保障だったのであり、慈善よりもむしろ用心深さが乞食に定期的扶助を保証したのだった。ピカルディ、エノー、カンブレジでは、ゆすりは職業だった。借地農や、さらには主任司祭、大修道院に対し、金を払わなければ火をつけると脅迫するのは日常茶飯事だった。朝になると借地農は門のところに、硫黄マッチの箱と並べて、どこどこへ示された金額を置け、さもないと火をつける、と脅した紙が釘づけにされているのを見つけるのだった。八年間に二三枚の紙を貼ったことを白状したゆすりが、一七六〇年に車責めの刑になった。同年、高等法院は被脅迫者に対して脅しに屈するのを禁じ、違犯には一五〇〇リーヴルの罰金を課した。しかし火災が増加したので、一七七八年には代訴官はこの裁定が役に立たないことを認めざるを得なかった。恐怖がバイイ裁判官や法律家をとらえていたし、証人や被害者にはそれ以上に恐れるべき理由があったからである。

　乞食の人数が増加した時、例えば一七八九年には、彼らは徒党を組んで威嚇的で大胆な一団となり、略奪へとのめり込んだ。ほどこしが少ないと脅しの言葉をぶちまけ、力をかさにきて金を要求し、納屋に泊り込んで、数々の犯罪をおかした。夜にも乞食をするに至って、村人をふるえあがらせた。「一二人ほどが水曜日から木曜日にかけての夜に、うちへやってきた。これから八月にかけて、なお多勢来るおそれがある。」と、オーマル近郊の土地所有農が一七八九年三月二五日に書いている。七月三〇日には「恐怖におびえずに床につくことはない。昼間の貧民は数が多いが、それをさしおくとしても、夜の貧民にうるさくつきまとわれている。」旧体制の末期から（執政官政府《ディレクトワール》(37)時代の特権ではないのである）、農村の追いはぎはそこここに跋扈していた。かくし場所を教えさせるため、被害者の足を「暖める」やり方もすでに存在していた。一七二一年にグレーヴ広場で生きたまま車責めの刑にされたカルトゥーシュの一味の記憶は、集団的意識の中に生き残っていた。一七八三年にボース地方南縁のオルジェールで、ある一味が壊滅された。それはじきに再建され、執政官政府《ディレクトワール》時代に有名になった。ヴィヴァレーでは、一七八三年のマスクの農民反乱の後、小さな一味がまた時々現われた。彼らの行動は共同権を犯罪におとしめるものだった。一七八九年には聖週間の最中に、セヴェンヌのヴィルフォールで公証人のバロがたたきのめされ、家が略奪され、書類が焼かれた。三月二七日には、三部会の代議員選挙に参加するためにヴィルヌーヴ＝ド＝ベールに赴く途中のある教区の町役人一行が身ぐるみはがれ、殺された。パリ周辺では一七八九年三月に、四〇人ほどの覆面した男の一味がダンピエールのあたりで認められた。四月末には一五人ほどの武装した他の一味が、夜にエタンプ地区の借地農を脅迫し、門や窓をこわし、火をつけると脅した。

農村の治安はなによりもまず警察の問題であったが、ふだんは鎮圧は難しかった。騎馬憲兵隊は三〇〇〇から四〇〇〇の騎馬隊員からなるので、鎮圧のためには不十分だった。大部分の村では警察力は存在しなかった。領主の番人は森林を見張り、密猟をとりしまったが、保護者というよりはむしろ敵と考えられていた。慣習法により、村民はバン権〔収穫期間等の規制権〕を守らせるための作物監視人を指名することができた。多くの小教区はそれを持たないか——給料を払わねばならなかったのである——一時的な資格で収穫の時だけ任命した。世紀の中頃、王権は一七二四年の勅令を更新して農村部の浄化をはかった。これは乞食を禁じ、乞食と浮浪者を国王代理官の統轄下におくものだった。一七六四年の勅令は浮浪者を漕刑に送ることを決め、一七六六年の勅令は教区から六里《リュー》以内で捕まった乞食には烙印を押し、再犯の場合は三年間の漕刑とした。その他の場合には、一七六七年の裁定により必要に応じて開設が命じられた乞食収容所に送られた。前世紀の「貧乏人封じ込め」の伝統にもとづく、完全に抑圧的な態度である。乞食収容所は総監代理によって管理され、被収容者は労働を強制された。貧民が悪人と隣りあわせにされ、乞食をしているより悪かった。実際にはこれらの勅令はあまり適用されなかった。金がなかったのである。一七八三年の総監代理、一七八九年の陳情書、一七九〇年の乞食に関する調査の際の諸自治体などは、他の解決策を示した。すなわち、工業のみが、農業には雇用を見出せない労働力を吸収することにより、農村部からこの災害を除くことができる。老人と障害者には、施設をふやすこと。「浮浪者と怠け者」また「規律のない、扱いがたい、なおしがたい者」は投獄するか「島送り」にすること、である。しかし、これらの方策を実施するための手段が欠けていた。大革命も、旧体制と同様、この問題は解決しなかった。

不穏さは一般的であった。しかしいたるところ同じ深刻さというわけではなかった。防備のより不十分な地帯があったのである。森林とかしげみの高台とかにふちどられた、穀物栽培の平野部である。すなわちボースの周囲の林がそうだった。そこは農村社会にあまり溶け込まない人々、つまり木こり、炭焼き、ガラス製造人、木靴工、密猟師など、それだけで疑わしく見られていた人々の自然のかくれ家となっていた。レーグルとコンシュの周辺のペルシュの森、アングーレームのそばのブラコンヌ、ペリグーの東にある有名なバラドの森も同様だった。モルヴァンもそうで、オーソワでは「そこからはいい風もいい人も来ない」と言われていた。集団的意識にきざまれた昔の記憶は、これらの危険すべてを信じさせ、増幅した。何世紀もの間、農村はどこからともなく現われる半野盗的な兵隊に荒されていたのである。村は焼かれ、女は暴行され、男は拷問を受けた。戦争の際のこうした恐怖一切は、まだなお農民の記憶につきまとっていた。アルザスとロレーヌでは三〇年戦争の時のスウェーデン人の思い出が残っていた。ノールでは騒動の扇動者はすべてマザランだった。おそらくピレネー条約の前の戦争の記憶のためである。ピカルディとノルマンディではカラボが依然として恐れられていたが、これは一五世紀の古い記憶である。旧体制末期の農民により近いものとしてはカルトゥーシュ（一六九三—一七二一）とマンドラン（一七二四—一七五五）がいる。密貿易人をさすのにマンドランと言っていたものである。所有を守ろうとするためによる社会的恐怖が、飢餓による恐怖とともに、野盗をふやしていたのである。

大恐怖が生まれたのは、乞食と餓えた放浪者の数が増大したことから生じた不穏な情勢、おどろおどろしい妄想に満ちた不安な雰囲気の中でだった。それは古びた封建的機構をうちくずしたのだった。

三　農民の負担。「封建制」

これには三つの側面がある。封建的・領主的諸権利、教会十分の一税、国王の税である。これは農民層全体にかかっている。非土地所有の経営者には、当然ながら、折半小作料や借地料もつけ加わる。

1　封建的諸権利と領主的諸権利。「封建的複合」

用語の問題。「旧体制の封建制」――一つの疑問が措定される。用語の問題である。十八世紀について「封建制」「封建体制」「封建的諸権利」といった語を用いるのが、論争をひきおこしているのである。中世史家はそれに頑固に反対している。ロベール・ブートルシュはその著書『荘園と封建制』（一九五九）の中で、この「言葉の乱用」に烙印を押した。ジョルジュ・ルフェーヴルもまた、一九五六年の「封建制から資本主義への移行について」の国際的に重要な討論の中で、この術語の使用を放棄したのだった。

固有の意味での封建制が昔から、ブートルシュが引用したカーライルの表現を使うなら「齢によってもうろくし、終油の秘蹟を受けた」[38]制度であったことについては誰も反対しない。他方、農村の荘園に属する諸権利は旧体制末期にもなお有効であった。また封建制が領主体制によってきびしく制限をうけていたことについても反対はない。しかし、法律辞典や法学概論の冷たい定義に満足することはできない。それはしばしば社会的現実を無視し、事物に対して狭く法的で、また静的で硬化した見解しか与えないのである。今、われわれにとって重要なのは、旧体制末期における封建制という語の社会的次元である。法律家ではなしに農民が、それをどう思っていたかということなのである。「言葉に意味はない。それらには用法があるだけである。」制度が傾いたために言葉の意味あいも当然に変転した。十七、十八世紀の公証人の多くは、無知もしくは単純化の精神から、長いこと封建的諸権利と領主的諸権利を混同していた。農民とか、土地にまつわる事柄に通じていた人々とかにとって、封建制とは、十八世紀にはややおおげさな言葉であるが、不可譲の地代、永久の賦課、移転税《ロ・エ・ヴァント》、さらには十分の一税など、要するに法律家のいう封建的複合がのしかかっている土地への隷属のことであった。

大革命の間ずっと、およびその後も永くこの語がくり返されたのは、上記の意味においてである。メルラン・ド・ドゥエはこの問題の専門家であり、立憲議会の封建的諸権利委員会における一七八九年九月四日の報告で、この点を明確に説明した。「この封建的諸権利という語は、厳密な意味では封土契約に由来する諸権利しか意味せず、封地授与がその直接の原則である。しかし慣用においては、最も通常の場合、領主の手にあって、全体でデュムーランのいう封建的複合を形成している権利のすべてにまで、意味を拡大している。したがって、領主的地代、シャンパール権、賦役、使用強制、昔の隷属に典型的だった供出等々は、固有の意味での封建的諸権利ではないにしても、われわれはそれにかかわらざるを得ないのである……。」

封建制という抽象的な語は、その意味の広さのために利用されていた。しかし、その語を用いていた人人は、それが含みこんでいた現実をたいへんよくわきまえていたのである。固有の意味での封建的諸権利には自由封土《フランフイエフ》の権利などがある。貴族の土地が平民の手に渡った時にはたいへん重いものだった。領主的権威は裁判権に示されている。そこから警察権も生じ、さらに使用強制がつけ加わっていた（領主は村の住民の第一人者であり、封建制が廃止された後もずっと城主としてその地位にとどまっていた）。最後に領主制なり領地なりに起源を持つ賦課、すなわちサンス、地代、シャンパールがあった。農民にとっては、封建制というのはこの現実であって、依然として生きているものであった。暴力を起源とし、常に自分たちの隷属性のしるしを帯びたものだったのである。立憲議会のブルジョワジーは、封建制についてのこうした民衆的概念を誤ったものとは考えなかった。八月四日の晩に彼らは、マンモルトおよびそれを代表とする諸賦課を、人身の自由に反するものとして、無償で廃止したのである。同様に領主的諸権利も、国家を害して奪いとり、暴力で押しつけたものとして廃止した。しかし彼ら自身が封土を手に入れ、保有地を設定していたので、彼らは土地の賦課租はその原初の移譲の代金であるという作り話を採用した。農民はそうはみなさなかったので、その結果は革命的であった。彼らにとっては封建制は、一部の者が考えていたような神話ではなく、また領主の支配は、ある人々が好んで描いたような父権的で厚情ある権威でもなかったのである。

トクヴィルはこの点を誤らなかった。この炯眼の観察者の証言を拒むことはできない。封建制という語の使用は『旧体制とフランス革命』の中で一貫しているのである。彼にとっては、フランス革命は基本的に反封建的である。それは結果として「何世紀もの間、ヨーロッパ諸国民を完全に支配しており、通常、封建的諸制度の名で示されている、この政治的諸制度を廃止しただけ」だった。大革命の固有の成果とは、旧社会において、アリストクラート的・封建的な諸制度に由来するものすべて、……「どんな小さな刻印であれ、それに由来するものすべて」を破壊することだった。封建的諸権利にあてた章の最後でトクヴィルは「封建制は政治制度ではなくなったが、なお民事制度全体の中で最大のものであった。このように縮減されたものの、なお一層の嫌悪をひきおこしていた。中世の諸制度の一部を破壊することによって、残ったものを百倍もいやなものにした、というのは正しいことだったのである。」と書いている。

旧体制下の農村生活全体は、いわば、この古めかしい外皮の中に包みこまれ、しばしば麻痺させられていた。確かに地域ごとの程度差を見ねばならない。ある州、例えばブルターニュでは封建制に固有なものの残滓がなお明瞭であった。ボーヴェージでは根強い領主体制が、公的な古びた封建制の諸特徴からたやすく区別された。ラングドックはさらに別の、弱められた像を示していた。確かに、地域によっては、所有地と荘園、封建制と荘園、およびこれら三つの術語自体と貴族という概念を、それぞれ区別することは困難を伴う。それでも、封建制という社会的現実があったことにかわりはないのである。

封建的諸権利と領主的諸権利は互いに混ざりあっている。専門家（封建法学者）自身、よくわかってはいない。封建的諸権利と領主的諸権利の全体が、彼らのいう封建的複合を構成しているのである。一七九〇年三月一五日の法令は、純粋かつ単純に廃止される「封建体制……の一般的効力」（名誉上の区別、忠誠、服従誓約、個人的奉仕等々）（第一節）、無償で廃止される領主的諸権利（マンモルト、サンスとファージュ[39]、通行税と市場税等々）（第二節）、買いもどしうると宣言された領主的諸権利（シャンパール、移転税等々）（第三節）をそれぞれ区別せねばならなかった。実際、一七九〇年三月一五日の法令は、人に課せられ、無償で廃止される対人的諸権利と、土地に課せられ、買いもどしうると宣言された対物的諸権利の二項目のもとに、封建的諸権利と領主的諸権利をまとめて整理しているのである。後者の二つは区別されるべきであろう。対物的諸権利とは領主の直接権と結びついたものである。それらが固有の意味での封建的諸権利を構成しているのである。それらは荘園全体に対する領主の上級所有権に由来しており、土地に課せられている。領主的諸権利は中世に領主によって行使された主権に由来していた。

しかし封建制を単に社会制度としてではなく、より単純に経済史の概念として、より正しくは歴史的な生産様式として用いるのならば、われわれは生産様式としての封建制（レジーム・ドマニアル、マノリアル・システム、グルンドヘルシャフト）[40]は土地所有に基礎づけられると断言することができる。封建社会から資本主義社会への移行は、この封建型土地所有の破壊と、農民に課せられていた領地的諸権利や封建地代から彼らを解放することによって実現されたのである。

封建体制——その起源は領主＝宗主とその家臣との関係によっている。それは人間の位階制と土地の位階制によって特徴づけられていた。これら両者は、その土地を保有する者を介して、相互に依存していた。このように考えられた土地は封建的権利に服する。しかしこれらの土地もしくは保有地は貴族のものの場合もあれば平民のものの場合もある。前者の場合は封土であり、後者の場合はサンシーヴである。

封建的諸権利は、厳密な意味においては、封土契約に由来する。すなわちメルラン・ド・ドゥエが一七八九年九月四日の報告で指摘した通りである。それらは「固定的な権利と臨時的な権利、実質的な権利と名誉的な権利」の総合をなしている。封土の概念は、当然ながら、戦争と助言という個人的奉仕が消滅してから変化した。その奉仕はかつては家臣に課せられたもので、その保有地の委託の条件をなしていたのである。しかし十八世紀には封土は土地所有の一形式にすぎなくなっている。

封土（貴族保有地）について最も重要な特典は、領主の直接権と結びついたもので、譲渡諸税からなる。これは封土が他の家臣のものとなった時に領主が徴収するものである。これらの税は様々な形式をとっていた。相続または生前行為の場合の封地相続税もしくは買いもどし税、販売もしくは交換による封地の譲渡の場合の五分の一税（パリとオルレアンの慣習法の及ぶ範囲では販売価格の五分の一であり、それが普通の税となっていた）である。すなわち臨時諸税であり、それは利得封土と呼ばれる封土に課せられている。これが最も数が多く、普通の税となっていた。

若干の封土については、領主は負担の全部または一部を永久に免除していた。これが名誉封土である。自由な所有地とほとんど区別はないが、それでも自由地と混同してはならない。なぜなら領主は常に名誉封土についても、利得封土と同様に、忠誠と服従契約を要求したからである。ただしかつての形式主義は姿を消していたので、忠誠と服従契約は実施されたものとする公正証書を作製するにとどまっていた。これが家臣承認である。それは戸数調査すなわち封土の分割調査にもとづいていた。多くの場合、領主の役人のもとへ家臣の委任者から戸数全体が報告された。その際、後者は（利得封土の場合）譲渡諸税を支払った。譲渡の場合、慣習法によって規定された期間内に忠誠と服従契約を行なわないのは、直接権の否定と封建的なつながりの崩壊を意味した。領主はこの場合、封土を再び自分のものとするため、公権力に訴えて封土の差押えを要求することができるのである。これが封建的差押えである。この件において、自分が持っている封土の領主の資格を否定した家臣はたいへん重大な過失をおかすことになるのである。彼は押収される。すなわち宗主への反逆もしくは封土の否認のかどで没収をうける破目におちいる。これは十八世紀末になると次第にまれになっていた。それより根強いのは封建的受戻しである。これにより宗主は、封土が譲渡された場合、自分の気に入らない家臣を遠ざけ、それによって領主管轄地を領主直領地に統合することができる。封建的受戻しは折半小作制の地方でたいへん広まっていた。そこでは領主は、自分の封土である土地が譲渡された場合、封建的受戻しによってその領主直領地の広さを増し、より大きな収益源である折半小作地とすることができたのである。

農民たちは、封土（貴族保有地）を購入しない限り、これら封建的諸権利には縁はない。その購入は南仏を除けばまれである。南仏では、平民自身が「貴族とみなされた土地」を購入しており、その点では北部より進んでいる。ブルジョワはしばしば封土の所有者である。前者も後者も、その場合には自由封土税を支払う。これは貴族財産を購入した平民に課せられるものであり、第三身分の人々にとって負担と屈辱であった。十八世紀末期には封土の概念はかなりあいまいである。宗主と家臣の関係は効力を失っていた。しかしそれにもとづく封建的諸権利は利得源となっていた。君主制によってそれが廃止されたなら、領主にとっては収入を失うことになっただろう。それは問題にされるべくもなかった。

領主の直接権に由来する他の諸権利が平民の土地に課せられている。それらには、定期的かつ金納のもの（サンス）もしくは現物のもの（シャンパール）もあれば、臨時のもの（移転税）もある。

サンスはサンシーヴに特有のものである。後者は十八世紀において最も普及していた領主所有地の形態である。小土地所有農の大部分はサンス請負人なのである。領主は所有地の名誉的諸権利、主に狩猟権を保持していた。サンスは金納で、もともとは保有地の収穫の価値に対応していた。しかし貨幣価値の低下に伴って、その実質的価値を次第に失っていた。十八世紀には、サンスは多くの地域でごく低廉でとるに足りないものになっている。例えば、ギュイエンヌでは一ジュルナル(41)もしくは一カルトレー(41)といった単位面積あたりが一ソルか、多くても二ソルである。ポワトー、メーヌ等々でも同様である。サンスは持参払いであって、取立て払いではなかった。これは時効にかからないものだった。保有地の最初の委託によってつくられた従属のきずなという性質のためである。

シャンパール（産物の一部で領主が徴収するもの）は、サンスに服していない保有地にかかる場合には、領主の直接権のあらわれである。もし逆に保有地がサンスとシャンパールを両方とも課せられている時には、シャンパールは土地の賦課租、一種の永久借地料の性格を持つ（一つの保有地は直接権により承認された賦課を二つ負わされることはあり得ない）。シャンパールは産物の一部で、現物で請求される。単に穀物だけでなく、すべての収穫物に課せられるのである。ブルボネのブドウ地帯では、シャンパールはカルポもしくはカール＝ポという名である。成文法の地方では、シャンパールはテラージュもしくはアグリエと呼ばれる。サンスほど普及してはおらず、ブルターニュ、メーヌ、リムーザンではまれである。シャンパールは取立て払いである。領主の代官が徴収しにくるまで、収穫はその場におかれていた。それ故、農民から多くの非難が生じたのである。シャンパールの割当て額は実に多様である。ドーフィネでは二〇分の一でしかない（二十ほどの税《ドロワ・ド・ヴァンテーヌ》）が、リヨネでは五分の一であり、場所によっては収穫の三分の一が徴収されている。この同じ収穫からさらに十分の一税と折半小作料が天引きされることを考えれば、折半小作農のきびしい生活条件がわかるのである。

　領主的地代もまた直接権を表明するものであった。シャンパールのように現物で支払われたので、サンスより金になった。それはサンスをすべて排除してとり決めることもできたし、逆にサンスにつけ加えることもできた。領主的地代を固有の意味での地代と混同してはならない。

　移転税は臨時税であり、もっとも収益になるものの一つである。それは、サンスもしくはシャンパールの課せられた保有地を売却により譲渡した場合に、領主に払うものである。それは平民保有地にしか適用されない。貴族保有地は五分の一税に服しているからである。移転税の割当ては多様で、六分の一から一六分の一まであり、平均は一二分の一（パリ、オルレアン、ノルマンディ、アジュネの慣習法が同様）である。ペリグー地区のサンス（地名）の慣習法では六分の一、ボルドーの慣習法では八分の一だった。これは金納の税の中でとりわけて最も重いものだった。厳格に適用すると、この重い賦課を免れようとして譲渡の数が減るかもしれないので、それを避けるために領主はしばしば割引に応じた。それでも彼らはいたるところで譲渡税の徴収にはたいへん注意深かったのである。

これら種々の権利は土地の最初の委託を表わしている。立憲議会によって対物的権利とみなされ、買いもどし得ると宣言された。

領主体制——土地所有者的領主と農民との関係にかかわっている。領主的諸権利は昔、領主によって簒奪された公的権力を起源としている。その権力の行使を君主制は少しずつ取りもどしていった。しかし領主にも、世襲の資格で、いくらかの特典といくらかの賦課とを委ねておいた。領主的諸権利は中世に領主によって行使されていた主権を原則としている。封建法学者は領主的諸権利を分類した。この分類が一七八九年八月五日－一一日の布告《デクレ》と一七九〇年三月一五日の法令との基礎になったのである。

裁判権が基本的なものである。ここから他の多くの権利が導かれる。裁判は公権力の属性である。領主はそれを、時の経過によって適法化された簒奪によって、もしくは国王の明白な、または暗黙の委託によって、実行していた。領主裁判は領主の資産の一要素となっていた。そのため補償なしには廃止され得ないものであって、国王主権のもとで存続していた。十八世紀にも数は多かった。ブルターニュでは二五〇〇、マルシュとリムーザンでは八〇〇の例がある。その管轄範囲は相当に不平等で、きわめて多くの場合は二つもしくは三つの小教区であり、時にはもっと狭い。地域によって活発さに上下がある。休眠状態で、ある法律家の証言によれば、「利益があるというよりむしろ厄介になっている」ものもあるが、反対にブルターニュでは活動的で、旧体制の末期でもなお州の事件の一〇分の九が裁判されていたようである。

上級裁判権はなおある程度の活動をしていた。刑事事件について、上級裁判権は死刑に値する犯罪を裁く権利を持っていた。ただし、上級裁判権による領主の死刑判決は高等法院の裁可を受けねばならなかった。実施は次第に例外的になり、領主は刑事裁判を国王の役人に任せた。しかし彼らは城館の横に絞首台をかたどるのを原則としていた。これは一七八九年には「無駄な見せかけ」にすぎないのである。刑事事件については上級裁判権は財産に対する軽罪（密猟、農村の軽罪等々）を裁判した。民事事件については、領主の上級裁判権は、最も重要な事件は自分の手にはなく、国王裁判のものとなるのを経験していた。
下級裁判権は基本的に封建的な事柄について機能する。必要な時に領主に対する家臣承認や宣言を行なわせること、サンス請負人に対し賦課租の支払いを強制すること、譲渡諸税の清算を請求することである。

領主裁判権は、上級も下級も、旧体制末期には基本的に領地制と土地に関する管轄を保っていた。それは、額には制限なく、保有者に地代を払わせるため、賦役を実施させるため、使用強制を守らせるために、多くの判決を下していた。それは、したがって、経済上の武器をなしており、領主経営の道具となっていた。また領主は自分の裁判権をたいへん重要なものとみていた。一七八九年の陳情書は領主裁判の不便と混乱とに注意を向け、その改革もしくは廃止を要求したのである。

名誉的諸権利は裁判権に由来するものだった。それは例えば、上級裁判権を持つ領主が小教区の教会で要求したことである。すなわち内陣に予約席を持つこと、香をうける権利、聖水と聖パンを受ける権利、行列の際に聖職者に迎えられる権利、行列の先頭を歩く権利、村の祭りを許可または禁止する権利、等々である。これは区別と優先権の問題である。それらはしばしば迷惑を与え、第三身分の人々を憤慨させた。

実益的諸権利は封建的複合のうち、名誉的諸権利とは異なって収入をもたらすものである。それらは経済的諸権利をなしている。立憲議会に採用された用語集（一七八九年八月五日‐一一日の布告《デクレ》と一七九〇年三月一五日の法令）によれば、それは対人的諸権利、すなわち個人に課せられ、裁判に特徴的に表われている領主権に由来するものと、対物的諸権利、すなわち土地に課せられ、理論的には地所の原初の委託を表わすものとに分類できる。立憲議会によって、前者は無償で廃止され、後者は買いもどしうると宣言された。

対人的諸権利はある種の対人的賦課、賦役、規制権に由来する経済的諸特権、狩猟、魚釣、鳩舎の排他的権利を含む。

対人的賦課は領主権に由来し、その起源からしばしば保護権とも呼ばれる。領主的タイユ税は時には対人的かつ毎年のものであり、時には臨時のものだった。対人的タイユ税はもともと領主がその臣下に与える保護と交換に徴収された。それらは、オーヴェルニュ、ポワトー、ロレーヌでは十八世紀末になってもなお、領地との比率によって取りたてられていた。他方、ブルターニュでは消滅していた。臨時タイユ税はある種の状況のもとで封建的エードとして徴収された（例えば領主が勲爵士《シュヴァリエ》になった時）。それはもはや例外的な名目としてしか存在しなかった。例えばオーヴェルニュでは領主が娘を結婚させた時、もしくは王の勲爵士団に指名された時であった。いくつかの州では領主はファージュを徴収している。家持ちの各家長に課せられる税である。ガスコーニュのいくつかの地域ではファージュは現物（小麦、ライ麦、および家禽）で徴収された。夜警税もこの保護権によるものだった。領主はもともと私闘権を持っていたので、城館の安全のために臣下に夜警をさせることができたのである。買いもどしが認められ、この軍事奉仕は財政的義務となった。十八世紀にはなお夜警税はブルターニュ（家族あたり五スーから一〇スー）、オーヴェルニュ（家あたり五スー）、フランシュ＝コンテ（家族あたり小麦一カルト）で徴収されている。[42]しかしこの税は多くの地域で消滅していた。

賦役は農民に課せられていた。彼が農奴であってもその条件に応じて課せられ、領主領地の自由な保有者であっても、単に荘園に住んでいるだけの自由な平民であっても、裁判権が領主の特典となっている場合には課せられたのである。対人的賦役は領主裁判の管轄範囲の中で、住居に応じてその農民に課せられていた。対物的賦役は荘園の従属地に課せられていた。対物的賦役は土地に結びついているので、貴族や聖職者であっても、賦役に服する土地の保持者であれば、それを満たすか自分の費用で免除をうけるかしなければならなかった。他方、彼らは対人的賦役は免れていた。右の例は特にブルターニュ、メーヌ、ポワトーで多かった。

賦役は慣習法の地方でも成文法の地方でも同じように行なわれていた。農民自身による労働、もしくは荷車用家畜と車の供出から成っていた。すなわち腕の賦役、運搬賦役、時には犂の賦役である。慣習法の地方のいくつかでは、手仕事の賦役（鍛冶、指物、等々）や特別賦役（例えばブルターニュでは領主の城館修理のため）が存在していた。賦役のおかげで、領主は自分の自家用地の経営をわずかな費用で行なえるのである。しかし十八世紀にはもはや意のままになる賦役請負者はいない。賦役の日数が証書で明確にされていない時には、慣習法によって一般的に年に一二日と定められていた。若干の地域では対物的賦役は金納に変えられた（例えばトウアル公領、ローラゲ・セネシャル管区）。賦役はアルザスとロレーヌではかなり重いままだった。何日も自分の仕事をやめなければならない農民にとって、賦役は一般に耐えがたく思われていた。多くの小教区の陳情書がその廃止を要求したのである。

規制権もしくはバン権は裁判権に由来する。使用強制およびブドウ酒バンのように、真の経済的独占をもたらすものである。

使用強制《バナリテ》は領主が独占していた経済的用益だった。最も普及していたのは風（水）車、パン焼きがま、および圧搾機の使用強制だった。他のものについても認められる。屠殺場、鍛冶場、雄牛、種豚などである。若干の地域、とりわけ西部では、使用強制は封土の裁判権の属性とみなされていた。パリの慣習法では、逆に、領主と臣下の間における実際の、もしくは暗黙の協約によるのでなければ、それは適法的とはみられなかった。成文法の地方では、使用強制は証書にもとづく協約によってしか生じなかった。一七八九年のフランス農民の間で最も普及していた使用強制は風（水）車のそれである。もっともアルザスでは失効していた。多少とも規模のある封土はすべて領主の風（水）車を持っていた。粉ひき風（水）車とならんで布つき風（水）車、麻つむぎ風（水）車等々があった。パン焼きがまの使用強制は多くの地域、例えばフランドルなどでは消滅していた。圧搾機の使用強制は、ブルゴーニュには拡まっていたが、アンジューでは失効しており、アルザスではまれであった。他の独占、例えば使用強制の鍛冶場や屠殺権などは例外的になっていた。領主はその使用強制を自分自身では経営せず、請負に出していた。そこから多くの混乱が生じた。製粉業者は大層重い使用料を払うと同時に、利益をそこから得ようとした（製粉業者が不正直なのは諺になっていた）。一七八九年の陳情書の大部分は使用強制の純粋かつ単純な廃止を要求した。

ブドウ酒バンは、領主の利益のための、ブドウ酒販売の独占であった。荘園の住民は一定期間、自分たちのブドウ酒を売ることを禁止され、領主が自分のをはけるようにした（一般にブドウ収穫後四〇日）。領主の許可のないブドウ酒販売はバンの侵害となり、違犯に問われた。ブドウ酒バンは十八世紀にもなおかなりの地域で効力を持っていた（ポワトー、ベリー、オーヴェルニュ、ドーフィネ、ブルゴーニュ、アルザス、等々）。商業の自由の侵害と考えられたので、農民はそれを使用強制と同じく、憎むべきものとみなしたのである。彼らはその陳情書の中で廃止を要求した。

草刈り、収穫およびブドウ収穫のバンは上級裁判権の属性であり、単なる監督権限をなしていた。農民は領主が決めた時期より前に草刈り、収穫、およびブドウ収穫はできず、違犯すれば罰金を取られた。草刈りと収穫のバンは十八世紀末にはほとんど消滅していた。ブドウ収穫のバンはブドウ栽培地方のほとんどすべてで存続していた。それで十分の一税やシャンパールの徴収も一層容易だった。

通行税と市場税は、理論的には、領主に保持されている旧国王大権に由来する。通行税は多くの場合は金納の税で、荘園内をめぐり、一定の道、通路、橋を通る人や家畜、商品、物品から徴収された。王権は商業に有害な通行税を制限しようと努めていた。一六六九年の宣言では、合法的な証書によって確立され、一〇〇年間中断せずに保たれてきた通行税しか認められなかった。一七二四年に通行税局と呼ばれる特別の委員会が設立されて、証書の審査をし、恣意的に徴収されている通行税を廃止した。しかし、それは一七七〇年になってやっと厳格に機能したのであり、三五二一の領主の通行税を廃止した（五六八八の通行税のうち、あるものは領主のもので他は王領地から徴収されていた）。一七七九年にネッケルは新しい委員会を設立して、領主の通行税の買いもどしを行なった。一七八九年にはほとんど消滅していたことは確認しておかねばならない（ポワトー財務管区では六〇の通行税が一七七一年に廃止され、四つだけが存続していた）。

市場税は荘園の領域内で開かれる季節市および適市に運ばれる商品に課される関税であった。レード、ミナージュ、ビシュナージュ、エタラージュ、アラージュ、等々様々な名称で呼ばれていた。そのひきかえに領主は売買に必要な設備、例えば市場用地などを維持せねばならなかった。彼は市場の治安を保証しなければならなかった。領主は度量衡の用具を独占していた。度量衡は荘園ごとに異なっていた。この税はある時には金納、ある時には現物納で、割当額は場所ごとに異なっていた。この独占は、通行税のように、しばしば請負いに出されていたが、時にはかなりの収入源であった。王権は農民が訴える混乱を減らそうと努めていた（この税はブルターニュでは重く、フランドルとエノーではそれほどでもなかったようである）。

狩猟、魚釣、鳩舎の権利もまた領主にとって収入源をなしていた。

狩猟権は、十四世紀以来、上流階級の手にあった。一六六九年の命令はそれを、上級裁判権を持つ領主と貴族とに排他的に付与した（狩猟権は王権の属性と認められていた）。アルザスでは狩猟権はフランス王国の他の場所で活用されている原則に従わず、平民もそれを領主とわかちあっている。しかし他所では平民に対する狩猟の禁止は重大な刑罰を伴っていた。領主の狩猟権は禁猟地権を帰結した。領主はその自家用地に獲物となる動物、特にウサギをもつことができたのである（壁でかこまれた禁猟地もしくは開放禁猟地）。一七八九年の陳情書のほとんどが、領主の狩猟独占によって農民にひきおこされた損害を告発した。

魚釣権は、航行もいかだ流しもできない河について、領主に属している。魚釣は貴族に許され、原則として平民には禁じられていた。しかし住民の村もしくは個人に認められることもあった。これは所有権であって、領主から請負いに出されることもある。領主はそこからかなりの収入を得ているのである。魚釣権は農民の側から非難をうける余地は狩猟権よりはずっと少なかった。

鳩舎権は領主が鳩のために、塔の形をした特別の建物を保有する権利である。平民は鳩舎を持つことはできず、単に鳩小屋（ヴォリエールもしくはフュイ）を持つだけで、それも一定の条件のもとにおいてだった。鳩舎の数は若干の州ではかなりのものだったようである。例えばブルターニュでは貴族のほとんどがそれぞれいくつかずつ持っていた。一七八九年の陳情書は鳩が収穫に与える被害を主張し、年間の一定期にはそれを閉じ込めておく必要を強調した。

2　教会十分の一税

教会十分の一税は、法的には封建的複合に含まれないが、経済的・社会的現実においてはやはり、それに含められねばならない。

十分の一税は土地からの産物と家畜の増加分に対して現物で支払われる賦課租であり、原則として司祭の生活、教会の維持、および小教区の貧民への扶助に用いられるものである。教会に帰属する教会十分の一税と、多くの場合簒奪により俗人の保有に帰している封与十分の一税を区別する必要がある。

十分の一税は土地そのものよりも、むしろその果実に対して課せられる。原則として皆がそれに服しており、貴族も同様である（ただし若干の地域では彼らは平民より低い額でそれを履行している）。礼拝の仕事を援助するためなのだから、それは原則的には小教区の主任司祭のものとなるはずだった。実際には他の十分の一税徴収者がそれを享受することがある。司教、大聖堂の参事会員、主任司祭職を創設した修道会、また封与十分の一税については俗人などがそれである。これらの大十分の一税徴収者にとってかわられた主任司祭は十分の一税の一部分、正貨で支払いを受ける生活扶助金のようなもの、すなわち適正配当分で我慢しなければならなかった。

十分の一税は様々な資産の果実全体にかかるが、森林、および多くの場合に自然のままの草原は除外された。また役畜もそれに服さなかった。地方的な慣例は数多い。大十分の一税は基本的な耕作物に課せられた。すなわち四大穀物（小麦、ライ麦、大麦、オート麦）、ブドウ酒、等々である。小十分の一税もしくは緑色十分の一税は野菜、果物、麻、等々に課せられた。このカテゴリーにはさらに家畜とその増加分（子羊と羊毛、乳呑み豚、鶏、等々）に課せられる肉の十分の一税もしくは血の十分の一税があった。旧十分の一税は昔から耕作されていた地所に課せられるもので、新十分の一税は新たに開墾された土地に課せられた。単独十分の一税は長い間、小教会で徴収されていたものであり、非単独十分の一税はより新しく、異論の余地があるものだった。

十分の一税の割当て額は地域によってたいへん異なった。一〇分の一であることはまれであった。その額は一般的に南西部（コンドム地域で八分の一）、ロレーヌ（七分の一）では高かった。ノルマンディではふつうの額は一一分の一だった。ベリー、メーヌでは一二分の一、シャンパーニュでは一三分の一から一六分の一であった。ドーフィネ、プロヴァンスでは割当て額は低かった。二〇分の一、二五分の一、時には四〇分の一だった。フランス全体では一三分の一という額が平均になるようである。

十分の一税は取立て払いであり、現物で納められた。だから農民は、十分の一税の徴収人が来る前には、自分の分であっても、畑から何であれ持ち去ってはならなかった。十分の一税は他の封建的賦課租（シャンパールもしくはアグリエ）に先立って徴収された。種籾を控除せずに、全体に課せられねばならなかった。多くの場合、十分の一税徴収者は自分の十分の一税を一定の金額で耕作農や商人、もしくは法律家に請負いに出していた。後者はこの賦課から最大限に利を得ようと努めた。旧体制末期に十分の一税はかなりの額を示していた。一億リーヴルから一億二〇〇〇万リーヴルである。農民層にとっては格別に重い負担だった。

十分の一税はその原則、すなわち司祭の生活、宗教的建造物の維持、貧民の慰撫からはずれていたので、一層耐えがたいものとなっていた。一六九五年の勅令は十分の一税徴収者の義務を細かく規定していた。それは一七六八年の勅令で新たに明確にされた。十分の一税徴収者は小教区の教会の修繕の三分の一を出費しなければならず、村が三分の二を負担した。これはあまりにも重い負担だった。十分の一税の三分の一は貧民の扶助にあてられなければならなかった。さらに十分の一税徴収者は教会付き主任司祭に適正配当分を払わねばならなかった。実際には、十分の一税徴収者は自分の職務をそれほど立派に果してはいなかった。貧民は多くの場合、ほとんど、もしくは全く扶助を受けておらず、礼拝のための建造物はあまり維持されてはいなかった。適正配当分は一六八六年に三〇〇リーヴルに定められた。一七五八年には主任司祭が五〇〇リーヴル、助任司祭が二〇〇リーヴルに引き上げられた。一七八六年にはそれぞれ七〇〇リーヴルと三五〇リーヴルになった。ミラボーの証言によってでさえもなお不十分な額である。十分の一税がこのように当初の目的からはずれるのを、農民は破廉恥だとみていたのである。

十分の一税の経済的不都合も同じように大きかった。それは純生産物（すなわち種籾と経営費を控除したもの）ではなしに、粗生産に課せられていた。土地生産物に課せられるので、農民のみが負担した。職人やブルジョワには負担とならなかったのである。十分の一税は農業の進歩にブレーキをかけていた。農民は麦わらの一部を奪われていた。彼らは新たな耕作をするのを、たとえそれが自分たちに突飛だと思われる新開地十分の一税を払いうるものであっても、なお嫌悪するのである。価格上昇によって、十分の一税の重みは増大していた。飢饉の時においては一層そうであった。しばしば十分の一税徴収者は価格の上昇を待つため自分の穀物を売るのを見あわせていた。それで買い占めの非難をあびたのである。

トクヴィルは『旧体制とフランス革命』の中で次のように書いている。「どうか十八世紀のフランス農民を想像していただきたい。……彼らはかくも情熱的に土地に心を奪われ、それを買うためにすべてを切りつめ、どんな値段ででも購入するのである。それを手に入れるためには税を払わなければならない。政府に対してではなく、他の近隣の所有者、彼と同様に公務には無縁の人々に対してである。……ついに彼は土地を手に入れる。彼はそこに種子とともに、彼の心をまくのである。……しかしながら、あの同じ隣人がふいにやって来て、彼をその畑から追いたて、他の場所で無給で働かせる。彼はまいた種を彼らの狩猟動物から守ろうとするのだが、同じ人々がそれをさせない。彼らは川でも彼を待ちうけていて、通行税を要求する。市場にもいて、彼が自分自身の物品を売る権利を、彼に売りつけるのである。家に帰って残りの小麦を使おうとする。彼自身が世話して育てた麦なのに、その同じ人々の風（水）車に送ってひき、彼らのかまどで焼くのでなければならないのである。彼の小さな所領からの収入の一部は、彼らに地代を払うのにまわる。この地代は時効にもかかわらず、買いもどすこともできない。何をしようとも、彼は自分が行くいたるところでこの不愉快な隣人に出会い、楽しみを邪魔され、仕事を妨げられ、生産物を喰われるのである。彼らの相手が片づくと他の黒服の人々が現われて、彼の収穫の大部分を持ち去っていく。この男の生活条件、必要、性格、情念をわかっていただきたい。そしてできることなら、彼の心につもった嫌悪とねたみの量をはかっていただきたいのだ。」

この嫌悪をテーヌよりうまく述べた者はなかった。彼が『近代フランスの起源』の中で、一七九二年九月に亡命貴族を従えたプロシア軍が進軍してきた際、農民大衆におこった深い動揺を描く時、革命に対する好感を決して疑うことはできないのである。小耕作者、折半小作農、農村労働者、さらにはまた密猟者、浮浪者、乞食までが「国王、教会、領主の諸税の膨大さを思い描くには、単に記憶をたどるだけでよい。……彼らが解放されたことの大きさを見るには、目を開くだけでよい。……恐るべき怒りが仕事場から茅屋へとかけめぐる。……革命の第二の奔流がこみあげ、うなりを発する。それはほとんど平民だけしか含んでいないから、第一の奔流よりは狭いが、それよりもずっと高らかで破壊的である。」この第二の奔流が封建制を決定的に打ち破り、破壊したのだった。

3　封建的徴収

封建体制の描写やその法的な研究よりも、封建制の重みの社会的・経済的分析の方が第一に重要である。それは三つの視点から取りあげられ得る。まず、可耕地のヘクタールあたりの封建的負担の平均を計算するのが有益であろう。しかし、このやや抽象的な研究よりもわれわれは社会的現実の方に関心を持つ。封建的諸権利が生産全体に対して占める徴収率、したがってそれが農民にかけている負担を第一に測定することが、より重要であろう。第二にこれらの諸権利が荘園の収入全体に占める割合である。封建的諸権利と収入の関係は、旧体制末期および大革命中の農民大衆の態度をかなりの程度まで解明するものである。封建的諸権利と荘園全体の収入との関係は、貴族の行動に光をあてるもので、反革命の動機に含まれるのである。

封建体制、より個別的には領主制的賦課を研究した歴史家の大部分は、この重みを正確に評価することの難しさ、さらにいえば不可能さを主張してきた。「実際には、その地方に課せられている世俗および教会の領主的諸権利の全体を知らなければならないであろう。それは史料がないから不可能なことなのだ。」とポール・ボワは『西部の農民』(一九六〇)に書いている。十分の一税やテラージュの台帳といった、利用がとりわけ微妙な伝統的土地史料を考えれば、おそらくそのとおりだろう。制度の複雑さ、徴収率や徴収方法の多様性、そこから生じる不整合により、かなりの歴史家が結局は領主と教会による封建的徴収の重さを過小評価することになったのである。それでも、大十分の一税、シャンパール、使用強制、移転税については平均課税率が知られている。最初の三形態の徴収においては一〇分の一前後、譲渡に伴う臨時税である移転税では六分の一から一二分の一だった。全体的にみると、ごく少数の地代生活者(ここでは借地料も折半小作料も考慮にはいらない)が農民の労働と土地の生産物から、そのかなりの部分、おそらく三〇パーセントから四〇パーセントほど(十分の一税を含む)を徴収していた。もちろん、この徴収は、受禄者が社会的位階制において占める位置、荘園の大きさ、また所領の管理や賦課の取りたてに払う注意の程度などに応じて、きわめて不平等に配分されていた。さらに一定の割合は受禄者の手にはいらず、教会十分の一税や領主的諸権利の請負人や使用強制の風（水）車の製粉業者（「粉ひきのようなどろぼう」というのは諺になっている）のものとなっていた。前者の多くは「自営農」すなわち裕福な土地所有農、「村の顔役」であり、後者は領主の税制に対する真の寄生者だった。

しかしながら、こうした全体的視点をこえて、より厳密に代表的価値を持ついくつかの平均値を得ることが必要である。サンシーヴの不調和は伝統的な土地史料を通じて見てとられる。税務資料、十分の一税やさらには二十分の一税の台帳など、十八世紀に領主的賦課が従っていたものが、より直接的に利用できる史料をなしている。さらに、諸平均値が現実的な社会的意味を持つためには、できるだけ広い土地の全体について計算を行なうのがよいだろう。

封建的負担と農民の収入の関係という問題は農民の生活条件を決める第一に重要なものである。これに関しては純生産物について計算をせねばならない。それはつまり、古典的な定義に従うなら、粗生産物から種籾および耕作費、生計維持費を差し引いて耕作者たる土地所有者に残るところのものである。

地域的な一例として、十八世紀半ばにおけるオート＝オーヴェルニュの三つの徴税区、オーリアック、モーリアックおよびサン＝フルールをとりあげれば、純生産物に対する封建的徴収の平均百分率は一〇パーセント前後で、世紀の終わりにかけて上昇する傾向にあった。しかしながらこの限られた計算は税務台帳を基礎史料としており、そこには移転税や使用強制も、十分の一税も、含まれていないことに注意しておこう。従って知らなければならないのは、農民保有地がこうむっていた重荷全体の、生産に対する割合なのである。それによってのみ、封建的複合の全体による負担の割合について一応の考えが得られるだろう。その計算はオーヴェルニュのあの三つの徴税区にある一四の小教区について試みられている。サン＝フルール徴税区で研究の対象になった四つの小教区では、封建的負担は純生産の約六パーセントを取りたてるにすぎなかった。しかし穀物耕作の地域（サン＝フルールのプラネーズはオート＝オーヴェルニュの穀倉だった）では、封建的徴収は二〇パーセント以上、生産の五分の一以上を取りたてていた。一七八九年から一七九二年にかけてオート＝オーヴェルニュで農民反乱《ジャクリー》が猛威をふるったのは、原因のないことではないのである。

荘園の収入全体に対する封建的徴収の割合の問題をとりあげよう。領主が自家用地の経営からあげる収入との比率において、さらにより一般的には領主の収入全体との比率において、諸権利と賦課はどれぐらいの割合を占めていたのだろうか。封建的諸権利と荘園の収入全体の関係についての研究は、貴族の反革命と農民大衆の反封建的応酬に、より強い光をあてずにはおかないのである。

オーリアック、モーリアックおよびサン＝フルールの徴税区について、同じ地域的データを再び用いるなら、封建的収入の割合は十八世紀半ば頃には領主の収入全体の三分の一近くにのぼり、旧体制末期にかけて明らかに上昇する傾向にあった。この割合が、何よりもまず、オーヴェルニュ貴族の封建制廃止への抵抗、すべての妥協の拒否、とどのつまりは一七八九年から一七九二年、ないし一七九三年にかけてのカンタル県の農村騒乱と反革命の試みを、かなりの程度まで明らかにするものなのである。

オート＝ノルマンディの場合――封建的徴収が古くからの修道院の収入の基本的部分をなしていた。労働地代、賦役はすでに過去の遺物という役割しか持っておらず、金納の直接地代の多くはほとんど重要ではなかった。それにしても現物地代、十分の一税、また金納の間接的地代、すなわち規制的領主権（風（水）車の使用強制、文書保存、市場の慣習法、漁業権）および不動産の売却に関する臨時税を考慮せねばならない。こうした地代の全体は、一七二九年におけるトレポール大修道院の修道院配当額の粗収入の六四・四パーセントになっていた。また一七四三年におけるフェカン大修道院の大修道院配当額では四九・

四パーセントとなっている。一七八九年には、この比率はサン＝ワンドリユ大修道院の修道院配当額の五一・一パーセント、ボシェルヴィル大修道院の大修道院配当額の六七・七パーセントとなっていた。一〇の修道院についてみると、封建的地代は総収入の三分の一から三分の二を占めていた。封建制の存続を示すもう一つの特徴がある。教会男爵領における上級裁判権の行使である。経済外強制の一形式で、森林や空地の独占を可能にするものだった。これは農民との絶えざる紛争の対象だったのである。――（G・ルマルシャン「十八世紀におけるオート＝ノルマンディの修道院　経済的概括試論」、『フランス革命史年報』、一九六五、一頁）

ブルターニュの例――ブルターニュの貴族は土地所有者でかつ同時に領主である。ブルターニュではフランス王国の他のどの州よりも封建的諸権利が重く農民に課せられていたのでなおのこと、長い間領主と考えられたのである。勿論、種々様々な状況が見られるだろう。また一家族の総収入、荘園ごとに異なる収入の種々の型の割合、総収入のうちに含まれる土地以外からの収入、などを知らなければならないであろう。J・メイエルは史料に従って貴族の土地収入を構成するものを領地収入と領主収入に分けている。彼によれば、たいがいの場合、封建的徴収がまさっていたようである。領地という語が広い意味で、封建的複合に由来する権利もいくつか含めて用いられていたので、なおのことそうであった。パンティエヴル公爵領の諸荘園の改革に関する指示は、領地を「城館、貸地《フェルム》、折半小作地、沼、風（水）車、使用強制のパン焼きがまと圧搾器、封与十分の一税、森林、渡し舟、通行税、およびその他の領主に属する有用物」からなる、としている。その結果、パンティエヴル公爵領の年ごとの取りたてのうち、領地収入は四四パーセントであるが、その中には領主制に直接由来する収入が含まれていた。シャトージロン家（イル＝エ＝ヴィレンヌ県）の二五の荘園と土地の、それぞれの広さはたいへん異なるのだが、領主収入は三四・五パーセントであり、領地収入は全体のおよそ六五パーセントになっていた。この割合はレンヌ司教区の六つの荘園ではそれぞれ五七パーセントと四三パーセントであった。領地的要素はとりわけ小荘園で支配的であり、大きなところでは領主的要素がまさっていた。ド・ラ・ブルドネ＝モンリュク家のライエ（イル＝エ＝ヴィレンヌ県）の荘園はラレ、ギシェン、ブリュッツおよびオルジェールの小教区にまたがっていた。このような中規模の面積の荘園ではほとんど均衡がとれてはいたものの、領主的諸権利が五五パーセントで領地よりややまさっていた。オート＝ブルターニュの多くの貴族の家族にとって、封建的諸権利の廃止はかなりの収入の低下をもたらしたのである。サン＝ペルン家の父方の収入は、一七八七年には一万八〇〇〇リーヴルに達していたのに、共和暦八年には一万三〇〇〇と見積られるにすぎなかった。二八パーセント近い減少である。母方の収入は同じ時期に四万リーヴルから二万五〇〇〇リーヴルになった。三七・五パーセントの減少である。年収入全体では、減退は三五パーセント近かった。これこそ、ブルターニュ貴族の大革命への抵抗を完全に明らかにするものである。——（J・メイエル『十八世紀のブルターニュ貴族』、パリ、一九六六）

封建的徴収は社会的なもの以外の結果ももたらした。それだけ単独だったわけではないが（固有の意味での税務徴収を忘れないようにしよう）、それは農民生活の不安定さを増した。さらに、より広く、農業の停滞にも責任があるのである。土地資本が切りつめうる第一のものであった経済においては、封建地代は投資されるかわりに、特権階級によって奢侈的な財およびサーヴィスとして消費された。そのためそれは経済発展に対する障害となったのである。

荘園は、このように、土地とサンス請負人である保有者とに対する一連の税の徴収を伴っていた。それはさらに他の結果ももたらした。それは、近代において、一部の地域では領主直領地の短期の賃貸借契約に汚点をつけるものだった。穀物に対するかなりの徴収が、一般には折半で行なわれたが、それに加えてバター、チーズ、家鶏、麻で払う種々の賦課、および多くのサーヴィスと賦役が課せられていた。ポワトーの開拓地がそうであった。さらに、十分の一税の支払いは折半であったが、王の税は借地人の負担である。こうした負担の全体はブルターニュで十八世紀に、一番いい場合で賃貸借価格の一五から二〇パーセント、極端な場合だと三五から四〇パーセントに及ぶ追加請求となっている。地域的な偏差はあっても、こうした賃貸借形態がブルターニュ、モージュ、ポワトー、リムーザン、オーヴェルニュ、ブルボネ、ブルゴーニュで支配的だったのである。フランス東部でもまた、それが見られた。逆にブリのような先進経済地域では折半小作制はまれであり、著しい二次的賦課を持たない金納借地制が十七世紀から支配していた。プロヴァンスでは封建制はそれほど抑圧的ではなく、領主権の要求もそれほど強くなかった。折半小作制は、賃貸者が家畜や農具を提供する度合に応じてのみ、二次的賦課がなされた。この型の賃貸借は、勿論、領主の土地に固有のものではなかった。しかし、それが永久サンス請負人に特定された領主制的負担の、短期賃借人に対する横滑りであることにかわりはなかったのである。

　こうした封建制の一覧表においては、当然ながら、地域ごと、また時代ごとの程度差を考察に入れねばならない。

　比較的に経済の進んだ地方、例えばノルマンディにおいては、小荘園は下級裁判権、いくらかのサンシーヴ、および領主直領地としてのいくらかの小地片しか保有しなかったので、収益は少なく、被賦課者への負担もより軽かった。しかし、これら小封土の上にはずっと重要な上級裁判権を含む領主権があった。ブルターニュでは、領主権のほとんどは上級裁判権とそれに相応するすべての権利を保有していた。一般的にいって領主体制がより軽いようにみえる地域、すなわちフランドル、ノルマンディ、イル＝ド＝フランスなどは、開放経済によって特徴づけられていた。農民にかかる義務の大部分は早くから金納で固定額の賦課にかわっていた。それは、貨幣の購買力の低下により、どこでも価値が低下していたのである。プロヴァンスでは、経済は異なっていたものの、領主体制はやはりほとんど抑圧的ではなかったようである。反対にブルターニュ、オーヴェルニュ、フランシュ＝コンテでは経済はより古代的で貨幣は少なく、領主権が有力で効果的な地方となっていた。

封建的徴収に税務徴収がつけ加わっている。

4　国王の税

農民層がその最も重い部分を負担していた。タイユ税は基本的に農民に課せられていたのである。聖職者と貴族はそれを免除されていた。多くの都市も免除されていたので、ブルジョワジーは自分の分を払っていなかった。人頭税と二十分の一税とは、理論的には免税特権を廃しているべきものだったが、やはり基本的に農民によって支払われていた。聖職者と貴族は地方総監によって別に税額を決められており、後者は前者をかばったからである。他方、動産による富は土地所有よりも比較的にわずかしか払っていなかった。道路賦役は農民にのみ課せられていた。軍務も同様であった。志願参加によって徴募される正規軍の実数を充たすため、予備部隊がくじ引きで農民から徴募されたのである。それに加えて、農民にはさらに他の軍事的負担があった。輸送および要塞地域での城壁と砦の修理（ピオナージュ）である。

担税負担は旧体制の末に重くなった。ルイ十六世の統治の間に、国王の税はヴァランシエンヌ財務官区で四分の一、カンブレジでは一七七七年から一七八九年までに三八パーセント、それぞれ上昇した。フランドルでは上昇はそれほど急速ではなかった。フランドルのワロン地区で二八パーセントである。ノール県を形成するべき諸地域では、旧体制の最後の二〇年における国王の税の平均上昇は二五から三五パーセントとなっている。税、とりわけ間接税は、比率からいって、土地を持たず家族を担う農民に対してより一層重いものだった。それでもなお、これらノール県諸地域で支払われていた税は、フランス王国の他の所で徴収されていたものに比べれば穏和だと考えられていたことに注目せねばならない。

5　領主的反動

十八世紀後半において、旧体制の終わりを示すアリストクラートの反動は、農村においては領主的反動として認められた。封建的徴収をできるだけ多くしようとしたのである。ブルジョワ出身の貴族は、自分の土地所領の管理により注意深かった。貧窮化している田舎貴族は、自分たちの収入をふやすのに汲々としていた。大不在領主は、土地と荘園を「総借地人」つまりブルジョワ的管理人に請負わせていた。後者は明らかに自分たちの賃貸借と又貸しから最大限の利をあげようとしていた。賦課の徴収を請負っていた者は、当然ながらそれをきびしく要求し、かつ拡大しようと努めていた。彼はさらに現物賦課によって得た農業生産物の販売で投機を行なっていた。

封建的諸権利をより厳密に課するため、また失効していたものをよみがえらせるため、封建法学者、すなわちピカルディでのバブーフのような封建法の専門家が雇われて、領主の権利と収入が記入された土地台帳の改訂につとめた。同時に、たいがいは領地権もしくは領主権のもとにあった森林に対する農民の用益権は制限された。大所有者はさらに共同放牧権を攻撃していた。フランドルのワロン地区、エノー、シャンパーニュ、ブルゴーニュにおいては、囲い込み勅令により、所有者は自分の土地を囲い込むことによってそれを共同放牧から切り離すことができた。しかし単に大所有者だけが囲い込みをすることができたのであって、慣習にもとづいた放牧地を奪われる農民の深い怒りをかった。領主はさらに、土地を持たない農民の生存を助けていた共有地を、できる限り独占した。共有地の分割はいくつかの州で日雇い農によって要求され、フランドル、アルトワ、カンブレジ、ラングドックでは認められた。しかしながら領主はしばしばこれらの土地の所有権を主張し、農民は用益権しか持たないものとした。それで三分割勅令が出された。一六六九年の政令にかんがみ、領主に全所有地の三分の一を付与したのだった。

一般的にいって領主的諸権利の負担は、ある種の諸権利の要求の厳格化もしくは再活用化のために、より重くなった。それらの権利は十八世紀の経済的状況連関によってより大きな価値を持つようになったものである。

十分の一税と領主的諸権利とを請負いに出すことは、十八世紀に一般的に行なわれるようになった慣行である。領主は次第に請負人に自分たちの権利の徴収を負わせる習慣を身につけた。自分の荘園を入札で請負いに出し、一番出す者に賃貸借で譲ったのである。領主的諸権利の請負人は自営農、法律家、もしくは実業家であって、彼らはこれに金を投資し、活用するつもりなのである。彼らは領主にとってかわる。領主はしばしば遠くにいて放置しており、しばしば自分の代理人にだまされ、横領されているのである。請負人は土地台帳にもとづいて領主的諸権利を徴収した。決まった日に厳格に請求しており、遅れた農民に対する追求を始めた。請負人は荘園を資本家的に経営していた。これらの領主的諸権利の請負人は土地台帳の改訂を進め、失効していた諸権利、例えば十八世紀に消滅の傾向にあったパン焼きがまの使用強制を復活させていた。

世紀の後半においては、経済的状況連関によって、ある種の権利は重要性を増していた。その結果、領主は新たな貪欲さをもって、その適用を要求した。

道端や空地への植樹権は、木材が稀少で高価だったので、大きな進展をみせた。ノールではそれが著しかった。領主は共有地やすべての道沿いに見さかいなく植樹することに努め、河岸地をも蚕食した。そこから多くの訴訟と、農民もしくは村に対する罰金が生じた。

三分割権は共有地の真の独占であり、農民がその被害をうけていた。いくつかの州、例えば北部諸州では、領主は国王の勅令にもとづき、共有地の三分の一を全き所有地として要求する権利を得ていた。彼らはそれをすぐに貸出して、なんら資産を投下することなく大きな利益を実現したのである。この企ては農民に不正の感じを強く与えた。一七八九年の彼らの陳情書は三分割の廃止を要求する点で一致した。

分離畜群権は同じ社会的・経済的文脈から出ている。若干の州、例えばロレーヌにおいては、領主は共同放牧地に共同の畜群とは区別された（分離の）畜群を持つ権利を持っていた。それによって領主は、各住民の家畜数を制限する規定を免れていたのである。そうしておいて領主はその権利を村の住民の一人に請負いに出した。後者はそれによって、賃貸家畜、例えば近隣都市の肉屋のものを得て、他の住民と共同体の犠牲によって、利益を得たのである。この分離家畜権はロレーヌで多くの抗議をひきおこした。

さらに森林用益権の制限が農民をいら立たせるに至った。森林の閉鎖はルイ十四世の統治期にさかのぼるもので、十八世紀に強化された。これは農民から枯木や飼料、特に豚のための飼料を奪ったのである。一般に用益権の制限と共有地の独占とは、旧体制末期において領主権の表明のうち最も不人気なものだった。

したがって明らかに領主的反動は存在する。それはこの世紀全体を特徴づける物価上昇によって悪化している。物価上昇は領主や十分の一税徴収者が現物で受けとっているもの（十分の一税とシャンパール）の価値を大きくしているのである。負担の増加（まずもって不平等である。なぜなら十分の一税と領主的諸権利とはすべての農民に等しく課せられてはいないからである。対人的権利のみが誰にも免れられないものだった）と、他方での物価上昇・人口増加との中にあって、農民は次第に金を失っている。農業技術の停滞もある程度はこの点から説明がつくのである。恐慌期には十分の一税と領主的諸権利との圧迫はさらに強くなった。例えば一七八八―一七八九年がそうである。一般的な傾向として、平均的農民は平常期には窮屈ながらも自分の土地に拠って生活している。しかし恐慌期には十分の一税と領主的諸権利を先取りされると、高い値段で穀物を購入することを余儀なくされるのである。もし農民が、凶作で価格上昇の年であってもなお穀物販売者であるとしても、十分の一税徴収者や領主の方が相対的にこの上昇からより多く利を得ている。十分の一税やシャンパールにはなんの負担（将来の種籾や経営費）もかからないからである。それ故、旧体制末期に表われているような領主の力に対する農民の憎悪は抑えがたいものだったのである。

要するに、農民層が旧体制のすべての社会機構の重みをささえていたのだった。君主制、宮廷、アリストクラート層、大官職ブルジョワジーが生きているのは土地に起源を持つ収入によっている（ここでケネーの『経済表』の基本命題をとりあげることができよう）。勿論、旧体制の社会は法的には身分への区分によって定義される。しかし三身分それぞれの頂点には社会的受益人がいて、その身分の大衆からは孤立しており、彼ら相互で連帯を保っていた。農村の小貴族、下級聖職者、中層ブルジョワジーなどをみよう。彼らは大ブルジョワジー、高位聖職者、宮廷アリストクラート層と共通するものを何か持っていただろうか。これら後者のカテゴリーは社会体に寄生して、より正確には農業の純生産物と地代によって、生活していた。国王はフランス王国第一の土地所有者ではなかっただろうか。アリストクラート層と大官職ブルジョワジーは世襲的な寡頭制になっており、基本的に生産活動とは無縁であった。交易とマニュファクチュアもまた、これら社会上層の消費にあおいでいた。後者は農業の収益を非生産的出費に無駄使いしていたのである。重農主義は古い社会と、土地を基盤とする伝統的経済とのイデオロギーとして出現した。その批判は疑いもなく、旧体制社会の経済的・社会的および心理的な現実を表現している。すなわち農業収入と地代との重要性、農民層の役割が基本的であることである。

四　農民の心性と願望

民衆文化はこの世紀においては基本的に農民のもの以外ではあり得なかった。しかしそれは啓蒙の輝きに圧倒されて、長い間無視されたり理想化されたりしていた。十八世紀は哲学者《フィロゾーフ》の世紀にすぎないのだろうか。資料が手にはいらないので、研究は困難である。ここでは伝達はとりわけ口頭で行なわれ、書かれた証言はしばしば間接的なものであり、文書は行商の本、ビラ、「片面刷り《カナール》」等々のように稀少で不確かなものなのである。その解釈も歴史の近隣学問である民俗学、民族学の助けを借りなければならない困難なものである。それでもなお、旧体制社会における様々な層の文化を明らかにしようと思う者にとっては不可欠な研究である。フランス人の一〇人に九人は民衆文化に属し、八人以上は農民固有の文化にひたっていたからである。社会構造と心性の枠組みとは解きがたく結びついている。歴史家は各グループ、各層について、その内面表出と感性の全体を再構成することに努めなければならないのである。そうした時に、進化の動因である基本的な分裂および対抗関係がよりはっきりと表われるであろう。

おそらく民衆諸層に共通な一つの文化があったのだろうが、農村部と都市、地方都市と首都では違いがあった。村は自己完結的ではあったが、外の世界に開かれていないわけではなかった。決まった日に季節市や週市が開かれ、商人や行商人、巡歴者や歯抜き人、近隣の村々の農村生活者と農民、買い手や野次馬を集めていたのである。

十八世紀の民衆文化、その農民的側面については、ブルジョワ文化の輝きにおおわれていたため、その実態はこれまであまりにも無視されてきた。行商人が扱った文学と、その基本的収集文庫であってR・マンドルーが研究したトロワの青文庫が、確実に最良の情報を収集している。トロワの青文庫とは十七世紀初めに設けられた民衆本の一貫した収集文庫であって、その後ルーアン、アミアンもしくはカーンの本屋によって類似のものがつくられた。その目録により、当時の農民の心性の基幹的部分をさぐることができるのである。行商人の扱った文学は、一部では印刷屋の仕事場で引きつがれてきた中世の学者の出版物であり、それが他方での口頭で伝えられてきた伝承によって刺激を与えられ、豊かにされていた。それは二世紀以上にわたって、より新しい言い伝えのもとになり、それを中継したものであった。農民は書くことをしなかったので、農村大衆の心性と感性の基本的特徴をつかむことができるのはこの文学においてなのである。

この膨大な出版の中で、先頭は宗教的著作である。R・マンドルーによって目録が作られた収集文庫全体の四分の一以上を占めている。信仰心、教理問答、聖人伝、聖歌、宗務の実践についての本である。それらは基本的に民衆の信仰を構成しているものに対応していた。福音書の真理に迷信が混じり、[43]奇跡があふれている。ついでお伽噺が[44]二〇パーセントを占める。ペローや他の著者、『ガルガンチュア』や『ティル・オイレンシュピーゲル』のたぐいの神秘的な大物語をまねたり、それから題をとったりしたものである。収集文庫のさらに五分の一は「民衆芸術」の項目に含められる。物語や小話、俗謡、みだらな笑話など、人や物にこっけいな見方を示すジャンルである。民衆芸術、お伽噺、宗教で全体の三分の二を占めていた。ついで場違いな感のある種々の分野の出版がくる。わずかながら科学や技術を扱った著作、算数や医術の初歩的概論、とりわけ年鑑、ついで社会生活の様々な面にふれた著作、すなわち職業、子供や成人の教育、遊び、もしくは死を主題にしたもの（『男女の死の大舞踊』は十九世紀まで、一四八六年に出版された著作の再版が出ている）などである。最も驚くべき分野は、歴史と神話が伝説的物語として結合したものである。シャルルマーニュ、エイモンの四兄弟[45]、ゴドフロワ・ド・「ブーリオン」[46]、リチャード獅子心王などの武勲で、お定まりの歴史に対する固定した見方に、城から城へ飛ぶ馬のバイヤールのような魔法の介入がまざったものである。このように宗教的もしくはお伽噺的な超自然を介入させ、神秘もしくは神話への要求を示した。現実逃避的文学が支配していたのである。日常生活に関する小冊子はその半分だった。こうしたバロック的感性の他の証拠は、こっけいな著作の多いことである。

行商人が扱った文学の中で、ただ一つのジャンルだけが特に田舎の人々に向けられたものだった。年鑑である。その原型は『大カレンダーと牧者の日付、および彼らの星占い、その他色々』で、絶えず模倣されていた。このジャンルは毎月のカレンダーに毎日の聖人の一覧表がつき、農作業の絵で飾られたものが要求された。多くの部分が星占い、週の各日々の徴、夜に時間を知るための天象図、天体の位置にあてられた。また人体と表情についての考察、とくに顔だちの道徳的解釈が述べられている。第四部は「牧畜の名誉と状態」にあてられていた。そこでは牧者の仕事が賞賛され、時間の知り方が明らかにされ、家畜と野獣の諸特徴が記述されていた。最後が宗教と道徳の長い説教、つまり徳と悪の木、地獄の図、祈禱集、死者の物語、聖母への祈り、等々である。この全体は、ある程度の一貫性をもって、人間と事物についての一応の考えを含んでいた。この牧者の世界は占星術的決定論とキリスト教道徳の教えの双方によって支配されていた。興味深いことに年鑑は畑仕事、動物の世話、植物の耕作については沈黙していた。これらはすべて、年鑑が明確にしたり絵で補ったりしなくても、世代から世代へと伝えられた実践的なことだったのである。さらに年鑑は、農村世界から見た見方としての「牧畜」を示していた。家畜の粗野な番人は、牧杖、雑のう、むちを持ち、また「旋律にあわせてふざける」ための手風琴を忘れないこれらの牧人のうちに自らの姿を認めただろうか。しかしここでもまたおそらく、彼らにとって現実逃避と夢があったのである。

仕事のほかにも、農民は行商人の扱う冊子の中に自分たちの日常の関心事、なかでもとりわけ彼らの宗教生活に関することとの反映を多く見出すことができた。聖書物語、聖人伝、宗務実践の案内である。『刷新大聖書、もしくは新クリスマス』はイエスの生涯を時期ごとに区切って語る聖歌集だった。聖書から引いた格率、聖歌、祈禱と宗務実践が教義体系をなしていて、日曜日のミサでの教えに対応していた。

結局、農民の生活と世界についての二つの相矛盾した見方がこの文学の中に併存しているのである。一方では彼らは賞揚される。牧人は王の息子よりも美しく、老いた農夫は模範的な徳を持つ。他方では彼らはより現実に即したやり方で表わされる。『貧困《ミゼール》という男の物語。貧困とは何か、何がその起源か、いかにしてそれは死をあざむいたか、いつそれは世の中からなくなるのか、をわからせるもの』という本で、貧困がなくなるのは世の終わりにおいてなのである。しかしどちらの見方においても農民は慣れ親しんだ田舎の世界を再び見出すのだった。彼は、その記憶を呼びさましたり変形したりするものの、またそこにおいて自らの社会的機能に対する尊厳性の感覚をくみとったのである。行商人が扱った書籍は村の読者や聴き手に対し、社会における彼らの役割を価値づけるものだった。

思想の力によるよりもむしろきびしい生活条件のために、農民層大衆は動揺にまきこまれていった。彼らの願いは小教区陳情書に印刷されている。陳情書の客観的価値については異論が唱えられている。勿論、それらを特に他の史料とつきあわせることによって細かく検討せねばならない。だが陳情書は領主権の代表者の出席のもとに起草されたので、想像でこの権利、あの領主の行きすぎ、というように告発することは農民にとって難しかっただろう。また陳情書の主観的価値についても異論が唱えられている。しかしこの留保は政治的願望にしか関係しないことであって、その点についてはいくつかの陳情書は明らかにブルジョワ的起源を持っている。社会組織については小教区陳情書は農民の思想をよく表現しているのである。時にはバイイ裁判区の陳情書にもそれを反映させ得た。ジョルジュ・ルフェーヴルはノール地域についてそのことを明らかにしたのである。しかしながら、小教区陳情書は農民のすべての願望を示しているものでないことは認めねばならない。最貧層はほとんど意見を聞いてもらえなかったのである。

農村人口が国民の最大部分を形成しており、農業生産物が他のすべてにまさっている国では、農民の要求は当然ながら独特の重要性を持っている。それは二つの局面を示している。封建的諸権利の問題と土地の問題である。

封建的諸権利の問題に関しては農民は一致している。陳情書は、領主とすべての特権層とに対する農民の連帯を表わしている。農民のすべての負担の中で最も嫌われているのは封建的諸権利と十分の一税である。なぜならそれは重くて腹立たしいからであり、また農民にはそれらの起源がわからず、不正だと思われるからである。ノール県のある小教区の陳情書にとっては、封建的諸権利は「不埒な神秘のかげから生まれた」ものであった。もしこれらの諸権利の中のあるものが適法的な所有権であるなら、それを証明せねばならない。その場合にはその権利は買いもどしうると宣言されるであろう。ほとんどの小教区の陳情書、およびバイイ裁判区の陳情書でさえも、封建的諸権利の所有の起源を検証するという、本質的に革命的なこの要求についてははっきりしている。農民は十分の一税とシャンパールは現物ではなく貨幣で徴収すべきことを要求している。彼らの考えでは、貨幣の購買力の低下からそれらはとるに足りないものに至るであろう。十分の一税は初期の目的に返されるべきこと。特権層は税を払うべきこと。これらの点の多くについてブルジョワジーの人々は農民と一致している。第三身分の団結はこの点で強化されたのである。

土地に関しては、それまで一致していた農民層は分裂する。多くの農民が土地を持たず、多勢が自分は土地所有者になるべきだと考えていた。しかしながら聖職者財産の譲渡をあえて要求している陳情書はごくわずかであった。一般的には、借金を解消し赤字を埋めるために彼らの収入の一部を得ることを要求するにとどまっている。私的所有権は、一身分のそれであっても、不可侵だと考えられているのである。農民にとっては土地を借り入れられれば十分だった。陳情書は経営の問題に関してはずっと大胆だった。多くが大借地の分割を要求したのである。しかし一七八九年以降、封建的諸権利が廃止されると、土地の問題に関しては農民層の内部に分裂が現われる。すでに大土地経営者の利害と分割地農民もしくは農民プロレタリアの大衆とは両立しないものになっているのである。前者が技術的に進んだ農業を創出し、市場めあての生産を行なおうと努めているのに対し、後者は閉鎖経済のうちに生きることで満足していた。旧体制によって試みられた諸改革（畑地の囲い込み、穀物商業の自由、等々）の問題、共有地の問題、経営の問題などについて、農民層は分裂する。一七八九年以降、農民大衆が自分の利害のためにやることに対して、農村ブルジョワジーは危機意識を抱いた。ノール地域の若干の陳情書は前もって、非納税者や被扶助者を政治生活から締出すために税額を確定することを要求し、それが「州集会があまりにも騒がしくなることを防ぐ唯一のやりかた」だと述べた。封建体制を廃止する必要以上に、農村ブルジョワジーは自らの社会的権威を維持することがすでに心配だったようである。

このように旧体制末期から将来のフランス農民層の敵対関係が描かれている。彼らの団結は特権層への敵対、アリストクラート層への憎悪によってのみ、つくられたのである。封建的諸権利、十分の一税、諸特権を廃止することにより、大革命は農村ブルジョワジーを秩序の党派に組みこんだ。土地に関しては、大革命は国有財産の売却によって小土地所有者の数をふやしはしたが、大土地所有も大経営も維持され、それらの社会的結果もすべてそのままだった。旧体制末期における農民層の構造そのものが、大革命が農業になしたことの穏和な性格をあらかじめ示している。それは「ブルジョワジーと農村デモクラシーの妥協のようなもの」（ジョルジュ・ルフェーヴル）だったのである。

結論

十八世紀は経済の拡大、ブルジョワ的富の進歩、合理的思考の輝かしさなどによる、偉大な世紀をなしている。そのもとでこの世紀は大革命、すなわち繁栄と啓蒙によるブルジョワ革命を準備している。輝かしい十八世紀は革命の一〇年にその刻印を押したのである。しかしルイ十六世統治下の短い没落期に、利潤と賃金の後退のため、ブルジョワジーと民衆諸層が、共同の反対勢力として、結合された。八九年の爆発はそれによって説明される。フランス革命は、まさにブルジョワ革命であった。しかしそれは、農民を「核」とし、民衆の支持に拠った。その側面のために革命は、ジョレスとマチエ、その他が考えた以上に、窮乏革命のようにみえるのである。

ブルジョワジーは、自らのイデオロギーが準備したように、大革命を指導した（彼らの利害はそのイデオロギーに一致していた）。ジョレスは、マルクスのあとをうけて、封建制の存続が資本主義の勝利のために妨害であり、排除せねばならないことをブルジョワ・イデオロギーがいかにして理解したかということ、そしてまたその理解は資本主義経済の発達そのもののおかげであること、を明らかに示したのである。

同時にブルジョワジーは力、知識、才能を獲得した。それらによりブルジョワジーは、社会的優越性の意識とともに、権力を奪取して保持する意志と手段を与えられたのである。この意志の成長とこのより活発な意識が、十八世紀の経済運動の全体、この長期におよぶ繁栄の上げ潮によってもたらされたものであることは疑う余地がない。

封建的アリストクラート層は、一七八七年に反抗のしるしをあげた。Ph・サニャック、および彼の後にA・マチエが示したとおりである。共通の権利を受け入れることと、税に関する諸特権を放棄することを拒否して、それは旧体制国家を崩壊させたのだった。物価、賃金、地代の動きの分析は、特権層が担税の平等を拒否すれば財政問題は解決できなかったことを証明している。

民衆諸層は、暴力を用いることにより、最終的にブルジョワジーの勝利をもたらした。しかし彼らはなぜ行動にはいったのだろう。テーヌがその怒りと中傷の書である『近代フランスの起源』(一八七五)で考えたように、流血の本能におされて蜂起したのではなかった。またブルジョワの少数派による謀反の策謀に押されたのでもなかった。これは一七九八年にアベ・バリュエルにより、その『ジャコバン主義の歴史に資するためのメモワール』の中で主張された、陰謀という命題である。一九二五年、A・コシャンにより『ブルターニュにおける思想協会と大革命』に関する調査の中で新たな装いをとり、反革命的な研究史のいくつかの流れのうちにうまずに繰り返されている。飢餓が農村と都市の大衆をかりたてた。これはミシュレによって力強く指摘された明らかな真理である。「どうか来て見てほしい、この地に伏す民衆、あわれなヨブを〔……〕。飢餓は日常茶飯事だ。王のために餓えさせられているのだ。」しかし単なる偶然的な観察にすぎなかったものに対し、E・ラブルースは広範な科学的基盤を与えた。民衆の飢餓は拡大局面、上昇局面の一般的性格の帰結として現われる。しかも循環的変動および季節的変動が加わるとともに、実質賃金への考慮によって程度差をつけ加えられている。さらに当時の経済と人口動態の歴史的諸特徴により説明を与えられているのである。人口、とりわけ民衆諸層を増加させ、それによって社会的緊張を増すことにより、十八世紀後半の人口上昇はある程度までフランス革命の遠因の一つに数えられるのである。それは基本的原因ではないにせよ、見落すことのできないものではある。大革命の諸起源はこのように、一方では物価と収入の動きに結びつけられて大きな成果を約束しているのであるから、その動きに説明を与える仕事が残されているであろう。

循環的変動と季節的変動、およびその結果としての恐慌については、原因は生産の一般的条件と交通の状態に求められなければならない。国民的市場、もしくは地域的市場さえも欠いていたので、各地域は自給自足していた。したがって地方的な収穫量が生計費を規制していたのである。工業は基本的に職人的であって輸出は少なかったので、国内消費に従属したままとなっており、農産物の変動に緊密に依存していた。

しかし長期的上昇についてはどうであろうか。それは例外的な期間におよび、結局は世紀の経済運動全体を支配した。大革命も一部はそこに起源を発しているのである。それはF・シミアンによれば、貨幣手段の増加に由来したようだ。貴金属生産は一七二一—一七四〇年以降、十八世紀にかなり増加した。金については、その後に加速はみられなかったが、主要な支払い手段である銀については続いていた。一七六一年と一七八〇年の間におこった相対的な減速が、一七八〇年以前での上昇運動の緩和化に説明を与えるようである。鉱業生産の増加は主にメキシコに負っている。そこでは新しい鉱床が開かれていたのであり、それについてはアレクサンドル・フォン・フンボルトがその『新大陸赤道地域旅行記』に多くの記事を記している。さらに他の支払い手段を考慮せねばならないであろう。信用紙幣の出現と銀行による支払い手段の増大は、どの程度インフレーションに効果を及ぼしたのだろうか。銀行紙幣は一六九四年にさかのぼる。ルイ十四世の統治の末期は紙幣の大量の使用によって特徴づけられており、ローの実験で頂点に達した。ついでフランスは一七七六年、割引金庫《ケース・デスコント》の創設の年まで銀行券を経験しなかった。フランス以外では、スペイン、オーストリア、ロシア、スウェーデンでは世紀後半に紙幣が知られていた。ともあれ、ヨーロッパ大陸はイギリスに比べれば遅れていたのであって、後者においては商業手形が日常使用されるようになっていた。

歴史の偶発的側面を重く見るなら、バスチーユの攻略は多かれ少なかれメキシコの鉱山の底で準備されたということができるのである。よく考えれば、新世界の鉱業の発展とスペインの経済の間には相互規制的な関係が認められる。一方における信用紙幣と商業の支払い手段の発展、他方におけるヨーロッパ諸国の経済と資本主義の進歩、この両者の間についても同様である。貨幣インフレーションは、価格と収入の乖離により、フランス革命の火ぶたを切るのに貢献したが、それ自体は要するにヨーロッパの社会経済構造の進展によって、よく説明を与えられるのである。これは当時の最良の観察者たちが見逃さなかった観点である。

一　ブルジョワの繁栄による革命か

十八世紀の革命的ブルジョワジーは、抽象的な理想主義にとらわれることから遠かった。自らの力をなし、自らの勝利を決定した経済的・社会的な現実について、明瞭な意識を持っていたのである。

バルナーヴはドーフィネの弁護士で、一七八八年以来、自分の州で絶対主義に対する反抗を組織し、ついで一時期は立憲議会の左翼を指導した。『フランス革命史序論』と題され、一八四三年になってやっと、彼の同郷人であるベランジェ・ド・ラ・ドロームの肝いりで出版された著作の中で、バルナーヴは所有体制と政治体制の必然的な一致を示そうと努めている。封建制は土地所有と結びついている。領主の城館は、その領地の真中にあって、彼の政治的権能とともにその経済的権能の基盤をもなしていた。しかし、農業局面の次に商工業局面があとを継いだのである。土地のアリストクラート層によって創設された諸制度が工業時代の到来を妨げ、遅らせたことを、バルナーヴは検証している。「技芸と商業とが人民の中に浸透するに至り、勤労階級の助力によって富をなす手段を創出すると、人民は政治法における革命を準備する。富の新たな分配が権力の新たな分配を作るのである。土地の保有がアリストクラート層を上昇させたように、工業の所有が人民の権力を上昇させる。彼は自由を獲得し、拡大し、実業に影響を与えるようになる。」――（バルナーヴ『フランス革命史序論』、本文校訂F・リューデ、パリ、一九六〇）

このようにバルナーヴは、マルクス以前に、政治の動きと経済の動きとの必然的な対応を認めていた。この考えを掘り下げて、彼は精神の動きもそれに結びつけた。思想の進展は一つである。思想自身が物質的条件に依存するとともに、逆にそれに影響を与える。「技芸（手仕事）の再生は、工業と動産による所有をもたらした。この所有は労働の果実である。それはちょうど土地の所有がもとをたどれば征服と占領の果実であるようなものだ。民主主義の原則は、当時ほとんど窒息していたが、その後は力を得て発展し続けている。技芸と商工業が人民の勤労階級を富ませ、大土地所有者を貧しくし、諸階級を財産の点で接近させるに従って、教育の進歩はそれらを知識の点で接近させ、永く忘れられていた平等という原初的理念を思い出させるのである。」

バルナーヴにとって、この商工業ブルジョワジーの到来をなすものはフランス革命である。確かにバルナーヴは人民とブルジョワジーを混同してはいない。しかし両者はともに第三身分を構成して、地主的なアリストクラート層に敵対していたのである。バルナーヴにとって、フランス革命はブルジョワジーの経済的な力と知的な成熟とによるものであることは疑う余地はない。

バルナーヴの命題はジャン・ジョレスによって再録された。彼はその重要性に対し、『フランス革命の社会主義的歴史』（一九〇一―一九〇四）の第一章で注意を払っている。彼は「今や工業と動産との所有、すなわちブルジョワ的所有に力がみなぎっている。故にブルジョワ民主主義の到来は不可避であり、革命は歴史的な必然である。」と書いている。C・E・ラブルースは、『旧体制末期におけるフランス経済の危機』（一九四四）についての彼の本の冒頭に、ジョレスの以下の文章をのせた。「フランスのブルジョワジーは、自分の力、自分の富、自分の権利、発展のためのほとんど無限の機会について意識していた。……大革命が上昇してきたのは、貧困の谷底からではない。」経済の飛躍的発展と啓蒙の輝きからすれば、ジョレスやバルナーヴが正しいように見える。フランス革命はブルジョワの繁栄による革命にすぎなかった、ということとなのだろうか。

二　民衆の貧困による革命か

フランス革命には民衆の蜂起の日《ジュルネー》（一七八九年七月一四日、一〇月五―六日、一七九二年八月一〇日、等々）があり、それらなしには革命は勝利しなかったであろう。農村と都市の民衆諸階級は、革命の指導的要素をなしてはいなかったとしても、最も重要な役割を演じたのである。彼らがいなかったらブルジョワジーはこれほど完全に勝利することはなかったであろう。

大革命のこの民衆的側面をバルナーヴは理解しようとしなかった。もしくはより正しくいえば、彼は民衆運動がブルジョワジーの指導下にとどまっている限りでのみ、革命は道義にかなっているとみたのである。彼は、国王が逃亡した時にパリにおこった民衆の激昂を理解せず、野心家とデマゴーグとにその責任を帰するにとどまった。特権的アリストクラート層に対するブルジョワジーの勝利が民衆運動によって脅かされているように見えた時、彼は王権の再強化のうちに防御を求めたのである。「われわれは大革命を終わらせようとしているのか、それともそれを再び始めようとしているのか」とバルナーヴは一七九一年七月一五日の熱烈な演説において叫んだ。「あと一歩進むのは致命的でとがめるべき行為であろう。自由の線をあと一歩進めば王政の破壊であり、平等の線をあと一歩進めば所有権の破壊であろう。」

それは、ある意味で、民衆の要求という問題を措定することだった。実際、一七八九年から一七九五年まで民衆諸層を運動にかりたてたのは所有の問題ではない。それは彼らの生存権の問題であり、もっと単純に言えば彼らの毎日のパンの問題なのである。都市においても農村部においても、彼らを蜂起させたのは飢餓である。ミシュレはそれをよくわかっており、民衆を革命史の第一の位置につけた。「立役者は民衆である」と彼はその一八四七年の序文に書いている。民衆の動機は貧困である。「どうか来て見てほしい、この地に伏す民衆、あわれなヨブを。……飢饉は日常茶飯事である。王のために飢えさせられているのだ。」ジョレスも確かに民衆の貧困による影響を無視しなかった。しかし彼は、大革命の開始において、それに誘発的な役割しか付与していないのである。

惨禍はもっと根深かった。国富の増大にもかかわらず、民衆諸層の生活条件は、都市でも農村でも、十八世紀には悪化していた。賃金受領者の多くが同時に生産者的農民であって、自分の需要の全部ないしは一部を自分自身の農業生産物でまかなっていた。そうした自給の程度に応じて、彼らは実質賃金の低下を免れていた。多くの農民が旧体制末期に土地をほしがったのは、他にもまして、この理由によるのである。一般的な生産の進歩と価格の上昇とは、極度に不平等なかたちでではあったが、土地所有者であれ、借地人であれ、地片を経営している者に利益を与えていた。都市の賃金受領者と農村の日雇い農だけが、実質賃金の下落の重さに耐えていたのである。確かに若干のことがこの下落の結果をやわらげてはいた。生産は上昇していた。一七八八年のような凶作であっても、一七〇九年の時のような破局的な結果はひきおこさなかった。さらに交通と対外貿易の進歩、国家と持てる階級との財政源の発展により、輸入や穀物の赤字販売に頼ることができた。その結果、欠乏はなくならないまでも飢饉は消滅し、凶作年でも死亡率は低下して人口が増加している。旧体制末期には民衆生活の年ごとの不均等性はやわらげられていた。豊作年でも民衆諸階級は、人口の増加のために、それほど裕福に生活してはいない。しかし凶作年にもそれほど被害をこうむらないのである。彼らは保障をうけたのだった。だが、その動かしがたい進歩を彼らは日常の生活水準の低下によって支払ったのである。

パンの問題は旧体制の最後の数年には一層のきびしさをもっている。それは、当時が経済的退行によって特徴づけられているからであり、この退行が結局は失業と貧困を一般化したのだった。この起源はブドウ栽培の危機に求められねばならない。この危機が基本的に重要なのである。ブドウの栽培は現在よりもずっとひろまっており、最も北寄りの二つの財務管区だけがそれに無縁だった。ブドウ酒は多くの農民にとって、現金をもたらすことのできる唯一の商品化できる産物だったのである。純粋にブドウ栽培だけをしている人口は数が多くて集中化しており、穀物は生産せず、自分のパンを購入していた。彼らは、したがって、かなり都会的性格をおびていたわけである。一七七八年にブドウの極端な大豊作によって売れゆき不振がおこった。それは突然で急速な価格の落ち込みをもたらし、ブドウ栽培の人々を貧困におとし入れた。やわらげられたとはいえ、その低下は一七八一年から一七八七年まで続いた。ブドウは一七八九年から一七九一年まで不足だったので、価格は再上昇した。しかし生産は低かったので、利潤総額は一七七八年以前と比べられるところまではもち直さなかった。それで一七八八―一七八九年に穀物騰貴が荒れ狂うと、すでに長い間ブドウ酒の下落で損害をうけてきたブドウ栽培の人々はたくわえを失い、押しつぶされたのである。特に折半小作によるブドウ栽培業者と農村の日雇い農がそうであった。おそらく経営をしない土地所有者である特権層やブルジョワもまた、ブドウ栽培の利潤が減るのを経験しただろう。しかし他方で、領主的諸権利と教会十分の一税との徴収は利潤が薄くなるほど重くなるので、ブドウ栽培業者は特権層に対して、自営農と同じ怒りを抱いたのである。

ブドウ栽培の危機は、旧体制末期におけるフランス経済の一般的危機に連なっている。ブドウ栽培の利潤の低下は農村市場における工業生産物に反映した。一七八八年には農業利潤の危機は一般的だった。凶作はいまや穀物におよんでいた。農業の過小生産は工業製品の過小消費をもたらした。農民が購入しないからである。当時は農村市場が中心だったから、今度は工業製品が影響をこうむった。しかも一七八六年の英仏通商条約がフランス市場をより強力なイギリスとの競争に開放したのである。織物業は停滞し、ついで後退した。失業は工業労働者に及んだ。賃金が低下し、恐慌は都市の人々に反映した。工業が、農村での販路に続いて、都市でも販路を閉鎖されたからである。日々のパンの問題は都市と農村部の多くの人にとって現実となり、苦痛を与えていた。民衆革命は貧困の果実としてあらわれたのである。

三 ブルジョワ革命と民衆運動

ジョレスが主張するように、ブルジョワの繁栄による革命だろうか。ミシュレが断定するように民衆の貧困による革命だろうか。C-E・ラブルースの業績をみることにより、両者の間のより陰影に富んだ視点をとることができる。

十八世紀はまさに繁栄の世紀であった。しかしその経済面での絶頂期は六〇年代の終わりから七〇年代の初めに位置していたのである。アメリカ独立戦争までの飛躍は否めないとしても、一七七八年以降に衰退が生じる（「ルイ十六世の斜陽」）。他方、この発展の間に貯蓄ができている。それは民衆諸階級よりも特権層とブルジョワジーに有利である。逆に衰退は民衆諸階級の方が一層影響を受けているのである。

一七七八年以後、経済の収縮期、ついで退行期が始まった。それは、貧困を一般化する循環的恐慌により、決定的となった。ジョレスは確かに、大革命の開始における飢餓の重要性を否定しなかっただろう。しかし彼はそれに插話的な役割しか認めなかったのだった。一七八八年の凶作と一七八八—一七八九年の恐慌は民衆諸層に痛ましい体験を与え、彼らをブルジョワ革命に役立つようにかりたてた、ということである。しかしそれは、彼によれば、偶然事にすぎなかった。実際には惨禍はもっと根深いものだったのである。それはフランス経済のすべての部門に及んでいた。ブルジョワジーが、空前の発展の後に、自らの収入と利潤を達成したその時に、貧困が民衆諸層を運動にかりたてたのである。経済的退行と一七八八年に始まる循環的恐慌とは、一七八九年の諸事件の最も主要な原因なのである。それを知ることが、革命の直接的起源の問題に新しい光を投げかけるのである。

その上、経済による規定性が、月日を明らかにするとともに、社会的敵対関係の基本をなしてもいる。フランス革命の究極的な原因は、バルナーヴが指摘したように、旧体制の構造および制度と、経済・社会の動きとの間の矛盾に求められるべきである。大革命前夜において社会の枠組みは本質的にアリストクラシーのままであった。土地所有の体制と農業生産の組織は封建的構造のままだったのである。封建的諸権利と教会十分の一税との重みは農民層には我慢のならないものだった。ブルジョワジーの経済力の基盤となっている生産と交換の新しいやり方が飛躍的に発展しようとしている時に、そのような状態だったのである。旧体制の社会と政治の組織は地主的なアリストクラート層の特権を是認しており、ブルジョワジーの発展を阻害していた。「これらの鎖はうちこわされねばならなかった。それらはうちこわされた」とカール・マルクスは書いている。

フランス革命は、ジョレスの表現によれば、「広くブルジョワ的で民主的な」革命だった。一六八八年のイギリスの「名誉」革命のような「狭くブルジョワ的で保守的な」革命ではなかったのである。それは民衆諸層が、アリストクラート層の特権への憎悪によって導かれ、飢餓のために蜂起して革命を支持したおかげだった。とりわけ領主的諸権利、封建地代、教会十分の一税から自らを解放しようとした農民大衆の行動のおかげだった。古典的な型のブルジョワ革命として、フランス革命は農民の「核」を含んでいる。その本質的な役割の一つは領主体制と封建的な型の土地所有との破壊、農民と土地の解放だった。古典的な型のブルジョワ革命として、フランス革命は中小ブルジョワジーと都市の民衆諸階級によって支持されたモンタニャール独裁の時期を経験した。彼らの社会理念は、農民と職人からなり、自由に働き交換する独立小生産者の民主主義だった。

これらの性格は単に旧体制末期におけるフランス経済の一般的危機を示しているだけではない。さらに深く、旧社会の諸構造と諸矛盾を示しているのである。

訳注

（1）『夜明け』Le Point du Jour――ベルトラン・バレール（一七五五―一八四一。トゥールーズ高等法院の弁護士、立憲議会議員、国民公会で公安委員会委員となる）が発行した新聞。一七八九年六月一七日から一七九一年一〇月一日まで定期的に全部で八一五号が刊行された。

（2）高等法院 Parlement――最上位の裁判所。司法権の中心であると同時に、法令の登録権（法律や王の命令、政令などすべては、高等法院に登録されない限り、正規の効力を持たない）や建白権（高等法院は必要な場合は王に建白を行なう）により、立法権、行政権としての機能も併せ持つ。パリの高等法院が最も重要な政治的影響力を持つ。他に、地方高等法院として、トゥールーズ（一四三七年設立）、グルノーブル（一四五三）、ボルドー（一四六二）、ディジョン（一四七七）、ルーアン（一四九九）、エクス（一五〇一）、レンヌ（一五六一）、ポー（一六二〇）、メッツ（一六三三）、ブザンソン（一六七六）、ドゥエ（一六八六）、ナンシー（一七七五）の各高等法院がある。

（3）議会地方 Pays d'Etats――州三部会が王権の直接税の配分・徴収を行なっている地方。ラングドック、ブルゴーニュ、ブルターニュ、プロヴァンス、アルトワ、ベアルン、ナヴァールなどがこれにあたる。これらの地方では王の徴税機関（＝エレクシオン）は単なる形式もしくは王権の象徴にすぎない。逆に、州三部会が実質的権力を失ったり、三部会そのものが消滅したりしていて、エレクシオンが徴税を行なっているのが「直轄地方」Pays d'Elections である。絶対王権は議会地方を直轄地方に変えることに努めていた。

（4）アリストクラート aristocrate――これは社会的もしくは政治的な見地からの格づけであり、貴族 noble または noblesse は身分的な格づけである。アリストクラートには貴族と高位聖職者が含まれる。本書では aristocrate, aristocratie, aristocratique をそれぞれアリストクラート、アリストクラート層（統治形態を示す場合はアリストクラシー）、アリストクラート的と訳し、noble（個人的）、noblesse（集合的）をともに貴族と訳す。（noblesse は場合により貴族位とも訳している。）

（5）サヴァール savarts――アルデンヌ地方で放牧に用いられる荒地。ラリ larris――荒地を意味する古語。

（6）カントー quintaux――重量単位。単数形はカンタル quintal。一カンタルは一〇〇リーヴル。一リーヴルは四一六ないし四八九グラムにあたる。

(7) 刈取り fauchage――長柄鎌を用いて、穀物を根もとから切って収穫すること。切取り sciage は、半月鎌を用いて、穀物の穂を切って収穫すること。切取りだと畑にわらが残るが、これは共同体の所有となる。刈取りの進展により、貧民は他人の畑のわらを取る権利を損われた。また穂の落ちこぼれが減るので、落穂拾いの権利も実質的に削減された。

(8) ウーシュ ouches――家の周囲にある果樹園。ヴェルシェール verchères――休耕地。なお、「リヨネ」はリヨン（都市）を中心とする地方のこと。同様のものにボーヴェー（都市）とボーヴェージ（地方）、オルレアン（都市）とオルレアネ（地方）などがある。

(9) 世話人会 jurande、世話役 maîtres jurées――親方の中から選ばれ、宣誓した者が世話役でその集まりが世話人会だが、原語はともに宣誓する jurer という動詞をもとにしている。

(10) 原文では一七億八七〇〇万となっているが、これは誤植と考えられるので、著者が引用しているダルデルの著書に従って八七〇〇万と訂正した。

(11) 重量マール poids de marc――重量マールとしての一リーヴルは四八九グラム五〇五八五。一リーヴル重量マールは二マール（マールは重量単位）で、これは一六オンスにあたる。

(12) トゥートゥー teurteux――石炭や水を腕で汲み上げる役の人夫。原語の軽蔑的な響きに注意。

(13) 共和暦――一七九三年一〇月二四日に制定された新しい暦で、キリスト教の影響を除くことを目的とする。一七九二年九月二二日を共和暦元年の元日とし、一カ月を三〇日、一年を一二カ月として、年に五日の閏日を設けた。共和暦六年は一七九七年九月二二日から一七九八年九月二一日まで。

(14) 宗教により、心の秘密と人間の弱さの受託者とされた人々――司祭のこと。司祭は告解（懺悔）の際に信徒から聞いたことは一切口外してはならないとされている。実際には彼らが口外したからこの時代の避妊の実践が明らかになったのである。

(15) 中央市場 Les Halles――パリ第一区の北東部一帯。現在は市場はパリ南郊のランジスに移転しており、中央市場跡は商店街（フォラム）となっている。

(16) レチフ Restif――レチフ・ド・ラ・ブルトンヌ Restif de La Bretonne（一七三四―一八〇六）作家。サシー（現在ヨンヌ県）に生まれる。習俗の観察に鋭く、二〇〇点以上の作品を著わした。代表作に『わが父の生涯』（一七七九）など。

(17) フランス遍歴 le Tour de France――十五世紀以来、一定年月の修業を積んだ徒弟は、親方になる前に、フランス各地を遍歴して腕をみがいた。これをフランス遍歴という。期間は三年で、一つの町に数カ月ずつ滞在した。

(18) リーヴル livre――貨幣単位と重量単位の両方がある。貨幣単位としては二〇ソルが一リーヴルにあたる。これが現在の通貨で何円にあたるかを示すことは、当時と現在との貧富較差の違い、消費構造の違い、生活基盤の違い（公共施設、社会保障など）により、事実上不可能である。重量単位としては一リーヴルは前出。

(19) 基本法 lois fondamentales――フランス王国の基本的理念で、すべての実定法に優先し、国王もこれを守ることによってのみ国王たりうると考えられていたもの。一度も完全に成文化されたことはなく、その内容は必ずしも明確ではない。実際問題としては高等法院が国王に反対して建白書を出す際に自己の正当性の根拠として援用した。基本法は、国王の絶対化を牽制する高等法院貴族の理念の漠然とした表明である。

(20) 大恐怖 Grande Peur――一七八九年七月下旬から八月上旬にかけて、ほとんどフランス全国にひろまった農民のパニック状態。ナント、ロン＝ル＝ソーニエ（ジュラ県）、ロミリー（オーブ県）など六カ所で、竜騎兵による弾圧の噂や、野盗出現の噂が農民を恐怖させ、それが周囲に波及して全国的パニックを生み出した。農民の防衛・武装を生み、蜂起を強化した。

(21) 八月四日の晩――一七八九年八月四日の晩に国民議会が、ノアイユ子爵の提案にもとづき、熱狂のうちに封建制の廃止を宣言したことをさす。

(22) 非貴族 ignoble――原語の現在の意味は「下劣な、品のない、卑しい」ということである。本文では、文脈に従い、この語の語源である「貴族でない」という意味に訳した。もちろん、原文ではこの語の現在の意味も含み込めて使われている。

(23) キャピトゥール capitouls――古代末期に南フランス一帯はローマ帝国の支配下にあり、その影響を受けていた。それ故、中世前半においては南フランスの方が北フランスよりも文化的には先進地帯だったのである。南フランスの行政の中心であるトゥールーズではとりわけ、そうした伝統への誇りと北フランス、とりわけパリに対する対抗意識が強かった。それで市の役人をキャピトゥールという、古代ローマ風の名で呼んだのである。

(24) バイイ baillis、セネシャル sénéchal――ともに国王の代官で、国王代理官《プレヴォー》の上官にあたる。原則的にバイイは北フランス、セネシャルは南フランスでの呼称である。ともに管轄区域や権限は厳密に定められておらず、次第に名誉職に近くなっていた。

(25) 愛国税 contribution patriotique――フランス革命の初期に、国庫の破算を救うため、緊急措置として作られた税。一七八九年一〇月一日にネッケルが案を議会に提出し、同月八日に採択された。一率に収入の四分の一を徴収するものとした。行政組織が壊滅していたため急速な徴収はできず、所期の目的は達しなかった。似た言葉に愛国的貢納 don patriotique があるが、これは税ではなく、任意かつ随時の供出である。

(26) 封印状 lettre de cachet――王権が出し、国王書記官の一人が署名して相手に渡される封された手紙。特定の個人に命令を伝えるためのものであるが、多くの場合、その個人の逮捕・拘禁を命じるものであった。そのため、自由を抑圧するものとして高等法院などから非難されていた。

(27) 普遍的《カトリック》 catholique――原語はラテン語の catholicus（普遍的の、一般の）に由来する。「普遍的・使徒的なローマの宗教」とはカトリック教会のこと。またこの語のフランス語訳として universelle も用いられる。

(28) マドレーヌ Madeleine――新約聖書に登場するマグダラのマリアのフランス語名。マグダラのマリアは姦通の場で捕えられた娘もしくは娼婦だったが、キリストに出会って改心し、聖女となった。故に若い娘の放縦予防のための会にその名を冠されることになったのである。

(29) 小門《ギシェ》の日 Journée du Guichet――ポール・ロワイヤル女子修道院の院長となったアンジェリク・アルノーが、その父の訪問に際して、修道院の小門《ギシェ》を閉ざして会わなかった日。サント＝ブーヴ Sainte-Beuve の『ポール・ロワイヤル史（Histoire de Port-Royal）』にこの日のいきさつが詳しい。

(30) 保有官僚――旧体制時代のフランスには二種類の官僚が存在した。保有官僚 officier と委任官僚 commissaire である。ともに旧体制成立期（十五世紀）に作られたものであるが、保有官僚は官職 office の所有者であり、官職に伴う権益（免税特権、貴族叙任、役得、等々）を享受していた。売官制によって官職そのものが財産化し、保有官僚は行政権限の執行よりも自己の権益擁護に熱心な一つの集団となっていった。高等法院の裁判官などがその典型である。それに対して委任官僚は、(1)職権が任命状に規定された権限内容にとどまっている。(2)一時的な巡回、調査、特命執行など、あくまで臨時的なもので、任務の終了とともに権限も消滅する、の二点を特徴とした。従って絶対王政＝中央集権にとってより都合のいいものであり、王権はしばしば委任官僚を用いて保有官僚の反抗を牽制した。本書中では社会集団としての保有官僚のみが扱われているので、通常は officier を「役人」と訳し、特に明示する必要がある場合にのみ「保有官僚」と訳した。

(31) 六団体 Six-Corps――同業組合の中で有力なものが上位の六団体を構成した。一四三一年にイギリス国王ヘンリー六世がパリで戴冠した際、この六団体が天蓋を持ったことにより、優位は決定的となった。六団体の構成組合はその後移動があったが、一六二五年にラシャ製造業、香辛料販売業、小間物業、毛皮製造業、編物業、金銀細工業の六つに定まり、それが大革命まで続いた。

(32) ダントンは……二つに分けた――名前の前に de（母音の前では d'）がつくのは、本来領地名を示すもので、貴族のしるし。したがってダントン Danton は自分の名を d'Anton とつづり、ドロベスピエール Derobespierre は自分の名をde Robespierre と書いて、貴族のふりをしたのである。

(33) 金ピカ半ズボン culottes dorées、絹靴下 bas de soie、サン＝キュロット sans-culottes――当時、上級階層は半ズボンと長靴下を着用していた。金ピカ半ズボン、絹靴下は彼らに対する民衆からの蔑称である。例えばロベスピエールは一七九三年五月八日に、「金ピカ半ズボン」の財産を徴発して革命軍を組織する費用にあてることを提案した。それに対して民衆層は長ズボンを着用していた。すなわちサン＝キュロット（＝半ズボン《キュロット》を持たない者）である。これは上流階層の民衆層に対する蔑称であったが、革命期には民衆自らこの語を用いた。

(34) 大通り boulevard――パリ市内をシテ島を中心に環状に走る何本かの通り。市域が拡大するにつれて市の城壁をこわし、その跡を大通りとした。ここでいうのはマドレーヌ広場からオペラ座前を通ってバスチーユ広場まで走っている大通りのバスチーユ寄りの部分である。さらにその外側、今のナシオン広場にパリ市の門があり、ここで入市税を徴税したので、この辺の城壁を徴税請負人の壁と呼んでいた。

(35) アルパン arpent――面積単位。パリでは一アルパンは三四・一八八六アール。

(36) ミノ minot――体積単位。塩の場合一ミノは約七二リットル。塩一ミノの重さは九六リーヴルから一〇〇リーヴルの間である。なお注 (42) も参照。

(37) 執政官政府 Directoire――時代的には一七九五年一〇月から一七九九年一一月まで。共和国第三年の憲法（一七九五年八月二二日成立）にもとづく政府。フランス革命後の混乱収拾をめざしたが、民衆運動を弾圧したため、右派からの攻撃に耐えられず、軍の力に頼った。そのためナポレオン・ボナパルトの台頭を招き、彼によるブリュメール一八日のクーデタ（一七九九年一一月九日）で終了させられた。

(38) 終油の秘蹟 extrême onction――カトリック教会における秘蹟（＝神の特別な恵みが与えられる儀式、洗礼・堅信・婚姻・司祭叙任・終油・聖体拝領・告解の七つがある）の一つ。死ぬ直前の人に授けられる。病油の秘蹟ともいう。

(39) ファージュ fouage――課税単位 feu ごとに現物で徴収された直接税。タイユ税に似る。ブルターニュ、ノルマンディ、プロヴァンスで徴収された。

(40) レジーム・ドマニアル régime domanial、マノリアル・システム manorial system、グルンドヘルシャフト Grundherrschaft――順にフランス語、英語、ドイツ語で、いずれも荘園制を意味する。すなわち封建的土地所有にもとづく領主の所領経営組織である。

(41) ジュルナル journal、カルトレー cartrée――ともに面積単位。ジュルナルは最も多く用いられた単位で、一人の人間が一日で耕作ないしは草刈り、収穫できる広さをさす。地方ごとに差があり、ブノージュでは二七アール強、カピユーでは一一四アール強である。多くは三〇アールと四〇アールの間だったようだ。カルトレーは quarterée ともつづり、一カルチエール（＝一ミノ）の穀物をまくのに必要な広さ。

(42) カルト quarte――体積単位。種類が多いが、穀物については一カルトは一ボワソー boisseau と同じ意味で用いられる。一ボワソーの量は地方によって異なり、また小麦、大麦、ライ麦でそれぞれ異なる場合もあるが、パリでは一三リットル、サン＝ブリユでは三三・八六リットル、ボルドーでは七八・八リットル、カスチヨンでは一〇六・一七リットルである。一ボワソーは一二ミュイ、三ボワソーが一ミノ、一二ボワソーが一セチエである。

(43) ガルガンチュア Gargantua――フランス・ルネサンスの作家フランソワ・ラブレー（一四九四―一五五三）の作品に登場する巨人。一五三四年に『ガルガンチュア物語』が出版され、以後「第五の書」まで続篇がある。渡辺一夫氏による邦訳（岩波文庫）がある。

(44) ティル・オイレンシュピーゲル *Till Eulenspiegel*——中世ドイツの民話・伝説の主人公。彼をめぐる多くの笑話がある。邦訳は藤代幸一訳『ティル・オイレンシュピーゲルの愉快ないたずら』(一九七九、法政大学出版局)がある。

(45) エイモンの四兄弟 quatre fils Aymon——武勲詩ルノー・ド・モントーバン Renaut de Montauban(十二世紀)および同題の物語に登場する四兄弟。エイム公爵の息子で名前はルノー、アラール、ギシャール、およびリシャール。驚異的な跳躍力を持つ馬のバイヤールにまたがり、シャルルマーニュと闘う。

(46) ゴドフロワ・ド・「ブーリオン」Godefroy de《Boulion》——正しくはゴドフロワ・ド・ブイヨン Bouillon(一〇六一—一一〇〇)、バス＝ロレーヌ公爵。第一回十字軍の司令官となり、エルサレム王に推挙されたが、「聖墓守護」の称号を自ら選んだ。

訳者あとがき

本書はアルベール・ソブール(Albert Soboul) 著 *La France à la veille de la Révolution, Economie et Société.* (2e éd. revue et augmentée), Paris, 1974. の全訳である。

著者アルベール・ソブール教授については、いまでは、紹介に多言を要さないであろう。ソルボンヌ——正式にはパリ第一(パンテオン＝ソルボンヌ)大学——のフランス革命史講座を担当する教授である。その略歴は本書カバーの折り返しに掲げたので、ここでは繰り返さない。同教授の研究史上の業績は、一口で言うなら、フランス革命期の都市民衆層の実態を明らかにした点にある。すなわち博士論文の『共和暦二年のパリのサン＝キュロット——民衆運動と革命政府』である。同教授の師であるジョルジュ・ルフェーヴルはフランス革命史研究に社会史の視点を導入し、ノール県の農民の研究に不朽の業績を残した。ソブール教授は、そのあとを受けて、パリの民衆をとりあげたのである。その結果、博士論文の副題となっている、民衆運動と革命政府の関係が明らかになった。例えばアルベール・マチエはロベスピエールをサン＝キュロット・民衆層の代表者とみた。しかしソブール教授によれば、ロベスピエールはサン＝キュロット・民衆層より一段上のジャコバン派ブルジョワ層を代表しているのであって、民衆層とは一定の距離がある。両者の共闘が成立した時に革命政府は躍進するが、その共闘が崩れた時に革命政府は後退し、テルミドール九日のクーデタを迎えるのである。この、今日では学界の常識ともいえる命題を実証的に明らかにしたのが、ソブール教授の業績なのである。

同教授の著書を、ここであらためて紹介しておく。

1. *1789 : l'an I de la liberté*, Paris, 1939 (2e éd. 1950, 3e éd. 1974)
2. *La Révolution française 1789–1799*, Paris, 1948 (2e éd. revue et augmentée 1951).
3. *Les papiers des sections de Paris (1790–anIV)*, Paris, 1950.
4. *Les sans-culottes parisiens en l'an II; mouvement populaire et gouvernement révolutionnaire*, Paris, 1958 (2e éd. 1962).
5. *Les compagnes montpellieraines à la fin de l'Ancien Régime*, Paris, 1959.
6. *Les soldats de l'an II*, Paris, 1959.
7. *Audience des lumières; classes populaires et rousseauisme sous la Révolution* (Extrait des AHRF no. 170), 1962.
8. *Précis d'histoire de la Révolution française*, Paris, 1962.
9. *L'histoire de la Révolution française 1. Dela Bastille à la Gironde, 2. De la montagne à Brumaire*, Paris, 1962 (2 vols.). (8を文庫本にしたもの)
10. *La Révolution française*, Paris, 1965 (クセジュ文庫).
11. *La France à la veille de la Révolution I. Economie et Société*, Paris, 1966 (2e éd. revue et augmentée 1974).
12. *Paysans, sans-culottes et jacobins*, Paris, 1966.
13. *Le Procès de Louis XVI*, Paris, 1966.
14. *Le Directoire et le Consulat 1795–1804*, Paris, 1967 (クセジュ文庫).
15. *La Ier République 1792–1804*, Paris, 1968.
16. *Les Sans-Culottes*, Paris, 1968.

17. *La société française dans la seconde moitié du XVIIIe siècle* (Cours de Sorbonne), Paris, 1969.
18. *La civilisation et la Révolution française I La crise de l'Ancien Régime*, Paris, 1970.
19. *Mouvement populaire et gouvernement révolutionnaire en l'an II (1793–1794)*, Paris, 1973.
20. *Le Ier Empire (1804–1815)*, Paris, 1973（クセジュ文庫）.
21. *Problèmes paysans de la Révolution (1789–1848)*, Paris, 1976.
22. *Le siècle des lumières t.I L'Essor 1715–1750*, Paris, 1977 (Peuples et civilisations). 共著
23. *Pour une histoire de l'utopie en France au XVIIIe siècle*, Paris, 1977. 共著
24. *Comprendre la Révolution*, Paris, 1981.

編書

25. *Encyclopédie; textes choisis*, Paris, 1952 (Classiques du peuple).
26. *Saint-Just; discours et rapports*, Paris, 1957 (Classiques du peuple).
27. *Jean Jaurès; Histoire socialiste de la Révolution française.*
28. *Contributions à l'histoire paysanne de la Révolution française*, Paris, 1977.
29. *Œuvres de Babeuf t.I*, Paris, 1977. 共編

このほかに、単行本に収録されていない論文や他の研究者の出版物に寄せたまえがきや解題も数多くある。

本書は、著者自身がまえがきで断っているとおり、手引書である。すなわち、これからフランス史を学ぼうとする初学者のために、十八世紀後半のフランスの状態を全体的かつ概括的に紹介することと、さらにその中の特定テーマについて深く知りたい人により専門的な文献を紹介することの二つを目的としたものである。第一部では十八世紀におけるフランスの変化ないし発展を追い、第二部では貴族から農民に至る各社会階層の構造を述べる。古典的研究の

成果をふまえ、最新の業績をも取り入れて、なおかつ可能な限りにおいて簡潔かつ体系的にまとめることに成功しているだろうと思われる。しかし読者が本書から学ぶことができるのは、単に個々の知識、読むべき本や論文のタイトルだけではない。この本の全体、記述のしかたそのものから、われわれは二つの、ともに貴重な示唆を受けるのである。

第一は、いわば実証ということである。つまり広く史料と研究文献にあたり、史料にもとづかないことについては沈黙を守るということで、ソブール教授自身が好んで口にする言葉でいうなら「博識《エリュディシオン》」の尊重である。読者は本文の中で教授がしばしば個々の史料の存在と価値、現存の史料から可能な研究の範囲について言及するのをみるだろう。また多くの研究成果を引用していること、およびその際に著者の解釈や推論よりもむしろ研究に用いた史料的データそのものの方を尊重していることが多いのに気づくだろう。すなわち歴史の研究とは、まず第一に史料を広く渉猟することである。各人がそれぞれの研究分野においてそれまで用いられなかった史料を開拓することにより、研究の積み重ねが行なわれるのである。

ここで私的な思い出を語るのを許していただきたい。かつて訳者はパリ第一大学に留学し、大学院（第三課程）でソブール教授の指導下に二年間勉強したのだが、その最初の年には大学院とともに大学（第二課程）での同教授の講義と演習にも参加した。フランスでは大学での研究指導がどのように行なわれているのか興味があったからである。大学院での演習は参加者による研究報告で、毎回一人が報告し、それについて全員で討論が行なわれた。しかし大学での演習は教授が一人で話をするのだった。一年が前後二部に分かれていて、前半は史料について――国立古文書館や地方古文書館の文書の分類のされ方や調べ方、またこれこれの文書は何年の火災で燃えたとか、あの修道院の文書は今はこの図書館におさめられている、とかいった事柄――であり、後半はバルナーヴ以来現在に至るまでのフランス革命研究史であった。すなわち学生は、各自の研究を始めるにあたって、まず史料の探し方とこれまでの研究史を教えられるわけである。私は、本書の訳稿を整理しながら、しばしば大学でのこの演習を思い出したものである。

本書が与える示唆の第二は、民衆層や農民層に寄せるソブール教授の共感である。都市の民衆層についての記述、農民に課せられる賦課についての記述を読めば、同教授がこれらの階層に同情を寄せ、彼らを抑圧する封建体制にほとんど怒りを示していることが、まがうかたもなくうかがわれるのである。再び思い出を語るのを許していただくと、同教授は毎週、演習のために教室に来る途中、廊下にいる掃除人（彼らはアラブ諸国からの出稼ぎである）に必ず声をかけ、一人一人と握手し、かつ笑いながら冗談を言いあうのだった。もちろん、こうした特定の社会グループに対する共感または嫌悪、すなわち党派的精神は、それ自体は学問ではない。それどころか、もしその精神が表面に出すぎるならば、学問はむしろ損われるであろう。しかしそれが学問的良心と科学的方法によって導かれるならば、学問を進めるエネルギーもしくはエートスになり得る。先に二つの貴重な示唆と書いたが、この点からすれば、より厳密にはこの二点が一体化されている点が貴重なのであろう。

本書は手引書であるから、ソブール教授の学問的見解を表面にうち出すことを狙ってはいない。しかしそのことは、本書が現在の研究状況や、その中における同教授の立場を全く反映していない、ということを意味するものではない。むしろかなり敏感に反映しているのである。それは例えば、本訳書がソブール教授自身の希望にもとづいて底本とした一九七四年の増補版を一九六六年の初版——これはそれ自体が一九六一年にタイプ印刷で出版された講義録の増補版である——と比較してみれば明らかであろう。一九七四年版は原書の頁数にして一九六六年版より約九〇頁ふえている。その多くは旧版と同じ文脈においてその後の地域研究の成果を事例として取り入れたものであるから、ここでは考察の対象から除く。問題は新たにつけ加わった論点なのである。その主なものを列挙すると、(1)第二章一「人口の動き」の拡充、(2)同章三「経済の変動、成長および始動」の大幅な拡充、とりわけ3「資本主義経済への移行の道」の追加、(3)第三章一の2「貴族の構造」のうち「地方貴族と田舎貴族」の個所の拡充、(4)第五章の一「ブルジョワジー、構造の問題」の拡充、(5)第六章「都市の民衆諸階級」に、一「構造の問題——裸の労働者かプロレタリアかサン＝キュロットか」を追加、(6)第七章二「農民の生活条件」に3「乞食と浮浪――放浪者の世界」を追加、(7)同章三の1の、封建制に関する個所の拡充、(8)同章四「農民の心性と願望」の拡充、以上である。これらのうち(1)は近年のフランス歴史学における人口動態学の進歩を取り入れたものである。(7)と(8)は同じくフランス歴史学における社会史の発達により、これまで見落されていた社会の周辺ないし底辺にいる層に光があてられ、また心性 mentalité 史の研究が進んだことを反映している。それに対して(2)から(6)までは多分に論争的な性格のものである。新しい研究成果を取り入れたというよりは、むしろ批判者に対してソブール教授の立場を明確にしたものなのである。

それではこの時代、すなわち初版から増補版までの八年間にどのような論争ないしはソブール批判が行なわれたのだろうか。

(a) F・フュレ、D・リシェ『フランス革命』、パリ、一九六五・六六、全二巻

(b) C・マゾーリック「フランス革命の新しい概念について」、『フランス革命史年報』、一九六七

(c) D・リシェ「フランス革命のイデオロギー的遠因――エリートと専制主義」、『経済社会文明年報』、一九六九

(d) C・マゾーリック『フランス革命について』、パリ、一九七〇（A・ソブール『文明とフランス革命』第一巻「旧体制の危機」、パリ、一九七〇）

(e) F・フュレ「革命の教理問答」、『経済社会文明年報』、一九七一

(f) A・ソブール「フランス革命の古典的研究史――最近の論争について」、『思想』、一九七四

以上の六点が問題にかかわる。このうち(a)(c)(e)、すなわちF・フュレとD・リシェのものがソブール批判であり、(b)(d)(f)がそれらへの反論となっている（(d)は論文集で、その巻頭に(b)を収める。第一部――(b)と他の一編――が直接に論争にかかわるもので、第二部は個別研究の論文である）。それぞれのタイトルを見ればわかるように、論争は直接にはフランス革命のとらえ方をめぐって行なわれている。しかしフランス革命のとらえ方は必然的に、それに先立つ旧体制社会のとらえ方と関連しているのである。

ソブール教授はジョルジュ・ルフェーヴル以来の伝統的解釈に立つが、それは以下のようなものであった。

(1) 旧体制末期に「封建制」は、中世におけるものからは変化していたが、依然として存続していた。これがアリストクラート層の基盤である。

(2) ブルジョワジーを含む平民全体は封建制を嫌悪していた。ここに、アリストクラート対平民という、基本的な対立がある。

(3) 確かに一部の上層ブルジョワジーは官職購入などによって貴族に入り込んでいた。したがって一部の貴族と上層ブルジョワジーは利害が一致していた。

(4) しかし十八世紀後半にアリストクラート層は閉鎖化し、平民を締出す傾向がみられた。これが「アリストクラートの反動」である。

(5) このため上層ブルジョワジーはアリストクラートへの上昇の道を閉ざされ、自らの経済的・知的な能力と社会的・政治的地位の較差を強く自覚した。

(6) こうしたブルジョワジーの不満は、封建制のくびきのもとにおかれた民衆や農民の不満と同じものではない。それでもなお、彼らは反アリストクラートという点で一致した。これがフランス革命の起源である。

すなわち封建制とそれに対する反対を基本とし(1)(2)、その上にアリストクラートの反動にもとづくブルジョワジーの不満をかぶせる(3)から(6)のである。このような図式に対し、フュレとリシェは以下のような解釈を対置させてソブールを批判する。

(1) いかなる社会においても、その社会に通念として受け入れられている価値観がある限り、その価値の体現者＝エリートが存在する。

(2) 旧体制末期のフランスにおいては貴族(全体)と上層ブルジョワジーがエリートであった。

(3) この時代、貴族と上層ブルジョワジーの間に、身分の差にもとづく利害の対立はない。それは(i)ブルジョワジーは官職購入などにより貴族に入り込んでいること、(ii)この時代の貴族の土地経営は資本主義的な小作に拠っており、封建制による地代徴収は少数であること、などによる。

(4) したがって「アリストクラートの反動」は存在しない。当時における対立はエリートの内部の新旧の対立、すなわちブルジョワジー・新参の叙任貴族対旧貴族の対立なのである。

(5) (3)の(ii)から必然的に導かれるように、この時代には封建制はもはや重要な問題点ではない。ちなみに、ここからフランス革命についても従来とは異なる解釈が導かれる。すなわち、

(6) (4)に述べたエリート内部の対立を王権が調停する能力をもたなかったので、革命が生じた。

(7) この革命は政治権力をめぐるエリート内部の争いで、一七九一年までに結着がついた。

(8) しかしこの革命はたまたま都市民衆や農民の反乱とぶつかり、合体したために紛糾した。

(9) この紛糾のためフランス革命は(7)の本来の革命から逸脱し、「横滑り」した。すなわち一七九二年から九四年の段階、とりわけジャコバン独裁である。

(10) しかし混乱がおさまると、エリートは再び政治と社会の支配力をとりもどし、秩序を再建した。

すでにみたように、論争においてフュレとリシェに反論を加えたのはソブール教授の僚友マゾーリックだった。一九七四年にいたってようやく、ソブール教授自身が反論の筆をとると同時に、本書増補版を出したのである。このような経過を念頭におけば、先に指摘しておいた加筆部分の論争的意味はほとんど明らかであろう。「エリート」という概念のためにあいまいになった「ブルジョワジー」という概念を明確にすることに努める。また、いわば「非エリート的貴族」である田舎貴族の存在を指摘し、時流にのり遅れた彼らが中世的心性のまま農民への賦課を強化すればするほど(=領主的反動)農民の不満がつのり、革命的状況になることを示す。そして、フランス革命が単なる支配層内部の主導権争いではなく、封建制から資本主義への移行過程における重要な一段階であったことを示すため、「資本主義経済への移行の道」について論じるのである。個々の内容については読者が直接に本文にあたられればよ

いので、ここではその詳細は繰り返さない。

ソブール教授のこうした「反論」ははたして成功しているであろうか。すでに述べたように本書は手引書である。一応の知識のある人を対象にして批判者との見解の相違点を明らかにすることが目的になったものではない。したがってフュレ、リシェ両氏の論点が正面きって扱われていないのは当然であり、そのことはなんら本書の欠点となるものではない。それにしてもなお読者は時々、論点がはぐらかされたような印象を受けないだろうか。あるいは、「ここが問題だ」と思い、著者の見解を知ろうとして読むと、なにか靴の上から足をかくような気分のうちに章や節が終わってしまう、ということはないだろうか。

例えば「領主的反動」である。「貴族の多くは伝統的地位にとどまっており、それを強化しさえしていた」(第三章四の3)。すなわちダンピエール伯に代表されるような田舎貴族(同章一の2)である。「領主的反動」が彼らと農民の対立を激化した。この農民の不満が、「アリストクラート的反動」によって顕職から締出されたブルジョワジーの不満と結びついて、反アリストクラシーの統一戦線ができるのである。ここまでは筋道通った説明である。しかし、「領主的反動」は単に田舎貴族だけではなく、総借地人すなわち「ブルジョワの管理人」によっても行なわれた。そしてブルジョワの一分枝たる法律家、すなわち封建法学者がそれに協力していたのである。本当に農民はなんの躊躇もなくブルジョワジーと連帯し得たのであろうか。確かにダンピエール伯爵のような例もあろう。しかしJ・バスチエは逆に、トゥールーズ地方においては田舎貴族と農民はともに貧困状態にあるため相互に親近感を持っていたこと、「領主的反動」の主体は新貴族、ブルジョワの土地所有者、総借地農などであって、彼らが農民の怨念の的だったことを指摘しているのである(J. Bastier, *La féodalité au siècle des lumières dans la région de Toulouse* パリ、一九七五)。

またソブール教授の図式からすれば、「アリストクラート的反動」はかなり重要なはずである。この反動が十八世紀後半にあったために、「アリストクラート層を破壊するよりもむしろ彼らと混合しようと願っていた」(第五章六)

ブルジョワジーが反アリストクラートに転じ、革命をひきおこしたのだから。しかし本文中の「アリストクラートの反動」（第三章四）の説明では、貴族の排他主義が特に十八世紀後半にめざましく強まったとは思われないのである。一七八一年の陸軍士官に関するセギュールの措置が唯一のものであろう。あとは十八世紀前半か十七世紀からずっと続いていたものだ。確かにロラン夫人は貴族に対する不満を述べている。しかし平民内部にも上層ブルジョワジーから中小ブルジョワジーへ、そこからさらに民衆へと「軽蔑の滝」は流れており、またこうした位階制があったからこそ逆にブルジョワジーはアリストクラートにあこがれたのではなかったのだろうか（第五章六）。

さらに細かい点をあげれば、製鉄業に貴族が多く参加していたり（第一章四の2）、「マニュファクチュア・ブルジョワジー」にオルレアン公が登場したり（第五章五の3）することも、資本主義とブルジョワジーの関係について読者を多少は混乱させるであろう。このように本書で示されている具体的・個別的事例は必ずしも理論的な整合性が保たれてはいない。ソブール教授の学問的良心、事実を尊重する「博識」が教授自身の理論的枠組みを裏切っているのである。

それでは理論的な問題はどうだろうか。たとえば「資本主義経済への移行の道」（第二章三の3）である。ここではまずフランス経済のイギリス経済に対する相対的な遅れという問題が扱われている。これは重要で興味深い論点である。第一に従来はフランス一国の歴史が問題になっていたのに対し、ここでは当時の国際環境の中でフランスをとらえること、イギリスに対抗しつつ自国の道を切り拓かねばならなかったフランスを考えること、という比較的新しい視点が導入されている。第二にこれは、もしフランス革命が「典型的なブルジョワ革命」だったら、なぜ革命後のフランスで資本主義の発達が遅れたのかという問題に連なる。言うまでもなく、この問題は長い間ブルジョワ革命論のネックになっているものである。故に読者はこの問題に関するソブール教授の回答を期待するわけだが、同教授はF・クルーゼに拠って問題の解明を試みた後、急に話を資本主義化の二つの道、すなわち上からの道＝妥協の道と下からの道＝真に革命的な道の対比に転じてしまう。そしてその論述の最後ではイギリス対フランスの対比は消えてしまい、イギリス・フランス対ドイツ・イタリアという別の対比で締めくくられるのである。革命前のフランス経済がイギリスより遅れていたという点と、イギリス・フランスがともに「真に革命的な道」を進んだ点との関連は明らかになっていない。

以上に述べてきたような種々の問題点に共通しているのは、というより、それらの共通の原因になっているのは、「ブルジョワジー」という概念が不明確なことである。第五章の一「ブルジョワジー――構造の問題」ではラブルースの定義とヴィラールの定義が併置されているが、両者は同じではない。ヴィラールの定義はブルジョワジーという語の当時の用法を完全に切り捨てたもので、この定義に従うなら金利生活者や自由業者はブルジョワジーではないことになる。すでにこのような混乱がある上に、「ブルジョワ臭さがある」というような当時の、多少あいまいな用法もつけ加えるのだから、混乱はさらに広がるのである。その結果、「農村の小貴族、下位聖職者、ふつうのブルジョワジーなどについてみれば、大ブルジョワジー、高位聖職者、宮廷アリストクラート層と共通に彼らが持っていたものが何かあっただろうか」(第七章三の5)と言いながら、ブルジョワジーは単一であり、単数形で記すべきだと主張する(第五章一)。これは論理的に矛盾しているであろう。

このような問題点は、しかし、ソブール教授一人に責めを帰するわけにはいかない。ブルジョワジーに関しては研究業績そのものが不足しているのである。すなわち経済史の分野において資本主義経済の発達に関する研究はある。またフランス革命の政治史における党派についても知られている。これまで「ブルジョワジー」として語られてきたのは、この両分野から類推して想定されたものであった。ブルジョワジーの実態についての社会史的研究はほとんど始まったばかりであり、実証的研究にもとづく理論的省察、もしくは両者の総合はまだないと言ってよい。ソブール教授ならずとも、研究史の最大公約数的なものを紹介するのを目的とする本書においては、ブルジョワジーについて断定的なことは書き得ないのである。言いかえれば、本書はこれまでの研究史の成果をかなり忠実に要約しており、先に述べた限界はすなわち研究の現状を反映していると考えられよう。

こうした限界はどのようにのりこえられるだろうか。おそらくこの課題に対する答の一端は本書の中に述べられているように思う。先にも触れたが、当時の国際環境の中で、とりわけイギリスとの関係において、フランス史を考えることである。たとえば、最先進国において先例のないところで新しい生産様式・生産関係が作り出されるには、恐らく新しい社会階層の出現が前提となるであろう。それは独立小生産者層、もしくはM・ウェーバーのいう「資本主義の精神」の持ち主なのであろう。しかし一度イギリスで新しい生産制度ができ、それの方が有利であることが明らかになれば、貴族といえどもそれを取り入れるのを躊躇しないのである。故にオルレアン公は自分の領地にマニュファクチュアを設立した。しかしこの場合には新しい生産制度は「封建制」を破壊せず、むしろ相互に補強しあうであろう。したがって企業家は必ずしもヴィラールが定義するような「純粋」なブルジョワジーとはならない。このように、ヨーロッパ全体を視野に入れて資本主義の発達を考える時、フランス史に新しい光が投げられるだろうと思われるのである。この資本主義の問題を各国ごとに個別にみて、イギリスとフランスをともに「真に革命的な道」で一括したのでは、問題は解決されないであろう。

ついでにフュレ、リシェの立論にも簡単に触れておくと、彼らが最近の社会史の成果を取り入れることにより、「ソブール史学」の弱点——それは「ブルジョワジー」概念の弱さに典型的に表われている——を鋭くついたことは認めねばならない。しかし彼らの用いる「エリート」という概念は、例えばソブール教授の「ブルジョワジー」と比べて、より厳密だといえるのだろうか。前記(c)の論文におけるリシェの用法では「エリート」というのは「支配層」というのに等しい。しかし具体的にどの時代にどのような社会グループが「支配層」だったのかが実は問題なのであろう。またM・ヴォヴェルはこの概念の有効性に疑問を提出している (M. Vovelle, *L'élite ou le mensonge des mots.* 『経済社会文明年報』、一九七四)。また革命の「横滑り」というのは果して歴史学的な説明であろうか。農民革命の発生というような重要な事件を偶然に帰するような歴史モデルは、モデルそれ自体に欠陥があると考えるべきではないだろうか。

ふり返ってみると、この翻訳に着手したのは七年前である。最初は一九六六年の初版を訳した。訳し終えて著者のソブール教授に連絡をとると、増補改訂版をつくったからそちらを訳してほしいとのことだった。やり直しである。その間、修士論文の執筆、フランス留学、博士課程単位修得論文の執筆、講義ノート作りと、しばしば、それも一年とか二年の長期にわたって作業は中断した。私の大学院時代のほぼ全体にわたった翻訳を完成し、今こうして筆をおくにあたって、個人的にある種の感慨なきを得ないのである。不注意や能力不足から誤訳もあろうかと思う。読者の御叱正を乞いたい。

つたない翻訳ではあるが、完成までには多くの方の御世話になった。まず誰よりも先に一橋大学の古賀英三郎教授と津田内匠教授に御礼を申さねばならない。訳者がともかくも今日あるのは両先生の御指導による。アルベール・ソブール教授は訳者のフランス留学中の研究を指導され、本訳書に関しても訳者の質問に親切に答えられた。同教授が寄せられた日本語版への序文は、論文「現代世界史におけるフランス革命」の一部であり、同教授の学問的関心を集約的に表わしていると言えよう。すでに邦訳（G・ルフェーヴル『一七八九年――フランス革命序論』あとがき、岩波書店）があるものだが、改めて訳し、巻頭に掲げた。また東京経済大学の長谷川輝夫助教授および同助教授夫人の長谷川イザベル女史はフランス語に関して訳者に貴重な教示を与えて下さった。記して謝意を表したい。無名の訳者にこの翻訳の機会を与えられた上、訳者が勝手な事情で一年きざみに完成をひきのばすのを辛抱強く待ち続けて下さった、法政大学出版局の稲義人氏と平川俊彦氏にも厚く御礼申し上げる。最後に、妻のカトリーヌの協力にも感謝する。

著　者

アルベール・ソブール（Albert Soboul）

1914年生まれ．高等師範学校に学び，38年に教授資格試験に合格している．39年に兵役につくが，翌年6月フランスが敗れたため動員解除となり，モンペリエで高校教授となった．しかし，そのレジスタンス的活動のために42年7月に高校を追われ，以後の2年間はレジスタンス組織の闘士として非合法生活を送る．第2次大戦終了とともにモンペリエの高校教授に返り咲き，45年にはパリのアンリ4世高校に転じた．また50年からは博士論文準備のためフランス国立科学研究所の研究員にもなっている．58年，パリのサン＝キュロットに関する論文で博士号を得，クレルモン＝フェラン大学の近代史教授となった．他方，57年以来，パリ第1大学でフランス革命史を担当し，また，ロベスピエール研究会会長，『フランス革命史年報』編集責任者を兼任した．1982年没．『フランス革命』『資本主義と農村共同体』などの邦訳がある．

訳　者

山﨑耕一（やまざき　こういち）

1950年神奈川県に生まれる．一橋大学社会学部を経て，同大学院博士課程修了．フランス史，社会思想史専攻．武蔵大学人文学部教授，一橋大学社会科学古典資料センター教授を経て，現在，同センター特任教授．著書に『啓蒙運動とフランス革命』（刀水書房，2007年），共編著に『フランス革命史の現在』（山川出版社，2013年），訳書にセディヨ『フランス革命の代償』（草思社，1991年）などがある．

《叢書・ウニベルシタス　111》
大革命前夜のフランス
経済と社会

1982年３月５日　初　版第１刷発行
2015年３月10日　新装版第１刷発行

アルベール・ソブール
山﨑耕一 訳
発行所　一般財団法人　法政大学出版局
〒102-0071 東京都千代田区富士見 2-17-1
電話 03(5214)5540 振替 00160-6-95814
印刷：三和印刷　製本：誠製本
© 1982

Printed in Japan

ISBN978-4-588-14006-8

参考文献

●序 章

他の研究を読む前に，下記のものを読むのが，理解を深めるのに有益であろう．

A. DE TOCQUEVILLE, L'Ancien Régime et la Révolution (1856; dernière édition 1952, G. Lefebvre の序文つき．彼によれば，これは「フランスの研究史で最も美しい本」である．〔『アンシャン・レジームとフランス革命』，井伊玄太郎訳，りせい書房，1974.〕

MICHELET, La Révolution française (1847–1853; Introduction, seconde partie: "De L'ancienne monarchie")〔『フランス革命』，桑原武夫・多田道太郎・樋口謹一訳，中央公論社「世界の名著」48〕

TAINE, Les Origines de la France contemporaine (1876–1893; t. I et II, L'Ancien Régime)〔『近代フランスの起源』，岡田真吉訳，角川書店，1963〕

JAURÈS, Histoire socialiste de la Révolution française (1901–1904; éd. revue et annotée par A. SOBOUL, t. I. 1968; chapitre premier, "Causes de la Révolution" を見よ）〔『仏蘭西大革命史』，村松正俊訳，平凡社，1930–1931, 1946–1948, 8巻16冊〕

A. MATHIEZ, La Révolution française, t.I, La chute de la royauté, 1787–1792 (1922; le chapitre premier, "La crise de L'Ancien Régime")〔『フランス大革命』，ねづまさし・市原豊太訳，岩波文庫，1958–1959, 3巻〕

G. LEFEBVRE, La Révolution française (1951, t. XIII de la collection "Peuples et Civilisations"; troisième édition avec mise à jour bibliographique par A. SOBOUL, 1963; le livre premier, "Le monde à la veille de la Révolution.

古典的な大叢書は，全般的な歴史の枠組みを知るのに役立つ．第一にあげるべきもので，依然として有益なのは，

E. LAVISSE, Histoire de France depuis les origines jusqu'à la Révolution, t. IX (I), Le Règne de Louis XVI, 1774–1789 par H. CARRÉ P. SAGNAC et E. LAVISSE (Paris, 1911) である．

"Peuples et Civilisations" では，le t. XII, La fin de l'Ancien Régime et la Révolution américaine, 1763–1789, par P. SAGNAC (Paris, 1941).

"Clio" では，Le XVIIIe Siècle, première partie, La France et le Monde 1715 à 1789, par E. PRÉCLIN et V.-L. TAPIÉ, Paris, 1952; deuxième partie, Les Forces internationales, par E. PRÉCLIN (Paris, 1952).

"Histoire générale des civilisations" では，t. V, Le XVIIIe siècle, Révolution

intellectuelle, technique et politique, 1715-1815, par R. MOUSNIER et E. LABROUSSE, collaboration de M. BOULOISEAU (Paris, 1953).

"Nouvelle Clio" では, R. MANDROU, La France aux XVIIe et XVIIIe siècles (Paris, 1957) (新しい作品で, しばしば示唆に富む指摘がある.)

"Destins du monde" では, F. BRAUDEL, Civilisation matérielle et capitalisme, XVe-XVIIIe siècle, t. I (Paris, 1967).

より新しいものでは,

P. GOUBERT, L'Ancien Régime (Col. U), t. I, La Société (Paris, 1969), t. II, Les Pouvoirs (Paris, 1973).

D. RICHET, La France moderne: L'esprit des institutions (Paris, 1973) もあげておくが, 簡単でもったいぶっており, 異論の余地のあるものである.

つつましいが有益なのは,

H. MÉTHIVIER, L'Ancien Régime (Paris, 1961, col. Que sais-je?) 〔『アンシァン・レジーム』, 井上堯裕訳, 白水社, クセジュ文庫, 1965〕

経済社会的な問題の全体像をみるのに, H. SÉE の諸著作は今では古くなった.

H. SÉE, La France économique et sociale au XVIIIe siècle (Paris, 1925) 〔『フランスの社会構造 18世紀における』, 宮崎洋訳, 法政大学出版局, 1971〕

——, Histoire économique de la France, t.I, Le Moyen-Age et l'Ancien Régime, publié avec le concours de R. SCHNERB (Paris, 1939).

PH. SAGNAC, La Formation de la société française moderne, t. II, La Révolution des idées et des mœurs et le déclin de l'Ancien Régime, 1715-1788 (Paris, 1946).

とりわけ, 基本的な作品として,

Histoire économique et sociale de la France, dirigée par F. BRAUDEL et E. LABROUSSE, t. II, Des derniers temps de l'âge seigneurial aux préludes de l'âge industriel, 1660-1789 (Paris, 1970).

P. LÉON, Economies et sociétés préindustrielles, t. II, 1650-1780.

——, Les origines d'une accélération de l'histoire (Paris, 1970, col. U).

第一部

第一章

1

二つの古典的論文が, 18世紀フランス農村の基本的諸問題を措定した.

M. BLOCH, "la lutte pour l'individualisme agraire dans la France du XVIIIe siècle", annales d'histoire économique et sociale, 1930, p. 329 et p. 510.

G. LEFEBVRE, "Les études relatives à la répartition de la propriété et de l'exploitation foncières à la fin de l'Ancien Régime", Revue d'histoire moderne, 1928, p. 103, repris dans Etudes sur la Révolution française (Paris, 1954; 2e éd., 1963, p. 279).

全般的な案内として,
M. BLOCH, Les caractères originaux de l'histoire rurale française (Paris, 1931, 2e éd., 1956, 2 vol.); t. II, Supplément établi par R. DAUVERGNE d'après les travaux de l'auteur. 〔『フランス農村史の基本性格』, 河野健二・飯沼二郎訳, 創文社, 1957〕
R. DION, Essai sur la formation du paysage rural français (Paris, 1934).
G. LIZERAND, Le régime rural de l'ancienne France (Paris, 1942).
J. MEUVRET, "L'agriculture en Europe aux XVIIe et XVIIIe siècles", X Congresso internazionale di scienze storiche, Rome, 1955, Relazioni, t. IV, p. 139.
R. DION, Histoire de la vigne et du vin en France, des origines au XIXe siècle (Paris, 1959).
B.H. SLICHER VAN BATH, "Les problèmes fondamentaux de la société preindustrielle en Europe occidentale. Une orientation et un programme", A.A.G. bydragen, 12, p. 3.
A.-J. BOURDE, Agronomie et agronomes en France au XVIIIe siècle (Paris, 1967, 3 vol.).
D. FAUCHER, "La Révolution agricole du XVIIIe–XIXe siècle", Bulletin de la Société d'histoire moderne, nov.-déc. 1966, p. 2.
より最近では, 二人の著述家が農業史研究の革新に貢献した.
J. MEUVRET, Etudes d'histoire économique (Paris, 1971, 論文集, とくに第4部参照).
M. MORINAUD, Les faux-semblants d'un démarrage économique: agriculture et démographie en France au XVIIIe siècle (Paris, 1971; "Y a-t-il eu ene révolution agricole en France au XVIIIe siècle?", Revue historique, no. 486, 1968, p. 299.
農学と農業技術では, 基本的に,
A.-J. BOURDE, Agronomie et agronomes en France au XVIIIe siècle (Paris, 1967, 3 vol.).
さらに,
E. JUSTIN, Les sociétés royales d'agriculture au XVIIIe siècle. 1757–1793 (Paris, 1935).
R. MANTEL, "La Rochefoucauld-Liancourt. Un novateur français dans la pratique agricole du XVIIIe siècle", dans Etudes d'histoire économique rurale du XVIIIe siècle (Paris, 1965).
農業技術については,
P. DE SAINT-JACOB, "L'assolement en Bourgogne au XVIIIe siècle", Etudes rhodaniennes, 1935, p. 207.
P. MASSE, "Les conditions sociales de la culture des luzernes aux XVIIIe et XIXe siècles dans la région châtelleraudaise", L'Actualité de l'histoire, 1952, p. 12.
P. GOUBERT, "Les techniques agricoles dans le pays picard aux XVIIe et

XVIIIe siècles", Revue d'histoire économique et sociale 1957, p. 24.
A.-J. BOURDE, "L'agriculture à l'anglaise en Normandie au XVIIIe siècle", Annales de Normandie, 1958, no. 215.
A. DAVIES, "The new agriculture in Lower Normandy, 1750–1789", Transactions of the Royal Historical Society, 1959, p. 129.
G. DEBIEN, Avant la révolution agricole. Les prairies artificielles dans le sud du haut Poitou, XVIe–XIXe siècles (Paris, 1964).
A. PLAISE, L'évolution de la structure agraire dans la Campagne du Neubourg (1964).
収穫については,
J. MEUVRET, "La moisson dans l'ancienne économie rurale", Bulletin de la Société d'histoire moderne, no. 3, 1946.
Fr. DE DAINVILLE, "La moisson et les travaux de l'aire en bas Languedoc en 1799", Arts et traditions populaires, 1955, p. 36.
A. CHATELAIN, "Dans les campagnes françaises au XIXe siècle: la lente progression de la faux", Annales E.S.C., 1956, p. 495.
農業の水準については,
J.-C. TOUTAIN, "Le produit de l'agriculture française de 1700 à 1958", I, "Estimation du produit au XVIIIe siècle", et II, "La Croissance".
Fr. GAY, "Production, prix et rentabilité de la terre en Berry au XVIIIe siècle", Revue d'histoire économique et sociale, 1958, no. 4.
J. DUPAQUIER, "La situation de l'agriculture dans le Vexin français (fin XVIIIe–début XIXe siècle), d'après les enquêtes agricoles", Actes du 89e Congrès des Sociétés savantes, Lyon, 1964.
B. BONNIN, "A propos de productivité agricole: l'exemple du Dauphiné au XVIIIe siècle", Annales E.S.C., 1966.
Em. LE ROY LADURIE, "Dîmes et produit net agricole, XVe–XVIIIe siècle", Annales E.S.C., 1969, p. 826.
農村共同体については,
A. SOBOUL, "La communauté rurale française, XVIIIe–XIXe siècle: problèmes de base", La Pensée, 1957, no. 3.
G. THUILLIER, "Les Communautés de laboureurs en Nivernais du XVIIIe au XIXe siècle", Revue d'histoire économique et sociale, 1960, no. 4.
P. DE SAINT-JACOB, Documents relatifs à la communauté rurale en Bourgogne, du milieu du XVIIe siècle à la Révolution (Paris, 1962).
——, "Etudes sur l'ancienne communauté rurale en Bourgogne", Annales de Bourgogne, 1941, p. 169, 1943, p. 173, 1946, p. 237, 1953, p. 225.
J.-P. MOREAU, "Une cause de transformation du paysage agraire en Bourgogne: la dislocation de la communauté rurale", Revue de géographie de Lyon, 1960, no. 2, p. 175.
共同体的慣習については,

H. SÉE, "La question de la vaine pâture en France à la fin de l'Ancien Régime", Revue d'histoire économique et sociale, 1914 (repris dans La Vie économique et les classes sociales en France au XVIIIe siècle, 1924).
E. APPOLIS, "La question de la vaine pâture en Languedoc au XVIIIe siècle", Annales historiques de la Révolution française, 1938, p. 97.
共同体については,
E. PETROW, "Les communaux et les servitudes rurales au XVIIIe siècle", Annales historiques de la Révolution française, 1938, p. 459.
P. DE SAINT-JACOB, "Les grands problèmes de l'histoire des communaux en Bourgogne", Annales de Bourgogne, 1948, p. 124.
森林については，基本的に,
M. DEVÈZE, La vie de la forêt française au XVIe siècle (Paris, 1961, 2 vol.).
——, "La forêt française: aspects sociaux et économiques aux XVIe et XVIIe siècles", Bulletin de la société d'histoire moderne, 1953, no. 7.
——, "La forêt. Note d'orientation de recherche", Bulletin de la section d'histoire moderne et contemporaine du Comité des travaux historiques et scientifiques, 1962, p. 50.
——, "Les forêts françaises à la veille de la Révolution", Revue d'histoire moderne et contemporaine, 1966, p. 241.
さらに,
L. MAZOYER, "Exploitation forestière et conflits sociaux en Franche-Comté, à la fin de l'Ancien Régime", Annales d'Histoire économique et sociale, 1932, p. 339.
G. PLAISANCE, "Les caractères originaux de l'exploitation ancienne des forêts", Revue de géographie de Lyn, 1953, no. 1, p. 17.
M. DUVAL, "En Bretagne. Forêts seigneuriales et droits d'usage, XVIe-XVIIe siècle", Annales E.S.C., 1953, p. 482.
G. ANTONETTI, "Le partage des forêts usagères ou communales entre les seigneurs et les communautés d'habitants", Revue historique du droit français et étranger, 1963, nos. 2 et 3.
(第七章の文献案内も参照のこと.)
[2]
全体にわたって,
E. LEVASSEUR, Histoire des classes ouvrières et de l'industrie en France au XVIIIe siècle (Paris, 1900-1901, 2 vol.), t. II.
工業生産の旧型組織については,
E. COORNAERT, Les Corporations en France avant 1789 (Paris, 1940, 2e éd., Paris, 1968).
——, "Les Corporations avant 1789", L'Information historique, 1946, p. 107.
——, Les Compagnonnages en France du Moyen Age à nos jours (Paris, 1966).
農村工業については,

E. TARLÉ, L'Industrie dans les campagnes en France à la fin de l'Ancien Régime (Paris, 1919).
H. SÉE, "L'industrie rurale en France au XVIIIe siècle", Revue historique, 1922.
H. KELLENBENZ, "Industries rurales en Occident, De la fin du Moyen Age au XVIIIe siècle", Annales E.S.C., 1963, p. 845.
集合マニュファクチュアについては,
K. MARX, Le Capital, livre 1er 4e section, chap. XIV, "La division du travail et la manufacture".〔『資本論』, 長谷部文雄訳, 「世界の大思想」河出書房新社, 1964. 他に岩波文庫, 大月書店版マルクス・エンゲルス全集, 国民文庫など.〕
D. LIGOU, "Un règlement de manufacture à la fin du XVIIIe siècle", Revue d'histoire économique et sociale, 1953, no. 2.
経済学説: 同時代人の作品として,
BOISGUILLEBERT, Le détail de la France (1695).
Boisguillebert ou la naissance de l'économie politique (Paris, 1966) 2 vol., t. II, Œuvres manuscrites et imprimées.
J.-F. MELON, Essai politique sur le commerce (1734).
F. VERON DE FORBONNAIS, Recherches et considérations sur les finances de la France (1758, 2 vol.).
Fr. QUESNAY, Tableau économique (1758).〔『経済表』, 戸田正雄・増井健一訳, 岩波文庫, 1961 など〕
——, Physiocratie ou constitution naturelle du gouvernement le plus avantageux au genre humain (1768).
——, articles "Fermiers" 1756 et "Grains" 1757, t. VI et t. VII, de l'Encyclopédie〔坂田太郎『フランソア・ケネー「経済表」以前の諸論稿』, 春秋社, 1950 など〕
François Quesnay et la Physiocratie (Paris, 1958, 2 vol.) t. II, textes annotés.
DUPONT DE NEMOURS, De l'exportation et de l'importation des grains (1764).
TURGOT, Réflexions sur la formation et la distribution des richesses (1766).〔津田内匠『チュルゴ経済学著作集』, 岩波書店, 1962 など〕
研究書
J. MORINI-COMBY, Mercantilisme et protectionnisme. Essai sur les doctrines interventionnistes en politique commerciale du XVe au XIXe siècle (Paris, 1930).
C. MORISSON, "La place de Forbonnais dans la pensée économique", dans Questions financières aux XVIIe et XVIIIe siècles, par C. MORISSON et R. GOFFIN (Paris, 1967).
重農主義については, 基本的に,
G. WEULERSSE, Le mouvement physiocratique en France de 1756 à 1770 (Paris, 1910).
——, La physiocratie à la fin du règne de Louis XV, 1770-1774 (Paris, 1959).
——, Les physiocrates sous les ministères de Turgot et de Necker, 1774-1781 (Paris, 1950).

[3]
全体にわたって
E. LEVASSEUR, Histoire du commerce de la France (Paris, 1911, 2 vol.) ; t. I, Avant 1789.
18世紀の作品
J. SAVARY, Le Parfait Négociant, 1675.
SAVARY DES BRUSLONS, Dictionnaire universel du commerce, 1723, 3 vol.
abbé RAYNAL, Histoire philosophique et politique des établissements et du commerce des Européens dans les deux Indes, 1770.
TOLOSAN, Mémoire sur le commerce de la France et de ses colonies, 1789.
ARNOULD, De la balance du commerce et des relations commerciales extérieures de la France dans toutes les parties du globe, 1791, 3 vol.
輸送手段と国内の連絡
E. VIGNON, Etudes historiques sur l'administration des voies publiques en France aux XVIIe et XVIIIe siècles (Paris, 1862, 3 vol. 古いが依然として有益).
J. LETACONNOUX, "Les Transports en France au XVIIIe siècle", Revue d'histoire moderne et contemporaine, 1908–1909, pp. 97 et 269.
L. CAHEN, "Ce qu'enseigne un péage du XVIIIe siècle: La Seine entre Rouen et Paris", Annales d'histoire économique et sociale, 1931, p. 486.
H. CAVAILLÈS, La Route française (Paris, 1946).
P. DE SAINT-JACOB, "La Corvée royale en France à la fin de l'Ancien Régime", Information historique, 1953, p. 43.
A. RÉMOND, Etudes sur la circulation marchande en France aux XVIIIe et XIXe siècles (Paris, 1956).
J. PETOT, Histoire de l'administration des Ponts-et-Chaussées, 1599–1815 (Paris, 1958).
G. ARBELOT, "La grande mutation des routes de France au XVIIIe siècle", Annales E.S.C., 1973, no. 3, p. 765.
通貨と銀行の問題
R. BIGO, La Caisse d'escompte (Paris, 1927).
H. HAUSER, "Réflexion sur l'histoire des banques à l'époque moderne", Annales d'histoire économique et sociale, 1929, p. 335.
R. BIGO, Les Bases historiques de la finance moderne (Paris, 1933).
P. HARSIN, Crédit public de banque d'Etat en France, du XVIe au XVIIIe siècle (Louvain-Paris, 1933).
H. LÉVY-BRUHL, Histoire de la lettre de change en France aux XVIIe et XVIIIe siècles (Paris, 1933).
——, Histoire juridique des sociétés de commerce en France aux XVIIe et XVIIIe siècles (Paris, 1938).
J. BOUCHARY, Le Marché des changes à Paris, à la fin du XVIIIe siècle (Paris,

1939, 1940, 1943, 3 vol.).
——, Les Compagnies financières à Paris à la fin du XVIIIe siècle (Paris, 1940, 1942, 3 vol.).
R. RICHARD, "A propos de Saint-Domingue. La monnaie dans l'économie coloniale", Revue d'histoire des colonies, 1954, p. 22.
L. DERMIGNY, "Circuits d'argent et milieux d'affaires au XVIIIe siècle", Revue historique, oct.-déc. 1954, p. 239.
——, "Une carte monétaire de la France à la fin de l'Ancien Régime", Annales E.S.C., 1955, p. 480.
H. LUTHY, La Banque protestante en France de la Révocation de l'édit de Nantes à la Révolution, t. II, De la Banque aux finances, 1730–1794 (Paris, 1961).
G. ANTONETTI, Une maison de banque à Paris au XVIIIe siècle: Greffuhle Montz et Cie. 1789–1793 (Paris, 1963).
J. BOUVIER et H. GERMAIN-MARTIN, Finances et financiers de l'Ancien Régime (Paris, 1964).
港と通商
Marseille: Histoire du commerce de Marseille, sous la direction de G. RAMBERT, t. V, De 1660 à 1789. Le Levant (Paris, 1957), t. VI, de 1660 à I) §. Les Colonies (Paris, 1959).
R. ROMANO, Commerce et prix du blé à Marseille au XVIIIe siècle (Paris, 1956).
Ch. CARRIÈRE, Négociants marseillais au XVIIIe siècle. Contribution à l'étude des économies maritimes (Marseille, 1973).
Bordeaux: Th. MALVEZIN, Histoire de commerce de Bordeaux (Bordeaux, 1892) 4 vol.
R. BOUTRUCHE, "Bordeaux et le commerce des Antilles", dans Trois siècles de vie française. Nos Antilles, sous la direction de S. DENIS, 1935, p. 83.
P. BUTEL, "Le trafic colonial de Bordeaux; de la guerre d'Amérique à la Révolution", Annales du Midi, t. LXIX, fasc. 3, 1967.
Bordeaux au XVIIIe siècle, sous la direction de G. PARISET (1968), dans l'Histoire de Bordeaux も参照.
Nantes: G. MARTIN, Nantes au XVIIIe siècle. L'ère des négriers, 1714–1774 (Paris, 1931).
——, Capital et travail à Nantes au cours du XVIIIe siècle (Paris, 1931).
G. DEBIEN, "Colons, marchands et engagés à Nantes au XVIIIe siècle", La Porte océane, 1953–1954, p. 3.
J. MEYER, "Le Commerce négrier nantais. 1774–1792", Annales E.S.C., 1960, p. 120.
——, L'Armement nantais dans la deuxième moitié du XVIIIe siècle (Paris, 1970).

——, "Le commerce maritime français au XVIIIe siècle", L'Information historique, 1973, no. 4, p. 177 (essentiellement Nantes).
Rouen et Le Havre: P. DARDEL, Le Trafic maritime de Rouen aux XVIIe et XVIIIe siècles, 1716–1771 (Rouen, 1945).
——, Navires et marchandises dans les ports de Rouen et du Havre au XVIIIe siècle (Paris, 1963).
——, Commerce, industrie et navigation à Rouen et au Havre au XVIIIe siècle. Revalité croissante entre ces deux ports. La conjoncture (Rouen, 1966).
R. RICHARD, "Le Financement des armements maritimes du Havre au XVIIIe siècle", Revue d'histoire économique et sociale, 1969, p. 5.
黒人と奴隷の通商：上に引用したもののほか，特にナントについては，
D. RINCHON, Le Trafic négrier (Bruxelles, 1938).
——, Les Armements négriers du XVIIIe siècle (Paris, 1956).
G. MARTIN, Histoire de l'esclavage dans les colonies françaises (Paris, 1948).
J. Cl. BÉNARD, "L'armement honfleurais et le commerce des esclaves à la fin du XVIIIe siècle", Annales de Normandie, oct. 1960.
J. VIDALENC, "La traite des nègres en France au début de la Révolution. 1789–1793", Annales historiques de la Révolution française, 1957, p. 56.
東地中海貿易については，
P. MASSON, Histoire du commerce français dans le Levant au XVIIIe siècle (Paris, 1911).
極東貿易については，
L. DERMIGNY, La Chine et l'Occident. Le Commerce à Canton au XVIIIe siècle. 1719–1833 (Paris, 1964, 4 vol.).
植民地貿易全般については，
J. TARRADE, Le commerce colonial de la France à la fin de l'Ancien Régime. L'évolution de "l'exclusif" de 1763 à 1789 (Paris, 1972, 2 vol.).
4
大工業の開始に関して：一般的問題として，
J. KULISCHER, "La Grande Industrie aux XVIIe et XVIIIe siècles", Annales d'histoire économique et sociale, 1931, p. 11.
P. LÉON, "L'Industrialisation en France, en tant que facteur de croissance économique du début du XVIIIe siècle à nos jours", Première conférence d'histoire économique internationale, Stockholm, 1960 (Paris, 1960) p. 163.
Fr. CROUZET, "Agriculture et révolution industrielle. Quelques réflexions", Cahiers d'histoire, 1967, p. 67.
地域研究として，
P. LÉON, La Naissance de la grande industrie en Dauphiné (Paris, 1954, 2 vol.).
比較史として，
P. MANTOUX, La Révolution industrielle au XVIIIe siècle. Essai sur les commencements de la grande industrie moderne en Angleterre (Paris, 1960;

2e édition, Paris, 1959, avec un supplément bibliographique par A. BOURDE)
〔『産業革命』, 井上幸治・徳増栄太郎・遠藤輝明訳, 東洋経済新報社, 1964〕

技術的問題

Ch. BALLOT, L'Introduction du machinisme dans l'industrie française (Paris, 1923).

F. BRUNOT, Histoire de la langue française, t. VI, Ièrepartie Le Mouvement des idées et les vocabulaires techniques (Paris, 1930).

A. RÉMOND, John Holker (Paris, 1946).

S.T. MACCLOY, French inventions in the eighteenth century (1952).

B. GILLE et coll., "La Machine à vapeur en France au XVIIIe siècle", Techniques et civilisations, 1952, p. 152.

P. LÉON, "Tradition et machinisme dans la France du XVIIIe siècle", L'Information historique, 1955, p. 5.

R. MOUSNIER, Progrès scientifique et technique au XVIIIe siècle (Paris, 1958).

J. PAYEN, Capital et machine à vapeur au XVIIIe. Les frères Périer et l'introduction de la machine à vapeur de Watt (Paris, 1969).

冶金技術

Ch. BALLOT, "La Révolution technique et les débuts de la grande exploitation dans la métallurgie française. L'introduction de la fonte au coke en France et la fondation du Creusot", Revue d'histoire économique et sociales, 1912, p. 29.

P. BRUNET, "Sylviculture et technique des forges en Bourgogne au milieu du XVIIIe siècle", Annales de Bourgogne, 1930, p. 337.

P. LÉON, "Techniques et civilisation du fer dans l'Europe du XVIIIe siècle", Annales de l'Est, 1956, p. 227.

——, Les techniques métallurgiques dauphinoises au XVIIIe siècle (Paris, 1960).

F. DORNIC, "La technique métallurgique avant la révolution industrielle: la forge d'Aron, Bas Maine, au XVIIIe siècle", Annales E.S.C., 1960, p. 538.

大工業の諸部門

織物: F. DORNIC, L'Industrie textile dans le Maine et ses débouchés internationaux, 1650–1815 (Le Mans, 1955).

R. SCHNERB, "Les industries textiles aux XVIIIe et XIXe siècles", L'Information historique, 1957, p. 116.

P. DEYON, "Le mouvement de la production textile à Amiens au XVIIIe siècle", Revue du Nord, 1962, p. 200.

毛織物: T. MARKOVITCH, "L'industrie française au XVIIIe siècle. L'industrie lainière à la fin du règne de Louis XIV et sous la Régence", Cahiers de l'I.S.E.A., t. II, août 1968; Revue d'histoire économique et sociale, 1968, p. 550.

麻織物および亜麻織物: V. PRÉVOT, "L'industrie linière sous l'Ancien Régime", Revue du Nord, 1957, p. 205.

G. ANTHONY, L'industrie de la toile à Pau et en Béarn de 1750 à 1850 (Bordeaux, 1961).

絹織物: E. PARISET, Histoire de la Fabrique lyonnaise de soieries (Lyon, 1901).

綿織物: R. LÉVY, Histoire économique de l'industrie cotonnière en Alsace (Paris, 1912).

Ch. SCHMIDT, "Les débuts de l'industrie cotonnière en France, 1760–1806", Revue d'histoire économique et sociale, 1913, p. 261, et 1914–1918, p. 26.

H. CLOUZOT, Histoire de la manufacture de Jouy et de la toile imprimée au XVIIIe siècle (Paris-Bruxelles, 1928).

P. DARDEL, Les Manufactures de toiles peintes à Rouen et à Bolbec aux XVIIe et XVIIIe siècles (Rouen, 1940).

P.-R. SCHWARTZ, "Les débuts de l'indiennage mulhousien", Bulletin de la Société industielle de Mulhouse, 1950, no. 3, 1951, no. 1.

冶金業: L.J. GRAS, Histoire économique de la métallurgie de la Loire (Saint-Etienne, 1908).

H. et G. BOURGIN, L'industrie sidérurgique en France au début de la Révolution (Paris, 1920).

A. DEMANGEON, La répartition de l'industrie du fer en France en 1789, Annales de géographie, 1921, p. 401.

G. VIDALENC, La petite métallurgie rurale en Haute-Normandie sous l'Ancien Régime (Paris, 1946).

B. GILLE, Les origines de la grande industrie métallurgique en France (Paris, 1947).

P. LÉON, "Deux siècles d'activité minière et métallurgique en Dauphiné: l'usine d'Allevard, 1675–1870", Revue de géographie alpine, 1948, p. 215.

B. GILLE, Les forges françaises en 1772 (Paris, 1960).

G. RICHARD, "La grande Métallurgie en Haute-Normandie à la fin du XVIIIe siècle", Annales de Normandie, 1962, no. 4.

D. OZANAM, "La naissance du Creusot", Revue d'histoire de la sidérurgie, 1963, p. 103.

石炭鉱業: M. ROUFF, Les mines de charbon en France au XVIIIe siècle, 1774–1791 (Paris, 1922).

H. SÉE, "Etudes sur les mines bretonnes au XVIIIe siècle", Annales de Bretagne, 1925–1926, p. 34 et p. 402, 1928–1929, p. 385.

G. LEFEBVRE, "Les mines de Littry sous l'Ancien Régime et pendant les premières années de la Révolution, 1744–1793", Annales historiques de la Révolution française, 1926, p. 16, repris dans Etudes sur la Révolution française (2 ème édition, Paris, 1963, p. 159).

A. DE SAINT-LÉGER, Les mines d'Anzin et d'Aniche pendant la Révolution (Paris, 1935, 1939, 4 vol.).

G.-R. GALLY, "L'exploitation des houillères en Languedoc et le marché du charbon au XVIIIe siècle", Annales du Midi 1969, no. 1.

製紙業: E. CREVEAUX, "L'évolution de l'industrie papetière au XVIIIe siècle", Le Papier, 1938, p. 193 et p. 289.

J.-M. JANOT, Les moulins à papier de la région vosgienne (Nancy, 1952).

●第二章

1

人口動態の全体にわたって,

M. REINHARD, A. ARMENGAUD, J. DUPAQUIER, Histoire générale de la population mondiale (Paris, 1968).

A. ARMENGAUD. Démographie et société (Paris, 1966).

依然として役立つのは E. LEVASSEUR, La population française, t. I, Histoire de la population avant 1789 (Paris, 1889).

Ph. ARIÉS, Histoire des populations françaises et leurs attitudes devant la vie depuis le XVIIIe siècle (Paris, 1948; dernière édition, 1971).

18世紀の作品

VAUBAN, Projet d'une dîme royale (1707, éd. E. COORNAERT, Paris, 1933).

SAUGRAIN, Dénombrement du royaume par généralités, (1709).

——, Nouveau Dénombrement du royaume (1720).

A. DEPARCIEUX, Essai sur les probabilités de la durée de la vie humaine (1746).

abbé EXPILLY, Dictionnaire géographique, historique et politique des Gaules et de la France (1762–1770, 6 vol.).

MESSANCE, Nouvelles Recherches sur la population de la France (1788).

MOHEAU, Recherches et considérations sur la population de la France (1778; éd. GUNNARD, 1912).

NECKER, De l'administration des finances de la France (1784).

chevalier DES POMMELLES, Tableau de la population de toutes les provinces de la France (1789).

MALTHUS, Essai sur le principe de population (1789) 〔『人口の原理』, 高野岩三郎・大内兵衛訳, 岩波文庫, など〕

研究の諸問題

M. FLEURY et L. HENRY, Des registres paroissiaux à l'histoire de la population: nouveau manuel de dépouillement et d'exploitation de l'état civil ancien (Paris, 1965).

J. DUPAQUIER, "Des rôles de taille à la démographie historique. L'exemple du Vexin français", Annales de démographie historique, 1965, p. 31.

R. LE MÉE, Les sources de la démographie historique française dans les archives publiques, XVIIe–XVIIIe siècle (Paris, 1967).

J.-Cl. PERROT, "Nouveau débat sur démographie historique et mécanographie

électronique. Observations sur l'emploi de l'ordinateur pour l'étude démographique d'une paroisse de Caen au XVIIIe siècle", Annales de démographie historique, 1967, p. 29.

一般的問題

E. ESMONIN, "Statistiques du mouvement de la population en France de 1770 à 1789", Etudes et chronique de démographie historique, 1954, p. 27.

J. DUPAQUIER, "Sur la population française au XVIIe et au XVIIIe siècle", Revue historique, no. 485, 1968, p. 43.

M. MORINEAU, "Démographie ancienne: monotonie ou variété des comportements", Annales E.S.C., nov.-déc. 1965, p. 1185.

都市について

R. MOLS, Introduction à la démographie historique des villes d'Europe, du XIVe au XVIIIe siècle (Louvain-Gembloux, 1954–1956, 3 vol.).

F. DE DAINVILLE, "Grandeur et population des villes au XVIIIe siècle", Population, 1958, p. 459.

人口と食糧の関係について，基本的論文は，

J. MEUVRET, "Les crises des subsistances et la démographie de la France d'Ancien Régime", Population, 1946, p. 642, repris dans Etudes d'histoire économique (Paris, 1971), p. 271 である.

M. REINHARD, "Les répercussions démographiques des crises de subsistances en France au XVIIIe siècle", Actes du 81e Congrès des Sociétés savantes 1956.

J. GODECHOT et S. MONCASSIN, "Démographie et subsistances en Languedoc, du XVIIIe au début du XIXe siècle", Bulletin d'histoire économique et sociale de la Révolution française, 1964, p. 19.

病気と伝染病について

Dr J. ROUSSEL, "Médecine et histoire. Essai de pathologie urbaine. Les causes de la morbidité et de la mortalité à Lyon aux XVIIe et XVIIIe siècles", Cahiers d'histoire, 1963, p. 71.

J. MEYER, "Une enquête de l'Académie de médecine sur les épidémies, 1774–1794", Annales E.S.C., 1966, p. 729.

J.-P. PETER, "Malades et maladies à la fin du XVIIIe siècle", ibid., 1967, p. 711.

J.-P. GOUBERT, "Le phénomène épidémique en Bretagne à la fin du XVIIIe siècle, 1770–1787", ibid., 1969, no. 6, p. 1562.

Em. LE ROY LADURIE, "L'aménorrhée de famine, XVIIe–XXe siècle", ibid., p. 1589.

避妊の歴史について

Cl. LÉVY et L. HENRY, "Ducs et pairs sous l'Ancien Régime. Caractéristiques démographiques d'une caste", Population, 1960, p. 807.

Em. LE ROY LADURIE, "Démographie et funestes secrets: le Languedoc, fin XVIIIe–début XIXe siècle", Annales historiques de la Révolution française, 1965, p. 385.

J.-L. FLANDRIN, "Contraception, mariage et relations amoureuses dans l'Occident chrétien", Annales E.S.C., 1969, p. 1370.
J. DUPAQUIER et M. LACHIVER, "Sur les débuts de la contraception en France, ou les deux malthusianismes", ibid., p. 1391.
子供に対する態度について
Ph. ARIÈS, L'enfant et la vie familiale sous l'Ancien Régime, Paris, 1960〔『〈子供〉の誕生』, 杉山光信・杉山恵美子訳, みすず書房, 1980〕
R. MERCIER, L'enfant devant la société au XVIIIe siècle. Avant l'Émile", Paris, 1961.
外国人について
J. MATHOREZ, Histoire de la formation de la population française les Étrangers sous l'Ancien Régime (Paris, 1919–1921, 2 vol.) が依然として有益である.
地域の個別研究
E. GAUTIER et L. HENRY, La population de Crulai, paroisse normande, Étude historique (Paris, 1958).
B. DE BUFFEVENT, "La population de Châtillon-sous-Bagneux de 1715 et 1789", mémoire publié par la Fédération des sociétés historiques et archéologiques de Paris et de l'Ile-de-France, t. X, 1959.
P. GIRARD, "Aperçus de la démographie de Sotteville-lès-Rouen vers la fin du XVIIIe siècle", Population, 1959, p. 485.
L. HENRY et Cl. LÉVY, "Quelques données sur la région autour de Paris, au XVIIIe siècle", Population, 1962, p. 297.
L. GANIAGE, Trois villages de l'Ile-de-France au XVIIIe siècle. Etude démographique (Paris, 1963).
P. VALMARY, Familles paysannes au XVIIIe siècle en bas Quercy. Étude démographique (Paris, 1965).
Y. BLAYO et L. HENRY, "Données démographiques sur la Bretagne et l'Anjou", Annales de démographie historique, 1967, p. 91.
M. LACHIVER, La population de Meulan du XVIIe au XIXe siècle. Essai de démographie historique (Paris, 1969).
S. DREYER-ROOS, La population strasbourgeoise sous l'Ancien Régime (Strasbourg, 1969).
J. RIVES, "L'évolution démographique de Toulouse au XVIIIe siècle", bulletin d'Histoire économique et sociale de la Révolution française, 1968.
F. LEBRUN, Les hommes et la mort en Anjou aux XVIIe et XVIIIe siècles (Paris-La Haye, 1971).
地域史の博士論文の中には, 人口動態史に関する重要な章を含むものがある. 例えば
P. GOUBERT, Beauvais et le beauvaisis de 1600 à 1730 (Paris, 1960, 2 vol.).
R. BAEHREL, Une croissance: la basse Provence rurale (Paris, 1961, 2 vol.).
A. POITRINEAU, La vie rurale en basse Auvergne au XVIIIe siècle, 1726–1789 (Paris, 1965, 2 vol.).

Em. LE ROY LADURIE, Les paysans de Languedoc (Paris, 1966, 2 vol.).
M. GARDEN, Lyon et les Lyonnais au XVIIIe siècle (Paris, 1970).

2

経済の変動について

Fr. SIMIAND, Recherches anciennes et nouvelles sur le mouvement général des prix, du XVIe au XIXe siècle (Paris, 1932).
Recherches et documents sur l'histoire des prix en France de 1500 à 1800, sous la direction de H. HAUSER, Paris, 1936.
これについては, M. BLOCH, Annales d'histoire sociale, 1939, p. 131 の批判を参照.
M. LÉVY-LEBOYER, "L'héritage de Simiand: prix, profit et terme d'échange au XIXe siècle", Revue historique, jan.-mars, 1970, p. 77 は Simiand の研究を根本から批判したものである.
また J. BOUVIER, "Feu François Simiand", Annales E.S.C., 1973, no. 5, p. 1173 も参照.
基本的に Labrousse の研究が重要である.
E. LABROUSSE, Esquisse du mouvement des prix et des revenus en France au XVIIIe siècle (Paris, 1933, 2 vol.).
——, "Le mouvement des prix au XVIIIe siècle: les sources et leur emploi", Bulletin de la Société d'histoire moderne, mars 1937.
——, La crise de l'économie française à la fin de l'Ancien Régime et au début de la Révolution, t. I, Aperçus généraux, sources, méthodes. La crise de la viticulture (Paris, 1944).
これについては, G. LEFEBVRE, "Le mouvement des prix et les origines de la Révolution française", Bulletin de la Société d'histoire moderne, déc. 1936 et Annales historiques de la Révolution française, 1973, p. 289, repris dans Études sur la Révolution française, Paris, 2e éd. 1963, p. 197 の重要な書評を参照. La crise de l'économie…… の書評. dans Annales historiques de la Révolution française, 1947, p. 168.
P. DE SAINT-JACOB, "La question des prix en France à la fin de l'Ancien Régime d'après les contemporains", Revue d'histoire économique et sociale, 1952, no. 2 もつけ加えておく.

気候の変動について

Em. LE ROY LADURIE, "Climat et récoltes aux XVIIe et XVIIIe siècles", Annales E.S.C., 1969, p. 434.
——, Histoire du climat depuis l'an mil (Paris, 1967).

地域史研究

(先に第二章1の参考文献にあげた地域史研究を参照.)

とりわけ R. BAEHREL, P. DARDEL, P. GOUBERT, P. LÉON, Em. LE ROY LADURIE, A. PLAISSE, A. POITRINEAU, P. DE SAINT-JACOB のものが重要. さらに,

E. LABROUSSE, “Prix et structures régionales. Le froment dans les région françaises. 1782–1790”, Annales d’histoire sociale, 1939, p. 382.

Assemblée générale de la Commission centrale d’histoire économique de la Révolution, t. II (Paris, 1945), section IV, Les mouvements des prix, en particulier W.E. SCHAAP, “Étude du mouvement du prix des céréales dans quelques villes de la généralité de Champagne pendant les années qui précèdent la Révolution”, p. 37.

G. et G. FRÊCHE, Les prix des grains des vins et des légumes à Toulouse, 1486–1868 (Paris, 1967).

P. DEYON, Contributions à l’étude des revenus fonciers en Picardie. Les fermages de l’Hôtel-Dieu d’Amiens et leurs variations de 1515 à 1789 (Lille, 1967).

J. DUPAQUIER, M. LACHIVER et J. MEUVRET, Mercuriales du pays de France et du Vexin français, 1640–1792 (Paris, 1968).

[3]

成長の問題

P. LÉON, “L’industrialisation en France en tant que facteur de croissance économique du XVIIIe siècle à nos jours”, op. cit.

J. MARCZEWSKI, “Y a-t-il eu un take off en France?”, Cahiers de l’I.S.E.A., série AD no. 1, mars 1967.

Fr. CROUZET, “Angleterre et France au XVIIIe siècle. Essai d’analyse comparée de deux croissances économiques”, Annales E.S.C., 1966, p. 254.

——, “Agriculture et révolution industrielle. Quelques réflexions Cahiers d’Histoire, 1967, p. 67.

M. LÉVY-LEBOYER, “Les processus d’industrialisation: le cas de l’Angleterre et de la France”, Revue historique, t. CCXXXIX, 1968, p. 281.

D. RICHET, “Croissance et blocage en France du XVe au XVIIIe siècle”, Annales E.S.C., 1968, no. 4.

l’Histoire quantitative de l’économie française, sous la direction de J. MARCZEWSKI に注目せねばならない.

J.-C. TOUTAIN, “Le Produit de l’agriculture française de 1700 à 1958”, I, “Estimation du produit au XVIIIe siècle”, II, “La croissance”, Cahier de l’I.S.E.A., supplément no. 115 juillet 1961, série AF, 1 et 2.

批判的な視点からのものとして

P. VILAR, “Pour une meilleure compréhension entre économistes et historiens. “Histoire quantitative” ou économétrie rétrospective?”, Revue historique, no. 474, avril-juin 1965, p. 293.

地域史について

P. LÉON, La naissance de la grande industrie en Dauphiné (Paris, 1953, 2 vol.).

R. FRUIT, La croissance du pays de Saint-Amand (Nord), 1868–1914 (Paris, 1963).

第二部

旧体制末期の身分と階級

同時代の作品．ここでは，小説や描写を主にした随筆など多くの同時代の作品を示し得るだろう．それらの含む情報は多く，種々の社会環境の理解のために貴重である．ここでは，農村については RESTIF DE LA BRETONNE, La vie de mon père (1779) を，都市については Sébastien MERCIER, Tableau de Paris (1782–1788, 12 vol.) をあげておく．

方法の問題：下記における SOBOUL による参考文献案内を参照のこと．

A. SOBOUL, "Description et mesure en histoire sociale", dans L'histoire sociale. Sources et méthodes. Colloque de Saint-Cloud, 15–16 mai 1965 (Paris, 1967, p. 23).

とりわけ18世紀に関しては，

E. LABROUSSE, "Voies nouvelles vers une histoire de la bourgeoisie occidentale au XVIIIe et XIXe siècles, 1700–1850", X Congresso internazionale di Scienze storiche, Rome, 1955, Relazioni, t. IV, p. 367.

G. LEFEBVRE, "Recherches sur les structures sociales aux XVIIIe et XIXe siècles. Instructions générales", Bulletin d'histoire moderne et contemporaine du Comité des travaux historiques. Année 1956, p. 52.

A. DAUMARD, "Structures sociales et classement socio-professionnel. L'apport des archives notariales aux XVIIIe et XIXe siècles", Revue historique, no. 461, jan.–mars 1962, p. 139.

——, "Une référence pour l'étude des sociétés urbaines en France aux XVIIIe et XIXe siècles. Projet de code socio-professionnel", Revue d'histoire moderne et contemporaine, 1963, p. 185.

Fr. FURET, "Pour une définition des classes inférieures à l'époque moderne", Annales E.S.C., 1963, p. 459.

R. MOUSNIER, "Problèmes de méthode dans l'étude des structures sociales des XVIe, XVIIe et XVIIIe siècles", Spiegel der Geschichte. Festgabe für Max Braubach…… (Münster, 1964) p. 550 (en français).

J.-Cl. PERROT, "Rapports sociaux et villes au XVIIIe siècle", Annales E.S.C., 1968, p. 241.

M. COUTURIER, "Esquisse de méthodologie mécanographique" dans Recherches sur les structures sociales de Châteaudun, 1525–1789 (Paris, 1969), p. 15.

J. SENTOU, "Problèmes et méthodes" dans Fortunes et groupes sociaux à Toulouse sous la Révolution. Essai d'histoire statistique (Toulouse, 1969), p. 19, et particulièrement, p. 42, "l'Apport de la statistique" par L. AMIEL.

個別研究：

地域の個別研究のモデルは，農村については，

G. LEFEBVRE, Les paysans du Nord pendant la Révolution française (Lille, 1924).
都市社会については, ——, Études orléanaises, t. I, Contribution à l'étude des structures sociales à la fin du XVIIIe siècle (Paris, 1962) である.
農村社会: 後の農民に関する章を見よ.
都市社会の個別研究
H. SÉE, "La population et la vie économique à Rennes, vers le milieu du XVIIIe siècle, d'après les rôles de la capitation", Mémoires de la Société d'histoire de la Bretagne, 1923, p. 89.
J. HATT, "La société strasbourgeoise à la veille de la Révolution", dans l'Alsace contemporaine. Études politiques, économiques et sociales (Strasbourg, 1950).
M.L. FRACART, La fin de l'Ancien Régime à Niort. Essai de sociologie religieuse (Paris, 1956).
P. DE SAINT-JACOB, "Recherches sur la structure sociale de Chalon à la fin de l'Ancien Régime", Mémoire de la Société d'art et archéologie de Chalon-sur-Saône, 1957, p. 108.
M. VOVELLE, "Formes de dépendance d'un milieu urbain, Chartres, à l'égard du monde rural, de la fin de l'Ancien Régime à la Restauration", Actes du 83e Congrès des Sociétés savantes, Aix-Marseille, 1958, p. 483.
P. DEYON, "Les registres de la capitation à Amiens au XVIIIe siècle", Revue du Nord, 1960, p. 19.
D. LIGOU, "Étude fonctionnelle de la population de Montauban, à la fin de l'Ancien Régime", Actes du 86e Congrès des Sociétés savantes, Montpellier, 1961, p. 579.
P. GONNET, "Hiérarchie des fortunes notables urbaines (à Dijon) de la fin de l'Ancien Régime à la Restauration", ibid., p. 603.
P. BOIS, "Structure socio-professionnelle au Mans à la fin du XVIIIe siècle", Actes du 87e Congrès des Sociétés savantes, Poitiers, 1962, p. 679.
J. KAPLOW, Elbeuf during the revolutionary period: history and social structure (Baltimore, 1964).
M. GARDEN, "Niveaux de fortune à Dijon au XVIIIe siècle", Cahiers d'histoire, 1964, no. 3.
G. LEFEBVRE, Cherbourg à la fin de l'Ancien Régime et au début de la Révolution (Caen, 1965).
J. GODECHOT et S. MONCASSIN, "Structures et relations sociales à Toulouse, 1749–1785" Annales historiques de la Révolution française, 1965, p. 131.
O.H. HUFTON, Bayeux in the late eighteenth century. A social study (Oxford, 1967).
M. COUTURIER, Recherches sur les structures sociales de Châteaudun, 1525–1789 (Paris, 1969).
J. SENTOU, Fortunes et groupes sociaux à Toulouse sous la Révolution. Essai d'histoire statistique (Toulouse, 1969).

M. GARDEN, Lyon et les Lyonnais au XVIIIe siècle (Paris, 1970).
R. Robin, La société française en 1789: Semur-en Auxois (Paris, 1970).
F. LEBRUN, Les hommes et la mort en Anjou aux XVIIe et XVIIIe siècles (Paris-La Haye, 1971).
パリの例
L. CAHEN, "La population parisienne au milieu du XVIIIe siècle", Revue de Paris, 1919, p. 146.
A. DAUMARD et Fr. FURET, Structures et relations sociales à Paris au milieu du XVIIIe siècle (Paris, 1961).
Fr. FURET, "Structures sociales parisiennes au XVIIIe siècle. L'apport d'une série fiscale", Annales E.S.C., 1961, p. 939.
(パリの民衆カテゴリーについては，後の都市の民衆諸階級の章を見よ.)

●第三章
文献案内に関しては，
J. MEYER, La noblesse bretonne au XVIIIe siècle (Paris, 1966, 2 vol.), p. XXI の批判的文献案内の試みを見よ.
研究の案内のためには，
M. BLOCH, "Sur le passé de la noblesse française: quelques jalons de recherche", Annales d'histoire économique et sociale, 1936, p. 366.
Ph. DU PUY DE CLINCHAMP, La noblesse (Paris, 1959, coll. "Que sais-je?").
A. GOODWIN, "General problems and the diversity of European nobilities in the modern period", et "The social structure and economic and political attitude of the French nobility in eighteenth century", XIIe Congrès international des sciences historiques (Vienne, 1965), Rapports, I, Grands thèmes, pp. 345 et 356.
特殊問題
P. DE VAISSIÈRES, Gentilshommes campagnards de l'ancienne France (Paris, 1904).
H. CARRÉ, La noblesse en France et l'opinion publique au XVIIIe siècle (Paris, 1920).
H. LÉVY-BRUHL, "La noblesse du milieu du XVIIIe siècle", Revue d'histoire moderne, 1933.
L. DOLLOT, La dernière crise sociale de l'Ancien Régime: la question des privilèges dans la deuxième moitié du XVIIIe siècle (Paris, 1942).
F.L. FORD, Robe and sword, The regrouping of the French aristocracy after Louis XIV (Cambridge, Mass., 1953).
M. REINHARD, "Elite et noblesse dans la seconde moitié du XVIIIe siècle", Revue d'histoire moderne et contemporaine, 1956, no. 3.
D. ROCHE, "Recherches sur la noblesse parisienne au milieu du XVIIIe siècle: la noblesse du Marais", Actes du 86e Congrès des Sociétés Savantes (Mont-

pellier, 1961), p. 541.
R. FORSTER, "The Nobility during the French Revolution", Past and present, no. 37, juillet 1967.
R. DAUVERGNE, "Le problème du nombre des nobles en France au XVIIIe siècle", dans Hommage à Marcel Reinhardt. Sur la population française au XVIIIe siècles (Paris, 1973).
Fr. BLUCHE, La vie quotidienne de la noblesse française au XVIIIe siècle (Paris, 1973).
地方貴族：全体的問題は,
R. FORSTER, "The provincial noble: a reapraisal", American Historical Review, avril 1963 によって措定された.
個別研究のモデルは,
J. MEYER, La noblesse bretonne au XVIIIe siècle (Paris, 1966, 2 vol.) である.
農民の土地に関して示す地域の個別研究（第七章）を参照. とりわけ, P. BOIS, P. GOUBERT, G. LEFEBVRE, L. MERLE, P. DE SAINT-JACOB のものが重要.
R. FORSTER, The nobility of Toulouse in the eighteenth century (Baltimore, 1960).
——, "The noble wine producers of the Bordelais in the eighteenth century", The Economic Review, 1961, p. 18.
——, The House of Saulx-Tavannes. Versailles and Burgundy, 1700–1830 (Baltimore et Londres, 1971).
貴族と軍隊
L. TUETEY, Les officiers sous l'Ancien Régime. Nobles et roturiers (Paris, 1908).
A. LATREILLE, L'armée et la nation à la fin de l'Ancien Régime (Paris, 1914).
G. SIX, "Fallait-il quatre quartiers de noblesse pour être officier à la fin de l'Ancien Régime?", Revue d'histoire moderne et contemporaine, 1929, p. 47.
E.G. LÉONARD, "La question sociale dans l'armée au XVIIIe siècle", Annales E.S.C., 1948, p. 135.
V. BAROL, "Dans la marine de l'Ancien Régime: les Rouges et les Blues", L'Information historique, 1953, p. 133.
E.G. LÉONARD, L'armée et ses problèmes au XVIIIe siècle (Paris, 1958).
A. CORVISIER, "Un problème social de l'Ancien Régime: la composition de l'armée", Actualité de l'histoire, no. 22, 1958.
貴族の富についての地域的事例
G. SAUMADE, "Les biens du seigneur de Fabrègues, Languedoc", La Révolution française, 1908.
R. LAURENT, "La fortune des privilégiés du bailliage de Toul en 1789", Annales historiques de la Révolution française, 1949, p. 340.
Abbé Ch. GIRAULT, "La propriété foncière de la noblesse sarthoise à la fin du XVIIIe siècle", La Province du Maine, 1955, p. 201.
M. FOURASTIE, "Les comptes du domaine de Farcheville. 1788, 1812, 1814",

Bulletin de la Société d'histoire moderne, janv.-fév. 1956.
R. FORSTER, The wealth of the Toulousean nobility, 1750–1789, thèse dactylographiée, Annales historiques de la Révolution française, 1959, p. 159 を参照.
B.F. HYSLOP, L'apanage de Philippe Égalité, duc d'Orléans, 1785–1791 (Paris, 1965).
C. ROCHE, "Le seigneur du Broc et ses biens, 1761–1830", Revue d'Auvergne, 1965, no. 2.
D. ROCHE, "Aperçus sur la fortune et les revenus des princes de Condé à l'aube du XVIIIe siècle", Revue d'histoire moderne et contemporaine, 1967, p. 217.
Fr.-Ch. MONZEL, "La fortune des princes de Bourbon-Conti. Revenus et gestions. 1655–1791", Revue d'histoire moderne et contemporaine, 1971, no. 1, p. 30.
J. MEYER, "Un problème mal posé: la noblesse pauvre. L'exemple breton au XVIIIe siècle", Revue d'Histoire moderne et contemporaine, 1971, no. 2, p. 161.
貴族資格放棄について
LA BIGNE DE LA VILLENEUVE, Essai sur la théorie de la dérogeance de la noblesse considérée dans ses rapports avec la constitution sociale de l'ancienne France (Rennes, 1918).
とりわけ,
G. ZELLER, "Une notion de caractère historico-social: la dérogeance", Cahiers internationaux de sociologie, 1957, p. 40.
商業貴族について
H. LÉVY-BRUHL, "La noblesse de France et le commerce à la fin de l'Ancien Régime", Revue d'histoire moderne et contemporaine, 1938, p. 209.
とりわけ,
D. RICHARD, "Les corporations et la noblesse commerçante au XVIIIe siècle (d'après les papiers du Conseil de Commerce)", L'Information historique, 1957, p. 185.
——, "La noblesse commerçante à Bordeaux et à Nantes au XVIIIe siècle", ibid., 1958, p. 185.
——, "A propos de la noblesse commerçante de Lyon au XVIIIe siècle. Un essai d'adaptation sociale à une nouvelle structure économique: la noblesse de France et les sociétés par actions à la fin du XVIIIe siècle", Revue d'histoire économique et sociale, 1962, p. 484.
J. HECHT, "Un problème de population active au XVIIIe siècle en France: la querelle de la noblesse commerçante", Population, 1964, no. 2.
貴族叙任について
comte G. DE COURTIN DE SOULCE-NEUFBOURG, "Liste des charges anoblissantes", Nouvelle Revue héraldique, 1922, p. 14.
P. ROBIN, La compagnie des secrétaires du roi, 1531–1791 (Paris, 1933).
F. BLUCHE et P. DURYE, "L'anoblissement par charges avant 1789", Les Cahiers nobles, nos. 23 et 24, 1962.

追加として，二つの古典的な博士論文
J.-R. BLOCH, L'anoblissement en France au temps de François Ier (Paris, 1931).
R. MOUSNIER, La vénalité des offices sous Henri IV et Louis XIII (Rouen, 1945).
法服貴族
Ph. DAWSON, "Sur le prix des offices judiciaires à la fin de l'Ancien Régime", Revue d'histoire économique et sociale, 1964, no. 3.
とりわけ，
J. EGRET, "L'opposition aristocratique en France au XVIIIe siècle", L'information historique 1949, p. 181.
——, "L'aristocratie parlementaire à la fin de l'Ancien Régime", Revue historique, juil.-sept. 1952, p. 1.
——, "Malesherbes, premier président de la Cour des aides, 1750-1755", Revue d'Histoire moderne et contemporaine, 1956, p. 97.
パリの高等法院貴族については，基本的に BLUCHE の研究が重要.
Fr. BLUCHE, L'origine des magistrats du Parlement de Paris au XVIIIe siècle, 1715-1771 (Paris, 1956).
——, Les magistrats du Parlement de Paris au XVIIIe siècle, 1715-1771 (Paris, 1960).
——, Les magistrats de la Cour des monnaies de Paris au XVIIIe siècle, 1715-1790 (Paris, 1966).
——, Les magistrats du Grand Conseil au XVIIIe siècle, 1690-1791 (Paris, 1966).
地域の例として，A. COLOMBET, Les Parlementaires bourguignons à la fin du XVIIIe siècle (Dijon, 1937).
J. EGRET, Le Parlement de Dauphiné et les affaires publiques dans la deuxième moitié du XVIIIe siècle (Grenoble et Paris, 1942, 2 vol.).
——, "Un parlement de province à la fin de l'Ancien Régime", Annales E.S.C., 1949, p. 340.
Ch. CARRIÈRE, "Le recrutement de la Cour des comptes, aides et finances d'Aix-en-Provence à la fin de l'Ancien Régime", Actes du 81e Congrès des Sociétes savantes, Rouen-Caen, 1956, p. 141.
J.-C. PAULHET, "Les parlementaires toulousains à la fin du XVIIIe siècle", Annales du Midi, avril-juin 1964.
比較の観点から
J. MEYER, Noblesses et pouvoirs dans l'Europe d'Ancien Régime (Paris, 1973).

●第四章

聖職者と教会社会
聖職者全体についても，上級聖職者についても，全く著作はない.
二つのすぐれた地方的個別研究がある.
M.-L. FRACARD, La fin de l'Ancien Régime à Niort. Essai de sociologie reli-

gieuse (Paris, 1956).
J. McMANNERS, French ecclesiastical society under the Ancien Regime. A study of Angers on the eighteenth century (Manchester, 1960).
さらに別の意味で,
M. PERONNET, "Les Assemblées du clergé de France sous le règne de Louis XVI, 1775–1788", Annales historiques de la Révolution française, 1962, p. 8.
B. PLONGERON, La vie quotidienne du clergé français au XVIIIe siècle (Paris, 1974).
聖職者の富について, 特定地域の全体にわたって,
A. RÉBILLON, La situation économique du clergé à la veille de la Révolution dans les districts de Rennes, de Fougères et de Vitré (Rennes, 1913).
より細かくは abbé Ch. GIRAULT, "Les biens d'Église dans la Sarthe à la fin du XVIIIe siècle", La Province du Maine, 1953.
M. VOVELLE, "Le chapitre cathédral de Chartres à la fin de l'Ancien Régime", Actes du 85e Congrès des Sociétés savantes, Chambéry-Annecy, 1960, p. 235.
G. LEMARCHAND, "Les monastères de haute Normandie au XVIIIe siècle. Essai d'un bilan économique", Annales historiques de la Révolution française, 1965, p. 1.
——, "Le temporel et les revenus de l'abbaye de Fécamp pendant le XVIIe et le XVIIIe siècle", Annales de Normandie, 1965, no. 4.
下級聖職者について
P. DE VAISSIÈRE, Curés de campagne de l'ancienne France (Paris, 1933).
A. LESORT, "Le rôle civique des curés de campagne aux XVIIe et XVIIIe siècles, particulièrement dans le diocèse de Paris", Revue d'histoire de l'Église de France, 1934, p. 368.
A. SUAUDEAU, "Contribution à l'étude de la situation financière du clergé dans le diocèse de Clermont, sous l'Ancien Régime. Les confréries d'Auvergne et les revenus des cures et des fabriques à la fin du XVIIIe siècle", Revue d'Auvergne, 1943, p. 3.
P. VIVIER, "La conditions du clergé séculier dans le diocèse de Coutances au XVIIIe siècle", Annales de Normandie, 1952, p. 3. abbé Ch. GIRAULT, "L'aisance du curé sarthois à la fin de l'Ancien Régime", La Province du Maine, 1953.
M. BERNARD, "Revendications et aspirations du bas clergé dauphinois à la veille de la Révolution", Cahiers d'histoire, 1956, p. 327.
G. GANGNEUX, "Le bas clergé sous l'Ancien Régime: l'exemple d'une cure aux XVIIe et XVIIIe siècles", Annales E.S.C., 1959, p. 745.
Ch. BERTHELOT DU CHESNAY, "Le clergé diocésain français au XVIIIe siècle et les registres d'insinuation ecclésiastique", Revue d'histoire moderne et contemporaine, 1963, p. 241.
D. JULIA, "Le clergé paroissial dans le diocèse de Reims à la fin du XVIIIe

siècle", Revue d'histoire moderne et contemporaine, 1968, p. 195.
M.L. FRACARD, "Origine sociale du clergé niortais au XVIIIe siècle", Actes du quatre-vingt-treizième congrès des Sociétés savantes (Tours, 1968).
J.-P. DESAIVE, "Les revenus et charges des prêtres de campagne au nord-est de Paris", Revue d'Histoire moderne et contemporaine, 1970, p. 921.
T. TACKETT, "Le recrutement du clergé dans le diocèse de Gap au XVIIIe siècle", Revue d'Histoire moderne et contemporaine, 1973, p. 497.
宗教の諸問題，とりわけジャンセニズムについて
E. PRÉCLIN, "Les Jansénistes du XVIIIe siècle et la Constitution civile du clergé (Paris, 1928).
E. APPOLIS, "L'histoire provinciale du jansénisme au XVIIIe siècle", Annales, E.S.C., 1952, p. 87.
——, Entre jansénistes et zelanti. Le tiers parti catholique au XVIIIe siècle (Paris, 1960).
R. TAVENEAUX, Le Jansénisme en Lorraine. 1640–1789 (Paris, 1960).
——, Jansénisme et politique (Paris, 1965).
これらの問題に対する新しいアプローチとして
B. PLONGERON, Conscience religieuse en Révolution. Regards sur l'historiographie religieuse de la Révolution française (Paris, 1969).
宗教の実践について
B. LE BRAS, "Les transformations religieuses des campagnes françaises depuis la fin du XVIIe siècle", Annales sociologiques, 1937, p. 15.
E. APPOLIS, "Les non-pascalisants dans l'ancien diocèse de Lodève aux XVIIe et XVIIIe siècles", Actes du 76e Congrès des Sociétés savantes (Rennes, 1951, p. 159).
M. JOINLAMBERT, "La pratique religieuse dans le diocèse de Rouen de 1707 à 1789", Annales de Normandie, 1953, p. 247 et 1955, p. 35.
G. LE BRAS, "État religieux et moral du diocèse de Châlons au dernier siècle de l'Ancien Régime", Études de sociologie religieuse, Paris, 1955.
P. BARRAUGUET-LOUSTALOT, "La pratique et le sentiment religieux dans le diocèse de Toulouse, au milieu et à la fin du XVIIIe siècle", Annales historiques de la Révolution française, 1955, p. 187.
M.L. FRACART, La fin de l'Ancien Régime à Niort. Essai de sociologie religieuse (Paris, 1956).
T. JEAN-SCHMITT, L'organisation ecclésiastique et la pratique religieuse dans l'archidiaconé d'Autun, de 1650 à 1750 (Autun, 1957).
L. PÉROUAS, "Le nombre de vocations sacerdotales est-il un critère valable en sociologie religieuse historique aux XVIIe et XVIIIe siècles?", Actes du 87e Congrès des Sociétés savantes (Poitiers, 1962, p. 35).
M. VÉNASD, "Les missions des Oratoriens d'Avignon aux XVIIe et XVIIIe siècles", Revue d'histoire de 1,Église de France, 1962, p. 16.

Y.-M. HILAIRE, "La pratique religieuse en France, de 1815 à 1878", L'Information historique, 1963, p. 57.（旧体制についての全般的な序章がある）
L. PÉROUAS, Pierre-Fr. Hacquet, Mémoire des missions des Montfortains dans l'Ouest. 1740–1779. Contribution à la sociologie religieuse historique (Fontenay-le-Comte, 1964).
——, "La diversité religieuse de l'Ouest aux XVIIe et XVIIIe siècles", L'Information historique, 1966, p. 162.
G. et M. VOVELLE, "La mort et l'au-delà en Provence d'après les autels des âmes du Purgatoire, XVe–XXe siècle", Annales E.S.C., 1969, p. 1602.
——, Piété baroque et déchristianisation en Provence au XVIIIe siècle. Les attitudes devant la mort d'après les clauses des testaments (Paris, 1973).

プロテスタンティズムの問題について

E.-G. LÉONARD, "Économie et religion: les protestants français au XVIIIe siècle", Annales d'histoire sociale, 1940, p. 5.
D. ROBERT, Les Églises réformées de France. 1800–1830 (Paris, 1961).
D. LIGOU, "Le protestantisme français dans la seconde moitié du XVIIIe siècle", L'Information historique, 1963, no. 1.

●第五章

方法の問題

E. BARBER, The Bourgeoisie in the 18th century, France (Princeton, 1955).
P. LÉON, "Recherches sur la bourgeoisie française au XVIIIe siècle", L'Information historique, 1958, p. 101.
M. VOVELLE et D. ROCHE, "Bourgeois, rentiers, propriétaires: éléments pour la définition d'une catégorie sociale à la fin du XVIIIe siècle", Actes du 81e Congrès des Sociétés savantes, 1956, p. 419.

より一般的な方法としては，第二部の参考文献のうち，「方法の問題」の項であげたものを見よ．基本的には，

E. LABROUSSE, "Voies nouvelles vers une histoire de la bourgeoisie occidentale aux XVIIIe et XIXe siècles, 1700–1850".

第三身分の構成

既に示した M.-L. FRACART, La fin de l'Ancien Régime à Niort.／G. LEFEBVRE, Etudes orléanaises, t. I のほかには，

F. MIREUR, Le Tiers État à Draguignan (Draguignan, 1911).
H. THORÉ, "Essai de classification des catégories sociales à l'intérieur du Tiers État de Toulouse", Actes du 78e Congrès des sociétés savantes, Toulouse, 1953, p. 149.
P. DE SAINT-JACOB, "Le Tiers État châtillonnais à la veille de la Révolution", Actes du 28e Congrès de l'Association Bourguignonne des Sociétés savantes, 1957, p. 99.

ブルジョワジー

全体的には J. AYNARD, La bourgeoisie française (Paris, 1934).
とりわけ B. GROETHUYSEN, Origines de l'esprit bourgeois en France, t. I. L'Eglise et la bourgeoisie (Paris, 1927) 〔『ブルジョワ精神の起源』, 野沢協訳, 法政大学出版局, 1974〕
F. BORKENAU, Der Uebergang vom feudalem zum bürgerlichen Weltbild. Studien zur Geschichte der Philosophie der Manufaktür periode (Stuttgart, 1934) 〔『封建的世界観から市民的世界観へ』, 水田洋他訳, みすず書房, 1965〕
L. FEBVRE, Annales d'histoire économique et sociale, 1934, p. 369 の書評を参照.
Ch. CARRIÈRE, "Prêt à intérêt et fidélité religieuse", Provence historique, avril-juin 1958, p. 1.
A. CHATELAIN, "Les fondements d'une géographie sociale de la bourgeoisie française", Annales, E.S.C., 1947, p. 455 も参照.
金融
J. BOUVIER et H. GERMAIN-MARTIN, Finance et financiers de l'Ancien Régime (Paris, 1964).
G. CHAUSSINAND-NOGARRT, Les financiers du Languedoc au XVIIIe siècle (Paris, 1970).
——, "Capital et structure sociale sous l'Ancien Régime", Annales, E.S.C., 1970, p. 463.
——, Gens de finance au XVIIIe siècle (Paris, 1972).
J.-F. BOSCHER, French finances, 1770–1795: from business to bureaucracy (Cambridge, 1970).
Y. DURAND, Les fermiers généraux au XVIIIe siècle (Paris, 1971).
「商品」
P. VERLET, "Le commerce des objets d'art et les marchands merciers à Paris au XVIIIe siècle", Annales E.S.C., 1958, p. 251.
地域的事例: 都市の第三身分に関して既に示した諸著作を参照.
さらに Assemblée générale de la Commission centrale……d'histoire économique de la Révolution française, tenue en 1939, t. I, La bourgeoisie française de la fin de l'Ancien Régime à la Restauration (Besançon, 1942) に収められた以下の研究を加えておく.
"Essai sur les classes bourgeoises dirigeantes à Marseille, en 1789", par A. CHABAUD, p. 47.
"La bourgeoisie protestante et sa position politique et religieuse du XVIIIe siècle à la Restauration", par E.-G. LÉONARD, p. 171.
"Le mariage dans la bourgeoisie parisienne", par J. DE LA MONNERAYE, p. 195.
"La bourgeoisie à Évreux en 1789", par J. VIDALENC, p. 221.
さらに R. RICHARD, "Géographie sociale du Havre. Le Grand Quai au XVIIIe siècle", La Porte Océane, 1954.

D. LIGOU, "La bourgeoisie réformée montalbanaise à la fin de l'Ancien Régime", Revue d'histoire économique et sociale, 1955, p. 377.
M. VOVELLE, "Propriété foncière d'une bougeoisie urbaine à la fin du XVIIIe siècle, d'après le cas de Chartres", dans Études de géographie rurale, supplément au Bulletin de Saint-Cloud, mai 1959, p. 15.
ブルジョワの家族
Ch. POUTHAS, Une famille de bourgeoisie française, de Louis XIV à Napoléon (les Guizot) (Paris, 1931).
F. VERMALE, Le père de Casimir Périer, 1742–1801 (Grenoble, 1935).
L. APCHER, Une famille de notables auvergnats au cours de trois siècles d'histoire. Les Dupuis de La Grandrive (Clermont-Ferrand, 1937).
G. VANNIER, "Une grande famille de marchands rouennais aux XVIIe et XVIIIe siècles. Les Le Gendre", Bulletin de la Société libre d'émulation de la Seine–Inférieure, 1947-1948, p. 67.
J. LAMBERT, Essai sur les origines et l'évolution d'une bourgeoisie. Quelques familles du patronat textile de Lille. 1789–1914 (Lille, 1954).
F. DORNIC, "L'évolution de l'industrie textile aux XVIIIe et XIXe siècles: l'activité de la famille Cohin", Revue d'histoire moderne et contemporaine, 1956, p. 38.
P. GOUBERT, Familles marchandes sous l'Ancien Régime: les Danse et les Motte de Beauvais (Paris, 1959).
M. FOURNIER, "Charles-Gabriel Leblanc, un 'entrepreneur' montpelliérain", Actes du 86e Congrès des Sociétés savantes, Montpellier, 1961, p. 421.
Ch. CARRIÈRE, "Un hôtel de grands négociants. Les Grenier", Revue de Marseille, no. 46, oct. 1961, et no. 47, jan. 1962.
P. LÉON, Marchands et spéculateurs dauphinois dans le monde antillais du XVIIIe siècle. Les Dolle et les Raby (Paris, 1963).
P. BARRAL, Les Périer dans l'Isère au XIXe siècle d'après leur correspondance familiale (Paris, 1964).
J. CAVAIGNAC, Jean, Pellet, commerçant de gros, 1674–1772. Contribution à l'étude du négoce bordelais au XVIIIe siècle (Paris, 1967).
D. OZANAM, Claude Bernard de Saint-James, trésorier général de la Marine et brasseur d'Affaires, 1738–1787 (Paris, 1969).
R. OBERLÉ, "La fortune de Samuel Koechlin, fondateur de l'industrie mulhousienne (1719–1776)", Revue d'histoire économique et sociale, 1969, p. 100.
この世紀の諸思想の全般的な動きについて
E. CASSIRER, La philosophie des lumières (Tübingen, 1932; traduction française, Paris, 1966)〔『啓蒙主義の哲学』, 中野好之訳, 紀伊国屋書店, 1962〕
D. MORNET, Les Origines intellectuelles de la Révolution française, 1715–1787, (Paris, 1933)〔『フランス革命の知的起源』, 坂田太郎・山田九朗監訳, 勁草書房, 1971〕

P. HAZARD, La pensée européenne au XVIIIe siècle, de Montesquieu à Lessing (Paris, 1946, 2 vol.).
Utopie et institutions au XVIIIe siècle. Le pragmatisme des lumières, sous la direction de P. FRANCASTEL (Paris-La Haye, 1963; particulièrement la deuxième partie, "Lumières et despotisme éclairé" et la quatrième, "L'audience des lumières").
A. SOBOUL, "Note pour une définition de la 'philosophie' (XVIIIe siècle)", L'Information historique, 1964, p. 47.
いくつかの大きなテーマ
A. CENTO, Condorcet e l'idea di progresso (Florence, 1956).
R. MAUZI, L'idée de bonheur dans la littérature et la pensée française au XVIIIe siècle (Paris, 1960).
R. MERCIER, La réhabilitation de la nature humaine, 1700–1750 (Paris, 1960).
J. EHRARD, L'idée de nature en France dans la première moitié du XVIIIe siècle (Paris, 1963, 2 vol.).

●第六章

一般的問題

C. BLOCH, L'État et l'assistance à la fin de l'Ancien Régime (Paris, 1908).
R. PICARD, Les Cahiers de 1789 et les classes ouvrières (Paris, 1910).
H. SÉE, "Les classes ouvrières et la question sociale à la veille de la Révolution", Annales révolutionnaires, 1922, p. 373.
A. MATHIEZ, "Note sur l'importance du prolétariat à la veille de la Révolution", Annales historiques de la Révolution française, 1930, p. 497.
J. FOURASTIÉ, "Quelques réflexions sur le mouvement des prix et le pouvoir d'achat des salaires en France depuis le XVIIIe siècle", Bulletin de la Société d'histoire moderne et contemporaine, mars-avril 1953.
A. SOBOUL, "Problèmes de l'apprentissage (seconde moitié du XVIIIe siècle). Réalités sociales et nécessités économiques", dans VIIIe Colloque d'histoire sur l'artisanat et l'apprentissage (Aix-en-Provence, 1965).

もちろん，工業生産の旧型組織のところですでに示した，E. COORNAERT の，1789年以前のフランスの同業組合に関する研究や，中世から現代までの仲間組合に関する研究もつけ加わる．

方法論的視点からは，

Fr. FURET, "Pour une définition des classes inférieures à l'époque moderne", Annales, E.S.C., 1963, p. 459.
A. SOBOUL, "Aux origines de la classe ouvrière industrielle parisienne (fin XVIIIe-début XIXe siècle)", dans Troisième Conférence internationale d'histoire économique (Munich, 1965).
M. GARDEN, "Ouvriers et artisans au XVIIIe siècle. L'exemple lyonnais et les problèmes de classification", Revue d'Histoire économique et sociale, 1970,

no. 1.
個別研究. 第二部全体の参考文献の中の都市社会の項で示した個別研究を参照.
パリの民衆カテゴリーについては,
F. BRAESCH, "Un essai de statistique de la population ouvrière de Paris vers 1791", La Révolution française, 1912, p. 289 (voir la critique de cet essai dans A. SOBOUL, Les Sans-culottes parisiens en l'an II, cité ci-après p. 436).
L. CAHEN, "La population parisienne au milieu du XVIIIe siècle", Revue de Paris, 1919, p. 146.
——, "La répartition des métiers et des professions à Paris au XVIIIe siècle", communication à l'Académie des sciences morales et politiques, 1er novembre 1921.
——, "La question du paid à Paris à la fin du XVIIIe siècle", Cahiers de la Révolution française, no. 1, 1934, p. 51.
M. PITSCH, La vie populaire à Paris au XVIIIe siècle, d'après les textes contemporains et les estampes (Paris, 1949, 2 vol. dont un de planches).
G. LEFEBVRE, "Quelques documents sur le prolétariat parisien en 1789", Annales historiques de la Révolution française, 1953, p. 265.
G. RUDÉ の業績全体, すなわち,
G. RUDÉ, "La composition sociale des insurrections parisiennes de 1789 à 1791", Annales historiques de la Révolution française, 1952, p. 256.
——, "The motives of popular insurrection in Paris during the French Revolution", Bulletin of the Institute of historical research, 1953, p. 53.
——, The crowd in the French Revolution (Oxford, 1959) 〔『フランス革命と群衆』, 前川貞次郎他訳. ミネルヴァ書房, 1963年〕
L. CHEVALIER, Classes laborieuses et classes dangereuses à Paris dans la première moitié du XIXe siècle (Paris, 1958, 旧体制末期の状態を叙述している).
A. SOBOUL, Les Sans-culottes parisiens en l'an II. Mouvement populaire et gouvernement révolutionnaire. 2 juin 1793–9 thermidor an II (Paris, 1958, essentiellement ici la seconde partie).
Fr. FURET, "Structures sociales parisiennes: l'apport d'une série fiscale", Annales E.S.C., 1961, p. 939.
Y. DURAND, "Recherches sur les salaires des maçons à Paris au XVIIIe siècle", Revue d'histoire économique et sociale, 1966, p. 468.
J. KAPLOW, "Sur la population flottante de Paris à la fin de l'Ancien Régime", Annales historique de la Révolution française, 1967, p. 1.
G. RUDÉ, "La population ouvrière de Paris de 1789 à 1791", ibid. p. 15.
他の地方の事例
L. TRÉNARD, "La crise sociale lyonnaise à la veille de la Révolution", Revue d'histoire moderne et contemporaine, 1955, p. 7.
R. ROBIN, "Le prolétariat urbain de Semur-en-Auxois en 1789", Revue d'histoire

économique et sociale, 1966, p. 508.
M. VOVELLE, "Le prolétariat flottant de Marseille sous la Révolution française", Annales de démographie historique, 1968, p. 112.
労働と勤労者について：個別研究の例として
H. HAUSER, Travailleurs et marchands de l'ancienne France (Paris, 1920).
J. GODART, L'ouvrier en soie à Lyon (Paris, 1901).
A. COLOMES, Les ouvriers du textile dans la Champagne troyenne, 1730–1852 (Paris, 1944).
R. GARMY, La mine aux mineurs de Rancié (Paris, 1945).
H. GACHET, "Conditions de vie des ouvriers papetiers au XVIIIe siècle", L'Actualité de l'histoire, no. 10, 1955, p. 5.
P. CHAUVET, Les ouvriers du livre en France des origines à la Révolution de 1789 (Paris, 1959).
P. MARÉCHAL, "La vie des métiers à Dreux aux XVIIe et XVIIIe siècles", L'Information historique, 1963, p. 81.
（労働は一方では乞食と民衆の動揺に関連し，他方では民衆の文化と行動に関連するので，次章の参考文献も見よ.）

第七章

地域の個別研究
G. LEFEBVRE, Les paysans du Nord pendant la Révolution française (Lille, 1924; 2e éd., Paris, 1959) がモデルである.
France de l'Ouest: H. SÉE, Les classes rurales en Bretagne, du XVIe siècle à la Révolution (Paris, 1906).
R. H. ANDREWS, Les Paysans des Mauges au XVIIIe siècle (Tours, 1935).
G. DEBIEN, En haut Poitou, Défricheurs au travail, XVe–XVIIIe siècle (Paris, 1952).
P. MASSÉ, Varennes et ses maîtres. Un domaine rural, de l'Ancien Régime à la monarchie de Juillet. 1789–1842 (Paris, 1956).
L. MERLE, La métairie et l'évolution de la Gâtine poitevine, de la fin du Moyen Age à la Révolution (Paris, 1958).
P. BOIS, Paysans de l'Ouest. Des structures économiques et sociales aux options politiques depuis l'époque révolutionnaire dans la Sarthe (Le Mans, 1960).
A. PLAISSE, La baronnie du Neubourg. Essai d'histoire agraire, économique et sociale (Paris, 1961).
P. GOUBERT, "Recherches d'histoire rurale dans la France de l'Ouest", Bulletin de la Seciété d'histoire moderne, 1965 no. 2.
J. CARCOPINO, Une terre normande à la veille de la Révolution: Verneuil (Paris, 1967).
G. DEBIEN, "Défrichements et reprises de fermes par la noblesse et par le clergé en Poitou à la fin du XVIIIe siècle", Annales historiques de la Révolution

française, 1968, p. 380 J. MEYER, La Noblesse bretonne au XVIIIe siècle (Paris, 1966, 2 vol.).
France de l'Est: P. DE SAINT-JACOB, Les paysans de la Bourgogne du Nord au dernier siècle de l'Ancien Régime (Paris, 1960).
France méridionale: 先に人口の動きの項で示した諸研究，すなわち，R. BÆHREL, Em. LE ROY LADURIE, A. POITRINEAU のものを見よ．さらに，
Structures économiques et problèmes sociaux du monde rural dans la France du Sud-Est, fin du XVIIe siècle-1835, sous la direction de P. LÉON (Paris, 1966).
M. VOVELLE, "Etat présent des études de structure agraire en Provence à la fin de l'Ancien Régime", Provence historique, no. 74, 1968.
地域の地理学の古典的博士論文
それらは旧体制下の土地と農民に関して，重要な進歩を示している．
France du Nord: A. DEMANGEON, La Picardie et les régions voisines (Paris, 1905).
Bassin parisien: M. PHILIPPONNEAU, La vie rurale de la banlieue parisienne (Paris, 1956).
P. BRUNET, Structures agraires et économie rurale des plateaux tertiaires entre la Seine et l'Oise (Caen, 1960).
France de l'Ouest: J. SION, Les Paysans de la Normandie orientale (Paris, 1909).
R. MUSSET, Le Bas Maine (Paris, 1917).
France de l'Est: Et. JUILLIARD, La vie rurale dans la plaine de basse Alsace (Strasbourg, 1953).
France méridionale: P. DESFONTAINS, Les hommes et leurs travaux dans les pays de la moyenne Garonne (Lille, 1932).
M. CHEVALIER, La vie humaine dans les Pyrénées ariégeoises (Paris, 1956).
P. BOZON, La vie rurale en Vivarais (Valence, 1961).
R. LIVET, Habitat rural et structures agraires en basse Provence (Gap, 1962).
村の個別研究
A. BABEAU, Le village sous l'Ancien Régime (Paris, 1879) が依然有益.
E.-G. LÉONARD, Mon village sous Louis XV d'après les Mémoires d'un paysan (Paris, 1941).
A. ZINK, Azereix. La vie d'une communauté morale à la fin du XVIIIe siècle (Paris, 1959).
P. L.-R. HIGONNET, Pont-de Montvert. Social structure and Politics in a French Village. 1700–1914 (Cambridge, Mass., 1971) などが面白い.
とりわけ
G. BOUCHARD, Le village immobile. Sennely–en–Sologne au XVIIIe siècle (Paris, 1972).
土地所有の分布について
方法論: G. LEFEBVRE, "Les recherches relatives à la répartition de la

propriété et de l'exploitation foncière à la fin de l'Ancien Régime", op. cit.
P. GRAS et J. RIGAULT, "Ce qu'on peut trouver dans un terrier: la seigneurie et le village d'Hauterive à la veille de la Révolution", Annales d'histoire économique et sociale, 1938, p. 302.
M. DERRUAU, "L'intérêt géographique des minutes notariales, des terriers et des compoix. Un exemple", Revue de géographie alpine, 1946, p. 355.
M. VOVELLE, "Problèmes méthodologiques posés par l'utilisation des sources de l'enregistrement dans une étude de structure sociale", Bulletin de la section d'histoire moderne et contemporaine du Comité des travaux historiques et scientifiques, 1961, p. 49.
P. GUICHONNET, "Le cadastre savoyard de 1738 et son utilisation pour les recherches d'histoire et de géographie sociale", Revue de géographie alpine, 1955, p. 255.
J. NICOLAS, "Mobilité foncière et cadastre en Savoie au XVIIIe siècle", Actes du 90e Congrès des Sociétés savantes, Nice, 1965, t. 1, Paris, 1966, p. 11.
J. DUPAQUIER, "Etat présent des recherches sur la répartition de la propriété foncière à la fin de l'Ancien Régime", 3e Conférence internationale d'Histoire économique, Munich, 1965, p. 385.
A. SOBOUL, "Sur l'étude des documents fonciers du XVIIIe siècle. Terriers, cadastres et compoix", dans Paysans, sans-culottes et jacobins (Paris, 1966).
個別研究: 上に示した地域の個別研究の他に,
E. PATOZ, La propriété paysanne dans les bailliages de Semur, Saulieu et Arnay-le-Duc, à la fin de l'Ancien Régime (Semur, 1909).
J. LOUTCHISKY, La propriété paysanne en France à la viille de la Révolution, principalement en Limousin (Paris, 1912).
P. DE SAINT-JACOB, "Le mouvement de la propriété dans un village bourguignon à la fin de l'Ancien Régime", Revue d'histoire économique et sociale, 1948, p. 47.
G. SANGNIER, L'évolution de la propriété rurale dans le district de Saint-Pol pendant la Révolution (Blangemont, P.-de-C., 1951).
M. CHAMBOUX, Répartition de la propriété foncière et de l'exploitation dans la Creuse (Paris, 1955).
J. DUPAQUIER, La propriété et l'exploitation foncières à la fin de l'Ancien Régime dans le Gâtinais septentrional (Paris, 1956).
A. SOBOUL, Les campagnes montpelliéraines à la fin de l'Ancien Régime. Propriété et cultures d'après les compoix (Paris, 1958).
M. VOVELLE, "Propriété et exploitation dans quelques communes beauceronnes (fin XVIIIe début XIXe siècle)", Mémoires de la Société archéologique d'Eure-et-loir, t. XXII, 1961.
G. FRÊCHE, "Compoix, propriété foncière, fiscalité et démographie historique en pays de taille réelle (XVIe-XVIIIe siècle)", Revue d'Histoire économique

et sociale, 1971, p. 321.
土地経営の分布
上記の土地所有についての研究と，さらにその上の地域の個別研究を見よ．
折半小作制について．P. MASSÉ と L. MERLE のポワトーの折半小作の研究の他に，
H. SOANEN, "Le métayage dans la région thiernoise au XVIIIe siècle", Annales historiques de la Révolution française, 1935, p. 289.
P. MASSÉ, "La métairie, cette inconnue", Annales E.S.C., 1953, p. 245.
J. BOURCIER, Le métayage dans la région d'Aix au XVIIIe siècle (Aix-en-Provence, 1960).
M. SIMONOT-BOUILLOT, "La métairie et le métayer dans le sud du Châtillonnais du XVIe au XVIIIe siècle", Annales de Bourgogne, 1962, p. 217.
「封建的複合」
人間と土地の法的条件については，
Ph. SAGNAC, La législation civile de la Révolution française (Paris, 1899).
M. GARAUD, Histoire générale du droit privé français, t. I, La Révolution et l'égalité civile (Paris, 1953), t. II, La Révolution et la propriété foncière, (Paris, 1959).
G. CHIANÉA, La condition juridique des terres en Dauphiné au XVIIIe siècle, 1700–1789 (Paris-La Haye, 1969).
G. LEMARCHAND, "Le féodalisme dans la France rurale des temps modernes. Essai de caractérisation", Annales historiques de la Révolution française, 1969, p. 77.
R. ROBIN, "Fief et seigneurie dans le droit et l'idéologie juridique à la fin du XVIIIe siècle", Annales historiques de la Révolution française, 1972, p. 555.
土地台帳の実際については，
P. DE SAINT-JACOB, "L'égalation des cens", Mémoires de la Société pour l'histoire des anciens pays bourguignons, 1942, p. 28.
——, "La rénovation des terriers à la fin de l'Ancien Régime en Bourgogne", ibid., 1950–1951, p. 302.
A. SOBOUL, "De la pratique des terriers à la veille de la Révolution", Annales E.S.C., 1964, no. 6.
方法の問題について
A. SOBOUL, "La Révolution française et la féodalité. Notes sur le prélèvement féodal", Revue historique, no. 487, 1968, p. 33.
——, "Survivances féodales dans la société rurale française du XIXe siècle", Annales E.S.C., 1968, p. 965.
地域・地方の個別研究
既に示したものは，封建的諸権利の問題に多少とも大きな重要性を付与しているが，その他に，
J. DE LA MONNERAYE, Le Régime féodal et les classes rurales dans le Maine

au XVIIIe siècle (Paris, 1922).
J. RAMIÈRE DE FORTANIER, Les droits seigneuriaux dans la sénéchaussée et le comté de Lauragais, 1553–1789 (Paris, 1932).
J. MILLOT, Le régime féodal en Franche-Comté au XVIIIe siècle (Besançon, 1937).
P. DE SAIMT-JACOB, "Les droits de lods en Bourgogne à la fin de l'Ancien Régime", Mémoires de la Société pour l'histoire du droit des anciens pays bourguignons, 1952, p. 159.
R. LAURENT, "La perception des cens dans la seigneurie de Bartrouville et de Sainte-Marie, au cours de la seconde moitié du XVIIIe siècle", Annales historiques de la Révolution française, 1953, p. 340.
abbé MONSCH, "L'exploitation seigneuriale d'après les terriers. Étude de la baronnie de Réveillon, Marne", Actes du 81e Congrès des Sociétés savantes, (Caen-Rouen, 1956, p. 161).
M. BOQUEREAU, "Des banalités en Poitou aux XVIIe et XVIIIe siècles", Bulletin de la Société des antiquaires de l'Ouest, 1959, pp. 216 et 279, 1960, p. 385.
L. A. BOUSLY DE LESDAIN, "La fin du régime féodal et du domaine seigneurial à Lesdain", Bulletin de la Commission historique du Nord, 1959.
P. DEYON, "Quelques remarques sur l'évolution du régime seigneurial en Picardie, XVIe–XVIIIe siècle", Revue d'histoire moderne et contemporaine, 1961, p. 271.
A. DUBUC, "L'estimation des redevances en nature au bailliage de Rouen de 1694 à 1790", Actes du 87e Congrès des Seciétés savantes (Poitiers, 1963, p. 813).
R. DESCADEILLAS, Rennes et ses derniers seigneurs, 1730–1820 (Toulouse, 1964).
M. LEYMARIE, "Les redevances foncières seigneuriales en Haute-Auvergne", Annales historiques de la Révolution française, 1968, p. 299.
——, Rente seigneuriales et produit des seigneuries dans l'élection de Tulle en Limousin", ibidem, 1970, p. 594.
H. NINOMIYA, "Un cadre de vie rurale au XVIIe et au XVIIIe siècle: la seigneurie de Fleury-en-Bière", Paris et Ile-de-France. Mémoires..., t. 18–19, 1967–1968, p. 37, et t. 20, 1970, p. 65.

領主裁判について

A. GIFFARD, Le justices seigneuriales en Bretagne au XVIIe et au XVIIIe siècle, 1661–1791 (Paris, 1903).
P. LEMERCIER, Les justices seigneuriales de la région parisienne de 1580 à 1789 (Paris, 1933).
J.-H. BATAILLON, Les justices seigneuriales du bailliage de Pontoise à la fin de l'Ancien Régime (Paris, 1942).
A. POITRINEAU, "Aspects de la crise des justices seigneuriales de l'Auvergne au XVIIIe siècle", Revue d'histoire du droit français et étranger, 1962, no. 4.

比較のために，
"L'abolition du régime féodal dans le monde occidental", Annales historiques de la Révolution française, 1969, no. 4 (numéro spécial).
教会の十分の一税
H. MARION, La dîme ecclésiastique en France au XVIIIe siècle et sa suppression (Paris, 1912).
M. FAUCHEUX, Un ancien droit ecclésiastique perçu en bas Poitou: le boisselage (La Roche-sur-von, 1953).
J. NICOLAS, "Le problème des dîmes en Savoie, à la veille de la Révolution", Actes du 89e Congrès des Sociétés savantes (Lyon, 1964, p. 271).
E. LE ROY LADURIE, "Dîme et produit net agricole (XVe–XVIIIe siècle)", Annales E.S.C., 1969, p. 826.
J. RIVES, "L'évolution des dîmes dans l'archevêché d'Auch au XVIIIe siècle", 96e Congrès des Sociétés Savantes (Toulouse 1971).
J. GOY et E. LE ROY LADURIE, Fluctuations du produit de la dîme Paris–La Haye, 1972).
乞食，浮浪，民衆の動揺
J.-Cl. PERROT, "Note sur deux sources de l'histoire de la mendicité au XVIIIe siècle", L'actualité de l'Histoire, no. 27 1959, p. 12.
地域的研究
H. BOURDERON, "Recherches sur les mouvements populaires dans la généralité de Languedoc au XVIIIe siècle", Actes du 78e Congrès des Sociétés savantes (Toulouse, 1953, p. 103).
P. MASSÉ, "Disette et mendicité en Poitou (XVIIIe–XIXe siècle)", L'Actualité de l'histoire, no. 27, 1959, p. 1.
G. LEMARCHAND, "Les troubles de subsistances dans la Généralité de Rouen (seconde moitié du XVIIIe siècle)", Annales historiques de la Révolution française, 1963, p. 174.
H. HOURS, "Émeutes et émotions populaires dans les campagnes du Lyonnais au XVIIIe siècle", Cahiers d'histoire, 1964, no. 2.
A. LEGUAI, "Les émotions et séditions populaires dans la généralité de Moulins aux XVIIe et XVIIIe siècles", Revue d'histoire économique et sociale, 1965, no. 1.
R. LIRIS, "Mendicité et vagabondage en basse Auvergne, à la fin du XVIIIe siècle", Revue d'Auvergne, 1965, no. 2.
N. CASTAN, "Les émotions populaires en Languedoc à la fin de l'Ancien Régime", 96e Congrès des Sociétés savantes (Toulouse, 1971).
J.-P. GUTTON, La société et les pauvres. L'exemple de la généralité de Lyon. 1534–1789 (Lyon, 1971).
——, "La société et les pauvres sous l'Ancien Régime", L'Information historique, 1971, p. 86.

犯罪について
B. BOUTELET, "Étude par sondage de la criminalité dans le bailliage de Pont-de-l'Arche (XVIIe–XVIIIe siècle)", Annales de Normandie, 1962, p. 235.
A. ABBIATECI, "Les incendiaires dans la France du XVIIIe siècle. Essai de typologie criminelle", Annales E.S.C., 1970, p. 229.
F. BILLACOIS, "Pour une enquête sur la criminalité dans la France d'Ancien Régime", Annales E.S.C., 1967, p. 340.
M. CASTAN, "La criminalité à la fin de l'Ancien Régime dans les pays du Languedoc", Bulletin d'Histoire économique et sociale de la Révolution française, 1969, p. 59.
par divers auteurs, Crimes et criminalité en France sous l'Ancien Régime. 17e–18e siècles (Paris, 1971).
民衆文化について，基本的には，
R. MANDROU, De la culture populaire aux XVIIe et XVIIIe siècle: "La Bibliothèque Bleue de Troyes" (Paris, 1964).
——, "Littérature de colportage et mentalités paysannes aux XVIIe et XVIIIe siècles", Études rurales, no. 15, 1964.
G. BOLLEME, "Littérature populaire et littérature de colportage", dans la France du XVIIIe siècle (Paris, 1970), p. 61.
——, Les Almanachs populaires aux XVIIe et XVIIIe siècles. Essai d'histoire sociale (Paris, 1969).
A. DUPRONT, "Formes de la culture de masses: de la doléance politique au pélerinage panique (XVIIIe–XIXe siècle)", dans Niveaux de culture et groupes sociaux (Paris-La Haye, 1967).
M.-L. TENÈZE, "Introduction à l'çtude de la littérature orale: le conte", Annales E.S.C., 1969, p. 1104.
民衆の心性と行動
G. LEFEBVRE, La Grande Peur (Paris, 1932).
A. SOBOUL, Les Sans-culottes parisiens en l'an 11 (Paris, 1958), essetiellement la seconde partie.
M. AGULHON, La sociabilité méridionale. Confréries et association dans la vie collective en Provence orientale à la fin du XVIIIe siècle (Aix-en-Provence, 1966, 2 vol.), repris sous le titre Pénitents et francs-maçons de l'ancienne Provence (Paris, 1968).

●1974年以降の文献（訳者選択）
本書全体にわたって
A. CASANOVA, "Techniques, société rurale et idéologie en France à la fin du XVIIIe siècle, Annales littéraires de l'Université de Besançon, 1977, p. 179.
A. SOBOUL, G. LEMARCHAND, F. FOGEL, Le Siècle des Lumières. t. I, Essor

(1715–1750) (Paris, 1977, "Peuples et Civilisations", 2 vol.).

第二章 [1]

J. DUPAQUIER, La population française aux XVIIe et XVIIIe siècles (Paris, 1979, "Qu esais-je?").

第二章 [3]

C. CARRIERE, M. COURDURIÉ, M. GUTZATZ, K. SQUARZONI, Banque et capitalisme commercial. La lettre de change au XVIIIe siècle (Marseille, 1976).

M. MORINEAU, "A la halle de Charleville: furniture et prix des grains, ou les mécanismes du marché (1647–1821), Actes du 95e Congrès national des Sociétés savantes (Reims, 1970).

M. DOBB. Ch. HILL, etc., Du féodalisme au capitalisme: problèmes de la transition (Paris, 1977, 2 vol.).

第三章

G. CHAUSSINAND'NOGARET, La noblesse au XVIIIe siècle. De la Féodalité aux Lumières (Paris, 1976).

J. AMAN, Les officiers blues dans la Marine française au XVIIIe siècle (Genève, 1976).

第四章

L. PEROUAS, "Le clergé creusois durant la période révolutionnaire", Mémoire de la Société des sciences naturelles et archéologiques de la Creuse, 1976, p. 552.

第五章

S. TUCOO-CHALA, "La diffusion des Lumières dans la seconde moitié du XVIIIe siècle: Ch.-J. Panckoucke. Un libraire éclairé (1760–1799)", XVIIIe siècle, 1974, no. 6.

L.R. BERLANSTEIN, The Barristers of Toulouse in the 18th century (1740–1793) (Baltimore, 1975).

M. VOVELLE, L'irrésistible ascention de Joseph Sec, bourgeois d'Aix (Aix-en-Provence, 1975).

R.R. PALMER, The School of the French Revolution. A Documentary history of the College of Louis-le-Grand and its director Jean-François Champagne. 1762–1814 (Princeton, 1975).

第七章

R. JOUVENOT, "Mainmorte tardive et doléances en Franche-Comté", Mémoires de la Société pour l'histoire du droit et des institution des anciens pays bourguignons comtois et romands 1973–1974 no. 32, p. 257.

——, "Justice et police vues par le Thiers Etat du Bailliage de Baume-les-Domes", ibid., p. 283.

Y. TRIPIER, "Le servage tardif et les survivances de la mainmorte en Franche-Comté, dans le bailliage d'Amont à la fin de l'Ancien Régime", ibid., p. 299.

J. BASTIER, La Féodalité au siècle des Lumières dans la région de Toulouse (1730–1790) (Paris, 1975).
G. BÉAUR, "Le Centième Denier et les mouvements de propriété. Deux exemples beaucerons (1761–1790)", Annales E.S.C., 1976, p. 1010.
F. GAUTHIER, La voie paysanne dans la Révolution française. L'exemple picard (Paris, 1977).